Willibald Teutschländer

Geschichte der evangelischen Gemeinden in Rumänien mit besonderer Berücksichtigung des Deutschtums

Ein Beitrag zur Kulturgeschichte Rumaniens

Willibald Teutschländer

Geschichte der evangelischen Gemeinden in Rumänien mit besonderer Berücksichtigung des Deutschtums
Ein Beitrag zur Kulturgeschichte Rumaniens

ISBN/EAN: 9783743340923

Hergestellt in Europa, USA, Kanada, Australien, Japan

Cover: Foto ©ninafisch / pixelio.de

Manufactured and distributed by brebook publishing software (www.brebook.com)

Willibald Teutschländer

Geschichte der evangelischen Gemeinden in Rumänien mit besonderer

Berücksichtigung des Deutschtums

Geschichte

der

Evangelischen Gemeinden

in

Rumänien

mit besonderer Berücksichtigung des Deutschtums.

—

Ein Beitrag

zur Kulturgeschichte Rumäniens

von

Wilibald Stefan Teutschlaender,

Pfarrer der evangelischen Gemeinde zu Bukarest und
Professor der deutschen Sprache an der Offizier- und Applikationsschule.

Bukarest

Verlag der Evangelischen Gemeinde.

In Kommission bei H. Kessler in Leipzig.

1891.

Sr. Majestät

König Carol I. von Rumänien

als Festgabe

zum 25 jährigen Regierungsjubiläum

in tiefster Ehrfurcht gewidmet

von

den evangelischen Gemeinden
Rumäniens.

Königliche Majestät!

In warmer, ungeheuchelter Loyalität nahen die Vertreter der deutsch-evangelischen Gemeinden Rumäniens, um an den Stufen des Thrones ihre ehrfurchtsvollsten Huldigungen und herzlichsten Glück- und Segenswünsche zur Wiederkehr des denkwürdigen, festlichen Tages, an welchem Eure Majestät vor 25 Jahren das Scepter Rumäniens ergriffen, niederzulegen.

Die Vorsehung hat das glorreiche Werk, dem Euere Majestät Ihr Leben gewidmet, sichtbarlich gesegnet, in einem Maße, wie es die begeistertsten und edelsten Patrioten, und die wärmsten Freunde des jungen Staatswesens und seines Herrschers kaum zu hoffen gewagt.

Das herrliche Ziel der Unabhängigkeit ist errungen. Rumänien hat einen Aufschwung genommen, wie solchen wenige Staaten des Kontinents in diesem kurzen Zeitraume aufzuweisen haben. Kunst und Wissenschaft, Handel und Gewerbe, humanitäre Anstalten, das Verkehrswesen, alle erfreuen sich treuer Pflege, alle bekunden das ernste Streben Eurer Majestät Regierung, Rumänien auf der Bahn des Fortschrittes den Kulturstaaten Europas würdig einzureihen.

Alle Bewohner dieses so reich gesegneten Landes geniessen das heilige Recht der freien Religionsübung.

Die evangelischen Gemeinden, eingedenk der zahlreichen Beweise von Wohlwollen, deren sie sich seitens der Behörden und Regierungen des Landes zu erfreuen das Glück hatten, haben daher diesen festlichen Tag nicht vorübergehen lassen wollen, ohne ihren Dankgefühlen Ausdruck zu geben.

Geruhen Eure Majestät, zum Zeichen dieser Dankbarkeit die vorliegende Schrift als bescheidene Festgabe nebst dem innigen Wunsche huldvollst entgegen zu nehmen:

Möge Euer Majestät Wahlspruch: „Nihil sine deo" allen Bürgern des freien Rumäniens immerdar als Leitstern voranleuchten und der heutige festliche Tag der Liebe und der Treue Band um Dynastie und Volk immer noch fester schlingen!

Möge es Eurer Königlichen Majestät vergönnt sein, noch viele Jahre in ungeschwächter Gesundheit und Kraft und mit ungebeugtem Mannesmute in Erfüllung Ihrer erhabenen Mission fortzuarbeiten, getragen und beglückt durch des Volkes Liebe.

In dieser Hoffnung, durchdrungen von warmer Liebe zu ihrer neuen Heimat und beseelt von unwandelbarer Treue und Ergebenheit für Thron und Dynastie wünschen und flehen wir:

Gott breite seine Segenshand schirmend über Rumänien aus!

Gott erhalte, schütze und segne Eure Königliche Majestät, Ihre Majestät die Königin und Se. Königliche Hoheit den Thronfolger!

Bukarest, den 22. Mai 1891.

In tiefster Ehrfurcht

Die Evangelischen Gemeinden Rumäniens.

Vorwort.

Die vorliegende Schrift ist in ihrem ersten Teile mit Inbegriff der Einleitung zunächst eine Erweiterung und Fortsetzung der „Geschichte der evangelischen Gemeinde zu Bukarest", welche der Verfasser im Jahre 1869 veröffentlicht hat, der zweite Teil dagegen, welcher die Geschichte der übrigen hierländischen evangelischen Diasporagemeinden behandelt, ist neu hinzugekommen. Da diese Gemeinden den Kern und Grundstock des Deutschtums in Rumänien bilden, dürfte der Titel des Buches schon durch diese Thatsache gerechtfertigt erscheinen. Gleichwohl hat der Verfasser bei Darstellung der Geschichte der Hauptgemeinde „Bukarest" das Deutschtum im allgemeinen in seiner Bedeutung für die kulturelle Entwickelung des Landes besonders berücksichtigt. Da ferner die Bukarester Gemeinde während ihres länger als anderthalbhundertjährigen Bestehens die Geschicke der Hauptstadt und des Landes in Kriegs- und Friedenszeiten geteilt hat, so lag es nahe, nicht nur die politisch, sondern auch kulturgeschichtlich denkwürdigsten Begebenheiten des Landes in den Rahmen dieser Arbeit aufzunehmen.

Es bildet demnach die Geschichte der ehemaligen „Walachei", beziehungsweise Rumäniens, in ihren Hauptentwickelungsphasen und zwar vom Beginne des vorigen Jahrhunderts (Phanariotenzeit) an bis auf die Gegenwart gewissermassen den Hintergrund der Geschichte der evangelischen Gemeinde zu Bukarest, was wohl geeignet sein dürfte, dem Buche ein allgemeineres Interesse im In- und Auslande zu erwecken.

Bezüglich des Nachweises über das zu seiner Arbeit verwendete Material glaubte der Verfasser, um das Buch durch Aufnahme von Beilagen nicht zu umfangreich werden zu lassen und dadurch den Kostenpreis zu erhöhen, sich mit der Quellenangabe im Texte begnügen zu sollen.

Es erübrigt somit dem Verfasser, nur noch dankbar aller Förderer dieser Schrift, insbesondere aber der Herren Pfarrer der einzelnen Diasporagemeinden, welche ihm das betreffende Material bereitwilligst zur Einsicht überlassen haben, sowie des Herrn Vicekonsuls G. Burkhardt, welcher ihm sein Manuskript, die Gemeinde Craiova betreffend, zur Verfügung gestellt hat, zu gedenken und noch zu erwähnen, dass das Reinerträgnis des Buches zu einem wohlthätigen Zwecke bestimmt ist.

Möge dasselbe allenthalben freundliche Aufnahme finden und ausrichten, wozu es gesandt ist.

Bukarest, den 22. Mai 1891.

Der Verfasser.

Inhalt.

Zweite Abteilung.

Geschichte der evangelischen Gemeinden:

Einleitung.

Dass schon in vorreformatorischer Zeit bei dem regen Handelsverkehr, welcher von den Nachbarländern, namentlich von Siebenbürgen aus, mit den Donaufürstentümern und über dieselben hinaus mit der Levante unterhalten wurde, Ansiedlungen von Deutschen und Ungarn in der Walachei und Moldau stattgefunden haben, ist historisch beglaubigt. Die Hauptveranlassung zu diesen zahlreichen Auswanderungen boten meist Kriegsläufte, Druck, Verfolgung und Not in der Fürstenzeit, oder wie noch heutzutage die Aussicht auf grösseren und leichteren Erwerb in diesen Ländern.

So wird von Radu Negru-Vodu (1290 bis 1314, Fürst Rudolf der Schwarze), mit welchem die Fürstengeschichte der Walachei beginnt, erzählt, dass er, der früher ein Herzog von Omlasch und Fogarasch gewesen, an der Spitze einer unzähligen Volksmenge, worunter auch Sachsen aus Siebenbürgen, in die Walachei eingewandert und Kimpulung, sodann Ardschisch zum Regierungssitz erhoben, auch den ersten Grund zu den Städten Tirgovischt und Bucurescht gelegt habe.*) In den siebenbürgischen Chroniken, sowie in der Geschichte Siebenbürgens wird dieser Auswanderung keine Erwähnung gethan, soviel steht jedoch über allen Zweifel erhaben, dass Sachsen aus Siebenbürgen in Campulung (der ersten Residenz der Walachei), in ziemlicher Anzahl ansässig waren.

Dieselben Gründe, welche für die Berufung deutscher Kolonien nach Siebenbürgen seitens der ungarischen Könige massgebend waren, scheinen auch den ersten Fürsten der Walachei bewogen zu haben, sich die Mitwirkung des erwerbfleissigen siebenbürgisch-sächsischen Volkselementes

---

*) Siehe Engels Geschichte der Moldau und Walachei S. 59 und 148. Vergl. R. Rössler, Romänische Studien. Duncker & Humblot. Leipzig 1871. Jos. Lad. Pic. Über die Abstammung der Rumänen, Leipzig, Duncker & Humblot 1880. Römer und Romanen in den Donauländern, Dr. J. Jung. Innsbruck 1877. Über den Ursprung der Rumänen von Traugott Tamm. Verlag von Emil Strauss in Bonn 1891.

bei Kultivierung der von ihm besetzten walachischen Lande durch Privilegien an die sächsischen Einwanderer zu sichern. So war speciell der deutschen Kolonie von Campulung nicht nur das Recht der kirchlichen Selbstverwaltung, sondern auch das den Siebenbürger Sachsen im Heimatlande zugestandene Privilegium der freien Wahl ihrer Obrigkeit auch auf walachischem Boden garantiert worden.

Sulzer schreibt darüber wörtlich: „Fürst Radul der Schwarze räumte diesem Orte, vorzüglich aber den sich hierselbst ansässig gemachten Sachsen so viele Freiheiten ein, dass er ihnen nicht nur eine grosse Kirche, welche er den P. Franziskanern mit einer reichen Stiftung übergab, und in Ansehung seiner Gemahlin, einer katholischen Dame, ein Nonnenkloster in diesem Orte erbaute, sondern ihnen auch das Recht erteilte, ihre Obrigkeit selbst zu erwählen und zu bestellen, welches die Teutschen auf lange Zeit und bis auf dieses letzte Jahrhundert ungestört ausgeübt haben sollen. Campulung habe seine regelmässigen Gebäude und Einrichtung den Sachsen zu verdanken, welche in vorigen Zeiten, den Ort, da er eine Messe hatte, fleissig besucht und durch ihre Manufakturen, zu deren Abholung Christen, Juden, Türken und Armenier aus der Levante sich häufig eingefunden haben sollen, zu einem ansehnlichen Handlungsort gemacht haben." *) — Die genannte Kirche war im vorigen Jahrhundert noch in ihren Trümmern übrig, in welchen Del Chiaro folgende Grabschrift aus diesen alten Zeiten las: „Hic requiescit in pace generosus Dominus Joanes P. hujus Saxonicalis Ecclesiae custos, qui obiit MCCCLXXIII." (Hier ruhet in Frieden der edelgeborene Herr Pater Johannes, Hüter dieser sächsischen Kirche, welcher 1373 starb.") Andere Urkunden des alten Franziskanerklosters zu Kimpulung seien in dem Kriege zwischen dem K. K. und türkischen Hofe (1717) durch die Tataren geraubt, verwüstet und geplündert worden.

Unter Wlaiko (1360—1373), einem Zeitgenossen Königs Ludwig I. von Ungarn, wurden mehrere Minoriten nach der Walachei beordert. Papst Urban schrieb ihm im April 1370 einen sehr höflichen Brief und lud ihn zur „Gemeinschaft der katholischen Kirche" ein. Im Jahre 1372 erteilte Papst Gregor XI. diesen Minoriten in der Walachei die Freiheit, mehrere Mitglieder zu berufen und Kirchen mit

---

*) Sulzer, Geschichte des transalpinischen Daziens 1. Band, Seite 330 und Engel, 1. Teil, S. 330.

Klöstern anzulegen. Aus dieser Zeit datiert die Entstehung des Bistums Milkov, das aber bald, wahrscheinlich mit dem Tode des Fürsten, wieder einging, um unter der Regierung Sigismunds und dem Einfluss, den er in der Walachei vorübergehend ausübte, wieder zu erstehen. Der damalige Bischof führte zugleich den Titel „Vikarius" und „Suffraganus" des Graner Erzbischofs.

Nach einer alten Handschrift in lateinischer Übersetzung seien an 4 Orten in der Walachei Sachsen ansässig gewesen, nämlich: in Tirgowischt, später Hauptstadt der Walachei, in Ribnik (Rimnik), Bischofssitz, Kimpulung und Boia dé Rome (Baja de arame). In den drei erstgenannten hätten 3 Kirchen und 3 Franziskaner-Mönchsklöster bestanden, von P. Johann Capestrano gegründet. Beim Einreissen der „lutherischen Ketzerei" aber seien die Katholiken in jenen Orten entweder misshandelt oder ihrer Priester beraubt, zu Walachen geworden, mit Ausnahme der Kimpulunger, die sich zu Luthers Ketzerei hinneigten. Alle kirchlichen Besitztümer, Äcker und andere bewegliche und unbewegliche Güter zusamt den Schriften und Privilegien hätten die Walachen genommen und sie ewiger Vergessenheit anheimgegeben. Die Kimpulunger aber seien, wiewohl sie in ihrer Hartnäckigkeit als Ketzer beharrten, doch zur Zeit des Fürsten Mathei Bassarab in den Schoss der heiligen Kircke zurückgekehrt ... und es seien nur 50 Häuser oder Familien in der Häresie geblieben, die später auch alle Katholiken oder Walachen geworden wären.

Für die evangelischen Gemeinden in Rimnik und Tirgovischt sind von dem Superintendenten in Siebenbürgen, M. Lucas Ungleich, wiederholt Pfarrer ordiniert worden. So für Rimnik Marcus Romnicensis, 31. August 1574; Benedict Belaham, 5. Februar 1577 (habui vocationem in Valachiam Transalpinam a Saxonica eccl. Ribnikasi), „ich habe die Berufung in die Walachei von der sächsischen Kirche in Rimnik) und Christian Wolkendorfer (2. Juli 1579); für Tirgovischt dagegen wurde Martinus Leo ordiniert (25. Juli 1575*). — Übrigens ist noch zu bemerken, dass Superintendent Schiffbaumer den letzten sächsischen Pfarrer zu Rimnik in der Kleinen, damals österreichischen Walachei ordinierte; derselbe hiess Ananius und starb 1642.

*) S. Siebenb. Quartalschrift II., S. 14. Catalog ordinatorum im Superintendential-Archiv.

So sehen wir denn diese Kolonien teils durch die in ihrem Schosse ausbrechenden Streitigkeiten zwischen den Anhängern der alten und jenen der neuen Lehre, teils durch die Missgunst der einheimischen Fürsten gegen die nicht der Landeskirche angehörigen fremdsprachigen Einwanderer zu Ende des 17. Jahrhunderts unter Verhältnissen, welche auf eine zwangsweise Bekehrung ihrer Mitglieder zur orthodoxen Kirche schliessen lassen, als geschlossene Gemeinden fast gänzlich verschwinden.

Dass es gleichwohl noch später in einzelnen Vororten der Walachei an zerstreut lebenden Häuflein evangelischer Glaubensgenossen nicht gefehlt, beweist ein Hirtenbrief des Kronstädter Stadtpfarrers Marcus Fronius, untern 26. April 1708: „denen in der Walachei zerstreuten und von der Versammlung der Heiligen entfernten evangelischen Christen und denen aus Kronstadt bürtigen fürnehmlich, unsern in Christo Jesu geliebten Brüdern allesammt zu selbst wohlgefälliger Eröffnung." Es heisst in demselben nach dem apostolischen Gruss:

„Ich zweifle nicht, geliebteste Brüder und Schwestern, es wird euch anfangs euer süsses Vaterland zu verlassen, veranlasst haben, das schwere Gewitter, so über uns allesammt gegangen ist und den Himmel bis noch nicht lässet sich ausklären und heuter werden."*)

„Wannenhero manche in ihrer Handarbeit verkürzet, ihr Brodt mit Kummer essen oder für den Thüren betteln oder wohl gar (wie ihr) auf fremdem Boden suchen. Wie nun solche billig mit mitleydenden augen anzusehen sind und ihnen wohl zu gönnen ist, wenn sie irgend durch ehrliche Mittel ihr Leben auf Hoffnung besserer Zeiten fortbringen können: also da es nun mehr so lange währet und endlich auch die Sehn-Sucht zum Vaterland bei euch erlöschen will, so kanns nicht anders seyn, es mus ein Christenhertz sich darüber verwundern, wie ihr so lange Zeit des Wortes Gottes entbehren (Amos 8, 11) und keinen Hunger nach dieser Seelen-Speise haben konnet: grade ob müsse eine vernünftige Kreatur nur auf den Leib, den Maden-Sakk sorgen und möge die unsterbliche Seele ohne Speise erhalten werden zum zukünftigen Leben" . . . .

Dann heisst es zum Schluss: „Wo aber ja dieser Rath nicht ver-

---

*) In Siebenbürgen herrschten damals infolge der Racoczischen Unruhen „Kurutzenzeit" Unsicherheit und namenloses Elend. Die Kurutzischen Bübereien, die seit 1704 Siebenbürgen zu einem neuen Schauplatz der empörendsten Mord- und Greuelszenen gemacht hatten, erreichten ihr erwünschtes Ende im Szathmarer Frieden (29. April 1711).

fienge und genugsame Ursachen wären, so euch noch einige Zeit ausser Vater Landes aufhielten, so wird eine hohe Notwendigkeit seyn, dass ihr den Leib nicht mehr als die edle Seele besorget. Wozu denn ein Prediger gehöret. Ihr habt zwar dieser Sache einst vor ein Paar Jahren erwähnet; aber einen vorgeschlagen, dem dort die Herde nicht zu vertrauen war, auch nicht gesorgt, wie er ehrlich unter euch seinen Unterhalt haben möchte, auch endlich des Dinges eine so geraume Zeit her nicht weiter Erwähnung gethan. So müsst ihr euch denn besser beratschlagen, wissend, dass ein Arbeiter seines Lohnes wert ist, und wer am Altar dienet, sich vom Altar nehren soll (1. Kor. 9. 13. 14). Zuhörer sind Gewissenshalber schuldig, ihren Seelen-Sorger zu versorgen. Was ihr nun hierauf antworten werdet, erwarte ich, so mir Gott das Leben soweit fristen wil. Ich eurer Seligkeit begierig, hatte mir vergangenen Sommer fürgesetzt, selbst zu euch zu reisen und auch aus der wilden Irre zu sammeln. Nachdem dies durch anderweitige viel-fältige Sorgen verhindert worden, so sende ich euch diesen stummen Bothen und Zeugen der Sorge, so meine Seele für euch trägt* . . . .

Übergehend auf die bei weitem zahlreicheren Ansiedlungen fremder Nationalitäten in der Moldau finden sich darüber Aufzeichnungen im 3. Bande des Magyar Könyvház ein Auszug S. 414 No. 181, Notitia de rebus Hungarorum, qui in Moldavia et ultra degunt, scripta ab adm. R. D. Petro Zöld Parocho Csik-Delnensi in Siculia data ad A. R. P. Vincent Blaho, ohne Jahreszahl und Ortsbestimmung. Er will die Sachen, die er schreibt, teils als Augenzeuge wissen, teils von alten Katholiken gehört haben.*) Unter Kaiser Sigmunds Regierung c. 1420 seien viele Sachsen und Szekler aus Siebenbürgen in die Moldau ausgewandert und vom damaligen Hospodaren Stefan, richtiger Alexander, sehr gütig aufgenommen worden. Die Sachsen hätten 9 von dem Bischof von Bakow (Bakau) abhängige Pfarreien gehabt, seien jedoch teils im Wechsel der Zeiten ausgestorben, teils mit ausgewanderten Szeklern vermengt, ganz entnationalisiert worden. Diese Moldauer Ungarn hätten dann den Spitznamen „Csángo Magyaren" erhalten. Im ganzen beständen diese ungarischen Kolonien aus 62 Dörfern, die in neun Kirchspiele eingeteilt wären. Die Pfarrer wären Minoriten, von der Propaganda autorisiert.

*) Engel, Geschichte der Moldau und Walachei. 1. Teil. S. 45; vergl. Sulzer, Geschichte des transalpinischen Daziens, Bd. 1, S. 463 und Bd. 3, S. 653.

Der Titularbischof von Bacau wohne in Lemberg, sein Vikar, Oberaufseher der Missionarien, aber in Jassy. Vom Bischof von Bacau hatte
Zöld Erlaubnis, Sakramente auszuteilen, zu predigen und sonstige Amtshandlungen zu vollziehen. Unter den neun aufgezählten Kirchenspielen
sind hervorzuheben: Jassy mit der Filiale Kutnar oder Kotnar und
Huss Város (Husi). Nach der örtlichen Überlieferung waren die Einwohner Überreste jener Hussiten gewesen, welche König Matthias aus
Ungarn und Siebenbürgen vertrieben habe.*)

Nach P. Timon wären schon um das Jahr 1420 ungarische und
sächsische Hussiten aus Siebenbürgen in die Moldau ausgewandert, von
denen diese sich in Kotnar niedergelassen hätten. Weiter seien Banca
(Baja) und Nemet (Vorort des heutigen Distriktes Neamtu) von Sachsen
allein und Suceava, Seret und Roman von Sachsen und Ungarn zugleich bewohnt worden.**) — Dass namentlich Baja damals grösstenteils von Sachsen bewohnt war, erhellt auch daraus, dass eine Siedelung
(Posada) oberhalb Baja, Namens Sassi-ciora, Kleinsachsen (derzeit Saschi)
bestand welche Alexander Eliassohn, mit allen Abgaben und Frohnen
seinem neugestifteten Kloster an der Moldavitza vergabte (6961, 1453).

Aber auch das Kloster Pobrata bedachte Alexander, indem er
in demselben Jahre (26. Januar) demselben eine Bienenstätte im Bann-
walde, 4 Hauswesen Tataren, die ganze Wiese Urechiés und die Ein-
öde (pustietate) an der Mündung des Sachsenbaches (Suska) an dem
grossen Nemezbach hinauf schenkte. Überdies beteilte er dieses Kloster
mit der freilich etwas anzweifelbaren Einwilligung der Sachsen d. i. des
Scholtus (Schultheiss) und der Pärgari (Bürger) mit jährlichen 12 Scheffel
Gerste, 4 Scheffel Weizen, aus deren Mühle in Baja mit dem Beisatze,
dass, wenn die Sachsen dies nicht einhalten, sie dem Landesherrn jedesmal 66 Rubel zu zahlen haben werden. Der moldauische Chronist Nic
Costin bestätigt, dass Baja durch Sachsen gegründet worden, sowie dass
alle alten Städte der Moldau in ihrem Ursprung sächsisches oder deutsches
Gepräge tragen und in allen die deutsche Städteverfassung, d. i. das Magde-
burger Recht galt, nach welchem daselbst auch Schultes und Pärgari

---

*) S. Engel, 1. Teil, S. 47. Oppidum Huss anno 1460 ab Hussitis a M. Cor-
vino in exilium missis, conditum, locus a 3 collibus notus. In colas habet compluris
Hungaros minori numero Valachos. Catholici sunt 682 et 3 templa (Hic sedes
Episcopi Valachorum.) Heute Bischofssitz Husi.

**) Sulzer d. tr. D. Bd. I. § 46.

bestanden haben. Dass sich der öffentliche Gottesdienst der Sachsen hier lange erhalten habe, darauf deutet auch der in der dortigen Kirche befindliche deutsche Psalmspruch und eine ziemliche Anzahl von Grabinschriften:

1. Hic jacet bartolomens dei servus civis sax. (mit gotischen Buchstaben) 1497.

2. Hic jacet prudens et circumspectus vir Nicolaus Shacz: sepultus est Anno M. D. die — inteligite hoc qui obliviscimini denn, Ps. X. L. IX.

3. Dazu ist Christus geboren, auferstanden und vider lebendig vorden, das er über Todten und Lebendigen Her sey. Gregorius Kirschner A. D. 1. 5. 7. 2.

4. Hi ist das Begräbniss der Sophia, des Peter Schneider sein Eheweib und ist im Herrn entschlafen 1602 Die 20. May.

5. Sepulta est hoc sub tumulo honesta Femina Anna Filia Antony Uxor D. N. J. Georgy Anno Dni. 1603 Martii 1.

6. Hic repositus est egregius vir Dominus Joannes Wolf de Bania. Obd (ormirit in Do) No. A. 1652 M E. No. 16.*)

Diese, sowie die vielen übrigen in und bei dieser Kirche liegenden und durch soviele Jahre daselbst bestandenen Denk- und Grabsteine mit deutschen Inschriften hat man im Sommer 1884 weggeschleppt und nur die alten durchbrochenen Hauptmauern der Kirche sind geblieben. Was aber sonst noch die Menschen verschont, das hat der Zahn der Zeit in Verfall gebracht. Nichts ist mehr da, als in der Rundbeuge (Apsis) der Kirche fünf hübsche, mit fleissiger Steinmetzerei berandete Rundbogenfenster und hübsch gemeisselte Ansätze zu den ehemals an der Wölbung hinlaufenden Steinrippen. Die Kirchenmauern waren mit 9 Strebepfeilern gefestigt und ihre Vorderhälfte niedriger als die rückwärtige. Hier an der Schmalseite mit ihrer an der Erde 150 cm dicken Mauer mit zwei Eckpfeilern und den im Aufriss übereinanderstehenden zwei Fenstern glich sie dem Mauerteil der nun in Trümmern liegenden sächsischen Kirche in Rodna. Noch heute heisst sie unter dem Volk „die sächsische". Über das Schicksal der sächsischen Ansiedlung von Baja geben die im wüsten Friedhofe um die jetzige moldauische Kirche liegenden Überreste eines zertrümmerten Grabkreuzes Aufschluss, darauf ist mit

*) Jerney János keleti utazása a Magyarok Ős-helyeinek kinyomozása vegett 1844 es 1845. 1. Teil. Pest 1851. S. 156.

kyrillischen Buchstaben in rumänischer Sprache noch zu lesen: „Hier ruhet Anna Göbel."*)

Dem wissenschaftlich gebildeten Hospodar Johann Despota (1561 bis 1567) wird nachgerühmt, dass er den Protestantismus ganz besonders begünstigt habe. Willens, in seinem Lande einen Bürgerstand zu schaffen, fand er wenigstens den Keim hierzu in den Bewohnern der Stadt Kotnar, wo Tuchmacher angesiedelt waren. Er baute hier eine Kirche und Schule, legte eine Bücherei an und hat wahrscheinlich auch die verfallene römische Kirche, wenn nicht auch die grosse Kirche erbaut, welche mit den Sachsen nach Nic. Costin zu Anfang des 18. Jahrhunderts (1710) noch bestand. Überdies berief er Künstler und Handwerker aus Deutschland, darunter seinen Münzmeister, Namens Wolf.

In Jerneys Werk S. 188 sind folgende Grabinschriften aus Kotnar verzeichnet:

1. Sub hoc lapide teguntur ossa sepulta honesti quondam viri Andreas Veindrig et Sophiae piae memoriae filiae Dni. Martini Victoris Cotnariensis, obiit 4. Sept. Anno 1619.

2. Pater sacerdotum Patronius Ecclesiarum Fid. Catholicae speculum D. Valentinus Alstner. Obiit 4. Jan. A. D. 1647.

3. . . . . Lapide . . . . jacet egregius vir Dnus ns Flescher. Obijit A. 1652, 18. Jan. Requiescat . . . . . .

4. Andreas vir zelo fidei observantia catholicae legis pietate in societate Jesu memorabilis hic requiescit. Anno D. N. 1654.

5. Jacet sub hoc lapide pie memoriae A. R. P. Gabriel Drotlerus O. E. B. Peractis quinque Lustris in gubernatione istius Ecclesiae. pie Lector. non sit tibi Grave dicere requiescat in Pace. (Ohne Jahreszahl.)

Diese Bildungsanfänge waren jedoch nur von kurzer Dauer, denn nach Johannes Despotas Ermordung wurde von seinen Nachfolgern Stefan Tomscha und Alexander Lapusnean alles, was an ihn erinnerte und was er begünstigt hatte, nach und nach ausgerottet.

Unter dem Woewoden Peter dem Lahmen (1572) wusste es dessen Kümmerer Johannes Bruti. ein fanatischer Eiferer der katholischen Kirche, dahin zu bringen. dass der Hospodar Jesuiten ins Land kommen liess und ihnen das Recht über alle katholischen Kirchen und über alle

*) Molda oder Beiträge zur Geschichte der Moldau und Bucovina von Franz Adolf Wickenhauser, II. Bd., Czernovitz 1885. Selbstverlag.

Sachsen und Ungarn (deren Zahl Bruti bald auf 20,000, bald auf 15,000 angiebt) einräumte. Peter selbst erliess, nachdem er schon früher die ketzerischen geistlichen Diener (Ministri) hatte vertreiben lassen, im Jahre 1588, mit Beistimmung der Bischöfe griechischen Glaubens, den Befehl, dass sich alle Sachsen und Ungarn zur römischen Kirche bekennen, oder aus dem Lande gehen müssten bei sonstiger Vertilgung durch Feuer und Schwert. Auch war er willens, nicht einmal unter seiner Hofbesatzung, welche aus 500 und mehr Ungarn bestand, in der Folge einen Ketzer zu dulden.*) In dem betreffenden Berichte heisst es weiter: „Dies eine füge ich noch hinzu, dass der Gesandte der Königin von England, welcher auf der Rückkehr von Konstantinopel war, zu seiner und seiner Königin grosser Bestürzung hier Jesuiten und die Vertreibung der Ketzer gesehen hat, sowie die Aufnahme des katholischen Glaubens, welchen jene frevelhaft aus ihrem Reiche verdrängt haben.“

Aus einer Denkschrift des Franziskaners Bernhard Quivini, Bischofs bei der Kirche im Argesch für die Moldau und Walachei, an den Papst Clemens VIII. in Rom geht hervor, dass das Bistum Bacau, welches durch beiläufig 90 Jahre erledigt gewesen, im Jahre 1599 an 1692 Familien oder 10,704 Seelen zählte. Bacau selbst habe mit den anliegenden Dörfern im ganzen etwa 1692 katholische Seelen, zwei Kirchen, eine aus Stein und eine aus Holz gebaute. Erstere habe der Fürst ihm zulieb mit einem Kostenaufwand von 500 Thalern Gold ganz neu eindecken lassen. Die Stadt Baja zähle etwa 316 Seelen Ungarn und Sachsen und habe zwei Kirchen aus Stein, von denen die eine zerstört, die andere noch schön und bequem sei; daselbst wirke ein Siebenbürge, namens Lorenz als Pfarrer, der verheiratet sei und bereits drei Knaben habe. Er habe denselben bewogen, sich von seiner Frau, die wieder schwanger sei, zu trennen und sie in eine andere Stadt zu schicken, den Priester aber, da er keinen besseren finden können, in besagter Pfarrei belassen. In Neamtu fand er etwa 383 Katholiken und einen mehr als 70jährigen Priester, einen Sachsen, mit seinem ebenso hochbetagten Weibe in gemeinschaftlicher Wohnung. Auch dieser musste die Frau entlassen mit dem Versprechen, nicht mehr mit ihr zu verkehren. Husch zählte 435 Seelen und eine hölzerne Kirche. Der dor-

---

*) Theiner, Vetera monumenta Poloniae. Roma. 1863. Tom. III. No. XLIX P. 13. In deutscher Übersetzung aus der Schrift Wickenhausers.

tige Pfarrer, ein Siebenbürge und Priester des Franziskanerordens, aber
ebenfalls beweibt, ergriff vor dem Bischof die Flucht. In der Stadt
Kotnar fand der Bischof 198 katholische Familien mit 1080 Seelen.
Als Pfarrer fungierte daselbst ebenfalls ein Siebenbürge, welcher mit
einer Witwe verheiratet war. Auch dieser musste sich von seiner Frau
trennen, ward aber dafür aus Mangel an Priestern in der Pfarrei belassen. Überdies traf der Bischof in dieser Stadt einen Sprachschul-
meister, den Laien Peter Elmon, einen siebenbürgischen „lutherischen
Ketzer", der den Kindern der dortigen Ungarn und Sachsen Unterricht
im Ungarischen und in Latein erteilte. Bei der in seinem Hause vor-
genommenen Visitation fand der Bischof drei ketzerische Bücher in
ungarischer Sprache und eine verbotene heilige Schrift vor, welche er
wegnahm und verbrannte. Überdies liess er den Schulmeister, da sich
derselbe zu Luthers Lehre bekannt hatte, in der Kirche öffentlich die
Meinung seines Luthertums (l'opinione del suo luteranismo) abschwören,
worauf er ihm wegen Mangels anderer Schulmeister das fernere Schul-
halten gestattete. Schlimmer als diesem Schulmeisterlein in K. erging
es jedoch einem Siebenbürgen, namens Benedict in Vaslui. Dieser hatte
sich dort selbst zum Pfarrer eingesetzt. Bischof Quirini, davon, sowie
von dem Umstand benachrichtigt, dass er durch einen lutherischen Bischof in Siebenbürgen „bloss durch Auflegung der Hände geweiht worden sei", dass er Messe halte, ohne die formellen Worte taufe und in
der Kirche das öffentliche Bekenntnis (Beichte) nach Art der Lutheraner
halte, liess ihn ergreifen und nach Bacau bringen, wo er verhaftet und
in einem der Zimmer des Bistums, die alle von Holz waren, in Ketten
gelegt wurde, um nach dem Verhör Tags darauf nach Suczava zur
gehörigen Bestrafung überführt zu werden. Nachts brach der Gefangene
jedoch aus dem Hause und rettete sich in ein Dorf an den Grenzen der
Tatarei.

In Roman fand der Bischof nur 25 lateinische Familien, Ungarn
und Sachsen.

Welcher Geist damals am Fürstenhof der Moldau in Suczava, zugleich dem Sitz des Erzbischofs, herrschte, erhellt daraus, dass der Fürst
den Altar und die Bilder der katholischen Kirche in schönster Art um
mehr als 30 Thaler wiederherstellen und ausserdem zwei Messgewänder,
Schulter- und Handbinden von Silberbrokat, ferner vier Messhemden und
vier Chorröcke dem Bischof verehren liess. Am Frohnleichnamsfest

welches, sowie die übrigen Feste — um alle Verschiedenheiten und Er-
örterungen mit der einheimischen Bevölkerung zu beheben — mit Vollmacht von Rom nach dem alten Kalender gefeiert wurde, hielt Bischof
Quirinus mit grosser Feierlichkeit den gewöhnlichen Umgang mit dem
heiligsten Sakrament unter Begleitung des Fürsten selbst, der Bojaren,
des Erzbischofs seines Bruders, der Bischöfe, der Soldaten und des Volkes
ab. Diese auffallende Erscheinung findet ihre Erklärung in dem Umstand, dass Jeremias Mogila, der von polnischer Abkunft war, seine
Fürstenwürde hauptsächlich dem polnischen Einfluss zu verdanken hatte
und überdies eine katholische Frau, Elisabeth Csomortani, Tochter
eines siebenbürgischen Senators, besass. In der katholischen Kirche zu
Suczava liess er folgende Inschrift im Altare eingraben: Deo ter optimo
maximo et Deiparae virgini Mariae in lapidem hoc altare fieri fecit il-
lustrissimus princeps Jeremias Mogila in suam totiusque prolis memoriam.
(„Dem dreieinigen, allerhöchsten Gott und der göttlichen Jungfrau Maria
hat der durchlauchtigste Fürst Jeremias Mogila dies in den Stein am
Altar eingraben lassen zu seinem und seiner ganzen Nachkommenschaft
Gedächtnis.").

Bischof Quirinus traf daselbst beiläufig 30 katholische Familien mit
150 Seelen und 2000 polnische und ungarische Seelen in Suczava. Damit stimmt die Angabe bei Engel, dass in dieser zweiten Residenz der
moldauischen Fürsten, die einst von Sachsen und Ungarn bewohnt gewesen sei und über 8000 Einwohner gezählt habe, die Katholiken auf
25 Köpfe herabgesunken seien, die ihre Muttersprache vergessen und sich
walachisiert hätten.*) Damit ist unsere eingangs gemachte Behauptung,
dass schon in früheren Jahrhunderten Einwanderungen und Ansiedelungen
fremder Volks- und Glaubensgenossen in die Moldau und Walachei stattgefunden haben, zur Genüge erwiesen; nicht minder fest steht aber die
weitere Thatsache, dass weder die katholische Kirche trotz ihrer Organisation, ihres mächtigen Einflusses und ihrer sonst von Erfolg beglei-
teten Propaganda, noch der Protestantismus irgendwo in diesen Ländern
sich früher auszubreiten im stande gewesen sind. Die Ungunst der Zeiten,
die Lage dieser Länder, welche als Kampfplatz und Heerstrasse der sich
bekriegenden Nachbarstaaten dienten, ferner die Abgeschlossenheit der
einheimischen Bevölkerung in religiöser und nationaler Beziehung, das

*) Engel. 1. Teil S. 47.

alles war der Ausbreitung fremden Glaubenslebens in diesen Ländern entgegen, und die Zeitpunkte, wo insbesondere der Protestantismus sein Glück machen zu wollen schien, waren bis ins 18. Jahrhundert vorübergehend.

Gleichwohl lässt sich zur Ehre der orthodoxen Bevölkerung nicht behaupten, dass Intoleranz und Verfolgungssucht dabei besonders hinderlich gewesen wären. Bedrückungen und Verfolgungen fremder Glaubensgenossen haben hier in jener furchtbaren Weise, wie sie uns die Kirchengeschichte in den anderen civilisierteren Staaten Europas überliefert, nicht stattgefunden und überdies waren die Motive dazu in der Moldau und Walachei — soweit die Verfolgungen nicht auch hier von den Jesuiten angezettelt wurden — vorwiegend politischer Natur, indem dieselben nie von der orthodoxen Kirche und vom Volke, sondern von den Machthabern des Staates ausgingen. Bei weitem häufiger begegnen uns in der Geschichte dieser Staaten Fürsten, welche die Fremden, namentlich aber das industrielle deutsche Volk begünstigten, um durch dieselben die Kultur des Landes zu heben. So liess der Fürst Scherban Cantacuzen (1679—1688) zu Bukarest eine Druckerei einrichten, in welcher die ersten Blätter einer prächtigen walachischen Bibel erschienen; ferner sorgte er für eine Beschreibung der Geschichte seines Landes, berief griechische Lehrer ins Land, ermunterte die Bojaren, ihre Kinder durch dieselben unterrichten zu lassen, und zog auch Handels- und Handwerksleute herbei. Unter der zweiten Regierung des Nicolaus Mauro Cordato (1719—1730) kam auf Empfehlung des Leipziger Buchhändlers Thomas Fritsch ein gewisser Stefan Bergler an den Fürstenhof nach Bucarest. Derselbe war in Kronstadt (Blumenau) 1680 geboren, hatte das dortige Gymnasium absolviert und war zu seiner weiteren Ausbildung nach Leipzig gereist, wo er als berühmter Gelehrter — obgleich Cyniker — einen grossen Ruf besass, so dass man aus Rom ein altes griechisches Manuskript zur Entzifferung an ihn schickte. Im Jahre 1722 reiste er auf obige Empfehlung nach Bucarest, um dessen beide Söhne Carl und Constantin zu unterrichten. Hier übersetzte er ausserdem die auswärtigen Zeitungen ins Griechische und besorgte die Büchersammlung des Fürsten. Er wurde nach seinem Tode als Katholik von seinem indessen zum Fürsten erhobenen ehemaligen Zögling Constantin mit vielem Pompe 1738 begraben.*)

*) Engel, 2. Teil, S. 16 und 17; ausserdem: Seiverts Siebenb. Gelehrte.

In der letzten Hälfte des vorigen Jahrhunderts war es in der Moldau und der damals noch mit derselben vereinigten Bukowina der Fürst Johann Theodor Kallimach, welcher einer vom Grafen Stanislaus Poniatowski gegründeten Ansiedelung deutscher protestantischer Handwerker (namentlich Tuchmacher) auf dem linken Ufer des Dniester zu Lalezesyk gestattete, auf diesseitigem Bukowinaer Boden eine Kirche samt Pfarrwohnung zu bauen, weil der Bischof von Kameniz, zu dessen Sprengel Lalezesyk gehörte, die Erlaubnis zum Bau einer „ketzerischen Kirche" auf polnischem Gebiet verweigert hatte.

Der Fürst ging aber noch weiter und stellte den Ansiedlern einen Freibrief mit bedeutenden Vorrechten und Privilegien aus. Im Jahre 1759 waren Kirche und Schule gebaut. Der erste Pastor war ein gewisser Feege aus Königsberg. Ihm folgte Johann Jacob Scheidemantel aus Sachsen-Gotha und Schullehrer Schultz. Nach Johann Theodor ward sein Sohn Gregor Johann Kallimach (1761—1764) Herr der Moldau. Wie sein Vater begünstigte auch er die Niederlassung. Nach seinen eigenen Worten „wollte er dieselbe im Lande beständig und dauerhaft machen und derlei arbeit- und gewerbsame Leute noch mehrere in die Moldau ziehen". Deshalb bestätigte er auch die von seinem Vater verliehenen Freiheiten vollinhaltlich. Ungeachtet dessen hatte diese Ansiedelung bei Luca Prelipea keinen Bestand und zwar infolge der um diese Zeit beginnenden Stürme, die über das Königreich Polen vernichtend hereinbrachen, und durch welche die an seinen Grenzen liegende Ansiedelung mehrere Male verwüstet wurde.

Die Bildung von deutsch-evangelischen Gemeinden in der Walachei und Moldau war mit Ausnahme der Bukarester Gemeinde unserem Jahrhundert vorbehalten, und deren eigentliche Begründung und Fortentwickelung ermöglicht zu haben ist das Verdienst des Gustav-Adolf-Vereins und der ersten evangelischen Grossmacht der Welt, Preussens.

Erster Abschnitt.

Von den Anfängen der evangelischen Gemeinde bis zum Jahre 1839.

1. Kapitel.

Bucarest (Bucuresti, sprich: Bucurescht).

Bezüglich des Ursprungs des Namens Bukurescht giebt es zwei Versionen: nach der einen stammte derselbe von dem Worte „bucurie", d. h. Freude, ab und liesse sich mit Freudenstadt übersetzen, was jedoch sprachlich nicht zulässig ist. Eine andere Version ist: dass Bucuresti vom Eigennamen Bucur abgeleitet sei, was grammatikalisch möglich wäre. Die Sage von der Bucur-Kirche macht diese Ableitung wahrscheinlich. Darnach soll ein Schafhirte, namens Bucur, seine Niederlassung an jenem Orte gehabt haben, wo heute noch das angeblich älteste Kirchlein der Stadt, die Bucur-Kirche, steht. Da dieses Besitztum auf seine Nachfolger überging, die kurzweg Bukureschter (Bucur — Bucurescu — Plural: Bucuresci) genannt werden konnten, so ward auch die Niederlassung selbst nach ihnen Bucuresti genannt und erhielt auch das Dorf, welches später an dieser Stelle entstand, denselben Namen, ähnlich wie es mit den Dörfern: Dragomiresti, Serbesti, Vladesti, Stefanesti, Bogdanesti u. a. der Fall war, deren Namen nur von Dragomir, Serb, Vlad, Stefan, Bogdan abzuleiten sind.

Gegen Ende des 14. Jahrhunderts erhob der Woiwode Mirtscha (Mircea) der Alte (1382—1418) Bucarest, das damals bereits zu den bedeutendsten Vororten der Walachei gezählt haben muss, zur Winterresidenz der walachischen Fürsten und baute hier den Fürstenhof, später und noch gegenwärtig „Curtea vechie" (d. i. der alte Hof) genannt. Trotz-

dem verdiente diese Residenz im Jahre 1560, wo sie noch am linken
Ufer der Dimbovitza lag, kaum den Namen eines Marktfleckens. Erst
seit dem Jahre 1716 wurde Bucarest zur ausschliesslichen Residenz.
Die Fürsten brachten den Sommer nun nicht mehr, wie bisher, in Tirgovischt zu.

Im Jahre 1789 hatte Bucarest nach Tunusli bereits einen Umfang
von 3 Stunden Weges und die Dimbovitza floss mitten hindurch.

Die sociale Pyramide stellte sich folgendermassen zusammen: Die
Basis bildeten die Isnafi, d. h. Kaufleute und Handwerker, dann folgten
einige Hundert Kleinbojaren und über diesen die Grossbojaren, unter
welchen einzelne besonders hervorragten und die Proti-Peutada ausmachten,
die Spitze bildete der Fürst, „Domnu", wie der uralte Name für die regierenden Fürsten lautet. Wissenschaften und freie Künste waren unbe-
kannte Dinge, Handel und Gewerbefleiss befanden sich noch auf primitiver
Stufe und zumeist in den Händen der Fremden und zwar der Griechen,
Armenier und Deutschen. Die Bojaren, welche freien Grundbesitz besassen
und in früheren Zeiten den Kriegerstand bildeten, sind heute nurmehr
Grossgrundbesitzer ohne politische Vorrechte und zählen auch nicht zum
Adel, wenngleich sie noch immer durch Abstammung von der ersten
Klasse der Bevölkerung früherer Zeit eine hervorragende Stelle ein-
nehmen.*)

Bis zum Jahre 1716 wurde der Fürst gewählt, allein die Nachkommen des letztregierenden und unter diesen wieder der Älteste hatte
den Vorzug. Waren keine direkten Nachkommen vorhanden, so wählte
man einen Verwandten der Regentenfamilie und fand man auch unter
diesen keinen Berechtigten und Tauglichen, so wurde einer der Bojaren
gewählt. Infolgedessen mussten die Walachei und Moldau alle Nach-
teile und allen Jammer, den diese halb monarchische, halb republikanische
Einrichtung mit sich brachte, im Laufe von Jahrhunderten durchkosten.
Mit dem Jahre 1716 brach aber eine noch viel unglücklichere Zeit für

---

*) Der Name „Bojar" stammt aus dem bulgaroslawischen Worte boliarin ab,
welches wieder auf das Wurzelwort Burie (multum, viel) zurückzuführen ist; er
bedeutet einen Vielhabenden und Vielbedeutenden, also einen Magnaten, einen
Hochadligen, in späterer Zeit überhaupt einen Mann von dem höhern Adel zum
Unterschied von dem Kleinadel. (Miklosich: Lexicon linguae slavonicae veteris
dialecti. Vindobonae 1859. Miklosich: Die slavischen Elemente im Rumänischen.
Wien 1861.)

die beiden Fürstentümer an, die Herrschaft der Phanarioten (1716 bis 1821).

Die Phanarioten stammen von jenen Griechen ab, die, nachdem das byzantinische Kaiserreich zerfallen (1453) und auch der Peloponnes den Händen der unseinigen Palaeologen entrissen und zum osmanischen Reich geschlagen worden war, aus der geistig und materiell geknechteten Balkan-Halbinsel nach Konstantinopel auszuwandern begannen, wo sie rasch an die Stelle des nahezu vollständig ausgerotteten byzantinischen Adels traten und nicht bloss in der Hauptstadt der Unterdrücker — in der sie sich bei dem zum Leuchtturm und zum Hafen führenden „Phanar"-Thore niedergelassen hatten — sondern im ganzen Reiche zu Ansehen und schliesslich durch Besetzung der wichtigsten Ämter zu sehr bedeutendem Einfluss gelangten.

Die Pforte beschloss, von nun ab die Regenten der Moldau und Walachei aus der Reihe jener griechischen Familien im „Phanar" zu ernennen. Es waren meist Persönlichkeiten darunter, die das einflussreiche Pfortendragomanat, diese seither fast unvermeidliche Stufe zu den unwiderstehlich lockenden Regentenstühlen der beiden Fürstentümer, inne gehabt hatten. Von der Pforte auf Lebenszeit ernannt, nie aber länger als etliche Jahre sich auf dem Throne haltend, waren diese phanariotischen Regenten nichts anderes als Statthalter der Türkei, welche die Fürstentümer aussogen. Die Pforte und insbesondere die einflussreichen und massgebenden Grossveziere machten dabei ein ausgezeichnetes Geschäft, indem sie diese Sendlinge ihrer Gunst ein- und absetzten oder, was häufig vorkam, bald auf den moldanischen, bald wieder zurück auf den walachischen Fürstenstuhl oder umgekehrt versetzten. So wurden diese beklagenswerten Länder der Schauplatz griechisch-phanariotischer Ränkesucht, osmanischer Bestechlichkeit im Versteigerungswege, aber auch greulicher Erschöpfung; ja es sollte ihnen unter fremdnationalem Regimente und als teilweiser Ersatz für das in die Taschen ihrer Versteigerer und Bestecher geleitete reiche Mark materieller Schätze sogar der Trost versagt bleiben, die sorgfältigere Pflege und Kräftigung ihres nationalen Lebens angebahnt zu sehen, das vielmehr von da ab offenbarer Verwahrlosung und gewaltsamer Unterordnung unter das neugriechische Element entgegenging.*) ... An einer andern Stelle heisst es: Die Geschichte der

---

*) Hurmuzaki: Fragmente zur Geschichte der Rumänen. Bd IV., S. 51.

Donaufürsten in dieser Zeit war eine Verkettung unheilvoller Begebenheiten sowohl für sie selbst, wie für die von ihnen verwalteten Fürstentümer. Ein loses Spiel, nach dem Takt fremder Laune gespielt, durch
fremde Intriguen gefördert, darstellend Verdrängungen und Verwechse-
lungen, Verbannungen und Wiederernennungen, Wiederverbannungen
und Wiederbegnadigungen; gleichzeitige Ränke und gleichzeitige Kata-
strophen; schnöde Käufe des Aussaugungsrechts an schönen Ländern;
der echte Mammon als Verleiher, Gebieter und Überbieter so bildungs-
fähiger Provinzen; Selbstsucht, Grausamkeit und Unbeständigkeit oben;
Indolenz, Knechtsinn und Eigennutz unten; dieses Schauspiel bot sich in der
Moldo-Walachei dem unbefangenen Blicke dar. . . . . Wenn das Fürsten-
tum Geld kostete — folgerten die Fürsten — so müsse es hinwieder
Geld eintragen; nur Geld in Fülle konnte die nach dreijähriger Verwaltung bei der Pforte anzusuchende Bestätigung sicher stellen und gefähr-
liche Mitbewerber aus dem Felde schlagen. Der Trieb der Selbsterhaltung
und das unabwendbare Gebot der sonst unhaltbaren Stellung übertönten
fast immer die inneren Anklänge, die aus einer besser gearteten Persönlichkeit sich vernehmen liessen. Allen mit Kosten verbundenen Unternehmungen, sonach allen gemeinnützigen öffentlichen Anstalten, welche
doch ohne Kostenaufwand sich weder einführen noch erhalten lassen,
wich man oben und unten sorgsam aus dem Wege und selbst die fremde
Sitte früherer Fürsten, dem eigenen Andenken durch den Bau von
Kirchen und Klöstern längere Dauer zu sichern, kam als eine kostspielige
und zeiterfordernde ausser Übung. Das Miasma der Verwaltung, dem
ganzen Lande sich einimpfend, war bloss geeignet, die Korruption von
den Ufern des Bosporus an die der Donau zu verpflanzen, aber diese
Länder weder zu sittigen, noch zu heben, noch zu kräftigen, so wenig
in nationaler, als volkswirtschaftlicher und allgemein humanitärer Beziehung. Hierzu kam noch der gewöhnlich mit überraschender Schnelle
eintretende Abbruch solcher ephemeren Regierungen, die einerseits selbst
dem edelsten Willen, dem reinsten Thatendrang nur eine kurze Spanne
Zeit zum patriotisch-hingebenden Wirken bieten konnten und andererseits
auch bei der Wiedererhebung des gestürzten Fürsten sich nicht als gleich-
artiges Ganzes ansehen liessen. Constantin Maurocordatos zehn
Regierungen binnen 30 Jahren (viermal in der Moldau, sechsmal in der
Walachei), gemengt mit Zwischenregierungen verschiedener Nachfolger,
eigneten sich schon dieser bunten Unterbrechungen wegen nicht zur

Vollbringung eines grösseren Werkes. Da nun alle diese Fürsten in der vorliegenden Epoche als Pächter der Donaufürstentümer nur einem Systeme, dem der materiellen Ausbeutung, huldigten, so reicht bei der Gleichförmigkeit ihrer administrativen Vorgangsweise die blosse Nennung ihrer Namen zur Kennzeichnung ihrer Verwaltungsperiode im grossen Ganzen hin.*)

In diese traurige Geschichtsepoche der Walachei fällt die Entstehung der evangelischen Gemeinde zu Bucarest. Dieselbe darf ungescheut als der Kern und Grundstock für die im Laufe des 18. und 19. Jahrhunderts so umfangreich gewordene deutsche Kolonie der Hauptstadt bezeichnet werden. Die Geschichte dieser Gemeinde gestaltet sich demnach gewissermassen zu einer Geschichte der gesamten deutschen Kolonie und kann aus ihr zugleich der Massstab zur Beurteilung jener geräuschlosen Kulturarbeit entnommen werden, welche den Angehörigen der deutschen Nation in Rumänien zugefallen ist.

Durch die Erhebung Bucarests zur Residenz vereinigte diese Stadt die Vorzüge eines günstig gelegenen Stapelplatzes für den Handel zwischen Orient und Occident mit der Anziehungskraft, welche der grössere oder geringere Luxus einer jeden Hofhaltung auf den gewerblichen und industriellen Unternehmungsgeist ausübt, und es war also sehr natürlich, dass die deutschen Gewerbs- und Handelsleute aus dem Siebenbürgener Sachsenlande, in richtiger Erkenntnis der hierdurch gebotenen Vorteile, die Stadt an der Dimbovitza zum Mittelpunkt ihrer geschäftlichen Beziehungen machten.

Wann jedoch die evangelische Gemeinde sich gebildet und durch wen dieselbe gesammelt, darüber lässt sich nichts mit Bestimmtheit sagen. — Aus der Regierungszeit Stefan Cantacuzenos (1714—1716), wird wohl einer Synagoge der Juden Erwähnung gethan, die derselbe, „um sich das Ansehen eines sehr frommen Fürsten zu geben", schleifen liess und überdies wurden den Juden alle gottesdienstlichen Versammlungen verboten. Weiter wird erwähnt, dass derselbe dem Franziskanerprior Del Chiaro sich erboten habe, zur Herstellung der Franziskanerkirche in Bucarest Materialien zukommen zu lassen; nur sollten sie keinen zu hohen Turm bauen, der den Türken in die Augen fiele. Von einer evangelischen Kirche oder Gemeinde geschieht keine Erwähnung.

*) Hurmuzaki, Bd. V., S. 209.

Nach einem von Sulzer in Übersetzung mitgeteilten italienischen Manuskript ohne Angabe des Verfassers und Datums stammte die protestantische Kirche in Bucarest nebst der Hälfte des hinter dem dortigen Pfarrhofe befindlichen Gartens erblich von jenen Ungarn der Rakozischen Partei her, welche im Jahre 1690 unter dem Grosssultan Mustafa (?) im 11. (?) Jahre der Regierung des Fürsten Brancovan in die Walachei gingen und sich an einem Orte, Kiprovitz genannt, niederliessen, welchen der Grossherr ihnen angewiesen hatte, und wohin ihnen auch der Fürst Brancovan auf Befehl des Sultans 600 Ochsen und 300 Kühe zu ihrer Verpflegung schicken musste. Von da kamen bald darauf einige von diesen Ungarn nach Bukurescht und nahmen den damals öden und unbewohnten Platz in der Nähe des Brunnens „Fantine Boului" (des Ochsenbrunnens), wo jetzt unsere Kirche steht, in Besitz. . . . Sie gebrauchten gedachten Platz für ihren Friedhof, wie man noch heutzutage aus verschiedenen Grabsteinen vom Jahre 1703 daselbst ersehen kann, worunter die von zwei ungarischen Edelleuten, welche Andreas Deschei und Matkai geheissen, die kenntlichsten und merkwürdigsten sind.*)

Schon Pfarrer Scharai hat nicht nur das Unrichtige und Unhistorische in dieser von Sulzer ohne Kritik mitgeteilten Erzählung zum Teil widerlegt, sondern auch, was derselbe daraus gefolgert: dass man nämlich nicht nur die evangelisch-lutherische Kirche in Bucarest den Kalvinern schuldig sei, weswegen er sie auch die protestantische Kirche zu nennen beliebt, sondern auch, dass es hier eine Zeit gegeben, da „Kalviner" und „Lutheraner" zugleich und ohne Unterschied diese Kirche besucht haben, bis sie endlich den letzteren allein zuteil geworden sei**), ein sicherer Beweis, dass die Protestanten unter sich die längst gewünschte Union gewiss nicht verzögern werden.

Um jene Sulzersche Behauptung, die zu Scharais Zeiten zu manchen Missverständnissen und falschen Ansichten in der ungarisch-reformierten Gemeinde Veranlassung gegeben und damals sogar störend auf die gute Harmonie zwischen den beiden Schwestergemeinden gewirkt hat, ja die noch heutzutage hie und da geglaubt wird, gründlich zu widerlegen, fühle ich mich veranlasst, zunächst an der Hand der Geschichte die falschen Daten jenes „welschen Manuskriptes" zu berichtigen:

---

*) Sulzer: Gesch. d. tr. u. Daz., Bd. 3, § 300. Descrizzione dello Stato della Chiesa protestante a Bucarest.

**) A. Scharai, S. 3.

Erstens regierte 1790 nicht Mustapha sondern Soliman II. am goldenen Horn; sodann war Brankovan erst 2, nicht 11 Jahre Fürst der Walachei (1688—1714). Kiprovitz oder Chiprovatz liegt nicht in der Walachei, sondern in Bulgarien. Von Racoczischen Parteigängern aber kann in der Walachei erst zu Anfang des 18. Jahrhunderts die Rede sein.

Am 9. August 1704 schreibt Racoczi an Ludwig XIV.:

„Je suis été élu prince de Transilvanie le 6. du mois dernier.

Sein Stern erlosch erst vier Jahre später mit der Niederlage von Trencsin (4. August 1708). Gleichwohl hielt er sich noch bis zum Februar 1711 in Ungarn und Siebenbürgen und wurde nach vielfachen Irrfahrten vom französischen Königshofe gastlich aufgenommen. Im Jahre 1717 ging er von Paris auf Anstiften des spanischen Ministers, Kardinal Alberoni, von der Pforte berufen, nach der Türkei, wo er als Werkzeug gegen Österreich wohl zu gebrauchen war. Um diese Zeit war Jonaki (Johann) Maurocordato Fürst der Walachei. Der ungarische Aufruhrhäuptling Bercsény lagerte damals mit einem auf Kosten der Pforte aus Ungarn, Polen, Ruthenen und Bosniern angeworbenen Heere bei Vacaresci, in der Nähe von Bucarest, und hatte die Bestimmung, in Gemeinschaft mit dem Fürsten und einer ebenfalls in der Walachei stehenden türkischen Heeresabteilung in Siebenbürgen einzufallen. Die Expedition kam jedoch nicht zur Ausführung, da bald darauf der Frieden von Passarovits geschlossen wurde (1718). Für dieses Expeditionskorps mag der Fürst Maurocordato jene 600 Ochsen und 300 Kühe zur Verpflegung herbeigeschafft haben. Das Expeditionskorps löste sich auf und es mag von den dabei stehenden Ungarn sich mancher in Bucarest niedergelassen haben.

Racoczi wurde auf Verlangen Österreichs von den Grenzen Ungarns nach Konstantinopel entfernt und mit seinen wenigen Getreuen in Rodosto am Marmaraneere interniert (1720).

Nach seinem daselbst am 8. April 1735 erfolgten Tode trat sein älterer Sohn Josef in die Dienste der Pforte, starb jedoch am 17. November 1738 zu Czernavoda an der Pest.

Die Behauptungen Sulzers und seines Gewährsmannes, der sich nicht nur als Protestant, sondern als Mitglied der Gemeinde zu erkennen giebt, entbehren demnach jeder positiven Grundlage. Dagegen ist die Annahme gerechtfertigt und dieselbe wird ihre Bestätigung durch die weitere Geschichte der Gemeinde erfahren, dass den Kern und Grundstock der Gemeinde

Sachsen aus Siebenbürgen gebildet, an welche sich auch aus Ungarn eingewanderte Evangelische, sowohl aus der Zeit der Leopoldinischen Religionsverfolgung, als auch aus der Zeit der Racoczischen Unruhen angeschlossen haben. Dass es endlich hier eine Zeit gegeben, da „Kalviner“ und „Lutheraner“ — wie der Ausdruck lautet — zugleich und ohne Unterschied diese Kirche besucht haben, bis sie endlich den letzteren allein zu teil geworden sei“, ist dahin zu berichtigen, dass die hiesigen ungarisch-reformierten Glaubensgenossen in der That zeitweilig in der deutsch-evangelischen Kirche ihren Gottesdienst abgehalten haben, aber nicht zugleich und ohne Unterschied mit den Evangelischen A. B. — Das wäre schon in sprachlicher Hinsicht kaum durchführbar gewesen, da die „Kalviner“ ausnahmslos der ungarischen Nationalität angehörten und an der deutschen Predigt sich schwerlich hätten erbauen können.

Der erste bekannte evangelische Pfarrer in Bucarest war ein gewisser Martin Wagner. Woher derselbe gekommen, lässt sich nicht genau bestimmen. War er aber, was nicht unwahrscheinlich, aus Siebenbürgen, wie sämtliche Pfarrer der Gemeinde, die ihm bis zu den vierziger Jahren des 19. Jahrhunderts im Amte gefolgt sind, so wäre die Gründung der Gemeinde durch Siebenbürger Sachsen schon damit erwiesen. Vielleicht war er es selbst, der das zerstreute Häuflein gesammelt. Die Existenz desselben, sowie der wirkliche Bestand eines geregelten Gemeindelebens ist zweifellos durch ein Sittenzeugnis aus dem Jahre 1730 überliefert, das noch zu Scharais Zeiten in dem Kirchenarchive der Gemeinde vorfindlich war. Dasselbe, in lateinischer Sprache abgefasst, lautete:

„Dass Herr Michael Schuster vier Jahre in der Gemeinde gelebt, einen gottseligen Wandel geführt, mit allen Gliedern das heilige Abendmahl empfangen und als ein erprobter, rechtschaffener Mann und evangelischlutherischer Christ bei seiner vorhabenden Reise aller Empfehlungen an andere Glaubensgenossen wert geachtet worden sei, wird hiermit glaubhaft bescheinigt.

Herausgegeben von unserer evangelisch-lutherischen Gemeinde in Bukarest, im Jahre 1730, am 8. Dezember.“

Darauf folgte noch ein Zusatz aus dem folgenden Jahre:

„Superius notatus honorandus atque doctus dominus Michael Schuster quem in coetu evang. luth. inter alios devotissimum reperi, more consueto Christianorum confessione publica praemissa fruitur etc. Dom. VII.

Trinit. Anno 1731. Attestor Martinus Wagner, eccl. luth. evang. Pastor Bucurestini.*

Unter welchen Bedingungen Pastor Wagner sein Amt bekleidete, und wie die Verhältnisse der jungen Gemeinde überhaupt gestaltet waren, darüber findet sich keine Spur, da nicht einmal Kirchenbücher aus dieser Zeit vorhanden sind. Nur soviel wissen wir, dass laut Überlieferung die evangelischen Glaubensgenossen sich an Sonn- und Feiertagen im Pfarrhause zum Gottesdienst versammelten, bis an den im Jahre 1744 erfolgten Tod ihres Seelsorgers. Seine Stelle wurde nach längerer Vakanz durch Stefan Molnár aus Szentivan im Kokelburger Komitat in Siebenbürgen besetzt. Während seiner Amtsthätigkeit kaufte die Gemeinde im Jahre 1746 neben dem bisher innegehabten Grundstück ein anderes samt einer Bauernhütte von einem gewissen Tschausch Radul mit Einwilligung seines Weibes und seiner Kinder, wozu auch die Genehmigung der Nachbarn und der dortigen „Kaluger" kam und zwar für 37 Löwenthaler.

Der Grundbesitz der Gemeinde befand sich zu jener Zeit nach einem Plane der Stadt Bucarest, welchen Sulzer seiner Geschichte d. tr. u. Daziens beigefügt hat, am äussersten NNW.-Ende der Vorstadt („Mahala Stejarului" — Eichenvorstadt), während derselbe gegenwärtig dem Centrum nahe und kaum 5 Minuten vom königlichen Palais entfernt in der der Hauptverkehrsader parallel laufenden Strada Lutherana liegt.

Nach dem Tode Molnárs kam Georg Göldner aus Seiburg bei Reps in Siebenbürgen als Prediger an die Gemeinde. Derselbe war vom Hermannstädter Stadtpfarrer und Dekan Schunn heimlich ordiniert worden, weil man damals und noch lange Zeit nachher dem Grundsatz huldigte: keinen evangelischen Pfarrer in die Walachei und Moldau zu lassen, sei der sicherste Weg, die Sachsen von diesen Ländern abzuhalten, „die doch", nach den Worten Sulzers, „dieselben nimmermehr missen können, die ihr einziges Ostindien sind."

2. Kapitel.

Um diese Zeit war Constantin Maurocordato wieder Fürst in der Walachei.

An diesen hatte der Schwedenkönig Friedrich I. ein Schreiben gerichtet, um die freie öffentliche Religionsübung der Evangelischen Augsburger Konfession daselbst zu erwirken, allein die Versetzung dieses Fürsten in die Moldau unterbrach die fernere Unterhandlung. Nach Gregor Gikas Übernahme der Regierungszügel ergriff der schwedische Resident Celsing in Konstantinopel die angenehme Gelegenheit eines Neujahrswunsches, um ihm, der sich während seiner früheren Regentschaft in der Moldau, um den türkischen Argwohn zu entkräften, als Freund Schwedens gegen Russland gezeigt hatte, das Anliegen seines Königs vorzubringen.*) Gregor Woda nahm dieses Einschreiten sehr sympathisch auf, wies zwar auf die sehr geringe Zahl der in seinem Lande weilenden Evangelischen, welche zur Zeit noch nicht die volle Gewährung der öffentlichen Religionsübung zulässig mache, versprach jedoch allen ankommenden Evangelischen gute Aufnahme und stellte denselben, falls sie sich daselbst vermehrt und bleibend niedergelassen hätten, das Zugeständnis vollkommen freier, öffentlicher Kultusübung in sichere Aussicht.**)

Im Jahre 1751 (29. April) erhielt endlich die Gemeinde ein Privilegium, hierzulande „Chrissov" genannt, für ihre freie Religionsübung, mit der weiteren Erlaubnis, sich ein geräumigeres Kirchlein auf ihrem eigenen Grund und Boden bauen zu dürfen (1751, 29. April).***)

Diesen Bau, der bald darauf in Angriff genommen wurde, besorgte ein Gemeindeglied, Apotheker Christian Richter de Leo, evangelisch-lutherischer Religion aus Eperies, der sich zur Zeit der Leopoldinischen Protestantenverfolgung nach Bucarest geflüchtet hatte, fast ganz aus eigenen Mitteln. Das Gebäude bestand aus einem den Bedürfnissen der Gemeinde entsprechenden kleinen Bethaus mit einem Glockenturm. Die Glocke, welche noch vorhanden und im Gebrauche

---

*) Lettre de Celsing au Prince Gregoire Ghika, ddo. Const. 1. Janvier 1749.
**) Risposta del Principe Ghika al Sr. Celsing, ddo. Bucuresti, 18. Genaio 1749.
***) Nur noch in rumänischer Übersetzung vorhanden.

ist, trägt den Namen Chr. Richter de Leo mit der Jahreszahl 1753 (Renovatum 1777 J. W.).

Aus dieser Zeit stammt auch die älteste, im Archiv noch vorfindliche Gemeindeordnung, die im wesentlichen bis in unser Jahrhundert zu Recht bestanden hat. Sie ist das erste Zeichen einer konstituierenden Thätigkeit der evangelischen Gemeinde, die ich deshalb hier vollinhaltlich folgen lasse.

Regula I. Fürchtet Gott und gebet ihm die Ehre. Offenbarung Johannis 7, 14 ff.

Diese Regel gehet überhaupt alle und jeden Menschen an, sie seien hohen oder niederen Standes.

II. Kommt die richtige und von Gott gebotene Administration oder Verwaltung: 1) der heiligen Taufe, 2) des heiligen Abendmahls, 3) der Leichen, 4) des heiligen Predigtamtes und anderer schönen und löblichen Ordnungen, so im Hause Gottes sollen gehalten werden, allein dem Geistlichen zu. — Seine Pflicht dabei ist: die heilige Taufe und das heilige Abendmahl nach der Einsetzung des Herrn Jesu (als dem Haupte der christlichen Kirche) rein und ohne alle Missbräuche zu verwalten. Von Christo haben die Pfarrer und Prediger mit Einwilligung der Gemeinde die freie Macht, die boshaften, ungehorsamen und offenbaren Sünder, als Hurer, Ehebrecher, Flucher und Schwörer von solchen Gnadenmitteln abzuhalten und aus ihrer Versammlung auszuschliessen, bis sie wahre Früchte der Busse thun. 1. Kor. 51, 5.

III. Sollen neugeborene Kinder nicht länger als bis den anderen Tag mit der heiligen Taufe versäumt werden, sondern sollen durch Gevattersleute unserer Religion mit zwei Wachskerzen zum Hause Gottes gebracht und zur heiligen Taufe befördert werden. Wird jemand wider diese Regel handeln, soll er mit einer Okka Wachs gestraft werden.

IV. Sollen Gerichtssachen, so in dieser Gemeinde entstehen, nicht vor anderen Nationen, sondern bei dem Geistlichen in Gegenwart der Ältesten nach der heiligen Schrift und gesunden Vernunft ohne Ansehen der Person gerichtet und nach Befinden der Sachen auch gestraft werden. 1. Kor. 6, 1. 2.

V. Sollen alle offenbaren Hurer, Ehebrecher, Flucher und Gotteslästerer nach gethaner Busse mit 12 türkischen Thalern oder nach Grösse ihres Lasters gestraft werden.

VI. Soll keine Kindbetterin aus ihrem Hause und Hofe ausgehen,

ehe die 33 Tage ihrer Reinigung erfüllet sind nach 3. Buch Moses
12. Kap. — Wird jemand wider solche Ordnung sündigen, soll mit
einem Okka Wachs gestraft werden.

VII. Erfordert es die Billigkeit und der göttliche Befehl, dass die
Gemeinde für den Unterhalt ihrer Lehrer sorgen soll. Matth. 10. 10. —
1. Kor. 9. 7—14. 1. Tim. 5. 8.

VIII. Sollen von dem Geistlichen alle Jahre zwei Kirchenväter nach
seinem Belieben aus der Gemeinde erwählet werden.

Ihre Pflichten und Verrichtungen sind: Vor Kirchen-Sachen Sorge
zu tragen, auf alles Baufällige beim Kirchhof genau Achtung zu geben
und solches reparieren zu lassen. Sollten sie aber für ihre Mühe und
Dienste nicht belohnet werden, so wird die Belohnung vor die Bedienung
des Hauses Gottes im Himmel desto grösser sein, wenn sie's aufrichtig
meinen.

IX. Sind dem Geistlichen drei Feiertage ausgesetzt worden, nämlich
der andere (zweite) Christ-, Oster- und Pfingsttag, da ein jedes christliche Gemüt eine kleine Beisteuer nach Belieben und Möglichkeit bei-
legen wird.

X. Soll alles, was die übrigen Sonn- und Festtage im Hause Gottes
einkommt, eingesammelt werden, und von diesem soll alles Baufällige am
Hause Gottes, Friedhof und Gottesacker gebaut und im Bau erhalten
werden, und die Kirchenväter werden sowohl von solchen Einnahmen
als Ausgaben der Ecclesie jährlich richtig Rechnung stellen.

XI. Soll niemand, er sei wer er wolle, Macht und Gewalt haben,
sich etwas weder im Hause Gottes, noch sonsten auf dieser Erden eigen
zuzumassen und darüber zu disponieren haben, als allein der Geistliche,
welchem solches von der sämtlichen Gemeinde anvertraut ist.

Auf so einfacher Verfassungsgrundlage entwickelte sich die Gemeinde fort, so dass sie sich in besonderem Masse auch der Gunst der
beiden nachfolgenden Fürsten zu erfreuen das Glück hatte.

Der zweite Sohn und Nachfolger des vorigen Fürsten, Mathei
Woda (1752), liess die Gemeinde gemäss jenes ihr von seinem Vater
erteilten Freibriefes in ruhigem Besitze aller ihrer Rechte. Als nach
seiner schon im nächsten Jahre erfolgten Absetzung der bisherige moldauische Fürst Constantin Gehan Rakovitza zur Regierung der
Walachei gelangte, bezeugte dieser der evangelisch-lutherischen Gemeinde seine Gewogenheit vorzüglich dadurch, dass er ihr nicht allein

das erste Privilegium des Fürsten Gregor Ghika bestätigte, sondern auch „zum Unterhalt ihres Seelsorgers 6 Pogon Weingärten, 100 Bienenstöcke, ebensoviele Schweine und Schafe in Ruhe und Frieden zu halten in Gnaden verlieh, ohne für dieselben die landesüblichen Steuern zu entrichten".*) — Es heisst in diesem Chrissov u. a.: Da in den grösseren Städten, wo sich der Sitz eines Herrschers befindet, sich viel Volk anhäuft und jede fremde Nationalität nach ihrem Ritus ein besonderes Haus besitzt, um ihr Gebet zu Gott nach ihrer Weise zu verrichten, wie sich denn in Meiner fürstlichen Hauptstadt Bucarest Katholiken, Armenier und Hebräer, Unterthanen mächtiger Reiche befinden, die ihre Kirche besitzen, und auch einige dem Sächsischen Ritus Angehörige, welche Uns ihre Bitte unterbreiteten, dass auch sie ihr Kirchlein haben möchten, wo sie ihre Gebete nach ihrem Glauben zu Gott erheben dürften, so haben Wir, da Wir bedachten, dass dies von keinem Nachteil für unsere Stadt sein könne, vielmehr zu Gunsten der Hebung der Bevölkerung beitragen könne, nachdem sie ihre Kirche, die Sächsische genannt, vollendet, durch diesen fürstlichen Chrissov gestattet: dass sie ihre Kirche im Frieden besitzen mögen, jedoch nur die Kirche, ohne jedwede Mauerumfassung u. s. w."

Es scheint, als habe der Logofet des Divans (der Staatssekretär, der diesen Chrissov abgefasst) keine genauere Kenntnis davon gehabt, um was es den Bittstellern zu thun war. Es handelte sich ihnen offenbar um die Erlaubnis zur Erweiterung ihres Kirchleins, welches die inzwischen auf 75 Familien angewachsene Gemeinde nicht mehr zu fassen vermochte. Da die Gemeinde sich jedoch ausser stande sah, den erforderlichen Umbau ihres Kirchleins aus eigenen Mitteln zu bewerkstelligen, beschloss man, eine Kollekte im Auslande zu veranstalten. Es wurden zu dem Zwecke zwei rechtschaffene Männer aus ihrer Mitte, namens Jakob Clemens, Buchbinder aus Kronstadt, und Jakob Friedrich Wölfel aus Halle mit der Aufgabe betraut, mit Empfehlungsschreiben vom schwedischen Gesandten in Konstantinopel die Kollektenreise nach Stockholm zu machen, um daselbst und anderwärts Hilfe und Unterstützung anzusuchen. Dieselben reisten im April 1754 mit 120 Thalern von Bukarest ab und erhielten auf ihrem Wege durch Oberungarn

---

*) Beilage in deutschem Text. Das Original ist in der alten Kirchenschrift verfasst, trägt als Rand eine Blumenguirlande und die Wappen der Moldau und Walachei, Titel und Anfangsbuchstaben sind mit Zinnober gemalt.

(Eperies) und Preussen nicht nur Unterstützung, sondern auch weitere Empfehlungen, namentlich in Breslau von dem k. preussischen Ober-konsistorialrat Joh. Fr. Burg. In Danzig wurden sie besonders von dem Senior und Konsistorialrat Fr. Wilhelm Kraft sehr freundlich aufgenommen und empfingen viele Beweise von Liebe und Wohlthätigkeit. Derselbe übergab ihnen 204 Dukaten, welche er in seiner Gemeinde für die Bukarester Kirche gesammelt hatte, nebst einem Empfehlungs-schreiben nach Stockholm. Hier reichten sie Sr. Majestät dem König Adolph Friedrich eine Bittschrift samt allen Urkunden, welche sie mit sich führten, ein, worauf nicht nur eine bedeutende Unterstützung, sondern auch die Versicherung eines Allerhöchsten gnädigen Schutzes für die evangelisch-lutherische Gemeinde in Bukarest erfolgte, mit dem Bedeuten, dass Seine Majestät dero Gesandten in Konstantinopel hierüber befehligen würde, wohin sich die Gemeinde künftighin mit etwaigen Be-schwerden zu wenden habe. Von Stockholm nahmen die Kollektanten ihren Rückweg durch Dänemark. In Kopenhagen legte eine Dame, als sie in der Kirche von der Kanzel die bedrängte Lage dieser Gemeinde vernahm, in Ermangelung von Geld ihre Perlen vom Halse auf den Kollektierteller mit dem Vorbehalte, solche auszulösen, welches auch bald darauf mit 160 Thalern geschah. Die gesammelten Gelder wurden von, jedem Sammelorte mittels Wechsel an die hiesige Gemeinde abgeschickt. — Auf der Rückreise hatten die Kollektanten mancherlei Widerwärtig-keiten durch Mangel an Lebensmitteln auszustehen, bis sie endlich im Frühjahr 1755 zu Hause anlangten.

Die Summe der gesammelten Gelder belief sich auf 5000 Thaler wovon „die Kollektanten lauth damals gemachten accordt die helfte vor sich behalten"; ausserdem hatten dieselben „eine silberne Kanne zum Wein auf den Altar" mitgebracht. Am darauf folgenden Sonntag ver-sammelte sich die Gemeinde in ihrem Bethause zu einem Dankgottes-dienst. Durch diese Kollekte sah sich die Gemeinde in den Stand ge-setzt, ihren Besitzstand zu erweitern. Sie kaufte dazu ein angrenzendes Grundstück für 22 Löwen von einer gewissen Witwe Maria Apostoja mit Einwilligung ihrer Kinder und mit der Unterschrift der Nachbar-schaft und walachischer Mönche, und widmete dieses Grundstück zum Gottesacker.

Inzwischen war der der Gemeinde sehr gewogene Fürst Racovitza abgesetzt und an seine Stelle Constantin Maurocordato (1756—1758) ermunt worden. Anstatt sich der Huld auch des neuen Regenten vorher zu gewissern und die Erlaubnis zum Neubau der Kirche bei demselben einzuholen, scheint man dies im Vertrauen auf das vom schwedischen Gesandten im Auftrag des Königs (vom 25. Juli 1754) der Gemeinde ausgefolgte Schutzpatent (vom 29. November 1755) unterlassen zu haben. Jenem oben kritisierten „welschen Manuskript" zufolge hätte sich jedoch die Gemeinde von dem einen der Kollektanten, dem Buchbinder Clemens, mit der falschen Versicherung der von ihm ausgewirkten Erlaubnis hintergehen lassen.

Wie dem auch sei, die Gemeinde war nicht einig, man wollte eine grosse, schöne Kirche haben, und schritt ohne Einwilligung, ja gegen den Rat des gewissenhaften und vorsichtigen Pfarrers ans Werk. Das alte Kirchlein samt Glockenturm wurde abgetragen und der Neubau begonnen. Als aber derselbe so weit fortgeschritten war, um unter Dach gebracht zu werden, kam der fürstliche Befehl zur Einstellung des Baues und überdies wurde der Prediger samt den Kirchenvorstehern mit einer achttägigen Gefängnisstrafe belegt. Nicht genug mit diesem Verfahren, forderte die Regierung der Gemeinde auch den ihr von Racovitza erteilten Chrissov ab. Nun war sie nicht nur ihrer Religionsfreiheit beraubt, sondern auch materiell schwer geschädigt, weil sie den grössten Teil der im Auslande gesammelten Kollekte auf diesen unvollendet gebliebenen Bau verausgabt hatte. In ihrer Bedrängnis wandten sich Pfarrer und Vorstand an den schwedischen und dänischen Residenten in Konstantinopel um Schutz und Hilfe.

Von beiden kam Antwort; sie versprachen das Beste der Gemeinde fördern zu wollen, forderten aber dieselbe zugleich ernst mahnend auf, zu trachten, dass der Schutz nicht unnütz gemacht werde, indem sie das unüberlegte Vorgehen der Gemeinde rügten und dieselbe zur Ehrerbietung gegen ihren Seelsorger ermahnten: „Wenn sie nur ein Bethaus oder Kirchelchen hätten anlegen wollen," schreibt der schwedische Gesandte Gustav von Celsing, „so hätten sie schon längstens damit ungehindert fertig sein können; aber die grosse Unvorsichtigkeit, einen hohen Turm zu bauen, nebst anderen Umständen, hat ja die ganze Sache verdorben. In ähnlichem Sinn, nur in noch schärferer Tonart, liess sich der ausserordentliche Gesandte Dänemarks, De Geihler, vernehmen, der überdies einen Bericht über die Verwertung der Kollekte, sowie darüber wünschte, wie die Gemeinde den angefangenen Bau nach der auszuwirkenden Bestätigung der vorhin dazu erteilten Freiheit fortzusetzen vermeinte. Seines Ermessens hätte das Streben der Gemeinde auf nichts weiter gerichtet sein sollen, „als auf die Vollendung eines Kirchenbaues, der zur anständigen Abwartung des evangelischen Gottesdienstes hinlänglich mit den Landesverfassungen und den vorigen Freiheiten übereinstimmend wäre. Die Lehren des Evangelii fordern selbst nichts mehres, und was übertrieben ist, ist selbigem entgegen." Der Gesandte spricht sodann die Hoffnung aus, dass die Gemeinde, und besonders deren Vorsteher der Vorschrift und dem Beispiel ihres vorgesetzten Lehrers in allem getreulich folgen werden, wiewohl in der Gemeinde sich solche ungeartete Glieder finden, die vielleicht aus einem eingebildeten Vorwitz, vielleicht aus einem unverantwortlichen Eigennutz und wohl gar aus einem unverständigen und wider die Regel der Apostel-Ermahnungen und selbst wider Menschlichkeit streitenden Begriff, ihren so würdigen, als für sie beeiferten, und sonst von allen und jedem hochgepriesenen Lehrer nicht ernähren, und dass derselbe lediglich von ihrem Eigensinn und Willen abhängig sein müsse, indem sie demselben nicht die schuldige Verehrung und den gehörigen Gehorsam leisten. Ein Irrtum, der bei den christlichen und wohlgesinnten Gliedern der Gemeinde ein beständiges Ärgernis, unter diesen die nachteiligste Misshelligkeit und Uneinigkeit, bei andern und besonders bei den boshaftesten Verfolgern der dortigen Kirche, Schmähung und Verachtung erwecket, ja letzteren nur grösseres Vorrecht und triftigere Anleitung giebt, solche noch mehr verhasst zu machen und zu unterdrücken.

Leider gelang es den Bemühungen der beiden Gesandten nicht, die Aufhebung des gegen den Ausbau der Kirche erlassenen Befehls zu erwirken. Zu dieser Störung des Gemeindelebens kam dann im Jahre 1757 durch die Pest ein neues Missgeschick.

Als dann Maurocordato schon nach zwei Jahren wieder abgesetzt und Scarlat Ghika zu seinem Nachfolger ernannt wurde, kamen nicht bessere Zeiten, weder für das Land im allgemeinen, noch für diese Gemeinde insbesondere: denn als dieselbe den Fürsten in einer Bittschrift ersuchte, sie im Genusse der ihr von seinem Vater Gregor Ghika erteilten Freiheiten ungekränkt zu lassen, forderte er ihr das betreffende Privilegium ab und behielt es, ohne ein anderes dafür zu erteilen, zurück. Der Gottesdienst wurde in einer Kammer des Pfarrhofes, kaum so gross, um auch nur den dritten Teil der Gemeinde zu fassen, abgehalten.

Einer aus dem Jahre 1765 datierenden Rechnung über das letzte Decennium ist zu entnehmen, dass während jenes Zeitraumes drei Lehrer an der Gemeinde angestellt waren, von denen der eine, namens Roth, auf vier Jahre 25 Thaler Gehalt und 12 Thaler für Hauszins jährlich bezog, der zweite, ein gewisser Dick, war mit 24 Thaler Gehalt und 12 Thaler für Hauszins remuneriert, starb aber schon nach neun Monaten; der dritte, namens Henning, bezog auf ein Jahr 24 Thaler, den Hauszins mit inbegriffen, während der Gehalt des Geistlichen sich auf 80 Thaler jährlich belief, dazu genoss derselbe noch die Interessen des Zayschen Legates im Betrage von 50 Piastern. — Sigismundus Zay, Baron de Csömör, einer von den Racoczischen Parteigängern, welcher im Jahre 1755 zu Konstantinopel starb, hatte nämlich ein Testament mit verschiedenen Legaten zu wohlthätigen Zwecken bei der Königlich schwedischen Gesandtschaft zur Verwaltung deponieren lassen, von welcher namentlich die katholische Kirche, das Armenspital der Franken (Deutschen) in Konstantinopel und der jedesmalige Pfarrer der evangelisch-lutherischen Gemeinde zu Bukarest nach Massgabe ihrer Anteile die Interessen jährlich zu beziehen haben. Das kleinste dieser Legate, bestehend aus 1000 Löwenthalern, war für den evangelisch-lutherischen Pfarrer in Bukarest bestimmt.

Die folgenden Jahre waren für die Gemeinde Zeiten schwerer Trübsal und Bedrängnis, in welche nur als schwacher Hoffnungsschimmer die Aussicht fiel, dass es ihr durch die zugesagte Vermittelung, namentlich der Königlich schwedischen Gesandten doch noch gelingen werde, die Erlaubnis zur Fortsetzung und Vollendung des unterbrochenen Kirchenbaues zu erhalten. Leider wurden die Zeitumstände der Erreichung dieses Zieles immer ungünstiger. Im Jahre 1760 brach in der Walachei neuerdings die Pest aus, dann folgte ein überaus häufiger Fürstenwechsel, deren es innerhalb sechs Jahren, d. i. vom Jahre 1761—1766, nicht weniger als sechs gegeben hat. Wie es unter solchen Verhältnissen um das Land und Volk beschaffen war, lässt sich leicht begreifen. Durch die enormen Steuern, die von jedem neuen Fürsten ausgeschrieben und eingetrieben wurden, damit die bei der Thronerhebung gemachten Auslagen in Konstantinopel mit Zinseszinsen wieder eingebracht werden könnten, verarmte die Bevölkerung mehr und mehr. Zu diesem Unheil und Jammer im Innern gesellten sich bald auch Bedrängnisse von aussen. Unter Alexander Gikas Regierung (1766—1768) begannen bereits

Misshelligkeiten zwischen dem türkischen und russischen Hofe, die im Jahre 1769 zum Ausbruch des Krieges, der übrigens schon am 4. Oktober 1768 voreilig von der Pforte an Russland erklärt worden war, führten.

Der Vorstand der Gemeinde hatte beizeiten das Kirchenvermögen, bestehend in 800 türkischen Piastern, nach Konstantinopel zur Aufbewahrung an den königlich schwedischen Gesandten geschickt. Die vornehmsten und reichsten Bojaren, soweit sie nicht russisch gesinnt waren, flohen nach Kronstadt und mit ihnen retteten viele Gemeindeglieder damals Gut und Leben durch die Flucht nach Siebenbürgen. Am 17. November 1769 bemächtigten sich die Russen durch einen Handstreich in tiefer Nacht der Stadt Bukarest. Das ungefähr 400 Mann starke Korps ging geradeswegs auf die Residenz des Fürsten Ghika los, geführt und geleitet von den beiden Parteihäuptern, nämlich dem Archimandriten von Argesch und dem Spatar (Kriegsminister) Pervul Cantacuzin. Die aus Armauten bestehende fürstliche Leibwache war, samt ihrem Kapitän, bereits gewonnen und leistete keinen Widerstand. Der fürstliche Palast wurde nun geplündert und gleiches Los traf die Stadt selbst. Die geringe türkische Besatzung, die sich dort finden liess, ohne Unterschied, ob bewaffnet oder wehrlos, sprang über die Klinge. Der Fürst, äusserlich Russenfurcht erkünstelnd und seine Russenfreundschaft verheimlichend, verbarg sich durch zwei Tage, wurde am dritten Tage von der russischen Partei, die über seine eigentliche Gesinnung nicht unterrichtet war, in seinem Versteck entdeckt, gefangen genommen und mit seinem Bruder, Sohn und allen Hofbeamten vorerst nach Jassy abgeführt.*) Mittlerweile hatten sich die Flüchtlinge, insbesondere auch die Evangelischen wieder gesammelt und hielten mit ihrem Geistlichen freien Gottesdienst in dem Hause eines Bojaren. Pastor Göldner soll überdies häufig mit den Protestanten aus der russischen Armee in seinem Zimmer Gottesdienst gehalten haben. Der damalige Kommandant von Bukarest, General von Meder, war selbst Protestant, gleichwohl findet sich keine Spur von einer Bethätigung seines Interesses an der Gemeinde. Während der russischen Okkupation starb Pastor Göldner (1772). — Sulzer bemerkt zu diesen Ereignissen, von denen die Epoche eines lebhafteren Handels zwischen Kronstadt und Bucarest und damit die des Wiederaufblühens der Gemeinde datiert: General Meder würde

* Engel, Geschichte der Moldau und Walachei, II. Band, Seite 29.

es durch sein Ansehen, sowie das der anderen Generäle von seiner Lehre, z. B. eines Generals von Weissmann, von Bauer, damals gar leicht dahin haben bringen können, dass der Bau der protestantischen Kirche vollendet worden wäre, wenn nicht die schlechte Aufführung des nachfolgenden Geistlichen, eines jungen, aber geschickten Menschen, der sich Kühn nannte, diesen selbst dahin verleitet hätte, dass er durchging und so die dortige protestantische Gemeinde während des Krieges ohne Pfarrer blieb.*)

Ein Versuch der Türken, Bucarest zu erobern, wurde durch die Russen vereitelt, indem diese jenen zuvorkamen und sie über die Donau zurückwarfen. Der Empfang des siegreich zurückkehrenden russischen Heeres seitens der städtischen Bevölkerung war ebenso feierlich und pomphaft als herzlich und jubelvoll. Die vornehmsten Bojaren und Würdenträger erbaten und erlangten vom Kommandanten Stoffeln die Genehmigung zur Leistung des Huldigungseides.

Am 12./24. Februar fand in der überfüllten Metropolie ein feierliches Dankamt ($\delta o \xi o \lambda o \gamma \iota \alpha$) für den letzten Sieg der Russen statt, und nachdem das Manifest der Kaiserin Katharina, welches alle Völker des illyrischen Dreiecks zur Erhebung wider die Osmanen und zur Verteidigung des Glaubens und der Freiheit aufruft, verlesen worden war legten die geistlichen und weltlichen Würdenträger insgesamt den Eid, der Treue gegen den Zarenhof und das Zarenreich in die Hände des Metropoliten Gregor ab. Als Russlands förmliche Unterthanen, oder doch als dessen Schutzbefohlene hielten es nun die Bojaren für ihre Pflicht, die Regierungsinsignien ihres Landes, die der Sultan bei jedesmaliger Belehnung dem neuernannten Hospodar übergab, ihrer neuen legitimen Herrscherin einzuantworten. Der General Stoffeln empfing denn aus den Händen der Bojaren den federgeschmückten Sammethut, die zwei Rossschweife und die vier Fähnlein, auf die allein sich die fürstlichen Regierungsinsignien beschränkten, und übermittelte sie an die Zarin.

Damit nicht genug, ging aus der Walachei und Moldau eine Huldigungsdeputation nach St. Petersburg (8./19. April 1770). Zwar gelang es den Türken, einen Teil der Walachei wieder zu besetzen, doch nur für kurze Zeit; denn schon am 29. November 1770 rückten die Russen

---

*) Sulzer, Gesch. d. tr. a. Daz., Band II, Seite 640.

unter dem Jubel der Bevölkerung wieder in Bukarest ein und Gregor Gika, von der Kaiserin Katharina mit der Regierung der Walachei betraut, bestieg Ende des Jahres als Russlands Vasall den Fürstenstuhl.

Die rasche Eroberung und förmliche Einverleibung der Donaufürstentümer in das Zarenreich griff jedoch zu gewaltig in die österreichische Interessensphäre ein, als dass dieselbe nicht die Eifersucht des österreichischen Kabinetts geweckt hätte und auf Widerstand gestossen wäre. Kaiser Josef II. und Friedrich II. hatten sich inzwischen auf ihrer Zusammenkunft zu Neustadt (1770, 3. September) im allgemeinen über eine gemeinschaftliche Vermittelung zwischen Russland und der Pforte geeinigt. Russland lenkte ein und erklärte, dass es gegenüber der Pforte auf der Unabhängigkeit der Moldau und Walachei nicht bestehen werde. Russland sah sich um so mehr dazu veranlasst, als Prinz Heinrich im Namen Friedrich II., seines Bruders, die Teilung Polens unter die drei Mächte als einziges Mittel bezeichnete, die Österreicher von der Türkei abwendig zu machen. Österreich, das bereits eine geheime Allianz mit der Pforte gegen Russland abgeschlossen, vertauschte nunmehr dieselbe gegen die russisch-preussische. So blieb die Moldau und Walachei auf Kosten Polens vor der drohenden russischen Suprematie bewahrt.

Endlich kam der Friede von Kutschuk Kainardschi, den Russland diktierte und die Pforte annahm, zu stande (1774, 21. Juli). Dieser Friede bedurfte gleichwohl eines ganzen Lustrums, um in der erläuternden Friedenskonvention von Ainali-Kavak (10./21. März 1779) einen vorläufigen Abschluss zu erhalten. Für die Donaufürstentümer wurden besonders wichtige Rechte ausbedungen und im Art. VII des nähern aufgezählt. Demgemäss verpflichtete sich die Pforte daselbst der freien Religionsübung der Christen, dem Aufbau neuer, sowie der Aufbesserung alter Kirchen kein Hindernis entgegenzusetzen, nicht minder dem christlichen Klerus dieser Länder alle Achtung, Rücksicht und Auszeichnung angedeihen zu lassen.

In Bezug auf die Regierung des Landes aber sollte die Ernennung der moldo-walachischen Fürsten auf 7 Jahre erfolgen, so zwar, dass dieselben ohne Einverständnis mit Russland nicht abgesetzt und, wenn ihre Verwaltung beiden Höfen angenehm sein würde, auch weiter behalten werden könnten.

3. Kapitel.

Bei der Neubesetzung der Fürstentümer wurde für die Walachei Aleco (Alexander) Ypsilanti ernannt (1774—1782). Derselbe war Dolmetscher und Staatsrat der Pforte und ein Anhänger und Günstling des Wiener Hofes.

Am 3. Februar 1775 hielt er unter grossem Jubel des Volkes seinen Einzug in Bukarest. Mit seiner Regierung brach für das Land eine bessere Zeit an. Der Königlich Schwedische Gesandte in Konstantinopel, Ulrich von Celsing, hatte dem neuen Regenten der Walachei das Anliegen der in Bucarest befindlichen evangelischen Glaubensgenossen auf das angelegentlichste empfohlen, gleichwohl erhielt die Gemeinde erst im zweiten Regierungsjahre des Fürsten das von ihr nachgesuchte Privilegium.

Es heisst in dem betreffenden Chrissov mit Bezug auf die von der sächsischen Nation an den Fürsten ergangenen Bittschrift:

„Da mit Genehmhaltung meiner Regierung dieser Ort hiedurch nicht geschwächet wird, noch einigen Schaden leiden kann; vielmehr die Vermehrung und Verstärkung der sächsischen Nation dem gemeinen Wesen dienlich und nutzbar ist, so begnadigen wir sie mit ihrer vorigen und nachstehenden Freiheit, welche sie im Jahre 1753, dd. 1. November, von dem verstorbenen Fürsten Constantin Michail Racovitza, kraft eines Chrissovs erhalten haben: nämlich diejenige Kirche, welche durch unruhige Zeitumstände ruiniert war, auf den nämlichen ihr eigentümlichen Grund in der Mahala Stejarului mit gnädiger Erlaubnis nach der Vorschrift ihres Chrissovs vom C. M. Racovitza Woda wieder aufzubauen und dieselbe beständig, friedlich und ruhig zu bewohnen, mit der Beschränkung, keine Mauern um die Kirche aufzuführen." Ausserdem wurde der Gemeinde die ihr von Rocovitza gewährte Freiheit bestätigt.

Mittlerweile hatte der schwedische Gesandte in Konstantinopel, U. Celsing, schon die Summe von 1500 Piastern der Gemeinde durch einen gewissen Culluli in Bucarest vorschiessen lassen, ausserdem gab er den Vorstehern in einem Schreiben vom 4. Juni 1777 gute Ratschläge, u. a. „die Kirche mit aller möglichen Einfalt auszubauen, so dass man nur auf das Nothwendige Absehen habe; indem eine prächtigere Anlage den Einwohnern auf eine nachtheilige Art in die Augen fallen würde, ohne die Ehre Gottes im geringsten zu fördern."

Ungesäumt wurden nun von der Gemeinde die erforderlichen Anstalten zum Ausbau der Kirche getroffen. Der Kirchenbau nahm nun einen sehr raschen Fortgang und war schon im Mai des folgenden Jahres vollendet. Nach dem Rechnungsausweis blieben der Gemeinde von jenen 1500 Löwenthalern — in welche die oben angeführten 800 Piaster samt den Interessen, sowie eine Spende des edelmütigen Gesandten mit inbegriffen waren — noch 400 Piaster übrig, welche zur Reparatur des Pfarrhauses bestimmt wurden.

Die Gemeinde hatte endlich ihr Gotteshaus, aber nun fehlte ihr das Wichtigste, der Pfarrer. Ein Kronstädter Student, namens Michael Markeli, der von ihr den Ruf dazu und von dem Gesandten in Konstantinopel die Bestätigung hatte, war der Stellung nicht gewachsen. Endlich gelang es, diesem Mangel dadurch abzuhelfen, dass man einen gewissen Johann Glockner, einen Kandidaten der Theologie, gebürtig aus Jakobsdorf in Siebenbürgen (1749), zunächst unter dem Titel eines „Informators", von Kronstadt, wo er das Gymnasium absolviert hatte, berief (12. August 1778). Die Gemeinde hatte nun zwar einen Schulmeister, aber keinen Seelsorger. Da einerseits die Ordination eines Geistlichen für die Walachei nicht erlaubt war, andererseits die ökonomische Beschränktheit der Gemeinde es unmöglich machte, denselben nach Deutschland zu schicken, versuchte man die Ordination durch den schwedischen Legationsprediger in Konstantinopel zu ermöglichen; allein diesem stand im Wege, dass derselbe keine Vollmacht dazu habe und dass der Ordinandus, selbst wenn dieselbe in Upsala eingeholt würde, sich persönlich stellen müsse. Unter diesen höchst misslichen Umständen fand man einen interessanten Ausweg. Die Gemeinde entschloss sich, ihren Kandidaten selbst zu ordinieren und als Pfarrer einzusegnen.

Er selbst schreibt darüber:

„Am 15. Tage meines Hierseins wurde ich auf folgende Art zum geistlichen Vorsteher der Gemeinde eingesegnet. Die Eclesie versammelte sich Gross und Klein in der einzuweihenden neuerbauten Kirche. Der Gottesdienst fing mit Absingung des Ambrosianischen Gesanges: „Herr Gott, dich loben wir an, dann folgte das Lied: „Komm, Gott, heiliger Geist. — Nach Beendigung desselben wurde dem Ordinandus die Augsburgische Bekenntnisformel vorgelegt, nebst einigen Punkten, die er laut beeidigte. Hierauf hielt einer von den Kirchenvorstehern, Andreas Birk, ein studierter Theologe, während der Ordinandus auf der Stufe des Altars vor dem Redner kniete, eine kurze und bündige Rede über die wechselseitigen Pflichten der Lehrer und Zuhörer und dann wurde derselbe zuförderst von dem Redner, ferner von den zwei Ältesten mit Handauflegen und Gebet zu der künftigen Amtsführung unter dreimaligen Ausrufungen der Gemeinde: ‚Dieser soll unser Pfarrer sein!‘ eingesegnet. Nun hielt Glockner die Eingruss- und Weihrede für die Kirche und den Schluss des Gottesdienstes machte das bekannte Lied: ‚Nun danket alle Gott!‘ Alles geschah am Feste Maria Himmelfahrt. Dem Tag zu Ehren erhielt die Kirche ihren Namen ‚Marien-Kirche‘. Die ganze Funktion geschah so einfach und apostolisch als vielleicht wenige in den nachfolgenden Zeiten der Apostel vorgekommen sind, dessenungeachtet flossen Thränen der Freude und des Dankes nicht wenige. — Auch verkostete man dabei keinen Heller. — Ich speisete auf Mittag bei Herrn Steege und damit war Alles aus!‘

Sulzer erzählt weiter: Der neue Pfarrer habe später die Tochter eines Goldarbeiters in Ermangelung eines andern evangelischen Geistlichen vor der Gemeinde zu seiner Gattin erklärt und diene jetzt seinen Pfarrkindern so gut er könne.*) Am 7. September 1778 fand unter dem

---

*) Sulzer, Geschichte d. tr. u. Dac., 3. Bd., S. 651. Glockner selbst berichtet darüber:

„In dem ersten Jahre meines Hierseins machte ich mit einem liebenswürdigen Mädchen Bekanntschaft und beschloss, das Bündniss der Ehe mit ihr mit Einwilligung ihrer Eltern und das, ohne darauf zu denken, wer uns copuliren würde? — Es kam die Zeit heran, wo ich auch auf diese bürgerliche Formalität denken musste. — Das Erste, was ich that, war, dass ich zu den Patres von den Franziskanern ging und sie ersuchte, mich zu copuliren, allein sie gaben mir den Bescheid: „sie könnten es unmöglich thun, weil dieses wider ihre Construction (Instruktion) liefe. Von hier nahm ich meinen Weg gerade zum Rimniker Bischof Philaret, welcher ein sehr guter Freund von mir und der aufgeklärteste Mann von der ganzen griechischen Klerisei war, bat ihn um die nämliche Funktion, wenigstens um die Vermittlung derselben. Ich erhielt indess eine abschlägige Antwort mit der Bemerkung, in jeder andern nur in dieser Angelegenheit könne er mir seine Freundschaft nicht beweisen, ohne sich in den Verdacht des Einverständnisses mit den Fremden zu setzen. Nun waren alle Stricke gerissen. Auf die Mauth (Tömöscher Pass) oder nach Kronstadt oder nach einem andern Orte in Siebenbürgen zu reisen, erforderte nicht nur viele Auslagen, sondern da stand auch die Gefahr erkannt und zurückgehalten zu werden, entgegen. Es wurde nun ein Familienrath abgehalten, dessen Resultat war, dass Glockner sich selbst proklamirte, und am 6. Oktober 1779

Vorsitz des Pfarrers eine Gemeindeversammlung statt, in welcher beschlossen wurde, die Einnahmequellen der armen Kirche, dadurch zu vermehren, dass sie bestimmte Taxen für Lösung von Gräbern nach Stand der Person und Lage des Ortes einführten.

Im nächstfolgenden Jahre wurden auf Veranlassung des Pfarrers, besonders zur Entfernung der herrschenden Laster, folgende Konventional-Gesetze beschlossen: Es sollen aus zehn in Vorschlag gebrachten Mitgliedern sechs gewählt werden, welche mit dem Pfarrer die Sittlichkeit beaufsichtigen sollen.

Zwei Kirchenväter sollen extra bestellt werden, denen die Administration des Kirchenvermögens übertragen werden soll. Bei Geldausleihungen waren dieselben gehalten, die Zustimmung der Gemeinde nach Angabe der Anleihemacher einzuholen. Die Ältesten sollen das Vorrecht haben.

„Im Jahre 1780", erzählt Glockner, „fing man an, alle Fremde und so auch unsere Leute zur Erlegung der Kopfsteuer und anderer Landesabgaben zu zwingen. Der Widerspenstigen war der grösste Theil, und wurden unter wechselseitigem Schmähen und Schimpfen und Drohen in elende Löcher eingesperrt. Die Friedfertigen scheuten diesen Weg und bezahlten, was man ihnen abforderte. Offenbar ging diese Massregel dahin, sich der Fremden, die wenig nütze wären, zu entledigen und die Brauchbaren für das Land zu behalten. Diese Abgaben waren um so lästiger, weil man es nicht bestimmte und auch nicht bestimmen wollte, wieviel jeder jährlich contribuiren sollte. — Den Handwerker drückte diese Abgabe härter als den Bauer seine Kopfsteuer, der mit zwei Ochsen und einem Wagen, an dem kein eiserner Nagel ist, 60 bis 80 Piaster jährlich bezahlen musste."

Unzweifelhaft hätte jene Massregel die traurigsten Folgen und am Ende gar die völlige Auflösung der Gemeinde nach sich ziehen können, wenn sie mit Nachdruck und Konsequenz ausgeführt worden wäre. Glockner, der dieses wohl einsah, ging nun mit dem Plane um, die Hilfe des schwedischen Gesandten in Konstantinopel brieflich nachzusuchen. Aber das ging damals sehr schwer, indem ohne Vorwissen der Regierung keine Briefe nach Konstantinopel geschickt werden durften. Alle Nachrichten mussten

---

gingen die Brautleute zur Kirche und schwuren sich am Altar in Gegenwart aller Hochzeitsgäste den Eid der Liebe und Treue, sangen und beteten und kehrten mit frohem Gemüth ins Freudenhaus zurück".

durch die Hände des Spatars (Grenzkommandanten) nach der Fremde gehen. Diesen Weg konnte Glockner in diesem Falle nicht betreten. Nicht ohne Besorgnis vor nachdrücklichen Ahndungen von seiten der Regierung, wenn er entdeckt würde, fasste er dennoch Mut, auf einem andern Wege den schwedischen Gesandten um Hilfe und Schutz in dieser Angelegenheit anzuflehen. Bald darauf wurde ihm mitgeteilt: Es sind bereits solche Massregeln getroffen, dass man in Zukunft keine Kontribution den Deutschen abnehmen, auch die, welche etwa abgenommen sind, zurückstellen wird. — Die Folgezeit lieferte die Bestätigung. — „Nie mehr", erzählt Glockner, „habe sich die Regierung seitdem beikommen lassen, Zwang oder Zumutungen jener Art zu versuchen. Frei und ungehindert durfte und konnte jeder seinem Gewerbe und Geschäfte nachgehen, wenn er nur die Gesetze und Polizeiverordnungen nicht beleidigte! — Versah es aber Jemandem hierin, so empfand er auch mittelst körperlicher Misshandlungen und schwerer Geldbussen des Richters Zorn und Unwillen, Geldgierde und Rache in doppeltem Masse." — Dies geschah jedoch nur bis zur Einsetzung des K. K. österreichischen Konsulats.

Vier Jahre lang hatte Glockner mutiert, als er krankheitshalber sich genötigt sah, nach Siebenbürgen zu reisen. Diese Gelegenheit benützte er und hielt um seine Ordination beim Superintendenten Andreas Funk in Birthälen (Siebenbürgen) an, worauf er am 12. Juli 1782 förmlich ordiniert und eingesegnet wurde, und darauf als förmlich ordinierter Prediger zu seiner Gemeinde zurückkehrte. Er machte darüber dem schwedischen Gesandten in Konstantinopel die entsprechende Mitteilung, der als würdiger Nachfolger Celsings hierüber seine Freude zu erkennen gab, und bei seinem Abschiede von Konstantinopel zum Besten des hiesigen Geistlichen auf den Namen Glockner bei der Gesandtschaft 500 Piaster legierte, wovon Glockner seitdem jährlich die Prozente bezog. Der jährliche Gehalt des Pfarrers belief sich ausserdem auf 400 türkische Piaster, wozu noch der Interessenbetrag des Zayschen Legats und ein Teil der Stolaren kam, der freilich zufolge jener Kirchenordnung ausserordentlich gering war. Dieses alles zusammen reichte nicht hin für die Bedürfnisse des Pfarrers, selbst wenn der Gehalt regelmässig geflossen wäre, was aber, wie sich aus einem von Pfarrer Glockner unterm 9. November 1780 an die Gemeinde gerichteten Mahnschreiben ergiebt, auch nicht der Fall gewesen zu sein scheint. Es führt die Überschrift: „Einige bestimmte Obligations-Artikel, welche sowohl die Pflichten der ganzen Gemeinde gegen mich als ihren Geistlichen, als auch die gegenseitigen von mir genauer bestimmen, befestigen und gründen sollen.-

Ob und welche Folgen das Schriftstück gehabt hat, lässt sich nicht bestimmen. Auffallend erscheint es jedoch, dass um diese Zeit zum erstenmal der Gedanke auftaucht, die Bukarester Gemeinde in eine Filiale von Kronstadt umzuwandeln. Wer die Anregung dazu gegeben, ist ungewiss; aber unwahrscheinlich ist es nicht, dass derselbe zum Teil mit hervorgerufen worden sei durch die prekäre Lage der Gemeinde, die durch die freiwilligen Beiträge ihrer Mitglieder kaum das Nötigste für den kümmerlichsten Unterhalt des Kirchen- und Schulpersonals herbeizuschaffen im stande war, und vielleicht auf diese Weise von Siebenbürgen aus auf Unterstützung rechnen zu können meinte. In Kronstadt aber dachte man damals an nichts weniger, als an eine Mission der evangelischen Kirche in der Diaspora der Walachei. Die Sache verlief im Sand. Aus einer zwischen Glockner und dem Verwalter des Zayschen Legates in Konstantinopel, Johann Reissner aus Hermannstadt, geführten Korrespondenz vom 1. Dezember 1780 lässt sich letzterer hierüber also vernehmen: „Es sei gut, dass die Sache nicht erledigt worden, denn im Falle solches geschehen wäre, ohne Wissen und Einwilligung der schwedischen Gesandtschaft, so müsste die Gemeinde dann auch von jener Seite die Protektion nachsuchen, welche vielleicht nicht so eifrig sein dürfte."

4. Kapitel.

Von besonderer Bedeutung sollte für die Gemeinde die Einrichtung einer K. K. Konsular-Agentur für die Walachei und Moldau unter der Regierung des Nikolaus Karadscha werden, welcher, nach freiwilliger Abdankung des Fürsten A. Ypsilanti, am 15. Januar 1782 den Thron bestiegen hatte.[*] — Dieselbe war im Interesse des österreichischen und speciell des siebenbürgischen Handels schon längst von seiten Siebenbürgens gewünscht. Sulzer selbst erhielt den Auftrag, einen umständ-

[*] Engels Geschichte, § 270, d. tr. a. Dac. 5. T., S. 44.

lichen Bericht und ein Gutachten darüber an das siebenbürgische Landesgubernium einzusenden.*) Er that es in sehr umfassender Weise, indem
er eingehend auf Handel und Verkehr, „besonders auch aus Rücksicht
für die Freiheiten der kaiserlichen Unterthanen überhaupt, sowie der
katholischen Geistlichkeit insbesondere, die Notwendigkeit dieser Massregel darlegte.“ In Bezug auf die Freiheiten der kaiserlichen Unterthanen,
„die mit Vorwissen und Genehmigung ihrer Obrigkeit sich in diese türkischen Länder begäben“, spricht er sich dahin aus: „dass sie durch
einen derartigen Schutz in den Stand gesetzt werden würden, für die
erworbenen Genüsse die entsprechenden Abgaben leichter zu entrichten,
die auch jetzt während ihrer Abwesenheit von ihnen entrichtet würden.
Von dieser Art befänden sich daselbst in Siebenbürgen heimatsberech-
tigte Sachsen: als Apotheker, Kaufleute, Goldarbeiter, Uhrmacher u. dgl.,
welche als diesseits steuerpflichtige Unterthanen, nicht unwürdig scheinen,
wider die jenseitigen öfteren Zumutungen von persönlichen Taxen geschützt
zu werden.“ Was Sulzer ferner mit Beschränkung auf die katholische
Geistlichkeit erwähnt, „welche nach ihrer Aussage verschiedenen, ihren
Freiheiten zuwiderlaufenden Neckereien ausgesetzt sei“, erweitert er auf
die lutherische Gemeinde in Bukarest, welche zur Zeit unter schwedischem
Schutze stehe, dahin, „dass auch ihr seitens einer hier eingesetzten und
accreditierten Consular-Agentur mancher Schutz erwachsen könne. Hierdurch nämlich würde den Anhängern dieser Religion, die meist österreichische Unterthanen seien, zu grösseren Handelsunternehmungen Mut
gemacht werden, ohne dieserwegen gerade einer Auswanderung nach der
Walachei die Hand zu bieten.“ Sulzer führt wörtlich fort: „Ich möchte
den Lutheranern diesen kaiserlichen Schutz um so lieber vergönnen, nicht
blos, weil es nach meiner Ansicht sich nicht schicket, dass die lutherisch-
evangelische Gemeinde der Siebenbürger Sachsen in der Walachei unter
dem schwedischen Residenten in Konstantinopel steht, als vielmehr, weil
diese Leute, abgesehen von ihrem Gewerbefleiss, auch zur Landwirthschaft
im transalpinischen Dacien aufgelegt sind, welche dem siebenbürgischen
und dem österreich-ungarischen Handel überhaupt ungemein zu Statten
kommen würde.“ Sulzer konnte wohl so sprechen, da ja um diese Zeit
durch das Toleranzpatent Kaiser Josefs II. die ausschliessliche Protektion
der katholischen Kirche aufgehört hatte. „Die Sachsen in den vorigen

*) Sulzer, Gesch. d. M. u. W.

Jahrhunderten hätten frei in der Türkei verkehrt bei alle dem, dass sie Lutheraner waren, natürlich mit türkischen Schutzbriefen. Die heutigen verlangten Schutz- und Religionsfreiheiten, würde ihnen das gewährt, so würden sie eben so weit als ihre Ahnen, oder wenigstens auf einige Zeit in die Moldau und Walachei gehen, wo dieselben sich ehemals so zahlreich niedergelassen hätten. — Die von Sulzer ausgesprochenen Gedanken fänden denn auch Beifall und ihre Verwirklichung liess, wie wir sehen werden, nicht lange auf sich warten. Er selbst, der Hauptmann und Auditor in österreichischen Diensten gewesen war, hatte sich um die zu schaffende Konsularstelle beworben, gleichwohl erhielt den Posten Stefan Raicevich, gewesener Sekretär des vorigen Fürsten Ypsilanti, mit dessen Söhnen er eine Zeit lang in Wien weilend bei Hofe sich zu insinuieren verstanden hatte. Kaiser Josef II. verlieh ihm zugleich mit dieser Ernennung zum Konsul in Bukarest den Charakter eines K. K. Hofsekretärs, um sein Ansehen zu heben und zu stützen. Die Bestätigung seitens der Pforte erfolgte zum erstenmal im Jahre 1783 den 16. September. Dem damaligen Fürsten Michael Constantin Sutzo wurde in zwei Befehlen von der Pforte zur Kenntnis gebracht, welcher Art die Befugnisse, die Wirksamkeit und das Amtsansehen der K. K. General-Agenten sei, sodann welche die Kommercialbegünstigungen, deren sich die K. K. Unterthanen in den ottomanischen Staaten zu erfreuen haben sollten.[*] Es stand damit wohl im Zusammenhang, dass der genannte Fürst der evangelischen Gemeinde seine Gunst dadurch zu erkennen gab, dass er den, dem sächsischen Ritus Angehörigen, die Privilegien bestätigte, welche dieselben von seinen Vorfahren erhielten.[**] Trotz der Begünstigungen, die in demselben für den Pfarrer enthalten waren, scheint diesem seine Stellung fast unerträglich gewesen zu sein.

Im Jahre 1785 wandte er sich nämlich an den damaligen K. schwedischen Internuntius in Konstantinopel, von Heidenstamm, um die Gesandtschaftspredigerstelle; erhielt aber eine abschlägige Antwort, da dieselbe nicht an Fremde vergeben werde, und die Bestellung des Geistlichen vom Erzbischof in Upsala abhänge. Dagegen wurde ihm nebst einem Geschenk, bestehend in einer hölzernen Wanduhr, die Mitteilung gemacht, dass der Interessenbetrag des Zayschen Legates durch unsichtige Verwaltung auf 100 Piaster jährlich gestiegen. In Beziehung auf das letztere nahm die Gemeinde in einer Versammlung am 28. August Veranlassung, die schwedische Gesandtschaft zu vermögen, eine Urkunde über jene Stiftung auszustellen, damit dies Pfarramt sich eines immerwährenden Genusses dieser Unterstützung versichert halten könnte. Die Gesandtschaft teilte ihr hierauf das Wichtigste im Auszug mit, erklärte aber, auf die Details sich nicht näher einlassen zu können, die Gemeinde solle sich beruhigen, sie werde nie benachteiliget werden. In derselben Versammlung wurde in Anhoffung, dass der Kaiserlich russische General-Konsul, Hofrat von Severin, der Gemeinde erspriessliche Dienste leisten werde, beschlossen, ihn als evangelischen Glaubensgenossen förmlich in die Gemeinde als Ältesten-Mitglied aufzunehmen. Derselbe erschien auch nach der ihm gewordenen Mitteilung persönlich in der Versammlung, um von da an seine Teilnahme an den Interessen der Gemeinde zu bethätigen.

So gern man auch etwas erfahren möchte, wie die Gemeinde für das nachwachsende Geschlecht durch Schule und Unterricht Sorge getragen, so wenig ist darüber zu finden. Hin und wieder stösst man in einer Art Rechnung auf den Namen eines Schulmeisters, das ist alles. Es liegt jedoch die Annahme nahe, dass der Pfarrer selbst bei dem Mangel eines besonderen Schulgebäudes und bei der Geldnot, in welcher die Gemeindekasse sich fortwährend befand, den Unterricht der schulpflichtigen Kinder privatim geleitet habe. Desto eifriger beschäftigte man sich mit Veränderung der Gemeindeordnung.

Von bei weitem grösserer Bedeutung aber war das seitens der Gemeinde wieder aufgenommene Projekt, sich in einen siebenbürgischen, und zwar in den Burzenländer Kapitularverband aufnehmen zu lassen, mit keinem anderen Vorbehalt, als dass ihr die Wahlfreiheit des Geistlichen gewahrt bleibe. Zu dem Zwecke verfasste sie zwei Bittgesuche, von denen das eine an den damaligen Superintendenten, das andere aber an den Grafen der sächsischen Nation gerichtet war. — Welche Aufnahme diese Gesuche gefunden und ob dieselben Gegenstand irgendwelcher Verhandlung geworden, darüber findet sich im Kirchenarchiv nichts vor. — Und doch sollte man meinen, hätte die evangelische Superintendentur, falls nicht politische Bedenken obwalteten, Veranlassung und Grund genug gehabt, sich dieses isolierten Vorpostens deutsch-evangelischen Glaubens mit aller Opferwilligkeit anzunehmen. Bestand doch die Gemeinde um das Jahr 1786, wie aus der damals unternommenen und noch vorhandenen „Seelenbeschreibung" hervorgeht, aus 89 beitragenden Mitgliedern, worunter 65 aus Siebenbürgen: die Gesamtzahl, Kinder mit einbegriffen, belief sich auf 265 Seelen. Zufolge eines Rechnungsausweises über dasselbe Jahr bestand das Vermögen der Kirche in 610 Piaster und 17 Para. An Begräbnisgeldern für das Jahr waren eingekommen 36 Piaster, die Einnahmen des Klingelbeutels betrugen 75 Piaster 19 Para. Für Kerzen waren eingekommen 3 Piaster 10 Para; an Interessen 24 Piaster. An barem Geld und Obligationen, die vor Jahresfrist übernommen worden, 514 Piaster 18 Para. Zusammen 657 Piaster 34 Para. Davon abgezogen die Jahresausgaben von 47 Piaster 17 Para, blieben 610 Piaster 17 Para. Kaum also geordnet, sollte die Gemeinde durch einen neuen Sturm, der immer näher heranzog und zu Anfang des Jahres 1788 zum Ausbruch kam, in ihren Grundfesten erschüttert werden. Der Krieg zwischen der Pforte, Russland und Österreich (1788—1791) brachte für sie drei kummervolle Jahre. Der damals regierende Fürst Nikolai Mavrogheni hob eines Tages den russischen Generalkonsul Severin von der Tafel samt seinen Gästen auf und gab ihm im Fürstenhofe, als seinem Staatsgefangenen, so lange Quartier, bis er abreisen durfte.

Binnen sechs Monaten mussten alle russischen Unterthanen wegziehen, nur die deutschen Ausländer blieben einstweilen mit den österreichischen Unterthanen unter dem Schutze und der Garantie der K. K. Hofagentie zurück. Pfarrer Glockner hatte darüber seine Besorgnisse dem schwedischen Gesandten in Konstantinopel mitgeteilt, worauf derselbe unterm 8. November 1787 in einem Antwortschreiben zu beruhigen sucht und ihm den Rat erteilt, im schlimmsten Falle nach Siebenbürgen zu gehen und dort den Friedensschluss abzuwarten. Dort werde er Mittel finden, sich besser zu versorgen, auch wolle er ihm dorthin die jährlichen Interessen vom Zayschen Legat übermitteln, wenn er ihm seinen Aufenthalt mitteilen wolle.

Die gegenseitigen Staatsverhältnisse zwischen Österreich und Russland liessen vermuten, dass, obgleich die hohe Pforte alle Gelegenheit und Veranlassung ihrerseits zu einem Kriege mit dem Wiener Hofe vermied, dennoch der Bruch auch mit Österreich nur noch eine Frage der Zeit sei. Kaiser Joseph II. wollte in der Nacht des 4. Dezember 1787 die Festung Belgrad ohne vorausgeschickte Kriegserklärung durch einen Handstreich nehmen. Die Unternehmung misslang und trieb die Besetzung zu einem Gemetzel, das vielen Christen Gut und Leben kostete und nicht ohne Einfluss auf die Massregeln des der Pforte treu ergebenen Fürsten Mavrogheni blieb. Die Nachricht davon kam denn auch bald an ihn, und über die Gesinnungen des Kaisers gegen die Pforte konnte man demnach nicht länger im Zweifel bleiben. Und in der That wurde am 8. Februar 1788 auch vom Wiener Hofe durch den damaligen K. K. Agentie-Kanzler Merkelius dem Fürsten Mavrogheni die Kriegserklärung gegen die hohe Pforte eingehändigt, zugleich allen Österreichern der Befehl gegeben, sich in ihre Heimat zu begeben. Nun fing man an, diese in ihren Freiheiten zu beschränken. „Die Wachen gingen von Haus zu Haus und nahmen alle Waffen weg. Merkelius eilte am folgenden Tag mit Vorwissen und einem Passe des Fürsten fort. Der grösste Teil der österreichischen Unterthanen hatte für übermässige Bezahlung Fuhren bedungen, aufgeladen und fortfahren lassen. Mitten auf dem Wege liess sie Mavrogheni aufhalten, unter Begleitung türkischer Wachen den Weg abwärts gegen die Donau führen, und ehe sie nach Oltenitza gelangten, ihnen alle Barschaften und Pretiosen wegnehmen. Der Gedanke an die Sklaverei war für alle schrecklich. Unter den also Bedrohten hatte der Pfarrer Glockner seine Schwiegermutter nebst zwei unmündigen Kindern. Alles Jammern und Wimmern und Wehklagen half nichts. Der Spatar konnte nichts thun, als diesen Leidenden eine Thräne des Mitleids schenken. — In der Stadt wie auf dem Lande wurden auch die übrigen Ausländer, gleich den österreichischen Unterthanen, bei Tag und Nacht von der Strasse und aus den Häusern krank oder gesund eingezogen und ohne Unterschied, teils in tiefe Keller, teils in das vom Faulfieber beherrschte Kriminalgefängnis mitten unter toten und kranken Verbrechern, ohne Versorgung mit Speise und Trank, teils unter freiem Himmel in den Schnee als Gefangene hingeworfen. Selbst Merkelius wurde auf der Flucht aufgehalten, als Staatsgefangener zurückgebracht und im Fürstenhofe gehalten. Den evangelischen Pfarrer selbst hatte man um 1 Uhr nach Mitternacht zum Aga (Polizeipräfekten) abgeführt. Doch respektierte man das Amt und wies ihm eine Ruhestätte im unteren Zimmer an. Seinem Verlangen, am morgenden Tag vor den Aga geführt zu werden, wurde keine Folge gegeben. Durch Vermittelung eines Bekannten gelang es ihm endlich, um 4 Uhr nachmittags vor seinen Richter geführt zu werden. Der Aga empfing ihn sehr kalt, doch mit Achtung. Auf die Frage, was er von ihm verlange, antwortete Glockner: die Freiheit. Die, erwiderte der Aga, stehe nicht bei ihm, denn als österreichischer Unterthan sei er des Fürsten Gefangener. Als Glockner hierauf erklärte, dass er, bezüglich seines Amtes, sowie seine Gemeinde unter schwedischem Schutz stehe, und kraft desselben um seine Freilassung bitte, zugleich um die Erlaubnis, zu seinem Weibe nach Siebenbürgen gehen zu dürfen, sowie, dass der Fürst geruhen wolle, ihn gelegentlich zum schwedischen Gesandten nach Konstantinopel zu schicken, liess ihn der Aga frei und gab ihm zwei Armauten als Ehrenwache mit nach Hause, zugleich versprach er, ihn dem Fürsten vorzustellen, welcher ohne Zweifel seinem letzten Begehren willfahren werde. In der Nacht erkrankte Glockner und sah sich genötigt, einen deutschen Arzt aufzusuchen, bei welchem er Rat und Pflege fand, sich jedoch erst in einigen Wochen erholte. Während dieser Zeit hatte der Fürst ihm bewilligt, mit einer Karawane nach Konstantinopel zu gehen. Nun aber war er nicht zu finden, und man glaubte, er sei heimlich entwichen, umsomehr als ein fürstlicher Befehl jeden Hauswirt, der einen Deutschen beherberge, mit dem Galgen bedrohte.-

Die Ursache, warum der Fürst alle Fremden eingezogen und so schwer in die Loslassung derselben willigen konnte und wollte, war die oben erwähnte Überrumpelung Belgrads. Bei dem Abschied des gefangenen Merkelius vom Fürsten hatte letzterer erklärt: „An allen Euren Leiden ist Euer Kaiser schuld, der ohne Kriegserklärung die Festung Belgrad hat überfallen und wegnehmen wollen, und dadurch veranlasst hat, dass über 3000 arme Christen zusammengemetzelt, andere ihres ganzen Vermögens, ihrer Weiber und Kinder beraubt, andere von Haus und Hof verjagt, der Erzbischof selbst ins Elend verwiesen worden ist. — Nach dem Rechte der Repressalien hättet Ihr als K. K. Unterthanen ebenso behandelt werden sollen, allein ich entsage demselben und schenke Euch Allen die Freiheit. Geht unter der Begleitung einer Eskorte von 24 Mann, kraft und mit dem in dieser Absicht hierher gelangten grossherrlichen Ferman in Eure Staaten zurück, vielleicht sehen wir uns noch daselbst.-

Was hier als Gnade erscheint und als freier Entschluss, war indessen durch das kräftige Einschreiten des Königlich schwedischen Gesandten Gerhard Johann von Heidenstamm in Konstantinopel bewirkt worden. Auf zwei Fermane hatte Mavrogheni seinen Plan, die österreichischen Unterthanen, sowie die übrigen Ausländer in die Sklaverei zu schicken, noch nicht aufgegeben, erst auf den dritten Ferman erfolgte ihre Freilassung und die Erlaubnis, über die Grenzen zu ziehen. Der Ort Dudescht bei Bukarest war der bestimmte Sammelplatz dieser erlösten Auswanderer, und von hier gingen sie mit 155 Wagen unter türkischer Eskorte nach Siebenbürgen ab. Mehrere von ihnen hatten gleich anfangs bei ihrer Gefangennahme Mittel und Wege gefunden, aus Bukarest zu entkommen. Diese waren von Frost und Hunger, da sie in den Gebirgen bald vor Ausspähern, bald vor Räubern unstät und flüchtig sein mussten, fast gänzlich aufgerieben, bis sie endlich auf dem Wege sich an diese Karawane anschliessen konnten. — Andere waren vom Faulfieber und Hautkrankheiten befallen und jeden Augenblick in Todesgefahr. Allein hier that die heitere, gesunde Gebirgsluft Wunder. Mitten im Fieberparoxismus mussten die Kranken auf offene Karren gebracht und fortgeführt werden, ihre Genesung erfolgte dessenungeachtet. Am 4. April endlich kamen sie in Kronstadt an, wohin sie das Faulfieber verpflanzten, das bald so um sich griff, dass viele Menschen daran starben.*) Zu Ende des

---

*) Schurai hat in seiner Schrift einen Auszug aus einem Tagebuch des seligen Pastor Glockner, als Schilderung dieses Karawanenzuges mitgetheilt. Ich glaubte dasselbe, soweit es vorhanden, seines interessanten Inhaltes wegen ausführlicher benützen zu sollen:

„Unsere türkische Eskorte," schreibt Glockner, „war recht brav, und meh"rere unter derselben bewiesen ein wahres mitleidiges Gefühl gegen die Kranken, „Unvermögenden und Armen auf der Reise. Die Furcht der Landleute war „ausserordentlich gross, daher liefen sie, sobald sie türkische Truppen bemerkten, „davon, und ein Teil von ihnen ging voraus, um den Bewohnern der Dörfer „Nachricht zu geben, und so floh alles, klein und gross in die Wälder. Die „Hütten und Häuser blieben menschenleer, aber mit allem Vorrat zurück. Un"sere Begleiter durchsuchten dann nach ihrer alten Sitte gar bald, was zu ihrem „Gebrauche sein konnte. Besonders war ihnen das zahlreiche Geflügel von kale"kutischen Hühnern, Gänsen und von anderm Federvieh und vorrätiges türkisches „Weizenmehl sehr willkommen, dessen sie habhaft werden konnten, nahmen sie „mit sich. Hiervon behielten sie nicht Alles für sich allein, sondern versorgten „jeden von uns, nach Massgabe seiner individuellen Lage mit allen Notwendig"keiten dieser Art dergestalt, dass der Arme wie der Reiche, der Kranke wie „der Gesunde über nichts zu klagen hatte. Unterhaltlich war abends der An"blick so vieler Feuerstellen, die alle mit hölzernen Bratspiessen garniert waren. „Hob sich dann des andern Morgens das Lager, so war der Fleck von lauter „bunten Federn bedeckt. So ging unserer Karavane auf der Reise gar nichts „ab. Unterwegs hatten wir eine Leiche und eine Taufe. — Allein desto grössere „Not mussten wir gleich bei unserer Ankunft auf dem steilen Gebirge Oretz, „wo die K. K. Truppen in ihren Verschanzungen standen, erfahren. Es waren „daselbst keine Vorkehrungen zur Aufnahme so vieler Menschen gemacht, kein

Die Deutschen in Rumänien.   3

Jahres (10. Dezember) 1788 reichte Glockner von Kronstadt aus durch das Hochlöbliche Königl. Landesgubernium in Siebenbürgen ein Gnadengesuch bei Sr. Majestät dem Kaiser um Unterstützung ein, worauf ein kaiserliches Reskript allen aus Bukarest Geflohenen ein notdürftiges Auskommen verschaffte. In demselben hatte der gute und edle Kaiser Josef ein Wohlwollen und eine Vorsorge geäussert, welche ihn als Vater des Volkes schildert. Kraft desselben waren alle Magistraturen und Stuhlobrigkeiten in Siebenbürgen angewiesen, denen aus Bukarest nach Siebenbürgen geflohenen Unglücklichen nach allen Kräften zu Hilfe zu kommen, ihnen ihre Leiden durch einen wohlthätigen Beistand zu erleichtern und Verdienst zu verschaffen. Glockner selbst fand später bei Beendigung des Ausmessungsgeschäftes durch Herrn von Brenner, als Oberaufseher desselben, eine Anstellung und reiste zu diesem Zweck nach Schässburg, wohin alle Ausmessungsbeamten zusammengezogen wurden. Hier arbeitete er bis 19. Dezember.

Bereits am 10. November 1789 nach dem russisch-österreichischen Sieg bei Martinescht wurde Bukarest von K. K. Truppen besetzt. Zur politischen Verwaltung der Walachei kamen Freiherr von Thugut und der K. Rat Stefan von Raicevich zu Ende desselben Jahres nach der Walachei. Durch die Erkrankung des Kaisers sah man sich österreichischerseits veranlasst, wegen des Friedens mit der hohen Pforte zu unterhandeln. Der Abschluss desselben zog sich indessen durch Englands Einmischung zum Nachteil Österreichs und des Landes selbst, in die Länge. Diese Ereignisse aber blieben insbesondere auf die evangelische Gemeinde nicht ohne Einfluss. Auf Befehl des K. K. Feldmarschalls Prinz von Coburg wurde das evangelisch-lutherische Kirchengebäude, welches türkischen Truppen zum Pferdestall gedient hatte,

---

„Lebensvorrat herbeigeschafft worden, unsere Eskorte selbst blieb den ganzen „Tag ungegessen. Erst den 3. Tag ward es uns möglich, den öden Ort zu ver„lassen. In Törzburg hatte ich das Vergnügen, mein Alles, meine liebe teure „Gattin zu finden, und ihr trübes Auge, das während dieser 6 Monate so viele „Thränen um meinetwillen vergossen, wurde erst nach unsern beiderseitigen „Freudenergüssen wieder heiter. — Durch Kummer und Leiden war sie — durch „Kummer und Leiden war ich abgezehrt, unser Goldbetrag machte nicht mehr „als 32 Piaster aus. Armselig und recht kümmerlich, doch aber ohne eigene „Verbitterung unserer Tage lebten wir mit unsern Kindern 16 Monate lang unter „der strengsten Verdienstlosigkeit in Kronstadt, verkauften nach und nach die „meiner Gattin zugehörige Mitgabe, welche in Perlen, Ringen und Kleidungs„stücken bestand.“

gereinigt, und mit den nötigen Sitzbänken und 2 Fenstern wieder versehen. Bald wurde auch der Pfarrer Glockner, welcher das traurige Los mit seiner Gemeinde geteilt hatte, von Schässburg aus durch ein eigenhändiges Schreiben nebst zureichendem Reisegeld seitens des Prinzen zurückberufen. Ihm folgte der grösste Teil seiner Gemeinde nach. Am 5. Januar 1790 kam er in Bukarest an, wo er mit ausgezeichneter Achtung von dem frommen und guten Feldherrn, sowie von allen seinen Glaubensbrüdern froh und liebreich aufgenommen wurde. — Nach dem Willen des Feldmarschalls sollte Glockner, da im Frühjahr die Truppen das Lager bezogen, mit ins Hauptlager hinausgehen. Auf seine Vorstellungen aber, dass er, „nebst dem löbl. Militär" mit seinen Amtsverrichtungen auch seiner Gemeinde dienen könne, wenn er in derselben zurückbliebe, predigte er abwechselnd einen Sonntag unterm Zelt im Felde und den folgenden daheim in der Kirche. Nebenbei besuchte er täglich die Spitäler in und ausserhalb der Stadt, wobei er sich bei dem pestähnlich grassierenden Faulfieber in nicht geringer Gefahr befand. *)

Bei den kriegerischen Zeiten war auch sein Zusammenhang mit der schwedischen Mission in Konstantinopel ganz aufgehoben, wodurch die Stellung des Pfarrers in materieller Hinsicht noch trauriger sich gestaltete, als sie an sich schon war. Zwar hatte sein grosser Wohlthäter, der K. schwedische Gesandte von Heidenstamm Mittel und Wege gefunden, zu zwei Malen eine Anweisung auf 100 Piaster für seine Bedürfnisse einzusenden, und ihn dem neuen Fürsten Michael Sutzo bestens empfohlen, allein das alles war nicht im stande, seine Lage wesentlich zu bessern. Auf Befehl des Prinzen von Coburg jedoch erhielt die Gemeinde seitens der fürstlich rumänischen Regierung 5 Scutelniks zur Bedienstung und Beihilfe des evangelischen Kirchenpersonals, zugleich die Bestätigung aller bisher genossenen Rechte und Freiheiten.

---

*) Als Präservativ, schreibt er, habe er allemal vor dem Eintritt ins Spital Kronewetbeeren (Wachholderbeeren) gekaut, sei nie mit leerem Magen hingegangen, habe sich alle Tage eines leichten Reinigungsmittels bedient, und sei sehr darauf bedacht gewesen, im Krankenzimmer selbst nie den durch Ekel oder von der Natur übermässig erzeugten Speichel einzuschlucken, sondern wegzubringen und darauf zu Hause mit Wasser oder Essig den Mund auszuwaschen. Mit diesen Präkautionen und mit Hilfe Gottes sei ihm in 20 Monaten bei aller Gefahr der Ansteckung nicht die geringste Unpässlichkeit zugestossen, während viele seiner geistlichen Mitbrüder päpstlicher Seite vom Tode hingerafft wurden.

3*

Im Jahre 1791 (12. August) reichte Glockner den hohen vier europäischen Friedensstiftern von Österreich, England, Preussen und Holland zu Sistov eine Denkschrift ein, in welchem er die äusserst prekäre Lage der Bukarester evangelischen Gemeinde und ihres Geistlichen insbesondere darstellte; allein diese Bemühung blieb so gut wie erfolglos, trotzdem der Bevollmächtigte Österreichs, Freiherr v. Herbert, unterm 20. August 1791 ein Antwortschreiben an ihn sandte, demzufolge die Denkschrift übersetzt dem Dolmetsch der hohen Pforte übergeben worden sei, und dass man die Versicherung erhalten, die Pforte werde in den Instruktionen für den neuen Fürsten der Walachei einen eigenen Paragraphen zu seinen, sowie zu Gunsten der ganzen evangelischen Gemeinde einschalten. Denn als bald nach dem Friedensschluss der Fürst M. Sutzo in Bukarest eintraf, wollte niemand etwas von einem derartigen Paragraphen wissen. Alles, was Glockner für die Gemeinde erreichte, war die Bestätigung der früheren Rechte und Freiheiten, wozu noch die Schenkung von 2 zinsfreien Individuen zur Bebauung ihrer Weingärten kam. Dagegen erhielt die Gemeinde auf bittliches Ansuchen den Betrag einer Kollekte von 116 fl. und 20 kr. unterm 20. August, die von einem im Lager bei Bukarest befindlichen österreichischen Offiziere, dem Oberst Graf Nemesch, veranstaltet worden war.

In dieser Zeit erhielt Glockner seitens des Hermannstädter Domestikal-Konsistoriums die Ernennung zum Pfarrer in Fogarasch. Warum er den ehrenvollen Ruf in den beschränkten Verhältnissen, in welchem er hier lebte, nicht angenommen, wissen wir nicht, er macht davon nirgends eine Erwähnung. Dieser Ernennung war ein Ausweis über die Parochial-Einkünfte beigeschlossen, der allerdings nicht geeignet war, zu besonderen Erwartungen zu berechtigen.

Als ein besonders auch für ihre Interessen folgenreiches Ereignis begrüsste im Jahre 1792 die Gemeinde die Wiedererrichtung einer K. K. Konsular-Agentie in Bukarest und dies um so mehr, da der angestellte Agent, ein Siebenbürge, mit Namen Merkelius, evangelisch war. Derselbe, ehemals Kanzler, war während des Türkenkrieges mit seinen Lokalkenntnissen dem Prinzen von Sachsen-Coburg und der K. K. Generalität sehr gut an die Hand gegangen und wurde bereits nach geschlossenem Frieden vom K. K. Internuntius in Konstantinopel, Baron Herbert, als Agentie-Stellvertreter, später als wirklicher Agent angestellt. Als Kanzlist wurde ihm Andreas Gaudi, der im Türkenkrieg

mit Nutzen verwendet worden war, mit einem Gehalte von 800 fl. beigegeben.*) Auch er war evangelisch und nahm sich mit Merkelius
der Sache der evangelischen Gemeinde warm an. Ihm verdankte die
lutherische Kirche zu Bukarest auch eine kleine Orgel, welche noch zu
Scharnis Zeiten zur Not Dienste leistete.

Dem Fürsten Michael Sutzo folgte im Jahre 1793 Alexander
Morusi auf dem Fürstenstuhl der Walachei. Seine Regierung wird als
eine milde und auf das Wohl des Landes gerichtete geschildert. Gleich
nach seinem Regierungsantritt richtete Glockner ein Gesuch an den
Fürsten, worauf ihm derselbe, wahrscheinlich durch Fürsprache des
Leibarztes, der Glockners guter Freund war, ein besonderes Privilegium,
bestehend in einer Schenkung von 6 kontributionsfreien Leuten (Skutelniks) und 30 Stein Salz aufs Jahr erteilte.**)

---

*) Siehe Engel, 2. Teil, Seite 64—65.

**) Das Privilegium ist nicht mehr vorhanden, über die Skutelniks aber und
die Salzschenkung, deren sich nur die Bischöfe und Klöster und Bojaren in der
Walachei zu erfreuen hatten, teilt Glockner in seiner Handschrift folgendes mit:
„Von uralten Zeiten her hatte ausser den 12 grossen Bojaren jedes Kloster die
Freiheit, eine bestimmte Anzahl von Salzsteinen aus den Salzgruben unentgeltlich
zu erheben. Die Klöster vom ersten Rang bis 1500 Steine, den Stein zu 120 bis
180 Okka, die Okka zu 2¹/₂ Wiener Pfund; die vom mittleren Range weniger, und
die vom dritten Range noch weniger, dieser Salzempfang dauerte für die Klöster
bis zum Jahre 1774. Der Fürst Alexander Ypsilanti stellte solchen dergestalt ein,
dass künftighin ein Stein Salz auf der öffentlichen Schatzkammer jährlich mit
einem Piaster bezahlt werden sollte. Dies war damals mit einem Stein Salz von
120 Okka ziemlich äquivalent, indem die Okka Salz zu jener Zeit gegen einen Asper
als Marktpreis verkauft wurde, und ein Piaster enthält 120 Aspers in sich." —
So hat der Salzempfang in natura für die Klöster, nicht aber für die 12 grossen
Bojaren aufgehört. Und in jener gesetzlichen Bedeutung hat der Fürst Morusi
auch unserer Kirche die Schenkung von 39 Stein Salz oder von soviel Piaster
jährlich gemacht. Über den Genuss dieser Schenkung, die eigentlich nur auf dem
Papier stand, schreibt Glockner: „Allein da hier in Absicht des Finanzwesens im
Grossen oder im Kleinen alles auf Schrauben gestellt ist, so hält es ausserordentlich schwer, solcher Schenkungen sich zu getrösten. In zehn Jahren habe ich nur
zweimal und das allein vom Fürsten Morusi mit Abzug des zehnten Piasters diese
Salzauszahlung erhalten. Immer war gemeine Not, immer fremde Staatsbedürfnisse,
wodurch alle solche Schenkungen verschlungen wurden. — Daher kann man auch
nicht auf einen Heller mit Sicherheit rechnen, wohl aber auf vergebliche Auslagen
für Bittschriften, wenn man so weit gehen will, den Fürsten an diese Donation
zu erinnern."

Was die kontributionsfreien Leute (Skutelniks) betrifft, deren schon zur Zeit
der Regierung M. Sutzos Erwähnung geschah, so musste sich der Prediger, laut
des Privilegiums, diese selbst zu verschaffen trachten, und diese waren für einen

Leider wurde die Regierung dieses Fürsten gleich anfangs getrübt durch Misswachs und Teuerung, sowie durch die im Jahre 1795 grassierende Pest, welche wieder viele Glaubensgenossen, worunter den Pfarrer selbst, bewog, nach Siebenbürgen zu reisen, um seine Familie in Sicherheit zu bringen.

Während seines Aufenthaltes in Siebenbürgen glaubte Glockner, den in den 1780er Jahren wiederholt angeregten Gedanken, die Bukarester evangelische Gemeinde unter die siebenbürgische Superintendentur zu stellen, nochmals empfehlen zu sollen, um ihn wo möglich persönlich der Verwirklichung entgegenzuführen. Er schrieb hierüber einen Aufsatz, dem er einen kurzen historischen Überblick über die evangelische Gemeinde vorausschickte, und übersandte ihn an den damaligen evangelischen Superintendenten Müller. Dieser machte auf die Bedenken, die dabei obwalteten, aufmerksam und lud ihn ein nach Birthälm zu kommen, um sich persönlich mit ihm über die Sache zu besprechen. Sein Plan sollte aber auch jetzt nur ein frommer Wunsch, eine ausgesprochene Idee bleiben; denn Glockner schreibt auf die Rückseite des Antwortschreibens, das er am 2. November erhalten: „Auf diese gnädige Einladung reisete ich auf meine Unkosten dahin, wurde angetragenermassen empfangen und wollte meinen wohlmögenden Plan gerne durchsetzen, aber es liess sich nichts thun, und so wurde die Sache auf die zu erfolgende Synode verschoben," — mit anderen Worten ad acta gelegt, wenigstens ist darüber nichts weiter verlautet.

Da Glockner, völlig mittellos, sich nicht in der Lage befand, nach Bukarest zurückzukehren, wurde seitens des österreichischen Agenten Merkelius und des Kanzlers Andr. von Gaudi im Namen der Kirchenvorsteher ein Aufruf an die Gemeinde um freiwillige Beiträge erlassen. Die Kollekte war so ergiebig, dass durch dieselbe die Rückkehr des Pfarrers ermöglicht wurde.

Fremden nicht eben leicht zu finden, wenngleich viele im Lande zu treffen waren. Denn an Flüchtlingen aus Siebenbürgen, aus der Moldau und der Türkei fehlte es nie in der Walachei. Was aber die Auffindung auch solcher Bauern, die sesshaft waren, im allgemeinen doch möglich machte, war der Zustand, in welchem der Bauer hier besonders im 18. Jahrhundert schmachtete, der nie wusste, was er jährlich an Abgaben zu leisten hatte und immer geben musste, wenn ihm abgefordert wurde. Um daher der masslosen Landeskontribution zu entgehen, stellte er sich lieber als Zinsbauer einem Herrn unter; wenn derselbe freilich zu grosse Zumutungen an ihn machte, so suchte er sich beizeiten einen andern.

Bald nach seiner Ankunft wandte sich Glockner an den inzwischen an Morusis Stelle zur Regierung gelangten Fürsten Alexander Johann Ypsilanti mit der Bitte um Erneuerung der Privilegien, deren sich die Gemeinde, sowie er selbst, bisher erfreut, worauf derselben unterm 15. September 1797 ein neuer Chrissov ausgestellt wurde, der alle frühern Schenkungen an die evangelische Kirche bestätigte. Dasselbe that Pfarrer Glockner im Jahre 1799, als Alexander Constantin Morusi zum zweiten Mal den rumänischen Fürstenstuhl bestieg (1799—1801), zugleich ersuchte er damals zur Vermehrung der Einnahmen um die Erlaubnis, für die Gemeinde ein Wirtshaus steuerfrei halten zu dürfen, was alles in einem neuen Privilegium gewährt wurde.

Leider war die Ruhe, deren Stadt und Land beim Regierungsantritt dieses beliebten Fürsten sich zu erfreuen gehofft hatte, nicht von langer Dauer. Der Pascha von Widdin, Passwand Oglu, hatte in offener Empörung gegen den Sultan Freibeuterzüge nach der kleinen Walachei unternommen und solchen Schrecken über das Land verbreitet, dass trotz der kriegerischen Gegenanstalten des Fürsten die Bojaren und vermöglichen Einwohner von Bukarest schon damals zu dem Vorsatz, sich zu flüchten, veranlasst waren.

So endete das 18. Jahrhundert.

Wem fiele beim Rückblick auf dasselbe nicht das Schillersche Gedicht ein:

> „Edler Freund! Wo öffnet sich dem Frieden,
> Wo der Freiheit sich ein Zufluchtsort?
> Das Jahrhundert ist im Sturm geschieden,
> Und das neue öffnet sich mit Mord.“

Wo aber war hier der „Künstler“, der, wie er, sprechen konnte:

> „Wie schön, o Mensch, mit deinem Palmenzweige
> Stehst du an des Jahrhunderts Neige
> In edler stolzer Männlichkeit,
> Mit aufgeschlossnem Sinn, mit Geistesfülle,
> Voll milden Ernst's, in thatenreicher Stille
> Der reifste Sohn der Zeit
> Frei durch Vernunft, stark durch Gesetze" . . . .

Während im Westen Europas der Sonnenwagen der Civilisation höher und höher stieg, in Frankreich die allgemeinen Menschenrechte proklamiert wurden, in Deutschland die Periode der Aufklärung Triumphe feierte, ein Lessing seinen „Nathan der Weise" dichtete, die deutsche

Litteratur in den Dioskuren Goethe und Schiller den Höhepunkt des Klassicismus erreichte. der Königsberger Weise Kant seine „Kritik der reinen Vernunft" etc. herausgab und Alex. von Humboldt schon den „Kosmos" in seinem Jupiterhaupte trug, — seufzten hierzulande die Besten: „Hüter, ist die Nacht schier hin?" — Zu jener Zeit gab es nämlich selbst in der Hauptstadt der Walachei keine andern Schulen, als diejenigen. welche bei einigen Kirchen für die Kinder des Volkes von den Küstern gehalten wurden, wo man nur mechanisch lesen und schreiben und einige Kirchengebete lernte; dagegen wurde der höhere Unterricht nur in griechischen Schulen und von griechischen Lehrern erteilt, und davon konnten nur die Söhne der privilegierten vermögenden Klasse Nutzen ziehen.

Die griechische Sprache nahm die Stelle der rumänischen in den Schulen, in den öffentlichen Akten und in der Kirche ein. Der Gräcismus hatte seine Wurzeln tief in den rumänischen Boden gesenkt. Wie ein Alp lastete dieses Joch türkischer Tyrannei. wie wir gesehen, auf dem ganzen Volke. —

Wo aber das Ganze litt, musste der Teil auch leiden. Wie hätte sich unter den obwaltenden, beklagenswerten Umständen die kleine. ganz isolierte evangelische Gemeinde gedeihlich entwickeln können? Ist es nicht wie ein Wunder vor unsern Augen, dass sie durch so schwere Zeiten sich hindurchgerungen hat, und ob auch oft ihrer Auflösung nahe, doch immer aufs neue siegreich erstanden ist, treu ihrer Sprache, Sitte und ihrem Glauben!

Und so begleiten wir denn die Gemeinde, die in dem ersten Jahrhundert ihres Bestehens mehr einen Beweis für die passive Energie, als für die glänzende Leistungsfähigkeit des deutschen Volkes bietet. mit voller Teilnahme am Faden der Geschichte ins neue Jahrhundert.

5. Kapitel.

Wie es in Bukarest zu Anfang dieses Jahrhunderts ausgesehen, darüber belehrt uns ein Reisebericht vom ungarischen Grafen Vincenz Batyanyi.*) Er schreibt: „Wer einmal in Bukarest gewesen ist, den wird eine türkische Stadt nicht sehr befremden, er wird hier beinahe die nämliche Bauart, eine Menge Muselmänner und allenthalben den Charakter der Regierung erblicken, mit deren Schutz die Walachei heimgesucht wird. Sollte ich Bukarest genauer schildern, so würde ich es mit Zombor, Theresiopel oder Debrezin vergleichen, so flach und unförmlich sind seine Umgebungen, so planlos seine mit Kot oder Sand bedeckten Strassen, deren einige mit Balken ausgelegt sind, (daher die Namen Podu Mogoschoi, = Belik, = Kalics u. s. w.), damit der Fussgänger bei nassem Wetter doch fortkommen könne. Heftige Winde in einer Jahreszeit, während der andern eine matte, durch die Schuld der hiesigen Einwohner mit bösen Ausdünstungen geschwängerte Luft; schlechtes Trinkwasser und gänzlicher Mangel an öffentlichen Unterhaltungen vermehren die Unannehmlichkeiten dieser Stadt, die demungeachtet eine Bevölkerung von mehr als 80 000 Menschen hat. Die vorzüglichsten Klassen ihrer Bewohner sind griechische und türkische Handelsleute, deutsche Handwerker und eine grosse Zahl von Bojaren ... Das fürstliche Gebäude, welches ohne allen Geschmack aufgeführt und nach ottomanischer Sitte mit hohen Mauern umschlossen ist, befriedigte mein Auge gar nicht. Ohne eine Equipage ist man nicht angesehen, und kein Weib eines wohlhabenden Bojaren geht je zu Fuss u. s. w."

Gleich zu Beginn des neuen Jahrhunderts ging Stadt und Land und somit auch die Gemeinde neuen Stürmen und Gefahren entgegen. Der Pascha von Widdin, Passwand Oglu, hatte sich aufs neue gegen die hohe Pforte empört, und die fürstlich walachischen Truppen, sowie die gegen ihn gesandten türkischen Heeresabteilungen geschlagen, von denen einige nachher siegreich vordringend, im Jahre 1801 Bukarest besetzten. Bald aber musste er sich geschlagen zurückziehen. Die Pforte glaubte, die Walachei habe nun nichts mehr von dem Empörer zu befürchten, allein schon im Mai setzte dieser wieder über die Donau und verbreitete

*) Siehe Engels Geschichte der Moldau und Walachei. 2. Tl. S. 74.

panischen Schrecken im Lande. Was nur flüchten konnte, floh und suchte sich nach Siebenbürgen zu retten. Zu Anfang Juni traf sowohl der neue Fürst, Michael Sutzo, als die K. K. Konsular-Agentie in Kronstadt ein.

Da das Gedränge in Kronstadt, wo man (bis zum 9. Juni 1802) 5783 Flüchtlinge zählte, zu gross wurde, und man bei der Ungewissheit, welche Wendung die Dinge nehmen würden, sowohl den rebellischen, als auch den türkischen Truppen allen Vorwand nehmen wollte, das kaiserlich königliche Gebiet zu verletzen, um dem mit seiner Familie und seinen Schätzen geflüchteten Fürsten nachzusetzen, so wurde derselbe veranlasst, mit einer Ehrenbedeckung sich tiefer ins Land nach Schässburg zurückzuziehen.

Inzwischen hatten die Türken Bukarest besetzt und mit der Verwaltung der Walachei den Fürsten der Moldau, Alexander Sutzo, betraut. — Bald war die Ruhe im Lande wiederhergestellt, und der geflüchtete Fürst, dem man türkischerseits zur Last legte, dass er den Kopf verloren und gar keine Anstalten zur Bekämpfung der Freibeuter getroffen habe, erhielt Befehl, unverzüglich nach Konstantinopel zu kommen. Als dann am 24. Juli der K. K. Agent Merkelius nach Bukarest zurückkehrte, folgten seinem Beispiele die Bojaren, sowie die Flüchtlinge der Gemeinde bis auf Pastor Glockner, der erst durch eine neuerdings für ihn veranstaltete Kollekte in die Lage gesetzt wurde, auf seinen Posten zurückzukehren. Im Herbst wurden die Einwohner von Bukarest von einem furchtbaren Erdbeben, das 2½ Minuten dauerte, heimgesucht; zwei Stösse waren so heftig, dass 16 Kirchen und Klöster, sowie mehrere Gewölbe einstürzten und fast kein Haus unbeschädigt blieb. Bei den Klöstern Spiridon und Radu-Voda spaltete sich die Erde und es quoll schlammiges Wasser hervor.

Noch in demselben Jahre fand ein neuer Fürstenwechsel statt. — Alexander Sutzo ging nach der Moldau zurück, und Konstantin Ypsilanti bestieg den Fürstenstuhl der Walachei. — Die evangelische Gemeinde erfreute sich seines Wohlwollens, indem ihr durch einen eigenen Chrissov die früheren Privilegien bestätigt wurden.

Leider war die Ruhe und der Frieden, die mit ihm ins Land kehrten, nicht von langer Dauer. Der russische Hof, dessen Klienten beide Fürsten waren, fing wieder an, sich der „bedrückten Glaubensgenossen" in den Fürstentümern nachdrücklichst anzunehmen, und machte neuerdings

jene dominierende Stellung der Pforte gegenüber geltend, welche ihm
der Frieden von Kutschuk-Kaniardschi eingeräumt hatte. Die politische Weltlage, der Krieg im westlichen Europa, waren seinen Plänen
höchst günstig. Es war vorauszusehen, dass die Pforte diese russische
Bevormundung auf die Dauer nicht ertragen werde. Die Lage der Dinge
gestaltete sich von Jahr zu Jahr ernster, Russland hielt seine Truppen
in drohender Stellung an den Grenzen zum Einmarsch bereit und liess
dieselben, nachdem es ihm gelungen war, die Pforte zur Kriegserklärung
zu provozieren, im November 1806 unter dem General Michelson in
die Moldau einrücken. Die Pforte scheint dabei grosse Hoffnungen auf
Napoleon Bonaparte gesetzt zu haben. Derselbe schrieb aus dem
königlichen Schlosse zu Berlin unterm 11. November u. a. an Sultan
Selim III.*):

„An demselben Tage, an welchem unsere Feinde auch die Moldau
„und Walachei zurückforderten, indem sie von meinem Missgeschick
„sprachen, trug ich bei Jena einen denkwürdigen Sieg davon und
„marschierte zu andern Triumphen. Die preussischen Armeen sind
„vernichtet oder gefangen. Das ganze Land ist in meinen Händen.
„Ich bin in Berlin, in Warschau. Ich verfolge mit 300 000 Mann
„meine Vorteile und werde nicht eher Frieden machen, bis Sie wieder
„in den Besitz Ihrer beiden Fürstentümer gekommen sind. Fassen
„Sie Vertrauen. Das Schicksal hat die Fortdauer Ihres Reiches ver-
„heissen. Ich habe die Mission, es zu retten, und ich teile mit Ihnen
„meine Siege!"

Wer aber im Frieden zu Tilsit für die Türkei gar nichts that,
wie er es hätte thun können, — war Napoleon Bonaparte. — Bei dem
Schwanken der für den Krieg nicht gehörig gerüsteten Türkei gelang
es den Russen, bald auch die Okkupation der Walachei zu bewerkstelligen. — Die Lage, in welcher sich damals die Bevölkerung der Hauptstadt befand, ist durch einen Aufruf gekennzeichnet, den die K. K. Agentie
an das evangelische Pfarramt zur Mitteilung an die Gemeinde erliess,
also lautend: „Um bei den gegenwärtigen Umständen jedwedem wirklichen K. K. Unterthan für unvermutete Unfälle, so viel möglich ist, den
persönlichen Schutz zu sichern, ist es notwendig, dass ein jeder auch ein
öffentliches Zeichen zum Unterschiede der anderen verschiedenen Unter-

*) Hurmuzaki, Dokumente.

thanen trage. Man hat demnach dafür gesorgt, dass eine nötige Anzahl schwarz- und gelbfarbiger seidener Hutschleifen verfertigt wurden, die sich hier in der K. K. Hof-Agentie-Kanzlei befinden. Es wird daher jeder K. K. Unterthan hiermit öffentlich aufgefordert, sich eine derartige Schleife abzuholen. Die Zeit, wenn diese wieder abgelegt werden sollen, wird man ebenso dem K. K. Publico bekannt machen lassen . . . ." Zugleich wird eine frühere Kundmachung wiederholt, wonach kein österreichischer Unterthan ohne dringende Ursache und auch dann nur mit einer Laterne bei einbrechender Dämmerung auf der Strasse herumgehen durfte, widrigenfalls sich ein jeder die übeln Folgen selbst zuzuschreiben haben würde. Glockner macht dazu die Bemerkung: „Das waren böse Zeiten und am fürchterlichsten die Vormittagsstunden des 25. Dezember, bis die Russen hereinkamen."

Während der russischen Okkupation erfreute sich das Land im allgemeinen und die evangelische Gemeinde insbesondere besserer Zeiten. Es war dies für die evangelisch-lutherische Kirche ein günstiger Zeitpunkt. wurde aber zur festern Begründung derselben nicht benutzt; eigenes Interesse und anderweitige Umstände. besonders das gespannte Verhältnis zwischen Österreich und Russland. der bald darauf erfolgte Ausbruch des Krieges von 1812 — waren schuld daran. — Bei der kaiserlich russischen Armee befanden sich mehrere Generale. Stabsoffiziere und viele Subalterne. die sich zur evangelisch-lutherischen Religion bekannten und sich durch eine fromme und ungeheuchelte Religiosität auszeichneten.[*] Ihre Unterstützung kam indessen mehr dem Pfarrer Glockner zu gute, welcher sich, um seine prekäre Lage zu verbessern, an den Kommandierenden der russischen Armee, Fürsten Prosozovsky in Jassy. mit der Bitte wandte, ihn als evangelischen Prediger bei dem Armeekorps mit dem ehedem bestandenen Krongehalt anzuerkennen, worauf ihm in Anbetracht der seinerseits dem Militär geleisteten Dienste ein Gnadengehalt von 150 Lei, den er dann längere Zeit bezog, bei der Visterie in Bukarest angewiesen wurde. Auch eine unter russischen Offizieren veranstaltete Kollekte gereichte ihm zur Erleichterung seines dürftigen Unterhaltes. Die Kirche aber blieb in ihrer vorigen ärmlichen Lage, wiewohl

---

[*] In dieser Zeit starb in Rimnik der russische General Johannes Georg von Städter. evangelischer Religion, aus Riga, dessen Sohn liess die Leiche in Jassy begraben und erbaute in kindlicher Pietät über dem Grabe ein Bethaus.

die Gemeinde sich in dieser Zeit ziemlich vergrössert hatte und viele
Mitglieder derselben wohlhabend geworden waren, da mit den Russen
viel Geld ins Land gekommen war und Handel und Gewerbe blühten.
Zwar wurden mancherlei Massregeln getroffen, um das Interesse für
Kirche und Schule in der Gemeinde zu erwecken und zu nähren, aber
wenig damit erreicht. Wiederholt erging von der Kanzel die Aufforderung, dass alle neuangekommenen Glaubensgenossen, sie seien männlichen
oder weiblichen Geschlechtes, und welch immer eines Standes, sich bei
der geistlichen Behörde namentlich und urkundlich melden sollten. Im
Falle es nicht geschähe, hätten sie zu gewärtigen, dass man in erforderlichen Hilfsfällen, von welcher Art sie auch sein möchten, solche Personen als Menschen betrachten und behandeln würde, welche die evangelische Gemeinde nichts angingen, sie folglich aus eigener Schuld keine
Ansprüche auf die Vorrechte derselben zu machen hätten. In Bezug auf
Erziehung und Unterricht der Jugend wurde es allen Hausvätern und
Hausmüttern zur Pflicht gemacht, die Kinder nicht zu irgend einem
Winkellehrer, vielmehr zu dem bei der Gemeinde angenommenen Schullehrer Roseri in den beaufsichtigten Unterricht zu schicken, und dann
aber auch den Pflichten der Erkenntlichkeit gegen denselben genau nach-
zukommen. Der Gehalt für den Schullehrer betrug 280 Lei; für das
Quartier wurden ihm 98 Lei jährlich gezahlt. Aber so lange eben die
eigenen Mittel der Kirche nicht hinreichend waren, um auch nur die
notwendigsten Bedürfnisse des Pfarrers decken zu können, musste dieser
wichtigste Gegenstand ein Ziel der Sehnsucht bleiben. Von einem eigenen
Schulhaus war überdies noch immer keine Rede.

Im Jahre 1812 beendigte Russland, im Frieden von Bucarest, den
seit 1806 mit der hohen Pforte geführten Krieg, um freie Hand gegen
Napoleon Bonaparte zu haben.

Fürst Metternich suchte aus dieser Verlegenheit Russlands Nutzen
zu ziehen und drängte den Sultan, Jancu Caragea (Caradscha), den
Freund und Schützling des Herrn von Gentz, auf den Fürstenstuhl der
Walachei zu setzen. Der Sultan wollte sich jedoch nicht dazu verstehen,
bevor Caradscha ihn nicht versicherte, dass er nach drei Jahren demissionieren wolle. Die Absicht des Sultans dabei war, einesteils die Bestimmung über die siebenjährige Herrschaft, wie sie im Frieden von
Kucin-Kainardschi festgestellt worden war, zu umgehen, andernteils
den Griechen in der Faust zu haben.

6. Kapitel.

Die Ernennung Carageas erfolgte im Oktober. Am Tage Sf. Spiridon (12./24. Dezember 1812) hielt er seinen feierlichen Einzug unter Glockengeläute in Bucarest und wurde in der Kirche Curtea vechie (alter Fürstenhof) nach Gewohnheit gesalbt.

Die Ankunft dieses Fürsten in der Hauptstadt war das Zeichen grossen Unheils für das Land.

In der Nacht seiner Installation brannte der alte Fürstenhof Mihai Voda auf Dealu Spiri bis auf den Grund nieder, und am folgenden Tag trat die Pest unter den Hofleuten, welche mit dem Fürsten von Konstantinopel gekommen waren, auf, daher sie auch schlechthin die „Pest Caragea" genannt wird. Es starben bis 300 Menschen täglich, und man glaubt, dass die Anzahl der Toten im ganzen Lande über 90 000 sich belaufen habe. Ganze Familien starben aus.[*] Entsetzen ergriff alle Gemüter und liess alle Gefühle der Liebe und Hingebung schwinden. Die Mutter überliess ihre Kinder, der Mann seine Gattin den Händen der Totengräber, Leuten ohne Überlegung und Gottesfurcht. Trunkenbolde und Wüstlinge hingen sich ein rotes Tuch um den Hals, bestiegen einen Ochsenwagen und zogen von Haus zu Haus, von Hof zu Hof auf Raub aus. Sie drangen in die Häuser bei Tag und Nacht und nahmen, was sie fanden mit, ohne dass es jemand gewagt hätte, sie daran zu hindern. Man floh sie wie den Tod; denn sie nahmen Kranke oder Tote auf den Rücken, warfen sie auf den Wagen und fuhren mit dem vollen Wagen nach Dudescht oder Tschoplea, wo die Pestfriedhöfe waren. Selten kamen die Kranken lebend auf dem Pestfelde an. Oft bewirkte ein Keulenschlag auf den Kopf in einem Augenblick, was die Krankheit in zwei bis drei Tagen. Vielleicht war das Los der also Getöteten weniger beklagenswert, als das derjenigen, welche lebendig auf den feuchten und gefrorenen Boden ohne Streu und Decke hingeworfen wurden. Infolge mehrerer grässlicher und bestialischer Scenen, welche auf dem Pestfelde vorkamen, traf endlich die Behörde Massregeln, eine Art Sanitätsdienst

[*] S. Scrisori ale lui Jon Ghica către V. Alecsandri. Briefe J. Ghica an V. Alecsandri, Bucarest 1884.

zu organisieren. Viele direkt oder indirekt dabei Beteiligten wurden reich. Nach Verlauf eines Jahres nahm die Pest ab, und die Flüchtigen kehrten nach und nach wieder in die Stadt zurück.

Die Kirchenmatrikeln der evangelischen Gemeinde weisen in dem Pestjahr aus: 7 Taufen, 6 Trauungen und 43 Beerdigungen. Pfarrer Glockner berichtet in einem Brief an den Legationsprediger in Konstantinopel über die Gemeinde während des Pestjahres: „mehr als der dritte Teil derselben sei hinweggerafft und der Wohlstand derer, die sich durch die Flucht der Todesgefahr zu entziehen gesucht, bedeutend geschwächt worden." In dieser Bedrängnis der Gemeinde wandte sich Pfarrer Glockner an den Fürsten mit der Bitte, die Privilegien und Schenkungen der frühern Fürsten nicht nur zu erneuern und zu bestätigen, sondern sie noch zu vermehren. Der Fürst zeigte sich sehr geneigt dazu, indem er in einem Chrissov vom Jahre 1814 (August) die frühern Privilegien bestätigte und die bisherige Schenkung von kontributionsfreien Leuten für den evangelischen Pfarrer auf 40 erhöhte. Zu derselben Zeit wurden demselben von seiten der K. K. Agentie aus besonderer Rücksicht 26 Bauern, die unter dem Namen „Posluschuiks" aus der Zahl der 300, welche vom Fürsten der Agentie gegeben wurden, als Pfarrkontribuenten zuerkannt.

Trotz ihrer grossen Finanznot sah sich die Gemeinde gleichwohl bei dem Alter und der zunehmenden Schwäche ihres Seelsorgers in die Notwendigkeit versetzt, demselben einen Gehilfen an die Seite zu stellen. Dieser fand sich in dem Kandidaten der Theologie, Johann Karl Peters aus Deutschland, der nach Siebenbürgen gekommen, eine Zeit lang in Hermannstadt privatisiert hatte und zuletzt Schullehrer und Rektor in Heltau gewesen war. Derselbe wurde vom damaligen Hermannstädter Stadtpfarrer Johann Filtsch der Gemeinde warm empfohlen und bald auch vom Superintendenten Neugeboren zu diesem Zwecke ordiniert. Bald nach seiner Ankunft wurde die Vereinbarung getroffen, einen Fonds zur Besoldung der Diener am Worte Gottes zu gründen, und dazu (8. Mai 1815) durch eine Kollekte der Anfang gemacht. Zugleich wurde, nachdem erst am 16. Februar die alte Kirchenordnung vom Jahre 1751 von neuem von den Gemeindevorstehern beraten und angenommen worden war, ein neues Kirchengesetz entworfen, um einesteils Ordnung in die inzwischen in Uneinigkeit geratene Gemeinde zu bringen, andernteils aber um auf diesem Wege die Einnahme-

quellen derselben zu vermehren. Darnach soll bei Ahndung von Kirchen-
strafen seitens der Kirchenväter die Rechnung immer am folgenden Tag
nach dem Kirchweihfest (15./27. August) gelegt werden. In Bezug auf
die Besoldung der Geistlichen und die Stolargebühren bei Leichen wurden
einige Veränderungen vorgenommen. Unter anderm wird für die Diener
der Kirche von der Gemeindekasse festgesetzt:

1. Für den Herrn Pastor Johann Glockner 800 Piaster jährlich.
2. „ „ „ „ Prediger Joh. Carl Peters 500 „ „
   für Quartier desselben 200 „ „
3. „ „ „ „ Organisten 200 „ „
4. „ „ „ „ Schullehrer (Paul Maurer) 150 „ „
   für Quartier desselben 150 „ „
5. „ „ „ Küster, Glöckner, Gräber u. Kalkant 50 „ „

Traurige Erfahrungen bewogen Peters indessen, nach kurzer Wirksamkeit seinen Posten aufzugeben und nach Konstantinopel zu reisen.
Er verliess Bukarest am 19. April 1816.

In diese Zeit fällt auch die Entstehung und Bildung einer selbständigen ungarisch reformierten Gemeinde in Bukarest. In den letzten
Jahren und zwar bis 1815 hatten sich die hier sesshaften Ungarn, die
zum Teil zum Helvetischen, zum Teil zum Augsburgischen Bekenntnisse gehörten, zu der evangelisch-lutherischen Kirchengemeinde gehalten. Da
aber nach und nach ihre Zahl wuchs, dazu das Bedürfnis in ihnen immer
fühlbarer wurde, einen eigenen Gottesdienst einzurichten, um so mehr, weil
sie meist die deutsche Sprache nicht verstanden und sich in ihrer Muttersprache erbauen lassen wollten, so kam ihnen ein calvinistischer Kandidat
der Theologie, namens Emerikus Schükei aus Siebenbürgen, sehr er-
wünscht, um ihre Absicht ins Werk zu setzen. Derselbe wurde von
Glockner, der mittlerweile die Superintendenturwürde erlangt*), ordiniert,

---

*) Durch wen Klockner (von der schwedischen Gesandtschaft in Konstan-
tinopel?) dazu autorisiert worden, darüber fehlt jeder Nachweis, nur soviel steht
fest, dass er fortan sich als Superintendent unterschreibt, und in Schriftstücken
an ihn so tituliert wird. Die Gemeinde zu Jassy hatte schon im Jahre 1809 durch
seine Vermittelung den ersten eigenen Pfarrer erhalten. In der Geschichte dieser
Gemeinde tritt er schon damals, weil er den Geistlichen entsandt, als ‚Superintendent‘ von Jassy auf und lässt sich auch Ehescheidungsgesuche zur Begutachtung
vorlegen (s. Gesch. der J. Gemeinde).

und nun bildete sich neben der deutschen evangelisch-lutherischen eine ungarisch-reformierte Gemeinde, an welche sich aus obigem Grunde nach und nach die meisten ungarischen evangelischen Glaubensgenossen A. B. anschlossen. Anfänglich, etwa drei Jahre lang, hielten sie ihren Gottesdienst noch in der evangelischen Kirche ab. Bald aber entstanden Misshelligkeiten, indem die Reformierten, an ihrer Spitze Pfarrer Schükey, mit Ansprüchen auf Grund und Eigentum der evangelischen Kirchengemeinde auftraten, wiewohl ohne begründeten Rechtsanspruch; denn in der Liste der zur Erhaltungskasse der evangelisch-lutherischen Kirche beitragenden Gemeindemitglieder findet sich kein einziger Reformierter und, wenn solche in den Kirchenbüchern späterhin vereinzelt vorkommen, so ist nachweislich in späterer Zeit das Grundeigentum der Kirche durch keinerlei neue Ankäufe vermehrt worden. Zu jenen Prätensionen haben Schükey die Sulzerschen Nachrichten über die Entstehung der protestantischen Kirche, als wären die „Kalviner" die eigentlichen Herren und Eigentümer von Grund und Boden der evangelisch-lutherischen Kirche, verleitet. Das veranlasste denn die damaligen Vorsteher der evangelischen Gemeinde den Calvinern die Alternative zu stellen, entweder für die Freiheit, ihren Gottesdienst in der lutherischen Kirche halten und ihre Toten auf dem evangelischen Friedhof begraben zu dürfen, jährlich 400 Piaster zur Erhaltungskasse beizutragen, um vorkommende Reparaturen bestreiten, vorzüglich aber um mit der Zeit und bei Gelegenheit den kleinen Friedhof durch Ankauf vergrössern zu können. — oder aber ihren unbegründeten Ansprüchen zu entsagen und ihre eigenen Wege zu gehen. — Da die reformierten Gemeindemitglieder auf diese Bedingungen nicht eingehen mochten, so vollzog sich die Trennung, welche für die evangelisch-lutherische Gemeinde ein Glück genannt werden darf und nur den Nachteil hatte, dass die Stola für den lutherischen Geistlichen sich verringerte; — früher oder später hätten doch die nationalen Gegensätze die Trennung gewiss herbeigeführt.

Indessen gelang es der neuen reformierten Gemeinde durch eine von Schükey veranstaltete Kollekte in Siebenbürgen (1819), sowie durch milde Stiftungen und Vermächtnisse für ihre Kirche einen ziemlich geräumigen Platz mit einem daraufstehenden Wohnhäuschen, der evangelisch-lutherischen Kirche gegenüber, anzukaufen. Hier erbaute sie auch bald ein für ihre Bedürfnisse entsprechend geräumiges Kirchlein. Später sah sie sich in der Lage, die Erweiterung ihrer Predigerwohnung zu bewerkstelligen, sowie auch ein Häuschen für ihre Schule und ihren Schullehrer, wenn auch nur notdürftig, aufzubauen.*)

In der evangelischen Gemeinde A. C. dagegen war das Bedürfnis nach einem zweiten Geistlichen nachgerade unabweisbar geworden, weil, abgesehen von dem Zuwachs, welchen dieselbe durch Fremde aus Siebenbürgen und besonders aus Deutschland erfahren hatte, auch die Kräfte des alten Superintendenten Glockner derart abgenommen hatten, dass er zeitweilig gehindert wurde, seinen Amtspflichten obzuliegen. So wurde ihm denn ein gewisser Andreas Scharai aus Siebenbürgen, welcher sich eben damals in Bukarest aufhielt, auf eigenes Ansuchen als „Kooperator", zugleich in der Eigenschaft als Schullehrer zur Seite gestellt (1818). Derselbe war ein Ungar, aus Türkös bei Kronstadt in Siebenbürgen gebürtig, hatte früher als geprüfter Lehrer an einer Erziehungsanstalt in Brünn und als evangelischer Prediger fungiert. Bei seiner Berufung wurde ihm die Zusicherung gegeben, dass er nach dem Ableben Glockners dessen Stelle einnehmen solle.

Mit dem neuen Pfarrgehilfen und Lehrer kam ein regeres Leben in die Gemeinde; allerdings äusserte sich dasselbe zunächst nur in neuer konstituierender Thätigkeit.

Bereits mehrere Male haben wir die Gemeinde mit Feststellung von Kirchen-Ordnungen und Gesetzen sich befassen sehen. Ihre konstituierende Thätigkeit wird in dieser Zeit immer reger. Der Grund dieser Erscheinung lag hauptsächlich darin, dass die alten patriarchalischen Gemeindeordnungen für die jetzige Gemeinde, die, besonders was das Unterthanenverhältnis ihrer Mitglieder betraf, sich sehr verändert hatte, nicht mehr passten. Es war natürlich, dass diese aus verschiedenen Ländern Europas mit verschiedenen Sitten, Gewohnheiten, Gebräuchen, Eingewanderten bei der immer notwendiger werdenden festern Ordnung und Regelung ihres Kirchenwesens schwieriger zu leiten und zusammenzuhalten waren als bisher. Der Pfarrer galt bereits nicht mehr als das natürliche Oberhaupt der Gemeinde, er wurde vielmehr im allgemeinen als untergeordneter Diener auch des geringsten Mitgliedes in ihr, das zur Gemeindekasse, also

---

*) Anfänglich stand die Gemeinde unter der Protektion des Königlich grossbritannischen Agenten der beiden Fürstentümer, welchem sie auch eine kleine Orgel verdankte, später jedoch kam sie, weil ihre Mitglieder fast durchwegs österreichische Unterthanen waren, unter K. K. österreichischen Schutz und ward dem Konsistorium in Klausenburg einverleibt.

auch zu seiner Erhaltung etwas jährlich beitrug, betrachtet. — Da die Kirche noch keinen Fonds besass, so war sie auf die freiwilligen Beiträge ihrer Mitglieder beschränkt, von denen die meisten unter mancherlei Vorwänden und Vorwürfen über Verwaltung, Kirchenpersonal u. s. w. je nach ihren Launen und Umständen sich aller Verpflichtungen gegen das Ganze entzogen, so dass die Last der kaum notdürftigen Erhaltung des Kirchenwesens der mindern Zahl von redlichen und rechtschaffenen Mitgliedern auf den Schultern ruhte. Dabei fehlte es noch obendrein nicht an Hetzereien und Ränken aller Art. — Das führte zur Abfassung neuer Statuten, welche neben den Kirchenvorstehern die Wahl von sechs Gemeindevorstehern einführten. Diese durften Gemeindeversammlungen berufen, an denen die Kirchenvorsteher nur als Gemeindemitglieder teilnahmen, und ohne ihre Genehmigung durften letztere nichts mehr beschliessen. Die Einsammlung und Verwaltung der Einnahmen sollten zwar beiden gemeinschaftlich sein, aber die Führung der Gemeindelisten fiel den Gemeindevorstehern, die Ausschliessung aus der Gemeinde den Gemeindeversammlungen zu.

Diese Statuten wurden ungeachtet dessen, dass Pfarrer Glockner sie nicht annehmen wollte, von der Gemeinde zu ihrem Schaden durchgeführt.

Scharai dagegen, der wohl erkannte, was der Gemeinde not that, indem er den inhaltschweren Satz aussprach: „Durch Schulanstalten muss der Menschheit geholfen werden, wenn ihr geholfen werden kann und soll," liess sich die Errichtung einer Schule sehr angelegen sein. Bis zu seiner Anstellung hatte dafür so gut wie nichts geschehen können, indem es zu jeder Zeit an dem Notwendigsten, nämlich am Gelde fehlte. Die Gemeinde besass noch immer kein Schulhaus, die Pfarrwohnung war viel zu beschränkt, als dass man darin noch eine Abteilung zu einem Schulzimmer hätte einrichten können, und wenn dies auch möglich gewesen wäre, so war die Lage derselben gar nicht geeignet dazu. Kirche wie Pfarrwohnung war nämlich im Frühjahr und Spätherbst, zuweilen auch im Winter bei gelinder Witterung, sowie bei anhaltendem Regenwetter nicht leicht zugänglich, weswegen auch die Kirche zu diesen Zeiten beinahe gar nicht besucht werden konnte, weil die meisten Mitglieder der Gemeinde zerstreut in der Stadt wohnten und manche eine halbe und auch eine Stunde bis zur Kirche zu gehen hatten. — Um nun den Kindern den Schulbesuch möglich zu machen, musste jedesmal dazu ein Quartier in der Stadt aufgenommen werden, so oft sich

ein Mietling fand, der sich anheischig machte, Schule zu halten: denn
ein Mann von Kopf und Herz, wenn er nur noch irgendwie erträgliche
Aussichten hatte, übernahm nicht leicht ein Amt, das ihn kaum vor
Hunger schützte. Die Gemeinde konnte nicht mehr als 300 Piaster
dazu geben. Dass unter so bewandten Umständen der Schulunterricht
oft aufhörte und fast jedes Jahr ein anderer Abenteurer damit sein Glück
zu machen hoffte, war natürlich. Die gewöhnlichen Lehr-Gegenstände,
die erteilt wurden, waren Sprachen, Musik, Kalligraphie und etwas Geographie. Die Religion, als der wichtigste Lehr-Gegenstand, wurde bis
auf die Zeit der Vorbereitung zur Konfirmation verschoben, und diese
dauerte 10 Wochen lang bis Christi Himmelfahrt, an welchem Tage hier
die Katechumenen konfirmiert werden. Um also diesem schreienden Bedürfnis nach einer geregelten Schulbildung abzuhelfen, rief Schurai eine
„Bürgerschule" ins Leben. Es fanden sich, nach seinen Angaben,
64 Schüler und Schülerinnen, deren Eltern nach freiem Willen ein
monatliches Unterrichtsgeld subskribierten. Arme konnten unentgeltlich
ihre Kinder daran teilnehmen lassen. Aus der Kirchenkasse erhielt er
die zur Unterstützung der Schulanstalt bisher angewiesenen 300 Piaster.
Er mietete dann mitten in der Stadt ein Quartier, stellte einen Lehrer
mit einem Gehilfen an und übernahm selbst einen Teil des Unterrichts.
Die Kinder wurden nach ihren Fähigkeiten in 3 Klassen abgeteilt. In
der ersten wurden die Elemente gelehrt. In der 2. Klasse erst nahm
der Religionsunterricht seinen Anfang. Weiter wurde Unterricht im
Lesen, Schreiben, Rechnen und in der deutschen Sprachlehre erteilt, wozu
noch in der 3. Klasse Geographie, Geschichte, Volksnaturlehre, Natur-
geschichte, Technologie, Anleitung zu schriftlichen Aufsätzen und Singen
kam. Letzteres vorzüglich darum, um einen Chor von Schülern für den
Gottesdienst heranzubilden, damit durch sie der Gesang der Gemeinde,
„der hier bei einem Zusammenfluss von Menschen aus so verschiedenen
Gegenden oft ans Widerliche grenzt", nach und nach geleitet und ver-
bessert werde. Aber auch dies Unternehmen scheiterte schon nach andert-
halb Jahren an dem Unverstand, der Gleichgültigkeit und Unerkenntlich-
keit der Eltern, von denen manche, abgesehen davon, dass sie ihren Ver-
bindlichkeiten nur unregelmässig oder gar nicht nachkamen, allerlei
Einwendungen gegen Lehrer und Schuleinrichtungen zu machen hatten
und ihre Kinder wegnahmen. Schurai, der aus eigenen Mitteln bereits
400 Piaster zugesetzt, sah sich endlich genötigt, die Lehrer zu entlassen,

und übernahm nun den Schulunterricht allein, da ihn die besseren Mitglieder der Gemeinde nach Kräften zu unterstützen versprachen. — Bald wurde die Gemeinde jedoch von neuen schweren Unfällen heimgesucht, und damit hatte auch das Unternehmen ein Ende.

Fürst Karadscha, dessen Wohlwollens sich die evangel.-lutherische Kirche in hohem Grade zu erfreuen gehabt, musste sich flüchten, und an ihm verlor dieselbe eine grosse Stütze. Denn die durch ihn an die Kirche geschenkten Zinsbauern (Skutelniks) wurden von der nachherigen Regierung mannigfach belästigt und bedrückt, wodurch dieselben verhindert wurden, dem Pfarrer, als ihrem Herrn, ihre Obliegenheiten gehörig erfüllen zu können.

In die Regierungszeit dieses vorletzten Phanarioten auf dem Fürstenstuhl der Walachei fällt das Erwachen des nationalen Volksgeistes. Georg Sion, ehemaliger Rektor der Universität, spricht sich darüber in seinem Vortrag, den er in einer Festsitzung der rumänischen Akademie am 18. September 1871 gehalten hat, folgendermassen aus: „Nicht aus seiner eigenen Mitte erstand dem rumänischen Volke der Messias, der es zum Bewusstsein seiner Nationalität brachte und es aus langer geistiger Versunkenheit erweckte, das Verdienst gebührt einigen erleuchteten Männern aus dem Nachbarlande Siebenbürgen; ihnen hatte die Vorsehung die Prädestination zu der Bewegung aufbewahrt. — Einige Männer, welche Gelegenheit gehabt hatten, frühe in Kontakt mit den Schulen des Abendlandes und den Leuchten der Civilisation zu kommen, unterzogen sich der Mission, sich zu Aposteln der nationalen Wiedergeburt zu machen. Peter Major, Sinkai, Tschikindel, Molnar, Theodorovitsch, Klein, Lazar waren die ersten Lichtbringer, welche das illustre Siebengestirn des Romanismus bildeten. Der letztere war es insbesondere, der in den Rumänen die Wertschätzung ihrer Sprache und Nationalität und damit das verloren gegangene nationale Bewusstsein wieder erweckte." Er sprach: was nützt uns Gelehrten unsere Bildung, wenn wir sie nicht der Nation mitteilen? Was nützen uns Schriftstellern unsere Schriften, wenn wir nicht ein grösseres Publikum haben, das uns liest und versteht? Schulen brauchen die Rumänen. Lasst uns also Schulen bauen!

Georg Lazar wurde im Jahre 1779 im Dorfe Freck bei Hermannstadt geboren. Da der Knabe sehr intelligent und lernbegierig war und sich vor seinen Mitschülern auszeichnete, nahm sich der Komes der sächsischen Nation, Baron von Bruckenthal, der damals Gutsbesitzer

von Freck war, des talentvollen Knaben an und liess ihn auf seine
Kosten studieren. Nach Beendigung seiner Studien, zunächst auf der
philosophischen und juristischen Akademie in Klausenburg, ging er nach
Wien, wo er Physik und Mathematik studierte. Bald wurde er jedoch
von den Franzosen, die damals Wien besetzt hielten, zum Militärdienst
genommen und der topographischen Abteilung zugewiesen. Nach Beendigung des Feldzuges erhielt er seinen Urlaub und verlegte sich nun
auf das Studium der Theologie, um sich für den kirchlichen Beruf, für
den er sich entschieden hatte, vorzubereiten. Er machte sein Examen
sub auspiciis Imperatoris.

Im Jahre 1814 kam er nach Hermannstadt und erhielt vom griechisch-orientalischen Bischof Moga die Priesterweihe als Archidiakonus
des bischöflichen Stuhles, sowie den Posten eines Katecheten am Priester-
seminar. In dieser Eigenschaft hatte er die Verpflichtung, von Zeit zu
Zeit zu predigen. In einer Predigt soll er sich über die politischen
Rechte der Rumänen ergangen und es bedauert haben, dass solche
seinem Volke noch vorenthalten würden. Diese Rede zog ihm einen
Verweis seitens des Bischofs zu, und zwar erfolgte derselbe sofort am
Altar. Dadurch in seinen heiligsten Gefühlen aufs tiefste verletzt, fasste
Lazar den Entschluss, das Seminar und seine Heimat zu verlassen. Er
ging zunächst nach Kronstadt, wo er Erzieher der beiden Bojarensöhne
Carl und Demeter Barcanescu wurde, die sich damals mit ihrer
Mutter dort aufhielten, und kam von da nach Bucarest (1816). Papiu
Ilarian sagt von ihm: „Wie einst Radu Negru Vod mit dem Schwerte,
ähnlich überschritt Lazar mit dem Buch in der Hand die Karpathen,
um den unter der Herrschaft der Phanarioten lebenden Rumänen zu
sagen: dass sie Rumänen seien".

In Bukarest beschäftigte sich Lazar als Ingenieur mit Ausmessung
von Bojarengütern, und in dieser Eigenschaft wurde er mit dem damaligen Grossbojaren, dem Logofet des Oberlandes, C. Balaceanu bekannt. Derselbe war ohne griechische Bildung, ein Bojar von altem
Schlage, durch und durch Rumäne und bekleidete damals zugleich die
Stelle eines Schulephoren. — Als Lazar ihm versprach, dass er ihm
rumänische Ingenieure ausbilden wolle, machte sich Balaceanu anheischig, ihn in seinem Plane, eine rumänische Schule ins Leben rufen
zu wollen, zu unterstützen. Vor allem galt es, die Mittel zur Eröffnung
und Erhaltung der Schule zu beschaffen. Lazar zeigte den Weg dazu.

Da die Mittel zur Erhaltung der griechischen Schule zum Teil von den Revennen von Klostergütern, zum grössten Teil jedoch vom Erlös der Steuern kamen, welche die rumänischen Priester bei ihrer Weihe zu zahlen hatten, schlug Lazar vor, einen Teil dieser Summen zur Errichtung der nationalen Schule zu verwenden, in welcher die Söhne der Pfarrer und wer sonst wollte, unterrichtet werden könnten.

Überaus charakteristisch hat Jón Ghika, der gegenwärtige rumänische Gesandte in London, den Stand des rumänischen Schulwesens jener Epoche in einem Briefe an seinen Freund, den im vorigen Jahre verstorbenen Dichterfürsten Rumäniens, V. Alexandri, geschildert. Es heisst darin:

„Während in der von Caradscha reorganisierten Fürstenschule von Magurénu (Rothes Viertel, da, wo heutzutage die Wasserweihe vollzogen wird) die berühmtesten Hellenisten: Lambru, Comita, Vardalah und Neofit als Nacheiferer von Corai den jungen Griechen und unseren Bojarensöhnen die Denkwürdigkeiten des Sokrates, von Xenophon, Platons Phädon und die Metaphysik des Aristoteles vortrugen, während der Ban von Craiova, Brancoveau, mit dem Puristen Duca in der Sprache des Thukydides die Apophtegmata des Hypokrates und die Arithmetik des Archimedes erörterten; — hörte man beiden Kirchen: Udricani (Schwarzes Viertel), Sf. Gheorghe und Colta die lärmenden Stimmen einiger Kinder, die buchstabierten: on mislete uca = omu (Mensch), pocoiu on mislete uca = pomu (Baum)."

Von den drei Schulmeistern (dascali), die Ghica erwähnt, heisst es: „sie waren die Verwahrer unserer Sprache und Nationalität. Die Schule von Udricani war, wie unter freiem Himmel in der Vorhalle der Kirche, und wenn es regnete, hockten die Schüler auf dem Ziegelboden im Zimmer ihres Schulmeisters oder im Glockengehäuse neben der Kirche, lasen und schrieben. Hierher führten die kleinen Handwerker ihre Kinder, damit dieselben singen, den Apostel lesen, das „Vaterunser" und den Glauben sagen lernten. . . . . . Als Lohn hatte einer dieser Lehrer, der am besten von allen bezahlt war, monatlich 20 Parale (40 Centimes) von je einem Schulkinde, also 4.50 aufs Jahr; ausserdem erhielt derselbe noch von der Kirche ein Quantum Maismehl, Bohnen und Holz. Aus diesen Schulen rekrutierten die Kirchen ihre Priester und Kantoren, dort suchten sich die Bojaren die Knaben aus, welche sie zum Dienst ins Haus nahmen."

Lazar selbst schilderte 4 Jahre nach seiner Ankunft in Bukarest die Zustände jener Epoche im Vorworte zu seinem „Ratgeber für die Jugend", der indes erst nach seinem Tode im Jahre 1826 in Pest gedruckt wurde, also:

„Als ich in dies auserwählte und von Gott gesegnete rumänische Land kam, fand ich eine Menge Dornen darauf; gleichwohl kostete es nicht allzuviel Mühe, um ihn zu säubern: denn alle Patrioten standen mir bei. Leider kamen, eben als zwischen dem Weizen tausend Blumen auf dem Saatfeld blühten, eine Menge Heuschrecken und suchten die Saat, ehe sie noch die ersehnten Früchte bringe, zu verderben. . . . . "

Was ihn aber am meisten betrübt habe, sei der Umstand, dass einige von rumänischem Geblüt gänzlich der griechischen Sprache ergeben seien und lieber sagten: Κύριε ἐλέησον als: Doamne miluiesce-ne! (Herr, erbarme dich unser!). „O, wie gut haben es die Griechen verstanden, die Rumänen zu umgarnen, so dass sie sich sogar zu Gegnern der rumänischen Sprache gemacht haben. Nicht genug damit, haben sie auch die Landesgesetze aufgehoben und neue geschaffen: ja sogar die Aneignung der Sitten der Phanarioten haben sie in allen Landesgesetzen den Rumänen zur Pflicht gemacht. Wenn nicht Se. Heiligkeit Dionysius Lupu nebst andern auserwählten Patrioten gewesen wäre, so hätten sie auch die rumänische Schule gänzlich zu Grunde gerichtet, und wenn man nicht Landeskinder zur Ausbildung nach Österreich, Deutschland und Frankreich geschickt hätte, wären wir immer wie ein ungebauter Weinberg voll Unkraut geblieben. . . . . "

Nur auf dringendes Ersuchen der Schulephorie, an deren Spitze der Metropolit stand, war es gelungen, vom Fürsten die Überlassung von Lokalitäten in den Räumen des Klosters Sf. Sava (wo heute das Universitätsgebäude steht) zur Einrichtung der Schule für Grammatiker zu erlangen. Der Ruf derselben wuchs von Jahr zu Jahr, und allmählich fingen die griechischen Schulen an, sich zu leeren.

Lazar war Professor der rumänischen Sprache, sowie der Mathematik und Philosophie: die Mathematik trug er nach Wolf und die Philosophie nach Kant vor. Die Fortschritte, die namentlich auf dem Gebiete der Geometrie und Mathematik gemacht wurden, waren evident. Die Schüler von Sf. Sava traf man in den Ferien häufig auf den Bojarengütern mit dem Messtisch. Die besten Schüler wurden ins Ausland zur weiteren Ausbildung geschickt. Als Hilfslehrer wirkten unter andern Eliade Radulescu. Bald wurden auch für Latein und Französisch je ein Katheder errichtet. Diese Fächer, sowie die Logik trug ein gewisser Endeli vor und zwar letztere nach Condilne, was Lazar verstimmte, indem er eine Verwirrung durch die Vorträge des französischen Systems der Philosophie in den Köpfen der Schüler befürchtete. Wie er über die beiden Systeme dachte, spricht folgendes Wort von ihm aus: „Die französische Philosophie müsse den Hut vor der deutschen abziehen."

Im Verlaufe von drei Jahren hatte sich eine ansehnliche Anzahl junger Männer mit tüchtigen Kenntnissen ausgerüstet, die zum Teil als Lehrer für Volksbildung wirkten. Unter seinen Nachfolgern verdient besonders Theodor Palladi Erwähnung, welcher die Lancastersche Methode in die rumänischen Schulen einführte, vor allem aber Poenar, der der Organisator des rumänischen Schulwesens wurde, und der patriotische Dichter und ausgezeichnete Schriftsteller Jón Eliade Radulescu, der die nationalen Prinzipien und Ideen des unsterblichen Lehrers und Kollegen fortsetzte und begründete und die rumänische Sprache mit verschiedenen litterarischen Erzeugnissen illustrierte.

Doch der Stern Lazars sollte bald erlöschen. Nicht wenig mag dazu eine Ansprache beigetragen haben, welche den Phanarioten und dem Klerus sehr missfallen hatte und zwar jenen ihrer nationalen antiphanariotischen Färbung wegen, diesen aber infolge ihres Freisinns. Im Jahre 1821 war er bereits Verfolgungen ausgesetzt, es wurde ihm ein Direktor als Aufseher und Wächter beigegeben, damit er keine Ketzereien in der Schule verbreite. Als die Schule infolge der kriegerischen Ereignisse des Jahres 1821 geschlossen wurde, war Lazars Thatkraft im Kampfe mit den Widerwärtigkeiten bereits erschöpft und sein Lebensmut gebrochen; der Pessimismus bemächtigte sich seiner, und endlich fiel er einer Art Lähmung anheim; das war wohl auch der Grund, dass er keinen direkten und thätigen Anteil an der nationalen Bewegung des Jahres 1821 nahm.

Schliesslich sah er sich genötigt, Bukarest zu verlassen. Als er den Wagen, der ihn zu seinen Verwandten nach Freck bringen sollte, bestieg, erhob er sich, sah auf gen Himmel, machte schweigend mit seinen Armen das Zeichen des Kreuzes nach allen vier Windrichtungen, dann gab er dem Kutscher den Auftrag abzufahren.

Seine ehemaligen Schüler, welche herbeigekommen waren, weinten vor Schmerz; aber sein Busenfreund, der Fortführer seines Werkes, Eliade Radulescu, presste seinen Schmerz in die Worte aus: „Er kam in sein Eigentum und die Seinen nahmen ihn nicht auf."*) Joh. 1, 11.

7. Kapitel.

Gleich nach Carageas Flucht hatten die Bojaren durch einen „Arzmakzar" (Bittschrift) die hohe Pforte um einen einheimischen Fürsten gebeten, allein diese hatte, dem Verlangen und Drängen des russischen Gesandten nachgebend, den russisch-gesinnten Alexander Sutzu auf den walachischen Fürstenstuhl geschickt.

Unter seiner Regierung, sowie unter der seines in der Moldau residierenden Bruders Michael, brach die oben erwähnte grosse Bewegung des Jahres 1821 aus, welche das Vorspiel war für die griechischen Befreiungskämpfe der zwanziger Jahre, in der Walachei aber unter dem Namen „Zavera", d. h. für die Religion und den Glauben (za-vera) den Charakter einer nationalen Bewegung annahm, und in der sich der Einfluss der Lazarschen Pflanzschule nationaler patriotischer Gesinnung bereits deutlich erkennen lässt.

Diese Revolution, deren Haupt Fürst Alexander Ypsilanti, war, russischer General und Adjutant des Kaisers Alexander I., brachte

---

*) Lazar starb, 44 Jahre alt, im Jahre 1823 in den Armen seiner Verwandten in Freck. Einer seiner dankbaren Schüler, ein Sprosse der von Österreich in den Grafenstand erhobenen Familie Rosetti liess ihm 42 Jahre nach seinem Tode ein schönes Marmormonument auf dem rumänischen Friedhof in Freck mit der Inschrift, welche Lazar selbst auf seinem letzten Schmerzenslager diktiert hatte, errichten.

Im Jahre 1886 (13./25. Mai) fand die Einweihung seiner Statue hier in Bukarest gegenüber der Universität statt. Dieselbe trägt die Inschrift: „Georg Lazar, dem Wiedererwecker des rumänischen Unterrichtswesens, die dankbare Nation. 1886. Professor der rumänischen Sprache und Mathematik in Bukarest, geboren zu Freck in Siebenbürgen. 1779—1823."

über beide Fürstentümer, insbesondere aber über Bucarest und damit auch über die evangelische Gemeinde namenloses Unheil. Der Fürst Alexander Sutzo selbst wollte derselben keinen Vorschub leisten, erliess sogar Polizeimassregeln gegen die Verkäufer von Waffen und Schiesspulver, allein ohne Erfolg, da die obersten Schichten der Bevölkerung ganz vergriecht waren und den revolutionären „Hetäristen" angehörten.

Der hervorragendste unter den Parteigängern der „Hetärie" in der Walachei war der Slnger Theodor aus Vladimiresci im Distrikt Gorju, daher auch Tudor Vladimirescu genannt, ein „waffenkundiger, kühner und patriotischer Mann, welcher als Pandurenkommandant in allen Türkenkämpfen vom Jahre 1806—1812 Beweise grosser Tapferkeit geliefert und vom russischen Kaiser mit dem Vladimir-Orden dekoriert worden war". Im Jahre 1814 war er vor Carageas Hass nach Wien entflohen und von dem Korfioten Capo d'Istria und dem russischen Gesandten in Konstantinopel Stroganoff dem Kaiser Alexander I. vorgestellt worden. Später kehrte er mit Empfehlungen Stroganoffs nach Bucarest zurück. Hier liess er sich in die, wie man allgemein glaubte, unter dem Patronat des Kaisers von Russland stehende „Hetärie" aufnehmen, wobei er Ypsilanti, als dem Chef, das Versprechen abgenommen haben soll, dass die Griechen, nachdem sie sich in den Donaufürstentümern organisiert haben würden, über die Donau setzen und die Türken in ihrem eigenen Lande angreifen sollten. Sein Plan ging jedoch dahin, mit den Panduren im Lande zu bleiben und die nationale Fahne aufzurollen, um gegen die phanariotischen Fürsten und die Emporkömmlinge (Ciokoi) für die Wiedererlangung der alten Rechte zu kämpfen.

Am 3. Dezember 1820 erkrankte der Fürst Alexander Sutzo, und am 19. Januar 1821 starb er. — „der Herr weiss, wie".[*] — Er war der letzte Phanariot auf dem Fürstenstuhl der Walachei.

Binnen wenigen Wochen hatte Tudor Vladimirescu in den Distrikten Gorju und Mehedinti eine bedeutende Waffenmannschaft aufgebracht. Vergebens schickte die Kaimakamie (Statthalterschaft) die Landesmilizen gegen ihn aus, um ihn tot oder lebendig in ihre Gewalt zu bekommen; dieselben gingen jedoch, anstatt gegen Tudor zu kämpfen, alle in sein Lager über, und bald stand er an der Spitze von 8000 Panduren und 500 Arnauten (meistenteils Bulgaren), mit denen er gegen Bukarest auf-

[*] Scrisori, ale lue Jon Ghica catre V. Alecsandri Bucuresco 1884.

brach. Am 6. März schlug er sein Lager bei Cotroceni auf. Es hiess,
er komme, um die Ciokoi zu köpfen. In Bukarest berief er den Metropoliten und die Bojaren zusammen und liess sie eine Adresse an den
russischen Generalkonsul Pini unterschreiben, worin sie die Intervention
der russischen Truppen verlangten, um die Türken zu hindern, in das
Land zu fallen.

Wie Tudor in Bucarest, liess Ypsilanti, der Kischenew heimlich verlassen hatte, in Jassy die Bojaren eine Adresse unterzeichnen und sandte
damit den Knäs G. Cantacuzeno, Oberst in russischen Diensten, an den
Zar, nach Laibach, wo sich derselbe beim Fürstenkongress befand.
Dann brach er mit seinem Anhang und den von diesen zusammen-
gebrachten Truppen nach Bukarest auf. Wie hätte aber der Zar als
Haupt der heiligen Allianz der Revolution Vorschub leisten dürfen!
Cantacuzeno wurde denn in Laibach vom Zar nicht nur nicht empfangen,
sondern samt Ypsilanti aus der Liste der russischen Armee gestrichen.
Überdies liess Alexander den Sultan versichern, dass er weder die He-
täristen, noch den Aufstand der Griechen unterstütze, vielmehr denselben
missbillige.

Die Kunde davon traf Ypsilanti in Plojescht, und als dieselbe sich
verbreitete, riss Kleinmut und Desertion unter seinen Streitern ein. Die
Walachen hatten keine Lust, ihr Land zum Kriegsschauplatz werden zu
lassen. Gleichwohl glaubte Ypsilanti, es werde ihm gelingen, den Mut
und die Disciplin der übrigen Getreuen zu heben, und brach nach Bukarest auf, wo er am 25. März im Triumphe einzog. Nachdem er im
Hause Vacaresen (heute Sigmund Prager) Quartier genommen hatte,
wurde nach Abhaltung eines Gottesdienstes in der noch heute im Hofe
jenes Hauses stehenden Kapelle die schwarz-weiss-blaue Fahne mit dem
Kreuz und dem aus der Asche sich erhebenden Phönix, sowie mit der
Inschrift: „In diesem Zeichen werden wir siegen“, und: „Aus
deiner Asche werde ich wieder erstehen“. — auf dem Thore mit
dem Rufe aufgepflanzt: „Also auch auf den Thoren von Byzanz!“

Am folgenden Tage erschien eine Bojarendeputation mit dem Metropoliten an der Spitze bei Ypsilanti, führte Beschwerde über die Plünde-
rungen und Ausschreitungen, welche das Land durch seine Truppen er-
▬▬▬▬▬ bat ihm dringend, denselben ein Ende zu machen, worauf
▬▬▬ versicherte, dass er die notwendigen Massregeln treffen und dem-
▬▬▬ nach ▬▬▬▬ ht aufbrechen wolle.

Die Nachricht von der Missbilligung der griechischen Bewegung
seitens des Kaisers Alexander, welche Tudor Vladimiresou, sowie den
Bojaren vom Kanzler der österreichischen Agentie mitgeteilt worden war,
veranlasste diesen, einen Abgesandten an den Beglerbeg von Rumelien
mit der Versicherung abzuordnen: die Rumänen seien treue Unterthanen
des Sultans, und das Land sei nicht gegen die Pforte im Aufstand, sondern gegen die Phanarioten und die Bedrückungen der Ciokoi und der
Griechen. Anfangs April befanden sich indessen beide Korps, das der
Griechen und das der Rumänen, mit ihren Befehlshabern noch immer in
Bukarest und in der Umgebung der Stadt.

Die Anarchie hatte ihren Gipfelpunkt erreicht. Tudor und Ypsilanti
beneideten und hassten einander, erliessen Befehle, trafen Anordnungen
im Dienste und erhoben Steuern, begingen Raub in der Visterie (Finanz-
ministerium) und Raub in den Privatwohnungen. Die Zavergisten und
Panduren verkauften am hellen Tage von Bojaren und Kaufleuten ge-
stohlene Sachen, Shawls, Schmucksachen, Silberwaren u. dgl.

Die von Tudor Vladimirescu dagegen ergriffenen Massregeln hatten
nur die Wirkung, dass sie einige Kommandanten seiner Truppen gegen
ihn aufreizten und eifersüchtig machten, auf die Freiheit plündern zu
dürfen, deren sich die Kommandanten im Heere Ypsilantis erfreuten.
Die Täuschung Tudors war gross: anstatt das Vaterland von den Ciokoi
und Phanarioten befreit zu sehen, war es eine Beute der Zavergisten geworden. — In den Auseinandersetzungen, die er mit Ypsilanti hatte,
forderte er von diesem die Erfüllung seines Versprechens, indem er ihm
riet, über die Donau zu gehen.

Allein dieser, sowohl vor den Türken, die sich anschickten ins Land
zu kommen, als auch vor Tudor, den er für einen Verräter an der griechischen Sache hielt, sich fürchtend, teilte seine Truppen in vier Korps,
von denen er drei nach Plojescht, Tirgovischt und Pitescht dirigierte,
während das vierte unter einem gewissen Sava zur Bewachung von
Bukarest, hauptsächlich aber zur Überwachung der Bewegungen und
Handlungen Tudors zurückblieb.

Als im Mai ein türkisches Armeekorps in die Walachei einrückte
und Bukarest besetzte, folgte Sava Ypsilanti nach Tirgovischt, während
Tudor Vladimirescu in der Richtung nach Pitescht aufbrach. Bei Go-
lescht schlug er zu seinem Verderben das Lager in der Nähe Ypsilan-
tischer Truppen auf. Es währte nicht lange, als einer seiner Getreuen

mit einer kleinen Eskorte von Arnauten bei ihm mit der Meldung erschien: Ypsilanti lasse ihn nach Tirgovischt einladen, um sich mit ihm über den zu befolgenden Feldzugsplan zu verständigen. Einige von den Hauptleuten Tudors unterstützten diese Einladung mit Wärme, und so liess sich Tudor überreden und folgte dem Abgeordneten, ohne auch nur die geringste Bedeckung mit sich zu nehmen. Unterwegs ward er jedoch gefesselt und so in das Lager Ypsilantis gebracht, wo ihm sofort das Todesurteil gesprochen und er abseits des Lagers auf die niederträchtigste Weise erschossen wurde (27. Mai 1821).

Das Verschwinden des Chefs war das Zeichen der Auflösung der rumänischen Truppen. Die Truppenteile Ypsilantis wurden in Einzelgefechten einer nach dem andern von den nachrückenden Türken aufgerieben. Die Katastrophe erfolgte bei dem Dorfe Dragaschan (19. Juni 1821). Ypsilanti floh durch den Rotenturmpass nach Hermannstadt, wurde von den Österreichern ergriffen und in die ungarische Festung Munkacs gebracht, später nach Theresienstadt überführt und starb, in Freiheit gesetzt, in Wien (1828).

Die Pforte rief nach Niederwerfung des Aufstandes die nach Siebenbürgen geflüchteten Bojaren zurück und gab in Anerkennung der guten Dienste, welche ihr die Donaufürstentümer durch ihre Zurückhaltung während der Zavern geleistet, denselben das Recht zurück, ihre Regenten unter den Familien des Landes auf die Dauer von sieben Jahren selbst zu wählen.

8. Kapitel.

Am 6. Oktober 1822 ergriff Gr. Ghica die Zügel der Regierung über die verarmte und verschuldete Walachei, über welche Räuberbanden zerstreut waren und deren Bojaren, Kauf- und Geschäftsleute zum Teil noch in der Fremde umherirrten. Überdies wurden von dem ebenfalls noch in Hermannstadt weilenden russischen Generalkonsul Intriguen und Verschwörungen unter den Bojaren gegen den ohne Zustimmung Russlands ernannten neuen Fürsten angezettelt, in der Absicht, dass ein Aufstand gegen denselben Russland einen Vorwand zur Intervention geben werde.

Wie es um die evangelische Gemeinde zu Bukarest aussah, lässt sich leicht denken. Die bemittelten und wohlhabenden Gemeindeglieder hatten sich mit dem vermögenden Teil der Stadtbewohner ebenfalls nach Siebenbürgen geflüchtet. Erst nach Verlauf eines Jahres sammelten sich dieselben wieder in Bukarest. Aber durch den kostspieligen Aufenthalt ausserhalb der Grenzen des Landes war das Vermögen der Flüchtlinge bedeutend zusammengeschmolzen und die Gemeinde dadurch in Bezug auf die Erhaltung ihres Kirchen- und Schulwesens in grosse Not und Bedrängnis geraten. Hierzu kam später noch der traurige Umstand, dass im Jahre 1824 die Pest ausbrach, die während sechs aufeinanderfolgender Jahre periodisch wiederkehrte und jedesmal zu neuer Flucht Veranlassung gab. Während dieser Unglücksjahre, die noch durch die Cholera im Jahre 1831 vermehrt wurden, stockten alle Geschäfte, die bemittelteren Eltern konnten ihre Kinder kaum notdürftig durch Privatlehrer unterrichten lassen, und die Kinder der ärmeren Klassen wuchsen entweder „wie das Gesträuch im Walde", auf, oder besuchten die katholische Schule, wo der Unterricht unentgeltlich erteilt wurde und wo sie den katholischen Katechismus, Gebet u. s. w. miterlernen mussten. Was sich daraus für die Zukunft, wenigstens für diese Generation der Gemeinde erwarten liess, liegt auf der Hand. So manche traurige Erscheinungen in dem Leben der deutschen Bevölkerung von Bukarest und in dem der evangelischen Gemeinde insbesondere lassen sich daraus mit erklären, besonders auch die, dass durch die Liebe zum Trunk der deutsche Name im Munde der einheimischen Bevölkerung zum Spottnamen geworden, wie er noch später bisweilen gehört wurde.

Geradezu unheilvoll gestalteten sich aber die Gemeindeangelegenheiten infolge der zweifachen Vertretung der Gemeinde durch Kirchen- und Gemeindevorsteher.

Das Kirchenvermögen, welches sich im Jahre 1818 auf 252 Dukaten belief, hatte sich unter der gewissenhaften Verwaltung der für das Wohl der Kirche warmfühlenden Vorsteher: Dr. Georg Grunau, Andr. Schnell, Fr. W. Koch, Franz Thüringer, Dr. Josef Olert, Dr. Josef Sporer, Johann Brenndörfer und Johann Gräro, teils durch milde Stiftungen, teils durch Zurücklegung des jährlichen Zinsenüberschusses bis auf 602 Dukaten vermehrt. Gleichwohl reichte diese Summe nicht

hin, um dem immer fühlbarer werdenden Bedürfnis, die notwendigen Reparaturen an den Kirchengebäuden vorzunehmen (das Kirchendach war
seit 1777 nicht renoviert worden, war vermodert und drohte einzustürzen), sowie für Einrichtung einer zweckentsprechenden Schule Sorge
zu tragen. Weder war ein Schulhaus, noch der Grund dafür vorhanden,
und doch musste auch daran gedacht werden, einen Fonds zu stiften,
woraus die sämtlichen Kirchen- und Schulangelegenheiten in Stand erhalten werden könnten. Aus eigenen Kräften war die Gemeinde nicht
im stande, dies alles zu bewerkstelligen. Die Beiträge flossen bei der
Ungunst der Zeiten sehr spärlich und unregelmässig, von Böswilligen
und Verarmten kam gar nichts ein. — Im Jahre 1824 wurde deshalb
der Beschluss gefasst, eine Deputation ins protestantische Ausland zur
Sammlung von milden Beiträgen auszusenden.

Da die Deputation aus einem Kirchenvorsteher und dem zweiten
Pfarrer Scharai bestehen sollte, so protestierten mehrere Gemeindevorsteher bei der Gemeinde dagegen, mit dem Verlangen, dass noch ein
Handwerker als drittes Mitglied die Deputation begleite. Der Streit
ward bald so bitter, dass die protestierende Partei den Pfarrer überhaupt
ausgeschlossen wissen wollte. Sie unterlag zwar, aber die Spaltung in
der Gemeinde war da und blieb. Sie war hauptsächlich durch den Standes-
unterschied hervorgerufen worden, indem die Handwerker neben den
„Honoratioren" Anteil am Regiment gewinnen wollten. Es ist der alte
Gegensatz der Zünfte und Patrizier in modernerer Form; dazu gesellte
sich noch landsmannschaftlicher Partikularismus und die Eifersucht der
übrigen Deutschen gegen die „Sachsen".

Pfarrer Glockner, alt und kränklich, kümmerte sich wenig mehr
um diese Vorgänge, sein Einfluss hatte, wie wir gesehen, längst aufgehört. Das letzte Zeichen seiner Wirksamkeit war eine auf Veranlassung
der K. schwedischen Gesandtschaft angeordnete Statistik der Gemeinde
(25. Januar 1826), die Scharai zu besorgen sich angetragen hatte; welche
Arbeit aber mannigfache Unterbrechungen durch Pest und Cholera erfuhr. Scharai schätzt die Gemeinde um jene Zeit auf 450—500 Seelen.
Am 19. April 1829 starb Klockner, nachdem er 49 Jahre unter be-
drängten Verhältnissen in gefahrvollen Zeiten bis in sein 79. Lebensjahr
das Pfarr- und Seelsorgeramt ehrenvoll und segensreich bekleidet und
während der letzten 15 Jahre als Superintendent der Walachei den drei
protestantischen Gemeinden, der evangelisch-lutherischen und reformierten

zu Bukarest und der in Jassy befindlichen evangelisch-lutherischen Gemeinde vorgestanden hatte.

Leider gab Glockners Tod Anlass zu neuem Zwiespalt in der Gemeinde. Ein Teil derselben wollte A. Scharai, der neun Jahre lang dem altersschwachen Pastor Glockner als Vikar treu zur Seite gestanden, manche Missbräuche abgestellt und die infolge der trostlosen Zeiten verwilderte Gemeinde wieder auf bessere Wege zu bringen getrachtet hatte, trotz der ihm bei seiner Anstellung gemachten Zusage, nun nicht als Nachfolger Glockners zum Pfarrer haben. Diese Leute liessen eine Schrift cirkulieren, worin sie die abgeschmacktesten und unsinnigsten Beschwerden gegen ihren Pfarrer vorbrachten, unterzeichnet war dieselbe grösstenteils von wandernden Handwerksburschen, Menschen ohne Treu und Glauben, ohne Hab und Gut. Sie gingen mit der Absicht um, ein Mitglied der englischen Bibelgesellschaft zu verschreiben und zu ihrem Seelsorger zu bestellen.

Seitens der angesehensten Gemeindeglieder wurde dagegen die K. K. Agentie in einer Bittschrift ersucht, die Anstifter dieser Umtriebe aufs strengste zu bestrafen. Da aber die Gemeinde unter der Protektion der schwedischen Gesandtschaft in Konstantinopel stand, mochte sich der Agent, Freiherr von Hackenau, ohne Ermächtigung derselben nicht in die innern Angelegenheiten der Gemeinde mischen, wenngleich der bei weitem grössere Teil derselben österreichische Unterthanen waren und der Jurisdiktion der K. K. österreichischen Agentie unterstanden. Der genannte Agent suchte demnach durch den Internuntius in Konstantinopel um die erforderliche Vollmacht nach, einzuschreiten.

Dieselbe wurde dann seitens der schwedischen Gesandtschaft der K. K. Agentie in Gemeinschaft mit der englischen, als stellvertretenden Schutzbehörde, übertragen, worauf an sämtliche Unterthanen und Schutzbefohlene der beiden Staaten, soweit dieselben nicht stimmberechtigte Mitglieder der Gemeinde waren, unter Androhung von Strafen die strenge Weisung erlassen wurde, sich in keiner Weise in die Gemeindeangelegenheiten zu mischen. Eine gleichlautende Verordnung erliess über Ersuchen des englischen Agenten Blutte der Königl. preussische Konsul Freiherr von Krückely an die preussischen Unterthanen und Schutzgenossen. Diese Weisung wurde im Auftrag des österreichischen Agenten von Pfarrer Scharai von der Kanzel publiziert.

Schliesslich gelang es dem Einfluss der K. K. österreichischen Agentie auf den englischen Konsul, sowie auf einen grossen Teil der Gemeinde, die Gemüter dahin zu vereinigen, dass Scharai als Nachfolger Glockners im Amte blieb. Der Wechsel wurde dem schwedischen Gesandten in Konstantinopel, Grafen von Löwenhielm, bekannt gemacht; das förmliche Anstellungsdekret dem Pfarrer Scharai aber erst in der Generalversammlung am 3. Mai 1827 ausgestellt und von der K. K. Agentie als Schutzbehörde bestätigt.

Gleichwohl kehrte der Friede in der Gemeinde nicht ein. Mehrere Mitglieder wurden aus der Zahl der Mitglieder gestrichen und eins sogar von der Agentie verhaftet. Die Unzufriedenen wandten sich ohne Wissen der Vorsteher an das siebenbürgische Gubernium und verlangten von demselben an Stelle des Pfarrers A. Scharai den reformierten Pfarrer E. Sükey zum Pastor der evangelisch-lutherischen Kirche. Vielleicht ging der Plan dazu von Sükey selbst aus und dieser stand selbst im Bunde mit jenen Unzufriedenen. Wie indessen aus einem Schreiben des schwedischen Gesandten zu Konstantinopel (26. Oktbr. 1826) an den Superintendenten Glockner hervorgeht, war Sükey nichts weniger als ein seines Amtes würdiger Mann. — Die Kollekte ward Sükey deshalb auch nicht ausgefolgt, sondern an den englischen Agenten Blutte in Bucarest zu Zwecken der reformierten Gemeinde eingesandt.

Mit Berufung auf das ihnen von der schwedischen Gesandtschaft übertragene Schutzrecht erliessen der österreichische und britische Agent in Bukarest (17. März 1829) ohne Befragung der Gemeinde ein neues Statut, das vernünftigerweise die Doppelvertretung aufhob und eine neue aus acht Mitgliedern bestehende einsetzte. wovon vier aus der Klasse der Honoratioren und Artisten und vier aus der der Professionisten sein sollten. daneben aber keine Gemeindeversammlung gestattete, da die Gemeinde alle ihre Rechte auf die acht Vorsteher durch deren Wahl übertrage. Der Pastor sollte in der Versammlung den Vorsitz führen, aber keine Stimme haben; dagegen durfte diese Versammlung nur über die Leitung der Gemeindeangelegenheiten beraten, „mit Ausschluss jeder andern selbst kirchlichen Frage, deren Erkenntnis nur der betreffenden Oberbehörde zukommt". Vier Wochen später erliessen beide Konsule eine Verordnung, dass jeder, der ferner noch zur Gemeinde gehören wolle, in eine kursierende Liste seinen Namen und den Beitrag, zu dem er sich verpflichte, einzeichnen solle.

So sollte die beinahe hundertjährige Autonomie der Gemeinde von

Behörden vernichtet werden, die ihr nur stellvertretend Schutz angedeihen liessen. Die Unzufriedenheit und die Spaltung wurden so gross, dass viele Mitglieder sich der ungarisch-reformierten Gemeinde anschlossen.

Vielleicht wäre es dem energischen, absolutistischen Vorgehen der beiden Agenten gelungen, die Gemeinde auf die Bahn friedlicher Entwickelung zu leiten, wenn es denselben, namentlich aber dem einflussreichen österr. Agenten vergönnt gewesen wäre, das Interesse der Gemeinde länger zu wahren. Leider traten die folgenden politischen Ereignisse störend dazwischen.

Russland hatte nicht geruht, den Zustand von 1821 in den Donaufürstentümern wiederherzustellen. Nach dem Tode Alexanders I. (7. Dezember 1825) kam zwischen Österreich, England und Russland eine Konvention zu stande, in welcher Russland mit seinen Forderungen vollständige Genugthuung erhielt. Unter anderem wurde festgesetzt, man solle den Fürstentümern eine geregelte Organisation geben. Es war das die Bestimmung, welche zur Quelle wurde, aus welcher das organische Reglement (reglement organique) hervorging, und nach welchem die Fürstentümer bis zum Jahre 1848 und 1857 verwaltet wurden. Damit schien der Friede wiederhergestellt zu sein. Da wandelte sich plötzlich die Situation: Russland erklärte an die Pforte den Krieg. Am 7. Mai 1828 überschritten die Russen unter dem Oberbefehl des Fürsten Wittgenstein den Pruth bei Sculeni und Reni, besetzten Jassy und rückten bis Bucarest vor. Wittgenstein nahm die Regierung der Fürstentümer in die Hand und ernannte den Grafen Pahlen zum bevollmächtigten Präsidenten des Divans im Lande. Die K. K. Agentie hatte sich sogleich beim Ausbruch des Krieges aus Bucarest entfernt. Während ihrer Abwesenheit nahmen die Streitigkeiten zwischen den Gemeindevorstehern und dem Pfarrer ihren Fortgang, wobei der englische Agent zwar intervenierte, ohne jedoch Frieden stiften und Ordnung herstellen zu können.

In dem Frieden von Adrianopel (14. September 1829) musste die Türkei die Schutzherrschaft des russischen Kaisers über die Walachei und Moldau anerkennen, behielt jedoch die Oberlehnsherrschaft nebst dem Jahrestribut. Der russische General Kisseleff führte als General-Administrator das unter dem Namen „Reglement organique" bekannte Staatsgrundgesetz ein und blieb mit russischen Truppen bis zur Abzahlung der der Türkei auferlegten Kriegsentschädigung im Lande. Durch dieselbe wurde den Fremden eine gewisse Garantie für industrielle und kommerzielle Unternehmungen geboten, und die Folge davon war die nunmehr von Jahr zu Jahr zunehmende Einwanderung namentlich des deutschen Elementes, aus dessen Mitte sich bei den überaus günstigen Existenzbedingungen und bei gutem Verdienst auf dem fast völlig konkurrenzfreien Boden mancher geschickte und sparsame Handwerker, sowie mancher umsichtige und unternehmungslustige Geschäftsmann in kurzer Zeit zu Wohlhabenheit emporschwang. Für die evangelische Gemeinde selbst hatte das „Organische Reglement" eine besondere Bedeutung dadurch, dass durch dasselbe die der evangelischen Kirche von der einheimischen Regierung bewilligten Skutelniks aufgehoben und dafür eine persönliche Geldrente, bestehend in 1200 Piastern jährlich, auf Lebenszeit für den Pfarrer bewilligt wurde.

Unter den obwaltenden traurigen Zerwürfnissen war die natürliche Folge, dass die jährlichen Einkünfte der Gemeinde sich immer mehr verringerten, so dass dieselben kaum hinreichten zur notdürftigen Besoldung des Kirchenpersonals, geschweige denn, dass damit noch anderweitigen Kirchenbedürfnissen hätte abgeholfen werden können. —

Der Gegenstand, welcher demnach die Gemeinde unausgesetzt beschäftigte, war nach Scharais Ansicht die Begründung ihres Kirchenwesens und zwar durch eine feste und kraftvolle den Lokalverhältnissen angemessene Kirchenordnung; ferner durch eine zweckmässig eingerichtete Schule; und endlich durch einen sichern Fonds, aus welchem ihre kirchlichen Anstalten fortwährend erhalten und besorgt werden könnten. Pfarrer Scharai fasste also den Entschluss, die vor acht Jahren projektierte Kollektreise anzutreten, mit der weitern Absicht, bei Sr. Majestät dem König von Schweden und Norwegen, ihrem erhabenen Schutzherrn, um eine Instruktion, nach welcher sich der Geistliche und die Gemeinde zu richten hätten, zu bitten. Zu diesem Geschäfte wurde er von dem grössten Teil der neuen Kirchenvorsteher mit Zustimmung achtungswerter Gemeindeglieder bevollmächtigt, welche Vollmacht die Legalisierung seitens des englischen Agenten, als damaligen Protektors der Kirche erhielt (1832 1./13. Oktober).

Scharai durfte seine Reise mit um so grösserer Beruhigung antreten, als er in dem bisherigen Schullehrer Samuel Gabel einen Vikar erhalten hatte. Derselbe war früher Pfarrer der heutzutage nicht mehr existierenden evangelischen Gemeinde zu Bethlen bei Fogarasch in Siebenbürgen gewesen und stammte aus Marpod bei Leschkirch. Der Vorstand hatte ihm ein Gehalt von 800 Piaster ausser dem Schulgeld jährlich ausgesetzt; ersterer wurde später auf 1000 Piaster erhöht.

9. Kapitel.

Am 9./21. Oktober 1832 nahm Scharai, wie aus seinem Reiseberichte zu ersehen, im Hause Gottes Abschied von seiner Gemeinde, nachdem er seine Bitten, seine Wünsche und seinen Trost, nach Anleitung Hebr. 13, 18—21, ausgesprochen und alle Glieder der Gemeinde mit sich dem Herrn befohlen hatte.*)

Als Reisegefährte begleitete ihn Adolph Marienburg, Magistratssekretär zu Kronstadt, welcher sich nach dem Wunsche der Kirchenvorsteher zu dieser Reise entschlossen hatte, zuerst nach Konstantinopel, um sich hier mit den nötigen Legitimationen seitens der K. schwedischen Gesandtschaft zu versehen, und auch daselbst, wo möglich, seine Kollekte zu beginnen. Bereits unterm 1. November 1832 wurden ihm seitens 21 K. preuss. Unterthanen durch das inzwischen in Bukarest eingesetzte K. preuss. Konsulat eine Klageschrift an die Gesandtschaft in Konstantinopel nachgeschickt, worin ihm u. a. zur Last gelegt wurde, er habe Zwietracht in der Gemeinde gesäet, die Dokumente aus der Sakristei an sich gebracht, welche ihm mit Gewalt wieder abgenommen worden seien, und sich Pflichtversäumnis in Kirche und Schule zu schulden kommen lassen; ferner sei er als Unterpfarrer angenommen worden, nicht aber mit der Bedingung, nach dem Tode Glockners die Stelle des Ortspfarrers zu vertreten. Trotz dieser Beschuldigungen brachte Scharai die Summe von 2260 türk. Piastern zusammen, worunter selbst der Name des damaligen K. preussischen Chargé d'Affaires Baron Brassier de St. Simon, mit 300 türk. Piaster verzeichnet steht. Am 7./19. Dezember trat er seine Rückreise nach Bukarest an, war aber durch den ungewöhnlich strengen Winter und eine 21 Tage dauernde Quarantaine bei Giurgewo über 7 Wochen unterwegs.

---

*) S. Scharais Werkchen Seite 43.

Am 27. Dezember erscheint Sükei, der Prediger der reformierten Gemeinde zu Bukarest, bei der K. preussischen Gesandtschaft in Konstantinopel und giebt folgende Erklärung zu Protokoll: „Von der unter Königlich schwedischem Schutz stehenden protestantischen Kirche und Gemeinde in Bukarest, wovon ein Teil lutherisch unter der Obhut des Pfarrers Scharai, und ein Teil reformiert unter der Obhut des Pfarrers Sükei stehe, hätten 80 (?) lutherische Mitglieder, welche mit der Verwaltung des Pfarrers Scharai nicht zufrieden gewesen, sich mit der Bitte an ihn gewendet, einstweilen, bis die Zwistigkeiten zwischen ihnen und ihrem Pfarrer beigelegt sein würden, die kirchlichen Funktionen für sie zu verrichten. Da die meisten jener von der lutherischen Gemeinde abgefallenen 80 Mitglieder Preussen seien, so hätten sie ihn (der eine Reise behufs Sammlung einer Kollekte für seine Gemeinde nach Konstantinopel mache) beauftragt, sich bei dem K. preuss. Gesandten an der hohen Pforte dahin zu verwenden, es möge die schwedische Gesandtschaft Scharai bestimmen, dass er die Zwangsmassregeln (?) einstelle, welche er gegen die von seiner Gemeinde abgefallenen Mitglieder in Anwendung bringe, um sie zu sich zurückzuführen, oder wenigstens so lange unterlasse, bis die bestehenden Zwistigkeiten beigelegt, oder sie einen anderen lutherischen Geistlichen gewählt haben würden. Gleichzeitig zeigte Sükei eine von dem K. preussischen und Kais. russischen Konsulate legalisierte Vollmacht vom 1. August 1832, sowie der Vorsteher der reformierten Gemeinde in Bukarest, vor, wodurch er als Gründer und Pastor der gedachten Gemeinde zur Einsammlung einer Kollekte für dieselbe behufs Besoldung eines Organisten und Schullehrers, Anschaffung eines Gottesackers, Schulgebäudes und Gründung eines Schul- und Kirchenfonds ermächtigt war. Der Königl. preussische Gesandte bewilligte auch ihm einen Beitrag von 300 türk. Piastern und versah ihn, um das Gedeihen seines ihm löblich scheinenden Vorhabens zu erleichtern, mit einer Empfehlung nach Smyrna, worauf Sükei Konstantinopel verliess. — Scharai aber trat nach Ablegung der Rechnung über die in Konstantinopel veranstaltete Kollekte, versehen mit einem Gesuch an die Krone Schwedens, das von mehr als zwanzig Gemeindemitgliedern, darunter die sämtlichen Gemeindevorsteher, unterzeichnet war, und begleitet von seinem Kirchendiener, die Reise nach Schweden an. Auf derselben erfuhr er in den Städten der Moldau, Bukowina und Russland, besonders in Moskau, viele Beweise des Wohlwollens und der

brüderlichen Teilnahme. Am 16./28. Juni kam er in St. Petersburg
an, wo er sich teils wegen der bevorstehenden Herausgabe des neuen
Kirchengesetzes für die evangelisch-lutherischen Gemeinden in Russland,
teils wegen Erlangung einer Allerhöchsten Erlaubnis zu einer Kollekte
durch das Ministerium des Innern zwei volle Monate aufhielt. Nachdem
er dieses Gesetz mit einigen Modifikationen für die evangelisch-lutherische
Gemeinde zu Bukarest, wie auch für diejenigen, welche sich an dieselbe
anschliessen und künftighin in der Walachei noch bilden würden, zugleich mit einem Exemplar von der alten schwedischen Kirchenordnung
zur Einsicht und Wahl nach Bukarest überschickt hatte, reiste er, ohne
die Allerhöchste Erlaubnis zur Kollekte abzuwarten, durch Finnland nach
Stockholm ab, wo er am 23. August (4. September) anlangte.

Über seinen Aufenthalt und seine Thätigkeit daselbst berichtet er
folgendes*):

„So wie ich Seiner Hochwohlgeboren, dem Kammerherrn und
„Königlichen Staatssekretären, Herrn Albert d'Ihre, meine Geldver-
„legenheit, in welche ich mich durch die lange dauernde Reise ver-
„setzt sah, entdeckt hatte, erhielt ich sogleich, als eine gnädige Unter-
„stützung, 50 Rthlr. B. Einige Zeit darnach überreichte ich dem
„Staatsminister der auswärtigen Angelegenheiten Seiner Excellenz, dem
„Hochgeborenen Herrn Grafen, Gustaf Wetterstedt, ein Memorial,
„in welchem ich die traurige Lage meiner Gemeinde in jeder Be-
„ziehung darstellte und um Festsetzung einer Instruktion oder Ver-
„fassung, wornach sich der Pastor und die Gemeinde in kirchlichen
„Angelegenheiten zu richten hätten, bat, worin ich zugleich das von
„Seiner Majestät, dem Kaiser von Russland und Selbstherrscher aller
„Reussen unter dem 28. Dezember 1832 in Allerhöchsten Gnaden
„verliehene Gesetz für die evangelisch-lutherische Kirche in Russland,
„nebst Instruktion für deren Geistlichkeit und Behörden, auch für die
„evangelisch-lutherische Kirche zu Bukarest, mit den nötigen Accom-
„modationen unterthänigst in Vorschlag brachte. — Ferner bat ich in
„demselben unterthänigst um Eine Allerhöchste Bewilligung zu einer
„Kollekte in Schweden und Norwegen. Bald darauf erfolgte der
„Königliche Befehl, mittelst dessen dem Erzbischof, Dr. Carl von
„Rosenstein zu Upsala über die Anwendbarkeit dieses neuen

*) Siehe Scharai Seite 47.

„Russischen Kirchengesetzes, in Beziehung auf die evangelisch-luthe-
„rische Gemeinde zu Bukarest, ein Gutachten abgefordert wurde. Wegen
„der benötigten Angaben der Lokalverhältnisse der Bukarester Gemeinde
„musste ich selbst die Reise nach Upsala zum Erzbischof machen, zu
„welcher ich von der Allerhöchsten Gnade Sr. Majestät 100 Rthlr. B.
„erhielt.‟ *) Das in Rede stehende Gutachten des Erzbischofs war denn
auch im Sinne Scharais abgefasst.

Der Erzbischof hält es für empfehlenswert, dass solch entfernte Gemeinden selbst ihren Seelsorger wählen und berufen, und zwar ohne alle
Art von Einmischungen.

In allen Fällen, welche die Kirchendisciplin erheischt, als in Zwistigkeiten, in Ehefragen etc. solle die Macht nach den erwähnten Kirchengesetzen dem Konsistorium anvertraut werden.

Der Kirchenrat könne bestehen aus 4 von der Gemeinde gewählten
Mitgliedern unter dem Präsidio des Pastors. Diese 4 Kirchenräte
sollten in völliger Übereinstimmung und ganz gemäss dem Beschluss im
Protokoll der Gemeinde vom Jahre 1824 und gemäss den neuen gefassten
Gesetzen der Gemeinde vom Jahre 1827 gewählt werden. Sollten noch
4 Vorsteher von der Gemeinde mit Berücksichtigung der Wählbarkeit,
sowie der Wähler gewählt werden, dann immer auf 3 Jahre.

In Beziehung auf die geistliche Macht eines höhern ecclesiastischen
Beamten, besonders was die Kirchendisciplin, Ehetrennungen und andere
Fragen betrifft, scheine nötig zu sein, dass der Pastor in Bukarest durch
Gesetz autorisiert werde, hierin mit der Mündigkeit eines Superintendenten zu handeln, der alle auf Gesetz gegründeten Formen und
Umstände in acht nehme; aber welche die höchste Autorität in ecclesiastischen Fragen oder Zwistigkeiten sein soll, könne er nicht beurteilen,
besonders während der gegenwärtigen politischen Verhältnisse in der
Wallachei. Der Erzbischof empfiehlt demnach auf Ansuchen Scharais
bei Ihren Majestäten dem König von Schweden und Kaiser von Russland nach vorhergegangener Prüfung die Einführung der Kirchengesetze
zu bewirken, damit die Gemeinde zur Ruhe und zu einer gesicherten
Lage komme.

Die Kollekte wäre nur dann anzuordnen, wenn die Gemeinde durch
feste Gesetze zur Ruhe, Ordnung und Einigkeit gekommen. Denn erst

---

*) Siehe Kirchenarchiv, Kopie übersetzt aus dem Schwedischen.

wenn ordentliche Verantwortlichkeit und Ausweise für die rechte Anwendung der erhaltenen Mittel mit Sicherheit an den Tag gelegt würden, könne etwas von der brüderlichen Teilnahme und dem christlichen Eifer, an welchem es bei den Bewohnern des Nordens nie gefehlt habe, erwartet werden.

(Unterschrift): Rosenstein, Erzbischof.

Upsala, den 10. November 1833.

(Die Kopie ist ex officio legalisiert von B. W. von Ehrström.)

„Auf dieses Gutachten erfolgte von Seiner Majestät dem Könige von Schweden und Norwegen, dem erhabenen kirchlichen Schutzherrn der evangelisch-lutherischen Gemeinde zu Bukarest, die allergnädigste Erlaubnis zur Annahme dieses Gesetzes, mit denen, nach den Lokalverhältnissen erforderlichen Modifikationen."

Es heisst dann in Scharais Bericht weiter: „Als die Zeit meiner Rückreise herannahte, erhielt ich zur Bestreitung meiner Reisekosten, gegen eine Anweisung auf die in Schweden für meine Gemeinde bereits Allerhöchst angeordnete Kollekte durch gnädige Vermittelung Seiner Excellenz des Herrn Staatsministers der auswärtigen Angelegenheiten 300 Hamburger Rthlr. vorgeschossen.

Von Stockholm reiste ich am 19. November (1. Dezember) mit Empfindungen der tiefsten und ehrfurchtsvollsten Hochachtung für den erhabenen König von Schweden und Norwegen ab. — Mit der innigsten Wehmut verliess ich ein Land, dessen Bewohner voll Biedersinn und Menschlichkeit, voll Gastfreundschaft, voll Achtung und Liebe für Obrigkeit und Gesetz, für König und Vaterland, voll Milde und Frömmigkeit beseelt sind. Dankbare und segnende Erinnerung wird nimmer in den Herzen der jetzigen und künftigen Geschlechter der evangelisch-lutherischen Kirche zu Bukarest erlöschen.

Am 4./16. Dezember kam ich nach St. Petersburg glücklich zurück, und nach einigen Wochen gelangte auch die Depesche von dem Königlichen Staatsminister der auswärtigen Angelegenheiten an Seine Excellenz den Hochwohlgebornen Herrn Baron Palmstjerna, Königlich schwedischen Minister und Gesandten in St. Petersburg an. — Bald darauf wurde ich unter dem 28. Februar 1834 auch auf Allerhöchsten Befehl vom St. Petersburgischen Consistorio mit einem Stammbuche zum Behufe der Sammlung von milden Gaben zu dem schon bemerkten Zwecke meiner Gemeinde versehen." — — Soweit Scharais Reisebericht.

Mittlerweile hatte der reformierte Pfarrer Sükei in Holland und Preussen kollektiert und hier, wo ihm die damaligen Unionsbestrebungen zu gute kamen, die ansehnliche Summe von 3561 Thaler 1 Sgr. 7 Pfg. zusammengebracht, indem er sich für den Pfarrer der vereinigten lutherischen und reformierten Gemeinde zu Bukarest und als deren Stifter ausgegeben. Um den Sachverhalt kennen zu lernen, wandte sich der Königlich preussische Gesandte in Petersburg an die Gesandtschaft in Konstantinopel. Und von hier aus wurde der Königlich preussische Konsul Sakellario in Bukarest aufgefordert, zugleich in Angelegenheiten der früher über Scharai vorgebrachten Klagen Bericht zu erstatten. Der inzwischen ernannte schwedische Viceconsul von Gaudi, ein bisheriges Gemeindemitglied, nahm Scharai in Schutz. Über Sükei wurde die entsprechende Auskunft erteilt, sowie über die Verhältnisse der evangelischen Gemeinde in Bukarest. Hierauf wurde der K. preussische Konsul vom Ministerium der auswärtigen Angelegenheiten in Berlin (Eichhorn, 8. April 1835) aufgefordert, sich zu äussern, wie die von dem nunmehr erkannten Pfarrer Sükei gemachte Kollekte zum bleibenden Zweck für das Wohl beider Gemeinden verwandt werden könne, da man die Summe dem Kollektanten nicht überantworten könne.

Der Königlich preussische Konsul berichtete darüber unterm 8./20. Oktober, er hoffe, dass Pastor Sükei, sobald Scharai von seiner Reise zurückgekehrt sein würde, sich zu einer Fusion bereit finden lassen werde. Unterdessen hatte sich aber Sükei selbst wieder an das Ministerium der auswärtigen Angelegenheiten in Berlin um Ausfolgung des Kollektengeldes gewendet. Mittelst Erlasses vom hohen Ministerium (26. Oktober 1835) wird darauf verfügt, die Kollekte könne nur unter der Bedingung einer gemeinschaftlichen Verwendung der beiden evangelischen Gemeinden in Bukarest verabfolgt werden, in der Hoffnung, dass es dem Konsul gelingen werde, Friede und Eintracht in den beiden Gemeinden zu ermöglichen. Nach der Rückkehr Scharais wurde dieser Erlass den Vertretern der beiden Gemeinden am 21. Mai 1836 eröffnet. Die beiden Pfarrer erhielten Abschriften zur Mitteilung an ihre Gemeinden. Pfarrer Scharai produzierte dabei einen an ihn eingelangten gleichlautenden Erlass vom hohen Ministerium und Pfarrer Sükei versprach nach Kräften für den Frieden in der Gemeinde zu arbeiten, nur wollte er in dem Falle, dass seine Kollekte verteilt werde, auch an der des Pfarrers Scharai teilnehmen.

Den Bemühungen des Königlich preussischen Konsuls gelang es vorläufig, einen friedlichen Ausgang herbeizuführen. Scharai machte darauf dem Vorstande der reformierten Gemeinde die Proposition, sich die in Schweden geltenden Kirchengesetze anzueignen, indem sie auf diese Weise des Schutzes zweier Grossmächte teilhaftig werden würden. In Schweden seien diese Kirchengesetze zuerst ins Leben gerufen und von Russland rühre der grösste Teil der Kollekte her. Das sich auf Grund eines Kirchengesetzes bildende Konsistorium sollte aus einem Präsidenten, dem jüngst ernannten schwedischen Vicekonsul G. von Gaudi, einem Bischof in der Person des ersten Predigers (sonach in seiner eigenen Person), einem ersten Assessor in der Person des zweiten Predigers Sükey und einem zweiten Assessor in der Person des lutherischen Predigers Gabel bestehen; die Kontrolle solle von zwei Mitgliedern der Gemeinde geführt werden, zwei andern solle die Herstellung der Rechnungen und Bestreitung der einfachen Ausgaben anvertraut, die grössern jedoch dem Konsistorium vorgelegt werden. Schliesslich sollen über alle Verhandlungen diesen beiden hohen Mächten die entsprechenden Berichte erstattet, sowie alle Rechnungen zur Genehmigung vorgelegt werden. Mit dem daran geknüpften Antrag Sükeys, dass man dem Königlich preussischen Hof davon Mitteilung machen solle, da Preussen sehr viel gethan habe, war Scharai einverstanden, und so erklärten die Vertreter beider Gemeinden ihre Bereitwilligkeit, den Anordnungen des Ministeriums bezüglich Überantwortung der Kollekten sich fügen zu wollen und darauf hinzuwirken, dass Friede und Eintracht unter ihnen herrsche.

Scharai hatte selbst an das hohe Ministerium der auswärtigen Angelegenheiten in Berlin hierüber die entsprechenden Vorstellungen gemacht und die Bitte gerichtet, mit Hand anzulegen zur Regelung und Pacifizierung der Gemeinde, worauf ihm erwidert worden, dass der preussische Konsul Sakellario zu Bukarest angewiesen sei, in Gemeinschaft mit den übrigen dort befindlichen Konsuln derjenigen Mächte, welche Unterthanen evangelischer Konfession daselbst haben, nach Möglichkeit dahin zu wirken, dass die in Russland für die evangelisch-lutherischen Glaubensgenossen geltenden neuen Kirchenordnungen mit den durch Lokalverhältnisse und andere Umstände nötig werdenden Veränderungen auch bei der lutherischen Gemeinde in Bukarest eingeführt werden und demzufolge die Promulgation dieses neuen Kirchengesetzes bei dem Landesfürsten zu unterstützen.

Die Ernennung Gaudys zum Vicekonsul blieb nicht ohne Folgen. Derselbe stellte sich an die Spitze der Kirche und Gemeinde; diese erwählte über Antrag des Pastors einen Ausschuss, um die neuen Kirchengesetze zu beraten und erteilte demselben die Vollmacht zur Regelung der Gemeindeangelegenheiten. Es war die Absicht dieser Vertrauensmänner, trotz wiederholt von der Gegenpartei gegen Scharai eingebrachter Beschuldigungen, den Schleier der Vergessenheit über die Vergangenheit zu breiten. Scharai wurde aufgefordert, das neue Kirchengesetz vorzulegen, zugleich auch die erforderlichen Nachweise über das Resultat seiner Kollekte zu geben. Das Erstere geschah. In Bezug auf die Totalität der Kollekte jedoch erklärte er, keine bestimmte Nachricht geben zu können, indem den letzten Nachrichten zufolge in Schweden (wo er nicht selbst kollektiert) die Rechnungen von Norwegen und einigen schwedischen Provinzen noch nicht abgelegt sei. Der Ertrag werde übrigens schwerlich ausgeliefert werden, bevor die Gemeinde konstituiert sei, da auch die Königlich preussische Regierung gemäss des ministeriellen Reskriptes in diesem Sinne handle. Zufolge der von den Bevollmächtigten der Gemeinde: Dr. Grunau, Dr. Zucker, Hettich, Geyer, Glauert, Ott, Gräw und Kriem, zusammengestellten Ausweise Scharais über die in Konstantinopel und Russland veranstaltete Kollekte, belief sich diese Summe auf 1201 Dukaten 25 Piaster und 39 Para, welche er nebst 128 Dukaten und 16 Piaster als in Schweden auf die veranstaltete Kollekte hin entliehen, bis zum letzten Heller für seine eigenen Bedürfnisse verbraucht haben sollte.

Das neue Kirchengesetz mit den von Scharai proponierten Modifikationen war für die einfachen Verhältnisse viel zu kompliziert. Es enthielt nicht weniger als 442 Paragraphen, von denen viele in Widerspruch standen, und projektierte höchst kostspielige hierarchisch-büreaukratische Einrichtungen. Ein Konsistorium über Eine Kirche, einen Superintendenten, der zugleich selbst der einzig unterstehende Pfarrer mit einem Hilfsgeistlichen war; einen weltlichen Präsidenten des Konsistoriums, der weder als Vicekonsul eine Besoldung hatte, noch als Präsident eine solche erhalten sollte. Es kamen ferner in jenem Gesetze Bestimmungen betreffs des Eheverlöbnisses vor, welche nicht übereinstimmten mit den diesfallsigen Bestimmungen des österreichischen bürgerlichen Gesetzes. In Ehestreitigkeiten war ein Konkurs nach Konstantinopel festgesetzt, während bisher der hiesige Pfarrer als geistliche Behörde über eine

Ehescheidung sich auszusprechen hatte und darnach von den Konsulaten weltlicherseits entschieden. beziehungsweise die Scheidung vollzogen wurde u. s. w.*)

Als das zur Beratung der Statuten eingesetzte Komitee aber mit einer gründlichen Revision derselben Ernst machte, da erhob der Vicekonsul den Vorwurf, es habe seine Vollmacht überschritten. Dies war das Signal zu erneuerten und nunmehr ernsteren Streitigkeiten. Je mehr Gaudy mit seiner neuen Stellung gegenüber dem Ausschuss prävalieren wollte, um so hartnäckiger wurde dessen Widerstand; endlich holte sich der Ausschuss für alle Fälle hinreichend ausgedehnte Vollmachten seitens der Gemeinde ein. — Dieser Vollmacht trat Scharai in einer Zuschrift an das Komitee selbst bei, mit Vorbehalt jener Punkte, welche das „Dogmatische", die rein geistlichen Angelegenheiten betrafen. Der Gemeindeausschuss lehnte das voluminöse Gesetz als unanwendbar auf die Gemeinde ab, indem er glaubte, darin die Absicht zu erkennen, dass die Gemeinde von der freien Verwaltung ihres Vermögens ausgeschlossen würde und dasselbe von dem zu ernennenden Konsistorium, welchem der schwedische Vicekonsul präsidieren sollte, willkürlich verwendet werden könne. Statt dessen ging er an die Regulierung der Stolargebühren, welche zu gering angesetzt waren und stellte nach Übereinkommen mit Pastor Scharai einen Tarif auf. Der Vicekonsul, in der Meinung, dass ohne seine Zustimmung von der Gemeinde nichts unternommen werden dürfte, publizierte hierauf an der Kirchenthür eine Aufforderung voll persönlicher Angriffe gegen die Bevollmächtigten an die Gemeinde, jenem Tarif keine Folge zu geben. Damit nicht genug, nahm er nach dem Ableben des bisherigen Kassierers Steege das bei demselben befindliche Archiv, ohne Wissen des österr. Konsulates, als der nach der Ansicht der Bevollmächtigten zur Übernahme der Nachlassenschaft eines österr. Unterthanen kompetenten Behörde, weg und ernannte zum Kassierer eigenmächtig Stefan Bistritzer. Nunmehr gab sich allgemein ein Geist des Widerstandes gegen die von dem Vicekonsul in Anspruch genommene Autorität kund und die Einigkeit, die bisher in der Gemeinde gefehlt, war wenigstens gegen diesen zustande gebracht. —

Das Komitee, worunter Dr. Zucker, ein Regensburger und an die

---

*) In der Praxis hat das evangelische Pfarramt hier später bis zur Einführung der Civilehe, 1865, das Scheidungsrecht kurzerhand ausgeübt.

Person des regierenden Fürsten attachiert, der praktische Arzt Dr. Grunau aus Göttingen, ehemals englischer Unterthan, jetzt naturalisierter Rumäne und der Buchhändler Wallbaum aus Weimar, wandte sich an den K. K. Agenten mit der Klageschrift gegen jene Publikation, wobei sie bemerkten, dass sie, von der Gemeinde bevollmächtigt, eine Verfügung getroffen hätten, die ihnen von einer Autorität, welche sie nicht anerkannten, verweigert werde, während die Gemeinde ihre Angelegenheiten von jeher selbst besorgt hätte: zugleich baten sie, die K. K. Agentie möge veranlassen, dass sämtliche Kirchendokumente, welche bei Steege gewesen waren, ihnen überantwortet würden. Die Agentie erwiderte jedoch unterm 22. April 1837 (No. 582): sie könne einem unmittelbaren Gesuche von Gemeindegliedern in Gemeindeangelegenheiten keine Folge geben, nachdem sie nicht mehr mit dem Schutze der evangelisch-lutherischen Kirche und Gemeinde beauftragt sei. Da man weiter, voll Misstrauen in die Gesinnungen des schwedischen Vicekonsuls, befürchtete, derselbe werde wie das Kirchenvermögen von dem Kassier Steege, so auch die schwedische Kollekte, welche bei der schwedischen Gesandtschaft in Petersburg deponiert war, in seine Verwahrung zu bringen suchen, richteten die Bevollmächtigten in anbetracht der obwaltenden Umstände ein Schreiben an die schwedische Gesandtschaft zu Konstantinopel und ein anderes an das hohe Ministerium der kirchlichen Angelegenheiten in Stockholm, worin das letztere ersucht wird, das Depositum in Petersburg nur in Gemässheit der Befehle Sr. Excellenz des Ministers der auswärtigen Angelegenheiten auszuliefern. Zu diesem Schritt beeilten sie sich um so mehr, als der schwedische Konsul in Petersburg an Pfarrer Scharai geschrieben, dass die Summe zu der Verfügung des letzteren bereit liege. Zugleich wurde der Minister ersucht, dass der schwedische Vicekonsul angewiesen werde:

1) das widerrechtlich in Verwahrung genommene Kirchenkapital an die Steegeschen Erben zurückzustellen, damit es den unterzeichneten Deputierten der Gemeinde nach Form Rechtens abgeliefert werde;

2) ihn als blossen ehemaligen Kirchenvorsteher zur Rechnunglegung des Kirchenvermögens mit seinen Kollegen zu veranlassen;

3) keine weitern Eingriffe in die Rechte der Gemeinde sich zu erlauben, mit Hinweis auf das schwedische Schutzpatent vom Jahre 1755. — Die Folge davon war, dass sich zwischen dem Vicekonsul, als Repräsentant der Schutzbehörde der Gemeinde, und den Bevollmächtigten eine

weitläufige Korrespondenz entspann, die den Standpunkt beider ziemlich klar darlegt und wobei seitens der Bevollmächtigten leider viel Gehässigkeit und persönliche Motive zu Tage traten. So hielten diese das schwedische Vicekonsulat für eine Erfindung und behaupteten, das neue Kirchengesetz sei eine Privatarbeit Scharais, deren Absicht sei, die Gemeinde aller Selbständigkeit zu berauben und sie unter die Kuratel des schwedischen Vicekonsulats und unter die Hierarchie eines noch nie dagewesenen Superintendenten zu stellen; und doch war Glockner von der Gemeinde sowohl, als von der schwedischen Mission wiederholt als „Superintendent" bezeichnet und anerkannt worden. — Von seiten des Vicekonsuls hingegen wurde diese ausgedehnte Vollmacht der Deputierten bestritten, indem er nicht zugeben mochte, dass die Gemeinde ihre Angelegenheit selbst und allein zu ordnen befugt und befähigt sei. Jene Bevollmächtigten waren daher in seinen Augen selbst Revolutionäre und Usurpatoren, denen man Kirchenvermögen etc. nicht überantworten könnte, um so mehr, da die neue von ihnen entworfene Stolartaxe viel Unzufriedenheit in der Gemeinde hervorgerufen habe. Sie hatten sogar Sükey ermächtigt, bei evangelischen Glaubensgenossen, die von Scharai nichts wissen wollten, geistliche Funktionen zu verrichten. Von dieser Seite wurde wieder der Vorwurf gemacht, dass die frühern Vorsteher keine Rechnung gelegt hätten.

Trotzdem noch keine der Fragen, um die es sich hier handelte, erledigt war, wurde am 25. Juni 1837 eine Publikation des schwedischen Vicekonsuls seitens des Pfarrers von der Kanzel publiziert, derzufolge am nächsten Sonntag die Installation Scharais als Superintendent stattfinden, zugleich der Vicekonsul als Präsident und Scharai als Vicepräsident des neuen Konsistoriums qualifiziert werden sollten. Ein Dokument, wodurch dieser Akt legalisiert worden wäre, lag nicht vor. Aus einer Note Sr. Excellenz des Kaiserlich russischen Staatssekretärs, Grafen Nesselrode an den schwedischen Gesandten Baron Palmstjerna vom 5. Februar 1834 geht zwar hervor, dass das Petersburger Konsistorium den Befehl erhalten, mit Scharai sich in Verbindung zu setzen und demselben alle Nachweisungen und thätige Mitwirkung, deren er bedürfen könnte, zu leisten; aber nirgends findet sich ein Beweis dafür, dass es in der Absicht der schwedischen Regierung gelegen hätte, das Kirchengesetz um jeden Preis in der evangelischen Gemeinde in Bukarest durchzuführen. — Ein von Palmstjerna an Scharai gerichtetes Schreiben

das derselbe vorlegte, trägt nur darauf an, dieses Gesetz der Gemeinde
zur Annahme zuerst vorzulegen.

Am 2./14. Juli wurde der Königlich preussische Konsul Sakellario vom schwedischen Vicekonsul zur Feier der erwähnten Installie-
rung eingeladen. Mittlerweile war an der Kirche auch das schwedische
Wappen angebracht, dieselbe also gewissermassen für schwedisches Kron-
eigentum erklärt worden. Der Vicekonsul wurde aufgefordert, dasselbe
zu entfernen, während Scharai mit Hinweis auf die Folgen die Warnung,
die Superintendentur anzunehmen, erhielt. Trotz dieser Abmahnung und
Warnung seitens der Bevollmächtigten ging die Feier am darauffolgenden Sonntag in Scene. — Beide, der Pastor Scharai und der Vicekonsul
von Gaudi, traten vor den Altar. Letzterer zog den Degen und hielt,
ihn dem neben ihm stehenden Glöckner überreichend, eine kurze Lobrede
auf Scharai, worin er dessen Verdienste um Kirche und Schule hervor-
hob, denselben als Superintendenten proklamierte, und ihm ein angeblich
von der hohen schwedischen Regierung übersendetes, an einer Kette
hängendes Kreuz umhing.*)

Die ganze Komödie schloss mit einer Umarmung der beiden, Scharai
dankte dem Vicekonsul als Präsidenten, wofür ihn dieser als Vicepräsident des zu errichtenden Konsistoriums qualifizierte. — Das Mass
des Hasses, das sich gegen Scharai angesammelt, ward damit zum Übergehen voll. Die Deputierten der Gemeinde richteten nunmehr ein Cirkular an dieselbe, worin nochmals alle Rekriminationen, welche seit
Jahren gegen Scharai vorgebracht worden waren, in 10 Punkten aufgeführt wurden und worin die Gemeindeglieder ersucht wurden, durch
Unterschrift zu erkennen zu geben, ob Pastor Scharai fernerhin im Amt
bleiben solle oder nicht. Die Majorität sprach sich gegen ihn aus, und
so erfolgte ohne weiteres Rechtsverfahren seine Absetzung (19. Juli 1837).
An seine Stelle wurde Samuel Gabel zum Ortspfarrer ernannt. —

Es fehlte zwar nicht an Gegenerklärungen, worunter eine mit
50 Unterschriften versehen war, und worin der 19jährigen Amtsthätigkeit Scharais mit Anerkennung gedacht und Verwahrung gegen den
Vorwurf des Gewissens eingelegt wurde, da Scharai ungehört verurteilt

---

*) Das Kreuz soll aus vergoldetem Silber bestanden und von dem hiesigen
Silberarbeiter Haubold um 9 Zwanziger verfertigt worden sein; die bronzierte Kette
wäre um 5 Zwanziger von einem hiesigen Kaufmann gekauft worden. (Siehe
Kirchen-Archiv-Akten.

und mit seiner unversorgten Familie brotlos gemacht worden; aber sie
hatte keine Folgen, trotzdem sich dieser Anhang sogar an den Fürsten
wandte. — Die Deputierten folgten demselben auch dahin mit einem
Memorandum, worin sie in umfassendster Weise die ganze Sachlage aus-
einandergesetzt hatten. Scharais Protestationen an den schwedischen
Konsul blieben ebenfalls erfolglos. Gleichwohl liess er es auf das
Äusserste ankommen, so dass es am darauffolgenden Sonntag in der Kirche
zu Thätlichkeiten, zu einem förmlichen Skandal gekommen wäre, wenn
man den Leidenschaften freien Lauf gelassen hätte. Im Ornate, mit
Kreuz und Kette geschmückt, trat er in die Kirche, wo ihm der Weg
zum Altar verabredetermassen versperrt wurde. Als er „Platz" begehrte,
wurde ihm erwidert, dass er seine Entlassung erhalten und in dieser
Kirche keinerlei geistliche Funktionen mehr zu vollziehen habe. Als er
hierauf den nunmehrigen Pfarrer Gabel am Arme fasste und ihn aufforderte, ihm zu folgen, wurde ihm erwidert: „Das ist jetzt unser
Pfarrer, und dieser hat jetzt den Gottesdienst abzuhalten", was dann
auch nach der Entfernung Scharais ohne Störung geschah. — Diese
Vorgänge wurden zugleich mit ihren Folgen seitens der Deputierten an
die schwedische Gesandtschaft in Konstantinopel berichtet, auch wurde
das Ansuchen gestellt, das Zaysche Legat von nun an ihnen zuzusenden.
Gleichermassen wandte man sich an den Minister der auswärtigen Angelegenheiten in Stockholm und ersuchte nach einem umfassenden Berichte
über das Geschehene um eine Ausfolgung der bei der Petersburger Gesandtschaft deponierten Kollekte mit dem Versprechen, über die Verwendung der Gelder sich zu legitimieren.

Welcher Art die Instruktionen Gaudys waren, geht aus einem
Schreiben hervor, welches der Königl. Minister der auswärtigen Angelegenheiten nach dessen Ernennung zum schwedischen Vicekonsul an
Pastor Scharai erlassen, und welches der K. K. Agent zufolge seines
Berichtes an den Internuntius in Konstantinopel im Original gelesen hat.
Der Sinn jenes Schreibens war: „Der Minister freue sich, auch die Ernennung eines Vicekonsuls bewerkstelligt zu haben; er glaube zwar,
dies könne auf die Ordnung der evangelischen Gemeinde in Bucarest
einigermassen einwirken, sei jedoch überzeugt, die Ordnung werde wie
früher wohl vorzüglich durch die einflussreichen Konsulate, besonders
durch das österreichische erhalten werden." Hätte sich Gaudy gleich
anfangs um diese Mitwirkung beworben, so wäre die Sache nicht so weit

gekommen. Statt dessen ging er, pochend auf seinen Titel, eigenmächtig vor. Erst nachdem er durch ein Jahr seine Kräfte allein versucht hatte, wandte er sich, als sein Verhältnis zur Gemeinde sich so verschlimmert, dass der Riss unheilbar und alle Leidenschaften aufgewühlt waren, an den K. K. Agenten um Beistand zur Einführung und Aufrechterhaltung des beabsichtigten Gesetzes.

Derselbe versäumte nicht, den Internuntius in Konstantinopel von der Sachlage genau zu unterrichten, welcher seinerseits dem K. schwedischen Gesandten Bericht erstattete. Dieser musste daraus die Überzeugung gewinnen, dass unter den obwaltenden Umständen in die evangelisch-lutherische Gemeinde in Bucarest nur dann Ruhe und Ordnung zurückkehren könne, wenn diejenigen Mächte, die unmittelbar ihre weltliche Autorität geltend machen konnten, also Österreich und Preussen, mit dem Protektorat betraut würden. Mit hohem Erlasse (2. Oktober 1838) wurde seitens der österreichischen Staatskanzlei dem K. K. Agenten in Bucarest eröffnet, dass Seine Majestät der König von Schweden den Entschluss gefasst habe, sich des Patronates über die evangelische Kirche zu Bucarest für zukünftige Zeiten zu begeben.

Mittlerweile war auch an den K. schwedischen Vicekonsul von Gaudy von Konstantinopel die Weisung erfolgt, die Gemeinde von dem Entschluss der Krone Schwedens in Kenntnis zu setzen und sämtliche auf die Kirche bezüglichen Akten an die Konsulate von Österreich und Preussen auszuliefern, sowie der walachischen Regierung die gehörige Anzeige zu machen (1. Juli 1839). Bei Übergabe der Dokumente und Obligationen wurde von Gaudy zugleich Rechnung gelegt und der Betrag von etwa 300 ₤ ausgefolgt.

Die Absicht der Krone Schwedens durch Errichtung eines Vicekonsulates in Bucarest Einigkeit und Ordnung in die Gemeinde einzuführen, war somit vereitelt und zwar aus folgenden Gründen: von Gaudy war nach keiner Richtung die geeignete Persönlichkeit, ein so schwieriges Werk in einer Gemeinde, wie die Bucarester Gemeinde damals war, zu vollführen. Er hatte in Kronstadt und hier verschiedene Beschäftigungen betrieben, war Magistratssekretär und Rechtsfreund dort gewesen, dann Beamter beim Kaiserl. russischen General-Konsulat für die österreichischen Unterthanen in Abwesenheit der K. K. Agentie, endlich auch Apotheker. Durch Verwendung des Pastor Scharai während seiner Kollektenreise in Schweden war seine Ernennung zum K. schwedischen Vicekonsul eingeleitet worden. Als Gaudy, von jeher mit vielen der hervorragenden Gemeindeglieder entzweit, nun plötzlich als Vorstand auftrat, musste er auf Widerstand stossen, der sich steigerte, je mehr derselbe mit unzureichenden Mitteln ihn zu brechen suchte. Viele Gemeindeglieder, ohne es zu gestehen, dass sie von beleidigtem Stolz und Neid über seine Erhebung ergriffen waren, warfen ihm unreelle Verwaltung des Kirchenvermögens vor.

Was die Absetzung Scharais betrifft, so war dieselbe juridisch nicht gerechtfertigt. Der K. K. Agent äusserte sich diesbezüglich: „Es ist charakteristisch, dass der ofterwähnte, von der Gemeinde bevollmächtigte Gemeindeausschuss, seine Vollmacht überschreitend, die Absetzung des Pastor Scharai ohne Umstände auszusprechen sich erkühnt, indem er in einer Art Dekret anführt, die Absetzung sei beschlossen worden aus den bekannten gegen Pastor Scharai obwaltenden Klagen der Gemeinde, während Scharai seit 1827 Pastor der Gemeinde ist, ohne dass mir bewusst, dass eine Klage gegen ihn wäre angebracht worden.“ Dies Vorgehen des Ausschusses wurde denn auch in der That nicht von der ganzen Gemeinde gebilligt. Ein grosser Teil derselben überreichte an den Agenten ein Gesuch zu Gunsten Scharais. Die meisten der Unterschriften wiesen aber auch die Vollmacht auf, welche den Ausschuss ernannt und dadurch nolens volens Ursache zu jener Absetzung geworden waren. Damals aber hatte die Agentie noch kein Recht, sich in die innern Angelegenheiten der Gemeinde zu mischen. Sie musste Scharai seinem zum Teil selbst verschuldeten Schicksal überlassen. — Auch hier bewährte sich das Dichterwort: „Es rast der See und will sein Opfer haben.“

Man wird übrigens nicht irren, wenn man den tiefern Grund dieser höchst beklagenswerten Streitigkeiten in dem Widerspruche sucht, der seitens der aus dem „Reiche“ eingewanderten Mitglieder der evangelischen Gemeinde gegen die von den Siebenbürger Sachsen bisher geübte und von denselben als eine Art unveräusserliches Vorrecht betrachtete Hegemonie erhoben wurde.

Zugleich mit der Mitteilung der Absetzung Scharais war dem regierenden Fürsten das Gesuch eingereicht worden, die bisher von der hohen Landesregierung bewilligte Unterstützung nicht mehr an denselben, sondern an die Unterzeichneten gelangen zu lassen, um dadurch die Existenz des neuen Pfarrers zu ermöglichen. Letzteres geschah indessen nicht, da nach einer Bestimmung des „organischen Reglements“, infolge

des Friedens von Adrianopel, alle früheren in fortwährender Nutzniessung
bestehenden Emolumente bloss dem jeweiligen Nutzniesser lebenslänglich
bestätigt worden, nach dessen Tod aber aufhören sollten. So kam es,
dass Scharai kraft dieses Artikels noch im Jahre 1843 jährlich die Ab-
lösungssumme von 1200 Piaster von der fürstlich rumänischen Regierung bezog.

Diese Wirren sind auch in Bezug auf die Verwaltung des Pfarramtes, d. i. die regelmässige Führung der Kirchenprotokolle nicht ohne
nachteiligen Einfluss geblieben. Das Protokoll aus den 1830er Jahren
ist sehr lückenhaft. Einzelne Trauungen, von Scharai in dieser Zeit
vollzogen, von den Parteien als rechtskräftig anerkannt, sind erst später
in die Protokolle auf Grund von Zeugenaussagen eingetragen worden.
Ebenso ist es mit Taufhandlungen der Fall gewesen.

Dagegen sind manche in der reformierten Kirche an Gliedern der
evangelischen Gemeinde vollzogene geistliche Handlungen aus den betreffenden Protokollen jener Kirchengemeinde in die unsrigen nur zum
Teil übertragen worden.

Zweiter Abschnitt.

Vom Jahre 1839 bis zur Gegenwart.

Die evangelische Gemeinde kommt unter österreichisch-preussischen Schutz.

10. Kapitel.

Das Verdienst, dem anarchischen Zustand in der evangelischen Gemeinde ein Ende gemacht und dieselbe wieder in gesetzliche Bahnen gelenkt zu haben, gebührt in erster Linie der K. K. österr. Agentie.

Da zu besorgen war, dass die Landesbehörde sich in die Gemeindeangelegenheit mischen werde, erschien es notwendig, von der hohen Pforte die Anerkennung des von Schweden an Österreich und Preussen übertragenen Protektorates zu erwirken. Nach dieser Richtung hatten sowohl die österreichische, als auch die preussische Gesandtschaft in Konstantinopel im Auftrag ihrer Regierungen Schritte bei der Pforte gethan, und war von derselben die Übertragung des bisher von der Krone Schwedens ausgeübten Schutzes an die Höfe von Österreich und Preussen gut geheissen, sowie ein diesbezügliches Befehlsschreiben an den Hospodar der Walachei, Al. Ghica, erlassen worden. Die Mitteilung davon wurde den beiden Agenten in Bukarest mit dem Bedeuten gemacht, dass, insofern das erwähnte Schreiben nicht hinlänglich sei, ein eigener Pforten-Ferman werde erwirkt werden. Sogleich verbreitete sich der Ruf, dass die walachische Regierung mit obigem Pfortenbefehl nicht einverstanden sei, vielmehr sich selbst als Protektorin der evangelisch-lutherischen Gemeinde ansehen wolle. Da Fürst Ghica dem Königlich preussischen Konsul Sakellario gegenüber sich gelegentlich in demselben Sinne geäussert hatte und der K. K. Agent erfuhr, dass die gegenwärtigen Kirchenvorsteher sich mit einer Bittschrift an den Fürsten um Übernahme des Protektorats gewandt, und überdies bezüglich der in Konstantinopel verfügten Veränderung sich schriftlich geäussert hatten: von keiner fremden Protektion etwas wissen, sondern sich unter walachischen Schutz stellen zu wollen, so hielt es der Agent der Klugheit angemessen, bevor ein officieller Schritt von seiten der Schutzkonsulate geschehe, den Gegenstand bei den regierenden Fürsten zur Sprache zu bringen. Der Agent führte in seiner Audienz der Bemerkung des Fürsten gegenüber, dass die hiesige evangelische Gemeinde immer unter dem Schutze des Landes gestanden und die Regierung daher auch ihren Teil an der Protektion haben müsse, — den Beweis, dass der fragliche Schutz bis zum Abgange der K. K. Agentie im Jahre 1828, von dieser mit dem Königl. grossbritannischen Generalkonsulat auf Ersuchen der Königl. schwedischen Gesandtschaft in Konstantinopel ausgeübt worden sei. Nach dem Abgange der ersteren habe der Königl. grossbritannische General-konsul den Schutz gewährt. Im Jahre 1836 sei ein Königl. schwedischer Vicekonsul zur Ausübung dieses Schutzes mit Genehmigung der hohen Pforte aufgestellt worden und endlich habe dieselbe zur Übertragung dieses Schutzes an die Höfe von Österreich und Preussen ihre Zustimmung gegeben und deshalb ein eigenes Befehlschreiben erlassen. Bezüglich der von der Regierung geleisteten Unterstützung durch die ehemaligen Skutelniks, worauf der Fürst hingewiesen, erwiderte der Agent, dass dieselbe auch dem katholischen und reformierten Pfarrer ad personam erteilt und nach dem neuen Reglement in Geld abgelöst worden sei, woraus doch ein Schutzrecht für diese Kirchen nicht abgeleitet werden könne. Der K. K. Agent erlaubte sich ferner dem Fürsten vorzustellen, dass diejenigen, welche sich an ihn (den Fürsten) gewandt haben, gerade jene Gemeindeglieder seien, welche sich bei den letzten Streitigkeiten immer vorangestellt, namentlich sei Dr. Grunau, welcher durch Dr. Zucker auf den Fürsten zu wirken trachte, derjenige, welcher die Gemeinde und besonders die Vorsteher zu den vorgefallenen Gewaltthätigkeiten angetrieben habe. Die gegenwärtigen Gemeindevorsteher hätten aber weder das Recht, noch den Auftrag, die Gemeindeangelegenheiten zu leiten, da sie durch keine ordentliche Wahl zu Vorstehern ernannt worden seien. Wenn der Fürst denselben Gehör schenke und sie in ihrem Widerstande durch die ihm gegebene Gewalt unterstütze, würde nur der Wunsch und Willen jener charakterisierten Bittsteller, keineswegs aber der suveräne Wille der hohen Pforte erfüllt, viel weniger, —

worauf es den A. H. Höfen von Wien und Berlin ankomme, — Ordnung und Frieden in der Gemeinde hergestellt werden. Der Fürst gestand hierauf zu, dass er keineswegs die gehörige Einsicht in der Sache habe, und erklärte, er werde, wenn die Schutzkonsulate ihm eine Mitteilung machen würden, darauf antworten, wenn er Gründe dazu finde.

Damit war die Protektoratsfrage in ein neues Stadium getreten. Die Schutzkonsulate mussten sich nunmehr sagen, dass die Besitzergreifung der evangelischen Kirche und der in den Händen jener Vorsteher befindlichen Kirchenbücher ohne richterliche Autorität nicht würde bewerkstelligt werden können, falls die Regierung nicht gegen jene im Dienste des Landes befindlichen Individuen, welche sich ihrer Geburtsprotektion entzogen, einschreite.

Der K. K. Agent sah sich daher veranlasst, im Einverständnis mit dem Königl. preussischen Konsulat eine Note an den Fürsten zu richten, zugleich aber an den Internuntius in Konstantinopel Bericht zu erstatten.

Unterm 23. August 1839 berichtete der K. K. Agent den beabsichtigten Widerspruch des Hospodaren gegen das Befehlsschreiben der hohen Pforte wegen Übertragung der Protektion über die evangelisch-lutherische Kirche und bittet um Einwirkung eines eigenen Pforten-Fermans in dieser Sache. Hierauf erhielt derselbe seitens des Internuntius den erbetenen Pforten-Erlass vom 21. Ramazan 1255 (28. November 1839), der in Übersetzung folgendermassen lautet:

„Vor einiger Zeit hat der schwedische Geschäftsträger an der
„Pforte derselben mittelst offizieller Note angezeigt, dass das Patronat
„der protestantischen Kirche zu Bukarest dem österreichischen und
„preussischen Hofe überlassen worden sei und die Gesandtschaften der
„genannten Höfe haben durch eigene Noten die erfolgte Annahme
„dieses Patronates von seiten ihrer Regierungen mitgeteilt. Nachdem
„hierauf mit Ew. Pforten-Agenten Logothet Bey Rücksprache ge-
„nommen worden und sich ergab, dass, da diese Kirche von jeher
„eine auswärtige war, der Ausübung des Patronates durch die er-
„wähnten Höfe nichts im Wege steht, ist hierüber die Genehmigung
„Sr. Hoheit eingeholt und Ew. schriftlich mitgeteilt worden. — Da
„nun der österreichische Internuntius abermals in einer Note angezeigt
„hat, dass laut eines Berichtes des österreichischen Agenten in Bu-
„karest Ew. demungeachtet im Sinne haben, das erwähnte Protektorat
„mit Umgehung des hierüber Bestimmten selbst auszuüben, eine

„Handlungsweise, welche der zwischen den beiden Höfen und der
„Pforte bestehenden Freundschaft zuwiderliefe, so wird das gegen-
„wärtige Schreiben an Ew. gerichtet, damit das Nötige verfügt
„werde, auch dass der Ausübung jenes Patronates durch den öster-
„reichischen und preussischen Hof kein Hindernis entgegentrete."

Infolge dieses Vezirial-Erlasses gab der Fürst seinen Widerstand
gegen die Ausübung des Protektorates seitens der genannten Mächte auf.
In der Gemeinde dagegen wollte die Opposition nicht verstummen. Die
von Konsul Timoni gezeichnete Partei wollte namentlich vom österreichischen Schutz nichts wissen, indem sie die Ausübung des Protektorates seitens einer katholischen Macht den Interessen der evangelischen
Gemeinde zuwiderlaufend und bedenklich fand. Ja sie machte sogar der
schwedischen Regierung das Recht streitig, die Protektion der Gemeinde
ohne Befragung und Einwilligung derselben an andere Mächte zu übertragen, und wenn nicht wenigstens Österreich von diesem Schutze ausgeschlossen würde, war es ihre Absicht, sich unter englischen Schutz
zu begeben.

Inzwischen war zwischen Wien und Berlin ein Statutenentwurf für
die Gemeinde vereinbart worden.

Unterm 23. Dezember 1839 teilt der österreichische Minister Metternich dem K. K. Konsul Timoni in Bukarest seine Ansichten über die
von diesem gemachten Vorschläge mit, indem er ihn auffordert, die
Grundzüge des Statuts den „ausgezeichneten Mitgliedern, sowie dem
Geistlichen mitzuteilen", um auf dieser Basis eine vollständige Kirchenordnung zu entwerfen; zur Erreichung des Zweckes sollten sogar einige
der oppositionellen Gemeindemitglieder beigezogen werden. Weiter
heisst es: „Da jedoch in diesen ganzen Verhandlungen und bei den
„mannigfachen Intriguen, die dabei im Spiele sind, sehr viel auf eine
„genaue Kenntnis der lokalen Verhältnisse und der Personen ankommt,
„und Ew. Wohlgeboren in dieser Angelegenheit bereits viele Beweise
„von Umsicht gegeben haben, so erachte ich es für das Zweckmässigste,
„Ihnen in der Ausführung vollkommen freie Hand zu lassen, wobei es
„sich jedoch von selbst versteht, dass Sie stets im vollkommensten Ein-
„vernehmen mit dem Königlich preussischen Konsul zu handeln haben,
„da in diesem Einverständnis die grösste Bürgschaft des Gelingens
„liegt. . . . . Was nun schliesslich den zweiten Teil Ihres Berichtes,
„nämlich die Weigerung des Hospodars, betrifft, das Schutzrecht Öster-

„reichs und Preussens über die genannte Gemeinde anzuerkennen, so kann
„ich Ihre Handlungsweise nur vollkommen billigen, da ich indessen durch
„einen vor kurzem eingelaufenen Bericht des K. K. Internuntius in Kon-
„stantinopel in Kenntnis gesetzt worden bin, dass infolge der von ihm
„diesfalls gemachten Vorstellung ein neuer Pfortenbefehl erlassen worden
„ist, worin dem Fürsten Ghika kategorisch aufgetragen wird, sich der
„Ausübung des Patronats über die protestantische Gemeinde zu Bukarest
„nicht länger zu widersetzen, so erwarte ich mit Zuversicht, dass bis
„zum Empfang der gegenwärtigen Weisung diese Angelegenheit bereits
„in Ordnung gebracht sein wird." *)

Was den zwischen Wien und Berlin vereinbarten Statutenentwurf
betrifft, so gingen die Vorschläge bezüglich der Stellung der Schutzkonsulate zu der Gemeinde, sowie diejenigen hinsichtlich ihres Einflusses
auf die Bestellung der Geistlichen und des Aufsichtsrechtes über die Verwaltung des Kirchenvermögens von Berlin aus. Hinsichtlich des Punktes
jedoch, der die Bestellung der Geistlichen angeht, erschien es nicht angemessen, den Konsulaten ein eigentliches Präsentationsrecht einzuräumen,
weil, abgesehen von der Schwierigkeit der Berufung eines Geistlichen,
auch das Interesse der Gemeinde es verlange, diese Angelegenheit in
ihre Hände zu legen, so wurde dann auf österreichischen Vorschlag nur
die Entscheidung der Konsulate in höchster Instanz von jenem Vorschlage beibehalten. Dagegen war seitens des österreichischen Konsuls
Timoni die Bestimmung beantragt worden, dass nur preussische oder
österreichische Unterthanen in den Vorstand gewählt werden dürften, wobei aber von seiten der Gemeinde darauf aufmerksam gemacht wurde,
es könnte in dem Falle leicht geschehen, dass, da jetzt keine wählbaren
preussischen Unterthanen da seien, durch den übermächtigen Einfluss
Österreichs, das hier 12 bewaffnete Korporäle halte, um widerspenstige
Unterthanen sofort über die Grenzen zu schaffen, die Gemeinde um ihre
Selbständigkeit käme. Darum solle man unter keinen Umständen diese
Wahl mit Rücksicht auf Unterthanenverhältnisse der Vorsteher beschrän-
ken, um so mehr, da auch würdige Gemeindemitglieder, als: Holsteiner
(Dänen), Hannoveraner u. s. w. entweder unter russischem oder englischem
Schutze sich befänden. Hierbei lässt sich wohl zur Beleuchtung der
Situation sagen, dass die Regelung der Gemeindeangelegenheiten eher

*) S. Kirchenakten des k. pr. Kons.-Archivs.

zum erwünschten Ziele gekommen wäre, wenn die preussische Regierung damals einen andern Agenten hier gehabt hätte; denn der Königlich preussische Konsul Sakellario, der dazu noch der griechisch-orientalischen Religion angehörte, war nicht die geeignete Persönlichkeit, um auf den Gang der Entwickelung einzuwirken. Einen Beweis dafür liefert der Umstand, dass die Situation sich änderte, als der Königlich preussische Generalkonsul in der Moldau, der durch seine literarische Thätigkeit bekannte Neigebaur, mit der Pacifizierung und Regelung der Gemeindeverhältnisse betraut wurde. Derselbe hatte, zufolge Weisung seines Ministeriums, im Einverständnis mit dem K. K. österreichischen Konsul Timoni zu handeln und sich dabei des preussischen Konsuls in Bukarest zu bedienen.

Generalkonsul Neigebaur hielt sich zu dem Zwecke längere Zeit in Bucarest auf. Da die Konsulate nicht offiziell mit den „faktischen Kirchenvorstehern" verhandeln wollten, führte Neigebaur als Glaubensgenosse die Verhandlungen und wusste durch sein umsichtiges und versöhnendes Benehmen der Gemeinde Zutrauen einzuflössen. Die Kirchenvorsteher nahmen hauptsächlich an jenem Paragraph des Statutenentwurfes Anstoss, der die Kompetenz der Konsulate betraf, und in welchem das Recht zu schützen mit dem Rechte zu regieren, nicht bloss verwechselt, sondern als gleichbedeutend angenommen war. Dabei unterliessen die Kirchenvorsteher nicht, ihrer Abneigung gegen den österreichischen Schutz erneuten Ausdruck zu geben, worauf jedoch der Generalkonsul nicht eingehen zu sollen glaubte.

Nach langen Verhandlungen reichten die „faktischen Kirchenvorsteher" beiden Schutzkonsulaten eine Art Memorandum ein, worin sie geschichtlich nachzuweisen suchten, dass der Schutz, welchen die Krone Schwedens ehemals gewährt, nur auf den Fall von Hindernissen gegen die freie Religionsübung beschränkt gewesen, dass die Gemeinde von jeher ihre Angelegenheiten selbständig verwaltet, dass die walachische Regierung durch Erteilung von mehreren Freibriefen (Chrissoven) derselben Schutz und Unterstützung von jeher gewährt habe und dass, da in der Gemeinde nunmehr vollkommene Eintracht herrsche, die evangelische Kirche in Bukarest eigentlich keines fremden Schutzes bedürfe. Für den Fall jedoch, dass in dieser Gemeinde jemals die Eintracht gestört und eine höhere Autorität nötig würde, um den Frieden wiederherzustellen, wolle die Gemeinde einem Teile ihrer Rechte entsagen und bäte beide Schutzkonsulate, den bisherigen beschränkten Schutz der Krone Schweden nach den von der Gemeinde entworfenen Statuten zu übernehmen und letzteren die Sanktion zu erteilen.

Über diese Eingabe verhandelten nun die beiden Konsulate und kamen, da die wichtigste Bestimmung der Grundzüge nicht angenommen worden war, überein, an die betreffenden hohen Regierungen Bericht zu erstatten, worauf der Generalkonsul nach Jassy abreiste.

Da die Gemeinde demnach schwer zum erwünschten Ziele zu bringen war, so glaubten die beiden H. Regierungen von dem beanstandeten Paragraphen absehen zu sollen, „weil es sich nicht um Patronatsrechte handle, sondern um den Frieden und die gedeihliche freiheitliche Entwickelung der Gemeinde". Einer früheren Instruktion des Königlich preussischen Ministers Eichhorn an den Königlich preussischen Gesandten von Maltzan (20. November 1839) in Wien zufolge hatte derselbe es schon damals ausgesprochen, „dass mit Gewalt ein Hoheitsrecht nicht durchgesetzt werden könne", und Fürst Metternich hatte seine Zustimmung dazu gegeben. Preussischerseits dachte man daran, die Gemeinde sich selbst zu überlassen. Beide Höfe sollten erklären: „ihren Schutz der Gemeinde nicht aufdringen zu wollen". Vielleicht glaubte man, wenn dieselbe auf diese Weise frei wäre, dann werde sie sich von selbst dem preussischen Schutz unterwerfen. Zu solcher Annahme berechtigte wenigstens die oben angedeutete Stimmung in der Gemeinde.

Während nunmehr die evangelische Gemeinde der Entschliessungen der beiden Regierungen von Wien und Berlin harrte, hatte sich die reformierte Gemeinde konstituiert. Das Ministerium des Äussern in Berlin nahm auf die Anzeige davon keinen Anstand, nachdem es zuvor genaue Erkundigungen über den Stand der Angelegenheit in der reformierten Gemeinde eingezogen hatte, die für dieselbe bestimmte Summe, ein Drittteil der Gesamtkollekte, gegen Quittung auszufolgen. Pastor Sükey machte zwar Vorstellungen gegen diese Art der Verteilung, jedoch erfolglos. Am 18. März 1841 erfolgte endlich die Empfangsbestätigung über 1421 Thaler 27 Sgr. und 2 Pfg. pr. Courant. Im Sommer desselben Jahres ging Pfarrer S. Gabel mit Tod ab, und der Vorstand sah sich bemüssigt, die Hilfsleistung des reformierten Pfarrers Sükey in Anspruch zu nehmen, so dass derselbe monatelang das Amt des Geistlichen in der evangelischen Gemeinde versah. Da tauchte ein gewisser Johann Baumann in Bukarest auf. Niemand in der Gemeinde kannte ihn; er selbst gab sich für einen Pfarrer aus der Bukowina aus. In Bukarest hatte er sich bei einigen Gemeindemitgliedern und einem der Vorsteher zu insinuieren gewusst, durch deren Vermittlung es ihm gelang, die Erlaubnis zu einer Probepredigt zu erhalten, worauf er mit Zustimmung der Gemeinde auf Treu und Glauben angestellt wurde. Bald darauf verreiste er mit Urlaub, um seine Familie, sowie seine Papiere zur Legitimation abzuholen. Diese Reise benutzte er, um sich nach Birthälm zu dem Superintendenten der evangelischen Landeskirche Siebenbürgens, Johannes Bergleiter, zu begeben, der ihn auf Grund des von ihm vorgezeigten, seitens der Gemeindevorsteher unterschriebenen Wahlbriefes zum Pfarrer ordinierte. Das alles erfuhr man in der Gemeinde erst nachträglich. Bald verlauteten auch über sein Vorleben und seinen Charakter die ungünstigsten Nachrichten. Überdies stellte sich bald heraus, dass seine Bildung überhaupt — der theologischen nicht zu gedenken — sehr mangelhaft war. — Der Vorstand dachte daran, Bannmann die Entlassung zu geben, liess sich jedoch bestimmen, ihn gegen Ausstellung eines Reverses, worin er Pflichttreue versprach, im Amte zu belassen. Gleichwohl stellte sich in der Gemeinde bei aller Beschränktheit der Mittel bald die Notwendigkeit heraus, einen zweiten Geistlichen zu berufen. Die Gemeinde war nämlich in den letzten Jahren beträchtlich angewachsen und vermehrte sich fort und fort durch neue Einwanderer; überdies hatte sich eine neue zweite Gemeinde aus den protestantischen Kolonisten zu Temeden, welche die geistliche Hilfe des Pastors in Anspruch nahm, gebildet, wodurch die Amtsführung noch schwieriger geworden war. Mehr noch als diese Rücksichten drängte jedoch den Vorstand die Sorge um das Schulwesen, das sehr im argen lag, zur Berufung eines zweiten Geistlichen.

Da in Siebenbürgen damals kein Kandidat der Theologie für die zu besetzende Pfarrstelle in der Gemeinde zu Bukarest zu haben war, wandte sich der Vorstand an den Oberkonsistorialrat Marheinecke in Berlin mit der Bitte um einen geeigneten Kandidaten der Theologie und des Pfarramtes. Aus dem betreffenden Schriftstück, das einen geschichtlichen Überblick über die Entwickelung der Gemeinde nebst einer Darstellung der letzten Streitigkeiten in derselben enthält, geht zugleich hervor, welche Stellung der Vorstand zu den beiden Schutzkonsulaten noch immer einnahm. In Bezug auf die Kollektengelder, deren Verabfolgung an die Konstituierung (Union) der beiden Gemeinden geknüpft war, äussert sich der Vorstand: „dass der Versuch gemacht worden sei, indem Sükey nach Gabels Tod eine Zeitlang funktioniert habe; dass aber eine Vereinigung aus inneren und äusseren Gründen unmöglich sei, da eine Kirche für beide Gemeinden viel zu klein, und die Glaubensgenossen beider Kirchen sprachlich (ungarisch und deutsch) so verschieden, dass der eine Teil dem andern vollkommen fremd bleibe." (27. Juni 1842.)

In seiner Antwort vom 24. Juli 1842 macht Marheinecke dem Vorstande Hoffnung auf eine günstige Erledigung seines Antrages, den er billig und gerecht findet. Es werde dem preussischen Konsulat eine neue Instruktion zugehen, so dass die Begriffe: „Schutz und Regieren künftig nicht mehr so wie bisher ineinanderfliessen. Mehr als die preussische Agende und den Unions-Ritus annehmen, ist bis jetzt selbst bei uns nicht erforderlich gewesen, um in der Union zu sein; daher zweifle ich nicht, dass Ihnen auch ein Anteil an den Kollektengeldern werde bewilligt werden. Den anderen Wunsch betreffend, habe ich bedacht, dass Ihnen mit einem Geistlichen von hier oder Norddeutschland überhaupt nicht möchte gedient sein, da ein solcher sich gar schwer in die dortigen Sitten und Gewohnheiten einleben würde; mein Augenmerk fiel daher auf einen der jungen Ungarn, die bei uns studieren und von denen einer, dem ich den Antrag machte, sich auch bereit erklärte, ihn anzunehmen. — Es ist Herr Johann Ludwig Kuntz, Addr. zu Poprad im Zipser Komitat. Er hat in Jena und hier studiert, ist ausserdem schon Hauslehrer gewesen und im Unterrichten geübt, der deutschen Sprache ganz mächtig, ein Mann von gründlicher Bildung und einem gefälligen, ansprechenden Äussern. .... Da er in kurzem von hier abgeht, so stelle ich ergebenst anheim, ihm gegen Ende September unter obiger Adresse die förmliche Vokation zugehen zu lassen, mit der Voraussetzung, dass er sich zuvor die Ordination hat geben lassen." — Nachdem Kuntz auf die Bedingungen, unter denen er sein Amt bekleiden sollte, eingegangen und ihm das Vokationsschreiben (12./24. November) zugekommen war, hatte er sich vom Superintendenten der evangelischen Gemeinden im Theisser Distrikt zu Tissolcz, Paul Joseffy, ordinieren lassen. Seine Antrittspredigt hielt er zur allgemeinen Zufriedenheit am fünften Sonntag in der Fasten über Römer 1, 9—12, deren Thema: „Wie kann das Wort Gottes in der christlichen Gemeinde mit Segen gedeihen?"

Pfarrer Kuntz nahm sich sofort des im Laufe der letzten wirrenvollen Jahre arg vernachlässigten Schulwesens an. Der in der evangelischen Schule bis dahin erteilte Unterricht war auf das notdürftigste Lesen, Schreiben und Rechnen beschränkt gewesen. Da das Gehalt für den Schullehrer so karg bemessen war, dass es jährlich nicht mehr als 700 Piaster betrug, so ist es begreiflich, wenn meist untaugliche Subjekte in das hiesige Lehramt eintraten, oder wenn sie tüchtiger waren, suchten sie durch anderweitige Erwerbsquellen den Nahrungssorgen zu entgehen und vernachlässigten die Schule. Kuntz ging zunächst an den Entwurf eines Schulplanes, der mit Hilfe beider Pastoren ausgeführt werden sollte. Darnach sollte der Schulkurs für Knaben und Mädchen sechs Jahre umfassen und sollten in drei Klassen die Elemente des Unterrichtes bis zur Geschichte, Geographie und Geometrie gelehrt werden.

Der Eifer des jungen Pfarrers wurde nicht nur seitens des Kirchenvorstandes, sondern von der ganzen Gemeinde anerkannt und unterstützt, indem sich dieselbe zu Opfern bereit finden liess. Schon längst hatte sich das Bedürfnis nach einem Umbau des Pfarrhauses fühlbar gemacht. Dasselbe war, da es in einem sumpfigen Terrain stand, ganz feucht und ungesund, so dass Gabel und seine Frau erkrankt und nacheinander gestorben waren. Baumanns Familie lag am Typhus und Faulfieber und Kuntz am Wechselfieber darnieder. Der Vorstand liess sich's demnach angelegen sein, den Umbau zu bewerkstelligen.

Die Mittel dazu ermöglichte der Rest der russischen Kollektengelder, bestehend in 151 Dukaten und der Ertrag einer Sammlung freiwilliger Beiträge in der Gemeinde. Ausserdem war die Gemeinde durch den Ertrag eines Konzertes, welches bei Anwesenheit des Prinzen Albert von Preussen die Königlich preussische Kammersängerin Fräulein Carl zum Besten der evangelischen Kirche gegeben hatte, in den Besitz von 130 Dukaten gekommen. Gleichzeitig hatte der damalige Fürst G. Bibesco der Gemeinde mittelst eines Handschreibens seines ältern Bruders, des Ministers Stirbey, an den Baron Barozin 50 Dukaten übermacht.

Bei Gelegenheit, wo ihm dafür gedankt wurde, bemerkte er, „dass auch die grösste Toleranz in der Gemeinde herrschen müsse und bei Verwaltung des Kirchenwesens kein Unterschied unter den verschiedenen Nationen, woraus diese Gemeinde bestehe, gemacht werde, welches auch schon das Prinzip dieses Glaubensbekenntnisses wäre, und sonach hoffe er, dass der Tempel der Toleranz mit Weisheit aufgeführt werden könne: ihm auch Schönheit und Stärke zu geben, läge ja nur in der Übereinstimmung reiner Ansichten."

So wurde denn der Bau, bestehend in einer grossen Schulstube, einer Pfarrwohnung und Schullehrerwohnung, bis über die Hälfte ausgeführt. Zum Bau einer zweiten Pfarrwohnung und eines Schulzimmers für eine zweite Klasse sollte, sobald es die pekuniären Verhältnisse erlauben würden, geschritten werden. Mittlerweile hatte der Vorstand in der Person eines gewissen Michael Binder eine neue Lehrkraft berufen. Bei Einweihung der neuen Schule zählte dieselbe 50 Schüler und Schülerinnen.

Was das Verhältnis der beiden Geistlichen betrifft, so war dasselbe koordiniert, die Funktionen wechselten wöchentlich ab, jedoch waren Ausnahmefälle gestattet. An hohen Festtagen und zweiten Feiertagen, sowie auch am Sonntag fand Nachmittagsgottesdienst statt. — Jeder der beiden Pfarrer bezog damals einen fixen Jahresgehalt von 1600 Piaster in dreimonatlichen Raten auszahlbar, dazu kamen Stolaren und Sporteln und ein Teil des Schulgeldes, ausserdem Wohnung, bestehend aus zwei bis drei Zimmern, Küche und Zubehör.

Endlich, nach langen Beratungen und Korrespondenzen wurden die Statuten mit wenigen, seitens der Gemeinde beantragten Veränderungen angenommen und von den hohen Schutzbehörden bestätigt. — In denselben war der Gemeinde die möglichste Autonomie gewahrt. Sie verwaltete darnach ihre Angelegenheiten durch zehn auf drei Jahre gewählte Kirchenvorsteher, die jährlich den Schutzkonsulaten Rechnung zu legen hatten. Die Pfarrer wählt die Gemeinde, d. h. der Vorstand bringt einen Kandidaten in Vorschlag, hat derselbe zwei Drittel der stimmfähigen Mitglieder gegen sich, so ist derselbe der Gemeinde nicht aufzudringen. Die Vorsteher ordnen die Bedingung der Anstellung, während die Konsulate die Vokation bestätigen. Käme bei einer neuen Wahl nach dem Vorschlage von drei Kandidaten keine entschiedene Stimmenmehrheit zu stande, so gebührt die Ernennung den Schutzkonsulaten, welchen auch für den Fall die Besetzung des geistlichen Amtes anheimfiele, wenn die Wahlberechtigten binnen acht Monaten keine Wahl eingeleitet hätten. Die Absetzung ist nur von ihnen abhängig und zwar nur wegen Vergehen, die den Pastor eines geistlichen Amtes überhaupt unwürdig machen. Die Pastoren waren von der Wahl in den Vorstand ausgeschlossen und hatten als Gemeindemitglieder nur das aktive Wahlrecht. Ursprünglich war bestimmt worden, dass das Stimmrecht in der Gemeinde von einem jährlichen Beitrage von zehn Zwanzigern an die Kirche abhängig sein sollte, da aber manche Gemeindeglieder, die zu grosse Höhe dieses Ansatzes vorschützend, die Beisteuer verweigerten und wiederum die Besorgnis entstand, dass die hohe Steuer den vermöglicheren Siebenbürgern ein zu grosses Übergewicht geben würde, setzte man den Beitrag auf sieben Zwanziger (5 Francs 80 Cent.) herab, eine für die damaligen Preise des Landes nicht bedeutende Summe.

Am 18./30. Oktober 1844 fand die erste Wahl der neuen Vorsteher auf Grund derselben statt. Der neue Vorstand bestand nunmehr aus folgenden Mitgliedern: Dr. Zucker, Prof. Hill, Dr. Meyer, Friedr Bossel, Fried. Geyer, Stef. Bistritzer, Paul Klousch, Georg Krebs, Dr. Sporer und Dr. Olert. Schon damals wurde das Bedürfnis fühlbar und vom Pfarrer Kuntz auch ausgesprochen, dass ein neues Gotteshaus gebaut werde, indem das alte die Gemeinde nicht mehr zu fassen im stande sei. Auf die Mitteilung hievon spricht der K. preuss. Generalkonsul seine Freude aus und hält es für zeitgemäss, nunmehr auch um die Ausfolgung der Kollektengelder anzusuchen. So schritt denn der Vorstand bittgesuchlich durch das K. preuss. Konsulat in Bukarest beim hohen Ministerium in Berlin, um die Ausfolgung der in Preussen gesammelten Kollektengelder, ein. Es heisst in diesem Schriftstück: „Euer Excellenz haben die Verabfolgung der in Preussen gesammelten Kollektengelder für unsere hiesige evangelische Kirche davon abhängig gemacht, dass wir die von den hohen Schutzmächten festgesetzten Statuten annehmen. Durch die Bemühungen des preussischen Herrn Generalkonsuls Neigebaur sind alle diesfallsigen Schwierigkeiten gehoben worden, wie bereits von demselben berichtet sein wird. Diese Gelder brauchen wir als den wichtigsten Fonds für unsern Kirchenbau, der in Angriff genommen werden soll, sobald wir die dazu nötigen Summen zusammen haben werden, bis dahin können diese Gelder hier zu einem viel höheren Zinsfuss benützt werden, als in Berlin. Wir bitten daher ganz gehorsamst, uns diese Gelder nunmehr übermitteln zu wollen." Die unterschriebenen Vorsteher machen dann einen Vorschlag, in welcher Weise der Bezug des Geldes am leichtesten ermöglicht werden könnte, und danken schliesslich nicht nur für die Unterstützung, sondern auch dafür, dass es durch die Absendung des K. preuss. Generalkonsuls Neigebaur möglich geworden, ihre Kirchenangelegenheiten zum er-

wünschten Ziele zu führen. Gleichzeitig suchte der Vorstand die Überantwortung der bei Gustav Sterky & Sohn in Petersburg bereits im
Jahre 1836 eingegangenen schwedischen Kollektengelder, im Betrage von
2752 Thaler nach, mit der Bitte, dieselben samt etwaigen Interessen, in
holländischen oder kaiserlichen Dukaten durch die Post und assekuriert an
den mitunterzeichneten Kassier Friedrich Bossel einzusenden. Bereits
im November erfolgte die Quittung derselben im Betrage von 1596 Silber-
rubel und 52 Kopeken in Silber. Auch die Zinsen des Zay'schen Legats
wurden auf nachgesuchte Verwendung des K. preussischen Konsulates,
zugleich mit Nachtrag des Betrages für 1843 und 1844 seit dem Tode
Gabels wieder flüssig gemacht und werden seit dem Jahre 1849 von
beiden Geistlichen durch das K. preussische Konsulat in Empfang genommen.

Pastor Kuntz hatte kaum zwei Jahre im Amte zu aller Freude gewirkt, als er einen Ruf nach Gross-Schlagendorf im Zipser Komitat als
Pfarrer erhielt. Und da die hiesige Stellung an und für sich seinem
Streben nicht entsprach und ihm insbesondere durch das Verhältnis zu
seinem Kollegen verleitet war, so entschloss er sich bei allem Vertrauen,
das er in der Gemeinde bei jung und alt genoss, dem Rufe zu folgen.
Die Anzeige hiervon machte er am 4. Februar 1845, und am 16. (4.) Februar hielt er seine Abschiedspredigt. Der Vorstand hielt es in seiner
Zuschrift an ihn „für eine Gewissenssache, so gerne und freudig er ihm
neue Beweise und Opfer seiner Anhänglichkeit dargebracht hätte, nicht
in die Wege der gütigen Vorsehung eingreifen zu wollen, und den hoff-
nungsvollen jungen Seelenhirten von seinem Vaterlande und vielleicht von
einer würdigeren Laufbahn abzuhalten". Er nahm denn unter Glücks-
und Segenswünschen die Demission an und überreichte ihm ein Andenken
im Gesamtwerte von 758 Piastern und 24 Para.

Unterm 2. April 1845 langte vom K. preussischen Ministerium
der auswärtigen Angelegenheiten die Antwort auf jenes vom 8. November
durch das K. preussische Konsulat eingesandte Gesuch um Ausfolgung
der Kollektengelder ein, derzufolge gegen genau vorgeschriebene Quittung die Gemeinde am 2./14. Oktober durch das Handlungshaus Arn-
stein & Eskeles in Wien in den Besitz von 3487 Thaler 4 Sgr. und
4 Pf. = 5000 fl. kam.

11. Kapitel.

Die Gemeinde befand sich aber nun bezüglich ihres Geistlichen in der nämlichen Lage, wie vor der Berufung des Kandidaten Kuntz, so dass sich die Vorsteher neuerdings veranlasst sahen, mit Zustimmung der Gemeinde einen zweiten Pastor in der Person des Kandidaten der Theologie, Rudolf Neumeister, aus Sonnenfeld im Koburgischen (1. Februar 1846) zu berufen. Derselbe hatte nach vollendeten Studien an der Universität Jena als Hauslehrer bei dem hiesigen Buchhändler Wallbaum, Gelegenheit gehabt, in der evangelischen Kirche einige Zeit hindurch als Kanzelredner sich zu empfehlen. Der Vorstand wendete sich demnach mit dem Ansuchen an ihn um Übernahme der ihm zugedachten Pfarrerstelle. Da er sich dazu bereit erklärte, falls dies auch Wunsch und Wille der Gemeinde sei, so wurde er, da er noch nicht ordiniert war, vom Vorstande kontraktlich ermächtigt, zu diesem Zwecke in seine Heimat zu reisen, von wo er dann im September zurückkehrte und installiert wurde. Am 10. Oktober erfolgte die Amtsbestätigung seitens der Schutzkonsulate.

Pfarrer Neumeister richtete, da es ihm zur besondern Pflicht gemacht worden war, sich zugleich als Schuldirektor der Schule anzunehmen, sein Augenmerk mit unverkennbarem Eifer auf eine bessere Organisierung der bisher sehr mangelhaften Anstalt, in welcher er selbst eine Zeitlang Unterricht erteilte. Durch seine Predigten gelang es ihm, bald ein kirchlicheres Leben in der Gemeinde zu wecken und zu nähren. Dabei fasste er besonders die Befriedigung des lange gehegten und auch von Pfarrer Kuntz ausgesprochenen Bedürfnisses der Gemeinde nach einen neuen grösseren Gotteshause als eine Hauptaufgabe seiner Wirksamkeit mit aller Energie auf, wozu er nicht nur ein kleines Kapital, sondern auch den besten Willen seitens des Kirchenvorstandes vorfand. Derselbe hatte bereits früher eingesehen, wie dringend notwendig die Stiftung eines Schul- und Kirchenfonds sei und damit den Anfang gemacht. Unterm 5. Juli 1846 erfolgte aus seiner Mitte die Anzeige an das K. preussische Konsulat, dass sich ein Teil dieses Vorstandes verabredet, ein unverzinsbares Darlehen der Gemeinde zu diesem Zwecke aus eigenen Mitteln zu machen, um auf dem Kirchengrund ein Haus zu erbauen, dessen Zinsen der Kirche zu gute kommen sollten, auch wären bereits

600 K. K. Dukaten zu dem Ende unterschrieben, und Friedrich Bossel mit der Leitung des Baues beauftragt worden. Da das projektierte Zinshaus aber nur erbaut werden konnte, indem man die zum Kirchenbau bestimmten Kapitalien angriff, um so der Kirche ein jährliches Einkommen von 220 Dukaten nach fünf Jahren, wo die Ausgaben von dazu erforderlichen 26205 Piastern gedeckt sein würden, zu sichern, so machte das Konsulat bei Genehmigung jenes Gesuches den Kirchenvorstand für etwaigen Schaden verantwortlich.

Neben diesen auf das Wachsen, Blühen und Gedeihen des Ganzen gerichteten edlen Bestrebungen fehlte es leider nicht an betrübenden Erfahrungen, zu welchen Pfarrer Baumann wiederholt Veranlassung gab. Durch fortwährende Schikanen brachte er es dahin, dass Pastor Neumeister schon im zweiten Amtsjahre sich bemüssigt fühlte, den Vorstehern in einer Zuschrift die Alternative zu stellen, entweder ihn selbst als Pastor zu entlassen, oder Baumann aus seiner Stellung zu entfernen, indem es ihm unmöglich sei, ferner in Gemeinschaft mit jenem zu dienen. Doch erklärte er in einer zweiten Zuschrift an die Vorsteher aus Rücksicht auf die Familie seines Kollegen und im Interesse des friedlichen Zustandes der Gemeinde, sich diesmal damit begnügen zu wollen, wenn von Baumann alle bisher gemachten Verordnungen der Vorsteher beobachtet würden. Gleichwohl sahen sich die Vorsteher, in Erwägung der neuerdings gegen Baumann vorgebrachten Klagen über seine nicht gewissenhafte Amtsführung, gezwungen, die Schutzkonsulate zu ersuchen, um allen Eventualitäten vorzubeugen, den Pfarrer Baumann zu vermögen, dass er seine Entlassung freiwillig nehme, in welchem Falle ihm in Berücksichtigung seiner Lage ein voller Jahresgehalt als Geschenk zugesichert wurde, oder aber seine Absetzung nach dem Sinne der Statuten auszusprechen. Man kam endlich auf den Ausweg, mit dem Pfarrer Baumann einen Kontrakt auf drei Jahre abzuschliessen, mit Hinweis auf den von ihm im Jahre 1842 gegebenen Revers und der Bestimmung, dass Pastor Neumeister fortan sämtliche Amtsschriften verfassen und das Pfarramtssiegel im Besitz haben solle, während Baumann mit zu unterzeichnen habe; vor Ablauf des Kontraktes wurde er verpflichtet, sich, falls er eine Erneuerung desselben wünsche, bei den Vorstehern zu melden. Schonungs- und rücksichtsvoller hätte man nicht verfahren können.

Darüber wurde natürlich die die Gemüter schon seit Jahr und Tag bewegende Frage des neuen Kirchenbaues nicht ausser acht gelassen.

Als im Jahre 1847 der Vorsteher Friedrich Bossel eine Reise nach Deutschland, England und Frankreich antrat, wurde ihm eine vom Konsulat legalisierte Vollmacht zur Sammlung von milden Beiträgen mitgegeben. Er that zwar überall, wohin er kam, bei den betreffenden Behörden die nötigen Schritte, aber ohne Erfolg. Ritter von Bunsen, damals K. preussischer Gesandter in London, wurde besonders bittgesuchlich durch das Konsulat um seinen Einfluss in der Angelegenheit angegangen. Noch in demselben Jahre wurden Gesuche an die Gustav-Adolf-Vereine in Stettin, Elberfeld, Dresden, Wiesbaden, Weimar, Karlsruhe, Stuttgart, Breslau, Frankfurt a. M., Münster, Darmstadt, Leipzig, Kassel, Kiel, Göttingen, Neustrelitz und Hannover gerichtet. Bei dem Liebesverein der Gustav-Adolf-Stiftung war man allerdings an die rechte Quelle gekommen. Nur hier konnte man Hilfe erwarten, und sie kam reichlich. Ein Gesuch an das Konsistorium in Paris blieb ganz erfolglos, eines an die russische Regierung war anfangs durch Vermittelung des hiesigen russischen Konsuls Kotzebue, einem Protestanten, günstig erledigt worden, wurde aber später rückgängig gemacht, indem man sich auf die im Jahre 1834 veranstaltete Kollekte berief.

Im Jahre 1848 am 1./13. Mai starb eines der ältesten und für diese Gemeinde bedeutendsten Vorstandsmitglieder, Johann Heinrich Zucker, Doktor der Medizin, im 70. Jahre seines Lebens an der Wassersucht. Während seiner gesunden Tage noch hatte er sein Haus bestellt, und der Gemeinde zu Schulzwecken testamentarisch ein Haus vermacht, welches in den letzten Jahren einen Mietszins von 3104.25 Frks. einbrachte. Als dasselbe infolge der Regulierung des Dimbovitzaflusses im Jahre 1881 von der Munizipalität expropriiert wurde, erzielte die Gemeinde nach Abzug der betreffenden Umschreibungsgebühren und sonstigen Kosten einen Reingewinn von 43,500 Franks.

Durch seine industriellen Unternehmungen, worunter die Errichtung einer Gewerbeschule — der ersten in Rumänien — wurde Dr. Zucker ein Wohlthäter vieler Menschen aus der arbeitenden Klasse.

Der Gemeinde war er bis an seinen Tod ein „treuer Präsident und Vater".

Seinem Andenken zu Ehren feierte die Schule bis zum Jahre 1881 an seinem Todestage das „Zucker- oder Maifest".

Aus den Jahren der Revolution, die auch in Rumänien einen Fürstenwechsel zur Folge hatte, lässt sich aus den Akten der Gemeinde nichts

Erhebliches berichten. Einzelne wohlhabende Gemeindemitglieder fanden Gelegenheit, ihre christliche Nächstenliebe an den aus Siebenbürgen geflüchteten evangelischen Familien und Individuen an den Tag zu legen; da mag denn in der That manches Samariterherz die Wahrheit des Schriftwortes gefühlt haben: „Geben ist seliger, denn nehmen."

Durch diese Flüchtlinge wuchs die Gemeinde wenigstens für eine kurze Zeit bedeutend an, zu geschweigen derer, die nicht wieder in die Heimat zurückkehrten, indem sie sich entweder hier Haus und Herd gründeten, oder solche fanden.

Soviel nur sei hier erwähnt, dass von diesen Flüchtlingen, meist jüngere deutsche Handwerker, viele es vorzogen, in der Fremde zu bleiben, wo der Verdienst ein viel reichlicherer war, als in dem unter den Nachwehen der Revolution leidenden Vaterlande, wobei als weitere Motivierung für diesen Entschluss wohl auch die unbedingte Freiheit zu erwähnen ist, welche in Rumänien jeder Ausländer ohne Unterschied geniesst, solange er der liberalen Gesetzgebung des Landes mit gebührender Achtung begegnet. Auch die zur Zeit des Krimkrieges erfolgte Besetzung der Donaufürstentümer durch Kaiserlich österreichische Truppen hat den deutschen Kolonien Rumäniens manchen Zuwachs von Stammesgenossen österreichischer Staatsbürgerschaft gebracht. Doch lässt sich nicht behaupten, dass diese Okkupation den Deutschen Rumäniens irgend welche Vorteile gebracht hätte. Im Gegenteil hat die mangelhafte Disziplin der in Rumänien stehenden österreichischen Regimenter viel dazu beigetragen die einheimische Bevölkerung zu Ungunsten der Deutschen zu stimmen. Dass die Mannschaften dieser Regimenter, auf deren Rechnung mancher gewaltsame Eingriff in fremde Eigentumsrechte zu stehen kommt und deren Manneszucht, trotz der rücksichtslosesten Anwendung des altösterreichischen Stockprügelsystems, nur mit grösster Mühe aufrecht erhalten werden konnte, durchweg aus nichtdeutschen Werbbezirken stammten, wurde von der grossen Masse der Einheimischen nicht berücksichtigt. Die Kommandosprache war einmal die deutsche, und so hat es denn nicht erst eines Hinblicks auf die damalige Stellung Österreichs im deutschen Bunde bedurft, um alles, was von der zuchtlosen Soldateska verübt wurde, auf das Kerbholz der Deutschen schreiben zu lassen. Thatsache ist, dass letztere unter den Reminiscenzen an diese Okkupation auch heute noch ebenso zu tragen haben, wie an den nicht immer erfreulichen Erinnerungen,

welche sich an die späteren Stroussbergschen Eisenbahnunternehmungen
knüpfen. *)

Übrigens lässt sich sagen, dass diese Zeit durch die auf den Abzug
der Türken folgende russische Besatzung von Bukarest nur zum Wohle,
besonders auch dieser Gemeinde, gereichte, da durch dieselbe viel Geld
in Umlauf gesetzt wurde.

Nach der in Österreich mit Hilfe russischer Bajonette erdrückten
Revolution kamen bald andere Anfechtungen mit der dort ihr Haupt erhebenden Hierarchie und Reaktion über diese Gemeinde. Es betrifft das die
bisher noch nicht besprochene Frage des gegenseitigen Verhältnisses
zwischen der katholischen und evangelischen Geistlichkeit, inwieweit sich
dasselbe auf gegenseitige Beobachtung der Gesetze in Ehesachen bezieht.

Das bisherige Verfahren seitens des evangelischen Pfarramtes findet
sich in einer Eingabe des Vorstandes an das K. preussische und K. K.
österreichische Konsulat vom Jahre 1844, wozu derselbe infolge eingebrachter Klagen gegen Pastor Baumann bei einem Trauungs- und Ehe-
scheidungsfalle veranlasst worden war. Pfarrer Glockner hatte sich an
die siebenbürgischen Religionsgesetze gehalten und den Usus der evangelischen Landeskirche Siebenbürgens bei allen geistlichen Funktionen
beobachtet. Auch später noch wandten sich die in Streit und Hader
verwickelten Eheleute, was immer für Unterthanen sie waren — wenn
keine besonderen Vergehen und auffallenden Klagegründe vorhanden
waren — zuerst an die Geistlichen. Trat aber der Fall ein, dass die
streitenden Parteien zuerst an ihre respektiven Konsulate sich wandten,
so wurde ihre Klageschrift von den Konsulaten gewöhnlich an die Geistlichen zur Versöhnung und Wiedervereinigung verwiesen. Bei dem Gelingen der Sühnversuche, deren nach Umständen in längeren oder kürzeren
Zeitfristen wenigstens drei stattfanden, hörte natürlich das weitere Verfahren in der Sache von selbst auf; waren aber die Sühnversuche vergeblich, so wurden die Konsulate durch die Geistlichen davon in Kenntnis gesetzt. Hierauf wurden die Geistlichen von den Konsulaten gewöhnlich aufgefordert, zu erklären, ob kanonische Gründe zur Scheidung
vorlägen oder nicht. Die streitenden Parteien wurden alsdann wieder
vorgeladen, und dabei waren auch wenigstens zwei der Kirchenvorsteher

*) Die Deutschen in Rumänien von Dr. Hans Kraus. Feuilleton des „Bukarester
Tageblatt" No. 14, Jahrgang 1883.

zugegen. Nach Kenntnisnahme des vorhergegangenen Thatbestandes unterschrieben die Geistlichen, sowie die anwesenden Kirchenvorsteher das Gutachten, das dann dem betreffenden Konsulate übermacht wurde, welches als Richter die Ehescheidung entweder aussprach oder verweigerte.

In letzterer Zeit war das Verfahren namentlich bei preussischen Unterthanen abgeändert worden, indem das K. preussische Konsulat einen seiner Unterthanen geschieden, ohne dass derselbe vorher von der hiesigen evangelischen Geistlichkeit ein Gutachten verlangt, oder die von diesen Geistlichen gethane Aussage berücksichtigt hätte. Man kannte das Recht nicht, doch machte man aufmerksam darauf, dass es für die hiesige Gemeinde unmöglich heilbringend sein könnte, wenn ein so kurzes Verfahren von seiten des K. preussischen Konsulates eingeführt werde. Man sprach den Wunsch aus, es möchten in dieser Angelegenheit geregelte Formen und Ordnungen eingeführt, bis dahin aber die bisher übliche und, sozusagen, zum Gesetz gewordene Verfahrungsart aufrecht erhalten und als Norm von allen Behörden, welche dieser Gemeinde angehörige Unterthanen haben, anerkannt werden.

Im Jahre 1850 kam es zu wiederholten Konflikten zwischen dem bischöflichen Ordinariat und der evangelischen Geistlichkeit in Ehesachen. Die katholische Geistlichkeit nahm gern Umgang von dem Gesetz, welches die Licenz der Konsulate zur Trauung erforderlich machte. Natürlich war das beeinträchtigend für die evangelische Gemeinde und ihre Geistlichkeit, welche diese Anordnung streng und gewissenhaft beobachtete. Um diesem Übelstande abzuhelfen, schlug man seitens des K. preussischen Konsulates vor, entweder auch der evangelischen Geistlichkeit diese Freiheit einzuräumen, oder aber den preussischen Unterthanen den Erlass vom Jahre 1820 (20. Februar) in Erinnerung zu bringen: wonach derjenige seines Schutzes verloren gehe, der eine Unterthanin der türkischen Pforte innerhalb der türkischen Staaten heirate ohne Licenz; diese Massregel konnte aber nur von Erfolg sein, wenn die K. K. österreichische Regierung ein gleiches Verfahren beobachtete. Darüber entstand ein langwieriger Schriftwechsel zwischen den Ministern und Konsulaten einerseits, und andererseits zwischen letzteren und der katholischen und evangelischen Geistlichkeit. Unterm 10. März 1850 erwidert das Ministerium des Äussern in Berlin (Bülow) bezüglich der Beschwerden der evangelischen Geistlichkeit und jener Ratschläge des Konsulats, es werde eventuell nichts anderes übrig bleiben, als auch der evangelischen Geistlichkeit freizustellen, die Trauung auch ohne vorhergehende Beibringung einer Licenz des Konsulates zu vollziehen und derselben dabei eine ausdrückliche genaue Prüfung zur Pflicht zu machen, falls aber die K. K. österreichische Regierung nicht darauf eingehen würde, die katholische Geistlichkeit zur Beseitigung der erhobenen Beschwerden zu veranlassen. Das K. K. österreichische Konsulat (Laurin) dagegen erklärte, es könne der evangelischen Geistlichkeit keinerlei Rechte einräumen, bevor in dieser Angelegenheit von Wien nichts Entscheidendes eingelangt sei, was sofort dem K. preussischen Konsulat mitgeteilt werden würde. Aus einer persönlichen Unterredung mit Monsieur Parsi, Bischof von Nicopolis und Verweser der hiesigen Diöcese, gehe hervor, dass die katholische Geistlichkeit nur bei preussischen Unterthanen Umgang von der Licenz genommen hätte, weil sie geglaubt, das österreichische Verbot beziehe sich nicht auch auf jene. Der K. preussische Konsul solle sich demnach speziell an die betreffenden Persönlichkeiten, an den Pfarrer und Bischof wenden. In Wien fand man es zufolge einer Zuschrift des österreichischen Generalkonsuls an das K. preussische Konsulat für gut, die K. K. Agentie keine Ehebewilligungen ausstellen zu lassen, sondern die Verantwortlichkeit den Geistlichen und Eheleuten anheimzustellen.

Auf eine diesbezügliche Zuschrift des K. preussischen Konsulates erwiderte sodann unterm 8. Juni 1850 der Bischof in italienischer Sprache: „dass dies römisch-katholische Ordinariat, indem es dem Wunsche des löblichen K preussischen Generalkonsulates darin willfahrt habe, dass vor der Trauung die betreffende Licenz begehrt werden solle, dadurch sich gleichwohl keineswegs verpflichtet und gewissermassen dem Rechte der katholischen Kirche entsagt habe, die Sakramente frei auszugeben, oder diese Ausspendung von der fraglichen Erlaubnis abhängig zu machen." . . . .

„Überdies giebt das katholische Ordinariat bekannt, dass, nachdem dasselbe unmittelbar der hohen congregatio de propaganda fide zu Rom unterstehe, es somit aus eigener Machtvollkommenheit eine solche obligatorische Verpflichtung nicht unbedingt annehmen könne, ohne vorerst Anfrage bei der erwähnten heiligen Kongregation zu machen, um durch ihre Vermittelungen die betreffenden Instruktionen laut dem höchsten Ausspruch des hohen römisch-katholischen Stuhles zu erhalten." — Es folgen sodann Rechtfertigungen und Friedenserklärungen, die jedoch bald in Recriminationen gegen die evangelische Geistlichkeit übergehen, und mit der Bitte schliessen: „das löbliche K. preussische Konsulat möge in seinem Eifer mit allen Kräften dahin wirken, dass dabei öffentliche Skandale und Unordnungen (es war durch Betrug der Parteien seitens des evangelischen Pfarramtes eine Bigamie geschlossen worden), die dem gemeinen Wohl und der öffentlichen Ruhe gefährlich wären, ausgerottet und nie wieder in der Gesellschaft vorkommen möchten."

Die Sache wurde mit der Verfügung beigelegt, die betreffenden Pfarrämter sollten die bisherige Verfahrungsweise einhalten.

Bald darauf (9. November 1850) lief seitens des K. K. österreichischen Generalkonsulates an das K. preussische ein Cirkular nebst den Statuten der in Konstantinopel bestehenden Nationalschule, mit dem Ansuchen ein, dieselben zur Kenntnisnahme der Unterthanen gelangen zu lassen. Darin war die Ansicht ausgesprochen: es solle in Bukarest nach dem Muster von Konstantinopel eine österreichisch-deutsche National-schule eingerichtet werden, wozu die kaiserliche Regierung einen jähr-lichen Beitrag von 600 fl. C. M. in Aussicht gestellt habe. Dass das Projekt ad acta gelegt wurde, versteht sich von selbst. — Was hätte denn die K. preussische Regierung für ein Interesse daran haben können, eine österreichisch-deutsche Nationalschule seitens ihrer Unter-thanen in Bukarest unterstützen zu lassen, die noch dazu wahrscheinlich unter dem Einfluss der heiligen congregatio de propaganda fide gestan-den hätte? „Wer die Schule hat, der hat die Zukunft", das bewog denn auch die Kirchenvorsteher, die Sache einfach zur Kenntnis zu nehmen ohne sich in irgend welche Unterhandlungen darüber einzulassen. Der K. preussische Generalkonsul, Meusebach, sagt darüber in einem spä-tern Bericht an Seine Majestät den König: „Durchdrungen von der in dem hiesigen Lande mehr als anderswo durch die Erfahrung bewährten Ansicht, dass die Schule ihre feste Wurzel nur in Verbindung mit der Kirche finden könne, habe er sich diesem Ansinnen um so mehr wider-setzt, als auch die Erfahrungen bezüglich der in Konstantinopel einge-richteten »Simultanschule« gegen eine derartige Verschmelzung sprächen."

Die ganze Schulfrage war überdies zu unrechter Zeit an die Ge-meinde herangetreten, denn diese hatte bereits am Schluss des Rech-nungsjahres, 15./27. August, beschlossen, den projektierten Kirchenbau nunmehr ernstlich in Angriff zu nehmen, so dass jetzt aller Köpfe sich damit beschäftigten. Durch gute Verwaltung, sowie durch die Opfer-willigkeit der Gemeindemitglieder, die zum Teil nicht unbedeutende

Summen subskribierten, war wohl ein Kapital beisammen, gleichwohl hätte der Vorstand es nicht gewagt, schon zu Anfang des nächsten Monates an die Vorarbeiten zu schreiten, wenn er nicht gewisse Aussicht auf Unterstützung und Hilfe seitens des Gustav-Adolf-Vereins gehabt hätte.

Pfarrer Neumeister hatte nämlich, ermutigt durch den Aufruf, den der Centralvorstand der Gustav-Adolf-Stiftung nach den Stürmen der Revolution (1849) an die Glaubensbrüder in Deutschland erlassen: „Gedenket der Not eurer Glaubensbrüder in der Ferne, traget freudig und willig, wie früher ein Scherflein bei, damit es möglich wird, ihnen die Segnungen der Kirche und Schule zu verschaffen und zu erhalten," sich mit dem Centralvorstande in Leipzig neuerdings in Verbindung gesetzt und die Zusage der Hilfe erhalten.

Am 20. Juni 1851 erliess er eine Aufforderung an die Gemeinde zur Beisteuer für die Zwecke des Gustav-Adolf-Vereins, worin er zugleich mitteilte: dass die hiesige evangelische Gemeinde bereits die namhafte Unterstützungssumme von 8000 Piastern zum neuen Kirchenbau dem Vereine verdanke und auf weitere Unterstützungen seitens desselben rechnen dürfe. Damit aber die Gemeinde auch durch das Bekenntnis der That in dauernde und innige Verbindung mit dem Gustav-Adolf-Verein und dadurch mit der evangelischen Mutterkirche in Deutschland gebracht werde, machte Pfarrer Neumeister am Schlusse jener Aufforderung den Vorschlag zur Gründung eines Gustav-Adolf-Zweigvereins in der Gemeinde. Schon am 30. Juni traten Pfarrer Neumeister, die Apotheker Andreas Frank und Carl Zürner, sowie der Kaufmann Georg Galtz mit dem Entschluss zusammen, aus Dankbarkeit für die empfangene Liebesgabe und in Erfüllung der Pflicht der Bruderliebe einen Zweigverein der Gustav-Adolf-Stiftung zu bilden, welcher sich die Aufgabe stellte, jedes Jahr am Konfirmationstage (Himmelfahrtsfest)*) und an den darauf folgenden Pfingstfeiertagen Geldsammlungen nach dem in Deutschland eingeführten Minimalbetrage von zwei Groschen zu veranstalten, um dieselben dem Gustav-Adolf-Hauptverein in Leipzig zur Verteilung an notleidende Gemeinden zu übersenden. Die erste Kollekte betrug 30 Gulden und wurde für die evangelische Gemeinde in Mogilno (Posen) bestimmt.

---

*) Seit dem Jahre 1889 wird das Konfirmationsfest am Palmsonntag gefeiert.

Am 8. August 1851 schloss der Vorstand nach dem vom Architekten Mohnbach entworfenen Plane den Bauvertrag mit dem Baumeister Johann Sperl um die Summe von 120000 Piastern ab.

Schon am 10. September, 10 Uhr vormittags schritt die Gemeinde zur feierlichen Grundsteinlegung. Der Grundstein, der sich in der südwestlichen Ecke des Gotteshauses befindet, enthielt die wichtigsten Notizen über die Entstehung und Schicksale der Gemeinde und Kirche, insbesondere auch diejenigen Schriften, die in Bezug zum Bau der Kirche standen, ferner verschiedene Münzsorten, die Liste sämtlicher Mitglieder, die durch Beiträge den Bau beförderte, die Namen der Vorsteher vom Rechnungsjahr 1850—1851, in dem der Bau beschlossen und begonnen wurde, sowie die Namen der Architekten und der fünf Mitglieder des Baukomitees, sowie des damals regierenden Fürsten u. s. w.

Bald nachher sah sich der Kirchenvorstand bemüssigt, bei den Schutzkonsulaten gegen Pfarrer Baumann klagbar aufzutreten und auf Entfernung desselben aus seinem Amte anzutragen, da er die Kirche in ihren Einkünften beeinträchtigt, falsche Zeugnisse ausgestellt und seinen kontraktlichen Verpflichtungen nicht nachgekommen war.

Die traurigen Erfahrungen, die man mit Baumann gemacht, mahnten bei Wiederbesetzung der Stelle zur äussersten Vorsicht. Unterm 1. Dezember 1851 wandte sich der Vorstand an den Superintendenten der A. C. V. in Siebenbürgen, Georg Paul Binder, mit der Bitte, der Gemeinde einen geeigneten Kandidaten für die zweite Pfarr- oder Predigerstelle vorzuschlagen. In Siebenbürgen aber, wo die massgebenden Kreise der evangelischen Landeskirche den Blick noch immer nicht über die engen Landes- und Volksgrenzen hinaus erheben mochten, — noch viel weniger aber in den Einzelnen sich der Gedanke an eine „Mission in der Walachei" regte, fand sich kein Kandidat der Theologie zur Annahme des Postens bereit. Bald darauf meldete sich Martin Bruss, Prediger im Dorfe Petersberg bei Kronstadt, zur Übernahme der vakanten Stelle.*) Auf Veranlassung des Vorstandes kam derselbe nach

---

*) Die Dorfprediger in Siebenbürgen werden auf den mit den siebenbürgisch-sächsischen Gymnasien verbundenen Schullehrer- und Prediger-Seminarien ausgebildet und betreten nach beendeten Studien anfangs in der Regel die Lehrerlaufbahn in ihren Heimatsorten — manche werden dann später zu Dorfschreibern (Notären) oder als Prediger an die Seite des akademisch gebildeten Ortspfarrers gewählt.

Bukarest und hielt die Probepredigt, worauf er vom Vorstande der Gemeinde zur Wahl vorgeschlagen und angenommen wurde.

Der neugewählte Prediger war zufolge des zwischen dem Vorstand und ihm abgeschlossenen Kontraktes auf drei Jahre vorläufig angestellt, mit beiderseitiger sechsmonatlicher Kündigung vor Ablauf dieser Frist. Sein Jahresgehalt belief sich auf 50 Dukaten, sollte aber eventuell nach Verlauf von fünf Jahren um 15 Dukaten, und nach Verlauf von zehn Jahren um weitere 15 Dukaten erhöht werden. Ausserdem entfiel auf ihn ein Drittel der Stolargebühren, die Hälfte der in 300 türkischen Piastern bestehenden Interessen des Baron Zay'schen Legates; ebenso hatte er die Hälfte des den Geistlichen an gewissen Tagen zustehenden Klingelbeutel- und Kommuniongeldes. Dagegen war er verpflichtet, ungefähr dreissigmal im Jahre zu predigen, und zwar an den von den Vorstehern und dem Pfarrer Rudolf Neumeister näher bezeichneten Tagen, sowie den Altardienst, Specialleichen, Krankenbesuche u. s. w. zu versehen. Ferner hatte er mit Ausnahme des Sonnabends täglich in der Woche drei Stunden Schulunterricht zu erteilen, wofür er jedoch eine Remuneration von drei Dukaten per Monat, und entweder das übliche Schulgeld oder aber einen Dukaten monatlich als Ablösung erhielt.

Inzwischen (1. März 1852) hatte Pfarrer Neumeister die Konstituierung des Gustav-Adolf-Vereins vorgenommen. Gleichzeitig wurde die Herausgabe eines fliegenden Blattes beschlossen. Die Kollekte jenes Jahres ergab für Mogilno und Lichtenau (Westfalen) 81 Gulden 15 Kreuzer Konv.-Münze. Der Bukarester Gemeinde aber wurde vom Centralvorstand in Leipzig ein weiterer Betrag von 12 000 Piastern zum Kirchenbau übermittelt und dem hiesigen Zweigverein auf Grund des Statuts gestattet, hinfort nur zwei Dritteile der von ihm veranstalteten Gesamtkollekte an den Hauptverein abführen, den Rest dagegen eventuell für die Schule verwenden zu dürfen. Von seiten des Zweigvereinsvorstandes aber wurde ein Rundschreiben an alle Glaubensbrüder in den grösseren Vororten der Donaufürstentümer erlassen, um über die Verhältnisse derselben Aufschluss zu erhalten und dem Hauptverein darüber berichten zu können. Pfarrer Neumeister liess es aber dabei nicht bewenden, sondern unternahm zu diesem Behufe eine Rundreise im Lande. Damit eröffnete sich ihm, sowie der evangelischen Gemeinde in Bukarest unter dem Zeichen des Gustav-Adolf-Vereins ein weites Feld der Missionsthätigkeit. Schon im nächsten Jahre konnte Neumeister über die Konstituierung der evangelischen Gemeinde in Galatz berichten und wurde die Berufung eines Geistlichen für die evangelische Gemeinde in Craiova in Aussicht genommen; während Braila und Jacobsonthal als Filialen Galatz zugewiesen wurden. Wie sehr die Gemeinde die Verdienste Neumeisters würdigte, beweist die Thatsache, dass sie ihm als nunmehrigem ersten Pfarrer eine Remuneration von 300 Stück Silberzwanziger zuerkannte.

In ebendemselben Jahre wurde innerhalb der deutschen Kolonie ein anderer segensreich wirkender Verein ins Leben gerufen. Infolge des nach den Revolutionsstürmen immer mächtiger anschwellenden Einwanderungsstromes nach Bukarest hatte sich namentlich die deutsche Kolonie bedeutend vermehrt. — Manche von diesen Einwanderern vermochten sich in die neuen, unbekannten Verhältnisse des fremdsprachigen Landes nicht zu schicken, was ihr Fortkommen sehr erschwerte. Andere endlich büssten in dem ungewohnten tückischen Klima ihre Gesundheit ein, wurden erwerbsunfähig und sahen sich genötigt, die Mildthätigkeit ihrer Volks- und Glaubensgenossen in Anspruch zu nehmen. Bei Sterbefällen in verarmten Familien kam es daher nicht selten vor, dass Bekannte der Verstorbenen zur Bestreitung der Beerdigungskosten zu Kollekten in der Kolonie ihre Zuflucht nahmen, was jedoch wieder zu mancherlei Unzukömmlichkeiten führte. — Angesichts dieser traurigen Erfahrungen, sowie der wachsenden Not stellte sich das Bedürfnis immer dringender heraus, die einzelnen Kräfte zusammenzufassen zu gemeinsamer Handreichung. Einige Gewerbsleute ergriffen die Initiative zur Bildung eines Sterbekassenvereins, dem ohne Unterschied der Konfession alle Deutschen beitreten könnten. Der Zweck desselben war: „in Todesfällen zur Bestattung der Leichen aus einer besonders dazu errichteten gemeinsamen Kasse Unterstützungen zu gewähren". Sie wandten sich zu dem Behufe an Pfarrer Neumeister, der die Organisation des Vereins übernahm, und den beiden Schutzkonsulaten davon Anzeige machte mit der Bitte, diesem Vorhaben nicht hinderlich zu sein. Die Zuschrift wurde zustimmend beantwortet und seitens des Königlich preussischen Konsulates besonders betont: „der Verein möge sich zur Aufgabe stellen, zur abendländischen Sitte zurückzukehren und allen Kostenaufwand zu vermeiden." Am 19. März fand die förmliche Konstituierung des Vereines statt, dessen Vorsitzender statutenmässig der jedesmalige evangelische Pfarrer ist. Da die betreffenden Konsulate das Aufsichtsrecht nicht übernehmen mochten, blieb der Verein jahrelang auf sich angewiesen. Als dann Streitigkeiten unter den Mitgliedern ausbrachen, übernahm der damalige Gemeindevorstand, Professor Hill, die Pacifizierung desselben und wurden die im Jahre 1863 revidierten Statuten von der Landesregierung bestätigt.

Bald erhielt Pfarrer Neumeister auch Gelegenheit, für das protestantische Recht der Gemeinde einzustehen und die Ehre und die Würde des evangelischen Pfarramtes der katholischen Geistlichkeit gegenüber zu wahren. Die Differenzpunkte waren Ehescheidung und Trauung. Pfarrer Neumeister hatte nämlich, ohne auf das für österreichische Unterthanen zu Recht bestehende, dem evangelischen Pfarramt aber nicht bekannt gegebene Gesetz, wonach ein Katholik eine geschiedene akatholische Partei nicht heiraten darf, — Rücksicht zu nehmen, eine Katholikin mit einem geschiedenen evangelischen Glaubensgenossen getraut. Das katholische bischöfliche Ordinariat erklärte die Ehe für ungültig, mit dem Ersuchen an das K. K. österreichische Konsulat, dieses Erkenntnis den Parteien, sowie dem evangelischen Pfarramt zu publizieren. In seinem protestantischen Gewissen beeinträchtigt, wandte sich Neumeister mit Berufung auf die der evangelischen Gemeinde zu Bukarest gewährleisteten althergebrachten Rechte an seine Behörde, den Vorstand der Gemeinde, mit der Frage: „wie sich das evangelische Pfarramt unter den vorliegenden Umständen zu verhalten habe?" Dieser ersuchte daraufhin das K. K. österreichische Konsulat um Zustellung des betreffenden Gesetzes, um zu erwägen, inwiefern sie beobachtet werden sollten. Das nannte der Konsul Laurin anmassenden Zweifel, ob österreichische Gesetze für österreichische Unterthanen Geltung hätten, erklärte dem Pfarrer Neumeister, der sich zu rechtfertigen gesucht, warum er sich mit jener Frage an seine Behörde gewandt, sein entschiedenes Misstrauen in die Administration des evangelischen Pfarramtes, sowie Zweifel in seine Redlichkeit. „Was hätten wohl die Statuten (heisst es in einer Zuschrift Laurins) und althergebrachten Rechte der Gemeinde mit dem Eherecht und den österreichischen Gesetzen zu schaffen und sei eine Berufung auf erstere nicht ein Zweifel, nicht eine Weigerung, die letzteren anzuwenden?" Er erklärte, dem evangelischen Pfarramt und Kirchenvorstand einen Auszug aus dem Gesetze besorgen zu wollen, aber nicht um „erwogen", sondern um unbedingt bei Schliessung von Ehen zwischen österreichischen Unterthanen befolgt zu werden, indem er auf die Folgen hinwies, die für die Kinder solcher vor dem österreichischen Gesetz nicht anerkannter Ehen erwachsen könnten. Neumeister berief sich nochmals auf das Gewissen des evangelischen Geistlichen, der bei seiner Ordination auf den Geist der symbolischen Bücher geschworen und citierte den letzten der Schmalkaldischen Artikel: „quia injusta traditio est, quae prohibet conjugium personae innocenti post factum divortium." (Denn es ist eine ungerechte Überlieferung, welche die Ehe einer unschuldigen Person nach früherer Scheidung verbietet.) Schliesslich sah er sich auf jene Beschuldigungen hin genötigt, an die Schutzmächte zu appellieren, wobei er ausdrücklich erklärte, die Einführung dieses Gesetzes sei gegen seine Überzeugung; um so mehr, als in demselben auch die cognatio und affinitas als Ehehindernis angesehen werde, während es doch für Protestanten nach den Schmalkaldischen Artikeln nur die consanguinitas ist. Am meisten Gefahr bringend erschien indes für die Gemeinde die Frage der gemischten Ehen, deren es beinahe ein Dritteil gab und diesbezüglich galt die Weisung: Bei solchen Ehen, wo der katholische Teil aus einem Kronlande der Monarchie stammt, in welchem das kanonische Eherecht gilt, seien insbesondere auch die Vorschriften des letzteren zu beobachten.

Das K. preussische Konsulat ermangelte nicht, einen genauen Bericht der ganzen Sachlage auch seinerseits nach Berlin zu senden, zugleich mit einer Charakteristik des österreichischen Konsuls Laurin. — Derselbe war ein würdiger Repräsentant der Schwarzenberg-Bachschen Reaktionsperiode.

Am Schluss dieses Berichtes rät der Generalkonsul: man solle zu den Massregeln der Ehelicenzen seine Zuflucht nehmen, „weil in ersterer Beziehung die Kaiserliche Regierung die Ehescheidungsprozesse in gemischten Ehen da, wo der evangelische Gatte österreichischer Unterthan sei, nicht vor das Civilforum ihres Konsulats ziehe, wie dies preussischerseits in allen Ehescheidungssachen der Fall. — so wird man der evangelischen Kirche in Anbetracht ihres rechtlichen Besitzstandes nicht anmuten dürfen, dass das Pfarramt da, wo es als geistliches Gericht urteilt, anders als nach den Vorschriften des evangelischen Bekenntnisses entscheide, welches, im Widerspruch mit der österreichischen Gesetzgebung, die Scheidung der Ehe zulässt, wenn auch der eine der Ehegatten katholisch ist. In Betreff der gemischten Ehen, welche angeblich nach österreichischen Gesetzen nur durch den katholischen Pfarrer unter Assistenz

des evangelischen Geistlichen eingesegnet werden sollen, darf der Gemeinde
(A. C.) wohl gleichfalls nicht zugemutet werden das Aufgeben des ihr
ab antiquo zustehenden Rechtes. Es würde über die Grenzen der Billigkeit und des notwendigen Interesses der Aufrechthaltung der bürgerlichen
Ordnung hinausgehen, wenn man eine exterritoriale Kirchengemeinde den
verschiedenen Landesgesetzen auch in Bezug auf die Adiaphora unterwerfen wollte.

Zufolge dieser Erfahrungen lag der Gedanke zu nahe, den B. Meusebach aussprach, und dessen Verwirklichung er nachher auch herbeizuführen bemüht gewesen ist, der Gedanke nämlich, die evangelische Gemeinde in Bukarest aus dem loseren mehr einseitigen Verhältnis der
blossen Protektion zu befreien, und in das engere Verhältnis des K.
preussischen Patronates zu bringen, wie es bei der evangelischen Gemeinde in Jassy der Fall sei.

Er setzte voraus, die Kaiserlich österreichische Regierung werde
dem ausschliesslich K. preussischen Patronat die evangelische Kirche
zu Bukarest gewiss mit demselben Vertrauen überlassen wollen, wie
die K. preussische Regierung über die hiesige katholische Kirche, zu
welcher eine grosse Anzahl preussischer Unterthanen gehöre, die unge-
teilte Protektion seitens Österreichs als das zweckentsprechendste Verhältnis anerkannt habe.

Denselben Standpunkt nahm Pfarrer Neumeister ein, der sich gelegentlich eines Berichtes über die Vergangenheit der Gemeinde dahin
äusserte, es sei sowohl im Interesse der Gemeinde als in dem seinigen
wünschenswert, dass wenigstens eine der beiden hiesigen Pfarrstellen
eine Königl. preuss. Patronatsstelle werden möchte, wie dies bereits in
Jassy der Fall sei. „Denn es sei klar, dass jeder Geistliche bei den
mancherlei Opfern und Entbehrungen, die eine Stellung hierzulande
schon an sich ihm auferlege, in der Aussicht, einst wieder dorthin heim-
kehren zu können, wo auf dem Altar der Mutterkirche das evangelische
Feuer weit mächtiger brenne, eine unversiegbare Quelle des Trostes und
der Kraft finden müsse.

Rücksichtlich der oben erwähnten Differenzen zwischen dem evangelischen Pfarramt und dem katholischen Ordinariat war endlich im
Jahre 1855 die Entscheidung von Wien herabgelangt, derzufolge das
evangelische Pfarramt verpflichtet wurde, in Zukunft Trauungen österreichischer Unterthanen nur auf Grund der beigebrachten Ehelicenzen

seitens des K. K. österr. Konsulates vorzunehmen. Da aber diese Licenzen
eine eigentümliche Fassung hatten — „sofern keine kanonischen Hindernisse gegen ihre Ehe obwalten" u. s. w. — wurde seitens des Kirchenvorstandes dasselbe als Norm für die römisch-katholische Kirche beim
österreichischen Konsulat beantragt, mit dem Ersuchen, bei Licenzen zu
Mischehen möge die löbliche K. K. Agentie die katholische Geistlichkeit
auffordern, innerhalb eines bestimmten Termins die ihr bekannten „kanonischen Hindernisse" geltend zu machen, widrigenfalls das evangelische
Pfarramt dieselben als nicht vorhanden betrachten würde.

Im August des Jahres 1852 war der äussere Bau der Kirche bereits
der Vollendung nahe, aber infolge der beschränkten Mittel war man von
dem ursprünglichen Plane abgewichen. Der Kirchturm war bereits in
Holzwerk aufgerichtet, als B. Meusebach die Notwendigkeit erkannte,
das Baudenkmal vor äusserer Verunstaltung zu retten. In dieser Hinsicht
richtete er eine Zuschrift an den Kirchenvorstand, worin er auf Er-
höhung des Turmes um 24' nach dem ursprünglichen Bauplan antrug, die
„Mehrkosten dürften sich nach Aussage des Architekten auf 7500 Piaster
belaufen". — Zu dem Ende schlug er den Weg der Subskription vor,
wobei er sich anheischig machte, selbst in den Kreisen der nichtevangelischen Bevölkerung Bukarests eine Sammlung zu veranstalten und die
Haftung von 10,000 Piaster für den Bau auf sich zu nehmen. „Das
Gotteshaus, wie es dastehe als ein Zeugnis von der Kraft des evangelischen Bekenntnisses unter deutschen Stammesgenossen, solle auch, wie
gewiss alle wünschen würden, als ein Symbol dieses Geistes hoch in
den Himmel ragen, wie die Denkmäler des frommen Sinnes unserer Väter
im deutschen Vaterlande." Diese Aneiferung nebst der Erklärung der
Haftung verfehlte denn nicht, den Vorstand ohne weiteres zu bestimmen,
die Baukommission mit der Ausführung des ursprünglichen Planes zu
autorisiren.

Die eingeleitete Kollekte ergab indes nur den Betrag von 4800
Piaster, und Meusebach sah sich nun in der Lage, sein Versprechen
durch die Beisteuer von 5200 Piaster zu lösen. Spätere Beiträge erhöhten
dann die Summe auf 11,088 Piaster. — Zu derselben Zeit trug Meusebach Sorge für entsprechende Verschönerung des Kirchhofes durch
Gartenanlagen. Ferner kam der Kirchenvorstand bei dem Magistrat bittlich
ein, — bis ein eisernes Gitter auf einer Mauer aufgeführt werde —
statt des Bretterzauns ein Holzgitter aufführen zu dürfen, was denn

auch, nachdem die Erlaubnis dazu erfolgt war, bald ins Werk gesetzt wurde.

Die Kirche sollte ursprünglich am 12. Dezember (30. November) 1852 eingeweiht werden, — auch die zwei neuen Glocken tragen dieses Datum: aber der Ausbau verzögerte sich und so fand das Kirchweihefest erst am 12./24. April des folgenden Jahres statt.*) .Es mag wohl ein erhebendes Fest gewesen sein und um so erhebender, als die Feier anknüpfte an die hundertjährige Geschichte der Gemeinde, als deren stummberedter Zeuge das alte Kirchlein dastand, von dem man nun Abschied nehmen sollte. Nach dem feierlichen Abschied von demselben erfolgte der Einzug in die neue Kirche, wobei der Präsident des Kirchenvorstandes, Professor G. Hill, den Schlüssel mit folgenden Worten an Pfarrer Neumeister übergab: „Empfangen Sie als Beweis des Zutrauens der Gemeinde aus den Händen des Vorstandes dies teure Eigentum derselben, den Schlüssel zu unserer neuen Kirche, geben Sie ihm die geistliche Weihe und führen Sie uns in dieselbe ein."

Zum Bau der Kirche, welche eine Zierde der Hauptstadt ist, hatte der Gustav-Adolf-Verein mit der am 20. Mai eingesandten Liebesgabe von 10,336 Piaster 20 Para die Summe von 30,336 Piaster und 20 Para, also den vierten Teil, beigetragen. War es da zu verwundern, wenn die Herzen überströmten von Freude und Dank, und wenn sich dies Dankgefühl auch thatsächlich in der wachsenden Teilnahme der Glaubensgenossen an der Gustav-Adolf-Vereinsstiftung äusserte. Die am 28. Mai 1853 veranstaltete Sammlung ergab nämlich die Summe von 128 fl. und 6 kr., wovon 90 fl. für Krabschitz in Böhmen bestimmt und an den Centralvorstand in Leipzig abgesandt wurden. Wie freudig dieses Interesse der Bukarester Gemeinde an dem Verein begrüsst wurde, davon liegt mehr als ein Zeugnis vor. Der Centralvorstand schreibt u. a.: „Unter uns wird die evangelische Gemeinde in Bukarest unvergesslich bleiben, und der Volksbote der Gustav-Adolf-Stiftung aus Thüringen lässt sich gelegentlich der Besprechung des „Fliegenden Blattes aus Bukarest" dahin

---

*) Die grösste der drei Glocken trägt die Inschrift: „Vereinte Kraft wirkt Grosses" 12. Dezember 1852, und die Namen der damaligen Vorsteher: G. Hill, St. Bistritzer, Fr. Eitel, Fr. Bossel, M. Klee, Fr. Hötsch, A. Frank, Ed. Glauert, Chr. Schneider, Jos. Günther, J. Klenk und den des Pfarrers R. Neumeister. Der Glockengiesser Gustav Blank widmete gleichzeitig die Mittelglocke. Die kleinste trägt den Namen des oben erwähnten in gesegnetem Andenken der Gemeinde fortlebenden verdienten Christian de Leo 1753.

vernehmen: „Das ist ein Zweigverein der Gustav-Adolf-Stiftung an der türkischen Grenze, der zum Muster dienen mag für manchen Zweigverein, der schlafen gegangen ist, im lieben deutschen Vaterlande."

Im ganzen war für den Kirchenbau die Summe von 19,000 Thaler ausgegeben worden, während nur 14.500 zu Gebote standen. Der Restbetrag von 4500 Thalern musste aufgenommen und zum Teil verinteressiert werden, wodurch die Gemeinde in nicht geringe Verlegenheit kam. Der K. preuss. Generalkonsul wandte sich dieserwegen an Se. Majestät den König Friedrich Wilhelm IV., dessen Gnade er nicht eher in Anspruch hatte nehmen wollen, als bis er mit der That beweisen könne, dass diese Gemeinde seiner Unterstützung würdig wäre. Nachdem er einen Blick auf die günstige Stimmung, die in der Gemeinde bezüglich des K. preussischen Patronates herrsche, geworfen, erwähnt er der Unterstützung, welche Se. Majestät der Kaiser Franz Josef von Österreich für den Kirchenbau gewährt, bestehend in 300 fl. ein für allemal, und zur Beihilfe zu den kirchlichen Bedürfnissen auf 5 Jahre 300 fl., sowie für die Schule auf gleiche Zeit 300 fl.*), und stellt dann die Bitte: „Aus den zu Allerhöchster Disposition stehenden Fonds auf einen Zeitraum von 5 Jahren, in welchem die Gemeinde ihre Schulden abzutragen und dann selbst für einen auskömmlichen Gehalt ihrer Geistlichen und Schuldiener zu sorgen im stande sein werde, dem ersten Pfarrer einen jährlichen Gehaltszuschuss von 150 Thaler, dem zweiten Pfarrer von 50 Thaler und für Unterhaltung der Schule einen jährlichen Zuschuss von 200 Thaler für den gleichen Zeitraum allergnädigst bewilligen zu wollen."

Indessen war Neumeisters Gehalt in Anbetracht seiner Verdienste um den Kirchenbau bereits von dem Vorstand um das Doppelte erhöht worden, nämlich von 50 auf 100 Dukaten (oder von 1600 auf 3200 Pstr.). Dass der Gustav-Adolf-Verein insbesondere sich mit so reger Teilnahme der Bukarester evangelischen Gemeinde zugewandt, war unstreitig sein Werk, daneben hatte er selbst unmittelbar durch Veröffentlichung seiner Predigten der Baukasse einen verhältnismässig nicht geringen Zuschuss

---

*) Im Jahre 1858 wurde zufolge Zuschrift des K. K. österreichischen Generalkonsulates bekannt gegeben, dass Se. Majestät der Kaiser geruht habe, noch auf fernere drei Jahre die Unterstützung von 300 fl. für unsere Kirche und 200 fl. für unsere Schule zu verlängern. — Über Vorschlag des Pfarrers Neumeister beschloss der Vorstand, dass von den für die Kirche bestimmten 300 fl. die Hälfte für die Diaspora in der Walachei verwendet werden solle.

8*

zu verschaffen sich bemüht. Diese seine Verdienste wurden auch höheren Orts anerkannt, und sowohl ihm als dem Präsidenten des Kirchenvorstandes über Ansuchen Baron Meusebachs die Allerhöchste Gnade Sr. Majestät des Königs in einer Ordensverleihung zu teil. Pfarrer Neumeister erhielt den Adler der Ritter vom Hohenzollerschen Hausorden und der Vorstand, Professor G. Hill, den roten Adler-Orden 4. Klasse.

Das Hauptaugenmerk des Vorstandes war fortan darauf gerichtet, die Gemeinde schuldenfrei zu machen. Aber immer neue Unternehmungen und immer neue Bedürfnisse, deren Befriedigung dringend notwendig schien und auch war, vereitelten, bei aller Sparsamkeit und Gewissenhaftigkeit in der Verwaltung des Kirchenvermögens und bei aller Opferwilligkeit der Gemeindemitglieder und insbesondere des Vorstandes, diese Hoffnungen und Pläne.

Das erste, woran ohne Verzug Hand angelegt werden musste, war die geeignete Unterbringung der Schule. Dazu wurde nunmehr das alte Kirchlein eingerichtet, indem man das Schiff der Kirche durch Wände in drei gleiche Räume abteilte. Die Übersiedelung der beiden damals bestehenden Klassen aus dem Pfarrhause, wo sie bisher untergebracht waren, vollzog sich zu Anfang des neuen Schuljahres (15./27. August).

Nicht geringe Verlegenheiten bereitete der Gemeinde die Verlegung des Friedhofes aus der Umgebung der Kirche, welche bereits im Jahre 1852 seitens der Regierung verlangt worden war. Zwar geriet die Frage, da der Vorstand den der Gemeinde angewiesenen Platz ausserhalb der Barriere hinter Belvedere zu weit fand, sich also mit der Verlegung des Friedhofes nicht sonderlich beeilen mochte, — einstweilen in Vergessenheit; aber sie war doch nur noch eine Frage der Zeit, die ihrer Erledigung harrte.

In der neuen Kirche fehlte ferner eine entsprechende Orgel, das vorhandene aus dem alten Bethaus herübergenommene „Positiv" war nur noch ein äusserst schwacher Notbehelf. Zwar hatte bereits im Jahre 1851 der K. preussische Dragoman, G. von Gaudi, aus Pietät gegen den Vater, den Stifter jenes Werkes, als Fonds zur Herstellung einer neuen Orgel für die neu zu erbauende Kirche der Gemeinde ein Legat von 500 Piaster gemacht, wovon die erste Rate, bestehend in 300 Piastern, gleich damals an den Vorstand ausbezahlt wurde, aber damit war für die Verwirklichung des projektierten Orgelbaues eben erst der Anfang

gemacht. Das Schulwesen war schon seit Jahren der Reformen bedürftig.
deren Einführung ebenfalls nur durch pekuniäre Mittel zu bewerkstelligen war.

In dieser finanziellen Bedrängnis war die Hilfe nicht fern. Se. Majestät König Friedrich Wilhelm IV. von Preussen hatte auf Grund
der oben erwähnten Eingabe des Baron von Meusebach geruht, aus
Allerhöchstdero Dispositionsfonds ein einmaliges Gnadengeschenk von
2000 Thaler für die evangelische Gemeinde in Bukarest verabfolgen zu
lassen. In der betreffenden Zuschrift des Ministeriums an Freiherrn
von Meusebach heisst es: „Mit dem von Ihnen gemachten Vorschlag,
dass dasselbe wesentlich zur Verminderung der durch die hohen Zinsen
die Gemeinde drückende Schuldenlast benutzt werde, kann ich mich nur
einverstanden erklären und muss im übrigen die geeignete Verwendung
ihrer Sachkenntnis und Umsicht überlassen." Baron Meusebach knüpfte
nun an dies Gnadengeschenk die Bedingung, dass die Stelle eines Organisten und zweiten Lehrers an der evangelischen Schule jederzeit durch
einen in einem K. preussischen Schullehrerseminar gebildeten Lehrer
besetzt werde. Da der Vorstand selbstverständlich nicht umhin konnte,
mit Dankgefühlen auf die Bedingungen einzugehen, wurde Pfarrer Neumeister, der mittlerweile einen Urlaub, zunächst zum Besuch des Gustav-
Adolf-Vereins in Heidelberg, nachgesucht hatte, der Auftrag, für die
Bestellung eines Lehrers bei seiner Anwesenheit in Berlin, wohin er sich
auch begeben wollte, — zu sorgen, dem zu berufenden Lehrer wurden
2025 hiesige Piaster nebst freier Wohnung ausgesetzt.

Bei seiner Anwesenheit in Berlin hatte sich Pfarrer Neumeister
Sr. Majestät dem König vorgestellt, um im Namen der Gemeinde für
das Gnadengeschenk zu danken; zugleich hatte er in einem Immediatgesuch um eine Unterstützung für den projektierten Orgelbau gebeten,
auf welches hin später 200 Thaler bewilligt wurden. In seinem Reisebericht teilte Pfarrer Neumeister ferner dem Vorstand mit, dass er bezüglich der Mittel zum Orgelbau vom Gustav-Adolf-Vereinsvorstand in
Leipzig unter der Hand die Versicherung erhalten, im Falle Se. Majestät
der König von Preussen sich der Gemeinde in dieser Hinsicht nicht annehmen sollte, dieselbe eine Unterstützung vom Vereine gewürtigen könnte.
Den von ihm neu engagierten Lehrer stellte er dem Vorstande vor. In
derselben Sitzung (20. September 1855) wurde die Trennung der Anstalt
in eine Knaben- und Mädchenschule beschlossen, und Pfarrer Neumeister

mit der Einrichtung derselben beauftragt. Die Lehrkräfte bestanden
demnach damals aus zwei Lehrern und einer Lehrerin und dem Pfarrer-
Schulinspektor. Der jährliche Zuschuss zur Besoldung derselben wurde
von der Kirchengemeinde bestellt. Jedes Kind zahlte einen Zwanziger
Schulgeld per Monat. Im ganzen belief sich die Zahl der die Schule
besuchenden Kinder auf 120.

12. Kapitel.

Diesen preiswürdigen, auf das Wohl der Gemeinde gerichteten Bestrebungen wollte Baron Mensebach in der „Stiftung des ritterlichen
Ordens St. Johannis vom Spital zu Jerusalem" die Krone aufsetzen
(2. März 1855).*) An diese Stiftung, welche 200 Dukaten oder 6300
Piaster betrug, waren in der an den Vorstand gesandten Urkunde folgende Bedingungen geknüpft: „dass auch fernere Schenkungen, welche
der Stiftung künftighin gemacht werden, in die Stiftungskasse fliessen
sollen; dass die hiesige evangelische Gemeinde jährlich am St. Johannistag eine Hauskollekte zum Besten der Stiftung zu veranstalten habe;
dass die Stiftung unter dem Patronat der Balley Brandenburg „des
ritterlichen Ordens St. Johannis vom Spital zu Jerusalem" stehe; dass
die Verwaltung der Stiftung von dem hiesigen Kirchenvorstande unter
Oberaufsicht der Balley geführt werden solle; dass der Zweck der Stiftung die Begründung eines evangelischen Krankenhauses und Unterstützung der hiesigen evangelischen Schule durch Berufung einer oder
mehrerer Lehrerinnen aus der Zahl der Diakonissinnen des evangelischen
Diakonissenhauses zu Kaiserswerth sei, und dass, sobald die Hälfte der
Revenüen der Stiftung eine Summe werde erreicht haben, welche die

*) Dieser Orden, welchem Baron Meusebach selbst angehörte, war im Jahre
1811 in Preussen neu eingerichtet worden. Von da hatte derselbe durch ein
Menschenalter that- und ruhmlos bestanden. Um ihn der unleugbaren Missachtung
zu entheben, wurde im Jahre 1852 das Statut geändert und die mittelalterliche
Idee des ritterlichen Spitals heraufgeholt, die ihn zu einem Orden der Wohlthätigkeit machen sollte.

Berufung einer evangelischen Diakonissin als Lehrerin an der evangelischen Schule ermögliche, der Vorstand für diese Berufung Sorge tragen solle; dass ferner die andere Hälfte der Revenüen zum Kapital geschlagen werden solle, bis die Begründung eines evangelischen Krankenhauses ermöglicht werde«, u. s. w.

In der am 8. März abgehaltenen Vorstandssitzung wurde die Annahme der Stiftung einmütig beschlossen. Zugleich machte Pfarrer Neumeister die Mitteilung, dass ihm Baron Demeter Bellio laut einer Schenkungsurkunde 500 Dukaten mit der Bestimmung übergeben habe, diese Summe nach seinem Ermessen zum Wohle der jetzigen oder zukünftigen evangelischen Christen in Bukarest zu verwenden. Da ihm in der betreffenden Urkunde weiter frei gestellt worden, „dieselbe für die evangelische Kirche oder für die evangelische Schule oder auch für noch zu begründende evangelische Anstalten zu verwenden«, so führte er 485 Dukaten an die Meusebach-Stiftung ab, den Rest von 15 Dukaten aber übergab er dem um die evangelische Schule wohlverdienten Lehrer M. Binder, als Anerkennung mehr als zehnjähriger treuer Dienste an derselben.

In dem betreffenden Dankschreiben an Baron D. Bellio, das Baron Meusebach selbst verfasste, heisst es zum Schluss: „Es ist uns eine dringende und angenehme Pflicht, Euer Hochwohlgeboren im Namen der ganzen evangelischen Gemeinde unsern herzlichen Dank für dies reiche Geschenk auszusprechen. Die evangelische Gemeinde, welche seit mehr als einem Jahrhundert hier neben ihren Glaubensgenossen des orthodoxen Bekenntnisses in Friede und Eintracht aufgeblüht ist, erkennt mit tiefem Dank auch in dieser edelmütigen, freigebigen Hilfeleistung wieder das innige Band, welches die Brüder aller christlicher Bekenntnisse vereinigt.« Der Vorstand trug um so weniger Bedenken, auch diese Schenkung anzunehmen, als ja ohnehin derselbe, wie auch Pfarrer Neumeister, der Überzeugung waren, dass, das was der Stiftung gehöre, auch Eigentum der hiesigen evangelischen Gemeinde und Schule, wenn auch unter anderem Namen und anderen Bedingungen sei. Zum Kassierer der Stiftung wurde der Kirchenvorsteher Friedrich Eitel ernannt.

Am 18. Oktober 1855 wurde Baron Meusebach die Bestätigungsurkunde der Statuten seiner Stiftung durch den Herrenmeister des Ordens den Prinzen Carl, seitens des Grafen Bismarck-Bohlen mit der Nachricht übersandt, dass Se. K. Hoheit zur Ausübung der Funktionen des

Artikels 7 der Stiftungsurkunde ihn resp. den jeweiligen K. preussischen Generalkonsul in Bukarest beauftragt habe.*)

Daraufhin wurde das Stiftungsvermögen samt den später sowohl innerhalb der Gemeinde als auch in Bojarenkreisen zu diesem Zwecke gesammelten Gelder an das K. preussische Generalkonsulat abgeliefert und Baron Meusebach übernahm die ganze Leitung und Verwaltung seiner Stiftung. Die Mitwirkung des Vorstandes beschränkte sich fortan bloss darauf, dass Fr. Eitel, als Kassierer der Stiftung, beim Ankauf von Grundstücken seinen Namen herlieh und von Zeit zu Zeit die ihm vorgelegten Rechnungen pro forma unterschrieb. Die Notwendigkeit, ein Krankenhaus zu erbauen, konnte der Vorstand im Hinblick auf die hiesigen ausgezeichneten zahlreichen Spitäler, wohin ohne Unterschied der Nation und Konfession jeder Hilfsbedürftige aufgenommen werde, nicht einsehen; gegenüber der Mitteilung aber von der Notwendigkeit einer Erziehungsanstalt für die höhere und vermöglichere Klasse der hiesigen evangelischen Christen, wies derselbe, zwar auch diese anerkennend, doch auf die bei weitem notwendigere Einrichtung einer guten Bürgerschule hin, da der grösste Teil der Gemeinde aus unvermöglichen Handwerkern bestehe, während jene Klasse leichter anderwärts für die Ausbildung ihrer Töchter Sorge zu tragen in der Lage sei.

Die projektierte Anstalt wurde indessen errichtet, und wurden von Baron Meusebach Lehrerinnen aus Deutschland berufen, auch dem Wunsche des Vorstandes wurde insoweit Rechnung getragen, als mit jenem Internat eine externe Klasse verbunden wurde.

Inzwischen war auch die Orgelbaufrage ihrer Lösung entgegengereift. Zu dem vorhandenen Fonds war das Geschenk Sr. Majestät des Königs, sowie eine gleiche Unterstützung des Gustav-Adolf-Vereins im Betrage von 200 Thalern eingelaufen. . . . . . Ein vom Kirchenvorsteher Fr. Bossel zu demselben Zweck im „Bosselsaal" veranstalteter Ball hatte 216 Dukaten eingebracht; ausserdem erhielt die Gemeinde vom Königsberger Haupt-Verein der Gustav-Adolf-Stiftung 40 Thaler. — So sah sich denn der Kirchenvorstand in der Lage, Hand ans Werk zu legen.

---

*) Der Artikel 7 lautet: „Die Verwaltung der Stiftung wird von dem Kirchenvorstand der evangelischen Kirche zu Bukarest unter Oberaufsicht der Balley Brandenburg geführt. Die Verwaltung des Stiftungsfonds bedarf zur Ausleihung der Kapitalien die Genehmigung der Balley Brandenburg oder des von ihr Delegierten und hat der Balley alljährlich am Johannistag Rechnung abzulegen."

Von den eingelaufenen Offerten wurde die eines gewissen Friedrich Steinmeyer, aus Öttingen im Ries, als die zweckmässigste in jeder Beziehung erkannt und angenommen. Das Werk kam auf 2569 Gulden und dasselbe war ein in jeder Beziehung vollendetes.*)

Ein Jahr früher hatte die Kirche einen neuen Altarschmuck erhalten. Derselbe bestand in Abendmahls-Gerätschaften, und zwar in einem silbernen Altarkelch, einem silbernen Sammelbecken, sowie einer gleichen Altarkanne, welche der vielfach um diese Gemeinde verdiente Freiherr Demeter von Bellio aus Anlass des hohen Geburtsfestes Sr. Majestät des Königs von Preussen (15. Oktober) der Kirche gewidmet hatte. — Das freundliche Gotteshaus liess demnach nichts mehr zu wünschen übrig.**)

Noch fehlte es aber der Gemeinde an einem entsprechenden Friedhofsraum. Auch dazu wurden die Mittel aufgebracht, und der Kirchenvorsteher und Kassierer Fr. Eitel privatim mit dem Ankauf von Grundstücken ausserhalb der Barriere von Podu Mogoschoi (heute Calea Victoria), hinter dem Wäldchen, nahe der Chaussee, zu diesem Behufe beauftragt. Das Unternehmen hatte den besten Fortgang, so dass man schon unterm 4. November 1857 durch die Schutzkonsulate um die Erlaubnis beim Magistrat einkommen konnte, einen Friedhof auf jenem Platz anlegen zu dürfen.

Da der Magistrat dieses Gesuch abschlägig beantwortete, wurden die beiden Schutzkonsulate nochmals ersucht, bei der Lokalregierung dahin zu wirken, dass der Gemeinde entweder diese Erlaubnis erteilt, oder ihr baldigst ein anderer, nahe gelegener und bei jeder Jahreszeit zugänglicher Platz zu diesem Zwecke angewiesen werde.

Unterm 13./25. August 1858 No. 4762 erfolgte endlich auf Grundlage eines hohen Erlasses vom Fürsten Alexander Ghika die Mitteilung seitens der Munizipalität, dass dieselbe die Herstellung des Friedhofes auf diesem Platze billige, jedoch unter der Bedingung, dass die Pflanzung auf dem Platze vermehrt werde.

Der Vorstand beeilte sich demnach, die Kirchenvorsteher, Fr. Eitel und Baude, mit der Umfriedigung zu beauftragen und die dazu erfor-

---

*) Die Orgel hat 2 Manuale und 22 Register.

**) Der Taufstein, ein Geschenk des Kirchenvorstehers Matthäus Riemer und seiner Gemahlin Anna Maria (aus dem Jahre 1785) war aus dem alten Gotteshause herübergenommen worden, und dient noch jetzt diesem heiligen Zweck.

derlichen Mittel aufzubringen. Später wurden ihm vom hohen rumänischen Kultusministerium selbst 200 Dukaten für den Friedhof durch Pfarrer Neumeister übermittelt. Die Einweihung desselben fand am 30. November statt. Kaum war das geschehen, als die Erlaubnis auf Befehl der hohen Kaimakamie zurückgenommen wurde, zugleich mit der Aufforderung, die bisherigen wirklichen Ausgaben anzugeben, damit dieselben zurückerstattet würden, der Gemeinde würde dann entweder seitens der Regierung ein anderer Platz angewiesen werden, oder könne sie sich sonstwo mit dem Gelde einen neuen Platz ankaufen; der von ihr benutzte Platz aber sei unumgänglich zur Erweiterung des öffentlichen Gartens nötig. Der Präsident wies hierauf die Munizipalität an die Schutzkonsulate, da der Vorstand, weil der Friedhof in das Besitztum der evangelischen Kirche übergegangen, nicht mehr eigenmächtig über denselben disponieren könne.

Mittlerweile hatte auch der englische Konsul einen Teil des Platzes für seine Landsleute ausscheiden lassen. — Den vereinigten Bemühungen der beiden einflussreichen Konsuln gelang es dann, die neue Regierung zur Einwilligung zu bewegen. — Auf den Rat Baron Meusebachs suchte man dann weiteren Anständen dadurch auszuweichen und die Sache in Vergessenheit zu bringen, dass die Leichenkondukte nicht mehr auf der Hauptstrasse von Podu Mogoschoi, sondern auf der von Tirgovischt (heute Calea Grivita) geführt würden, und sollte man von der Regel nicht abgehen ohne vorher nachgesuchte polizeiliche Bewilligung.

Kaum waren diese Schwierigkeiten und Hindernisse beseitigt, als die Mädchenschulfrage der Gemeinde neue Sorgen verursachte.

Unterm 20. Mai 1859 richtete Baron von Meusebach eine Zuschrift an den Vorstand, worin er mit Hinweis auf Art. 8 der Stiftungsurkunde, demzufolge eine der Aufgaben der Stiftung die Fürsorge für die evangelische Erziehung der Töchter der Gemeinde durch Berufung von Diakonissen des Mutterhauses zu Kaiserswerth erfüllt werden solle, dem Vorstand mitteilte, dass er seiner Zeit diesbezüglich mit dem Direktor der Kaiserswerther Anstalt, Herrn Pastor Fliedner, in Unterhandlung wegen Übernahme unseres Institutes getreten sei. In jenem Zeitpunkt seien aber die Kräfte der Kaiserswerther Anstalt durch ihre im Auslande segensreichen Unternehmungen so sehr in Anspruch genommen gewesen, dass Herr Fliedner erst nach einigen Jahren unserer Stiftung seinen Beistand zusichern konnte.

„Unter diesen Umständen," schreibt Baron Meusebach, „wurde vorläufig zur Eröffnung unseres Lehrhauses als eines selbständigen Institutes geschritten, und dem löblichen Kirchenvorstand ist bekannt, welchen erfreulichen Aufschwung dieses Institut unter der verdienstlichen hingebenden Leitung der Frau Oberin Trinks genommen hat.

Das Ziel, unsere Anstalt in einen festen innern Verband mit einem Mutterhaus in Deutschland zu bringen, womit auf alle Zeit der Anstalt die Zuführung in demselben Geiste herangebildeter Lehrkräfte gesichert und damit ihr der feste und dauernde innere geistige Halt gegeben wird, wurde dabei nicht aus den Augen gelassen, und durch Vermittelung der Frau Oberin selbst sind die Verhandlungen mit dem Vorstande des Kaiserswerther Mutterhauses jetzt wieder aufgenommen worden. Herr Pastor Fliedner hat sich bereit erklärt, vom Oktober dieses Jahres ab das Institut als eine Filiale der Anstalt zu Kaiserswerth einzuverleiben, einen Teil der Lehrkräfte, welche sich in der Anstalt zu bleiben bereit erklärt haben, zu übernehmen und die weiter erforderliche Zahl Diakonissen hierher zu senden.

Die Verfassung der Kaiserswerther Anstalt macht eine vollständige Überweisung des Eigentums und Übergang der selbständigen Verwaltung an das Mutterhaus notwendig, welche Überweisung jedoch widerruflich bleibt, für den Fall, dass die hiesige Anstalt aus irgend einem Grunde eingehen solle.

Gleichzeitig teilte Baron von Meusebach dem Vorstand Punktationen mit, auf Grund welcher er diesen ersuchte, ihm zum Abschluss eines förmlichen Vertrages mit Kaiserswerth Vollmacht erteilen zu wollen.

Zufolge dieses Vertrages übernimmt die Direktion der Diakonissenanstalt zu Kaiserswerth selbständig die evangelische Töchter-Erziehungsanstalt und die damit verbundene Elementarschule zu Bukarest. Dafür überträgt die Ordensstiftung der Diakonissenanstalt zu Kaiserswerth:

1. Das Haus und das dazu gehörige Grundstück des jetzigen Lehrhauses in der Strasse Villacros (gegenwärtig Strada Diaconiselor).

2. Das Haus und das dazu gehörige, dem Lehrhaus gegenüberliegende Grundstück, welches die Wohnung eines jungen Pensionärs und die Elementarschule enthält, für alle Zeiten zu unumschränkter, unentgeltlicher Nutzniessung. Sodann übergiebt sie die vorhandene Einrichtung, Möbel und sonstiges Inventar in beiden vorgenannten Häusern zum Eigentum der Kaiserswerther Diakonissenanstalt nach einem bei der Übergabe aufzunehmenden Verzeichnis.

§ 2. Die Ordensstiftung verpflichtet sich ferner: alle Ausgaben, welche der Diakonissenanstalt zu Kaiserswerth zur festen Begründung, Einrichtung und Erhaltung des dortigen Lehrhauses erwuchsen, soweit sie durch die Einnahmen desselben nicht gedeckt werden, zu ersetzen, ebenso auch die Reisekosten der Schwestern, der Lehrerinnen und der Mägde.

§ 3. Nur in dem Falle, dass die Diakonissenanstalt zu Kaiserswerth die evangelische Töchtererziehungs-Anstalt zu Bukarest aus irgend einem Grunde eingehen lassen wollte, soll das Grundeigentum, d. i. die Häuser und Grundstücke der Lehranstalt, an die Ordensstiftung zurückfallen. Diese muss jedoch in dem genannten Falle die Kosten, welche die Kaiserswerther Anstalt für die bauliche Erweiterung an der Lehranstalt verausgabt hat, der letzteren zurückzahlen.

Der Präsident des Kirchenvorstandes, Professor Hill, erhob in einer Zuschrift vom 13. Juli an Baron Meusebach Bedenken bezüglich der Überantwortung der Gemeindeanstalt an die Kaiserswerther Direktion und machte überdies darauf aufmerksam, dass die von Baron Meusebach entworfenen Punktationen mit den Statuten der Stiftung nicht übereinstimmten, dass unstreitig seit der Gründung dieser Stiftung der Kirche und Schule viele materielle Mittel entzogen worden wären, indem seither alles in die Stiftungskasse geflossen, dass die evangelische Kirche mit Schulden belastet sei und der gegenwärtige Vorstand als Verwalter der Stiftung nicht die Verantwortung übernehmen könne, Grundstücke im Werte von 4400 Dukaten auf ewige Zeiten zu verschenken, sondern höchstens auf eine bestimmte Anzahl von Jahren zur Nutzniessung unter gewissen Bedingungen abzutreten.

Baron Meusebach bedauerte in einem Antwortschreiben vom 31. Juli an den Professor Hill, dass ihre beiderseitigen Auffassungen in dieser Angelegenheit nicht zusammengingen und suchte die Bedenken desselben zu widerlegen, acceptiert aber die Idee einer Abänderung der Statuten als durchaus zweckmässig und als eigentlich dadurch schon bedingt, dass die Stiftung eine ganz andere Entwickelung genommen habe, als bei der ersten Feststellung der Statuten vorausgesehen werden konnte.

So wurden dann neue Punktationen an den Vorstand geschickt, worauf derselbe, wenn auch hierbei nicht ohne bestimmt ausgesprochene Bedenken über manche darin enthaltenen Punkte, „der Dringlichkeit" wegen, die miteingesendete Vollmacht unterschrieb. Bald wurde dem Vorstand auch der Kontrakt zur Unterschrift vorgelegt. In demselben

hatte die Diakonissenanstalt zu Kaiserswerth sich gegen alle Eventualitäten, gegen jedes Risiko sicher gestellt, sich nur Rechte vindiziert,
während die Verwaltung allein alle Verpflichtungen übernehmen sollte,
— ausserdem stimmte auch der Vertrag mit den unterfertigten Punktationen nicht überein. Aus diesem Grunde erklärte der Präsident an den
K. preussischen Kanzler Siber ausdrücklich, einen solchen Vertrag
könne weder er selbst unterschreiben, noch dem Vorstande raten, es zu
thun. Auf eine spätere Zuschrift des Vorstandes an das K. preussische
Konsulat, worin dasselbe ersucht wurde, sich darüber zu äussern, ob der
Vertrag abgeschlossen werden könne, ohne dass dadurch der Kirche sta-
tutengemäss ein Nachteil erwachse und ohne dass den Vorstand irgend
eine Verantwortung treffen könne, erhielt derselbe keine Antwort; wohl
aber wurden die übrigen Vorsteher mit Ausnahme des Präsidenten,
Professor G. Hill, — da der Konsul abwesend war — in die Behausung
des Kanzlers Siber zum Unterschreiben gerufen, und ihnen erklärt, der
ihnen vorgelegte Vertrag sei ganz nach den Punktationen abgefasst.

Mittlerweile war auch der Hospitalbau in Angriff genommen worden und die Stiftung besass an liegenden Gründen im ganzen in der
Strasse Vilacros (Mahala Stejarului) das ehemalige Hartlsche Grundstück und Haus (im Jahre 1858 Diakonissen-Lehrhaus) und das daran-
stossende ehemalige Feusersche Haus nebst Grundstück, beide in einer
Gesamt-Façaden-Breite von 52 Klafter, ferner auf derselben Seite eine
dem Garten des Lehrhauses einverleibte Parzelle des ehemaligen Durma-
schen Grundstücks; auf der anderen Seite der Strasse das ehemalige
Haralambische Grundstück (zum Hospitalbau bestimmt), von 63 Klafter
Breite, mit einem Strassenausgang auf die Strasse Funtinec und endlich
das ehemalige Sandorsche Haus, welches den Hauptzugang nach dem
Hospital von der Strasse Villacros aus bildete.

Das Hartlsche Grundstück kostete . .	34,650	Piaster	20 Para
Umbau und Einrichtung	30,169	.	2 .
Das Feusersche samt Reparaturen	63,489	.	40 .
Das Durmasche	22,050	.	— .
Das Sandorsche gegen Austausch des grösseren			
Teiles des Durmaschen Grundstücks für	6,300	.	— .
Das Haralambische für	89,600	.	— .

246,258 Piaster 62 Para

Der Vermögensstand der Stiftung betrug im Juni 1858 nach Abzug der obigen Kaufsummen, sowie der Auslagen für den bereits im vorigen Jahre begonnenen Hospitalbau im Betrage von 79,977 Piaster 32 Para — 33,296 Piaster 17 Para.

Der Bauplan für das Hospital war von dem mit der Ausführung betrauten Architekten nach persönlicher und gründlicher Einsicht in die Einrichtungen der bedeutendsten Krankenanstalten Berlins, des Diakonissenspitals Bethanien und der K. Charitee, dort unter Anleitung des Oberbaurates Stüler und des Verwaltungsdirektors der Charitee ausgearbeitet worden.

Das Hospital war angelegt für 30 öffentliche Betten, für 11 Privatkrankenzimmer und für die Wohnung von Pflegeschwestern (Diakonissen). Im Jahre 1857 war der Hospitalsgarten bereits vollendet, ebenso das Nebengebäude für das dienende Personal, und der Hospitalbau selbst schon über die Fundamente hinaus. Die feierliche Grundsteinlegung sollte erfolgen, sobald der Bau an den Grundstein der Kapelle, welche in dem obern Stockwerk für den Gottesdienst der Diakonissen und evangel. Kranken eingerichtet werden sollte, angelangt sei.

Laut gedruckter Rechnungsübersicht seit Begründung der Stiftung, 2. März 1855 bis 8. Juni 1858, waren eingegangen an freiwilligen Beiträgen zumeist aus Bojarenkreisen — Se. Durchlaucht Fürst A. Ghika hatte allein 78,750 Piaster bedingungsweise gespendet — 326,311 Piaster 42 Para. — Umstände, welche hier nicht näher erörtert zu werden brauchen, waren dem K. Preuss. Generalkonsul Baron von Meusebach sehr günstig, ein derartiges Resultat für seine Stiftung zu erzielen. Wie aber, wenn nun die Mittel nicht ausreichten und Meusebach für sein Werk nicht mehr persönlich eintreten konnte? Diese Bedenken scheinen schon im Juni 1858 rege gewesen zu sein, wie aus dem Verwaltungsbericht hervorgeht. Es heisst darin: „die Verwaltung der Stiftung könnte der Vorwurf treffen, ein so grosses Werk ohne zureichende Mittel begonnen zu haben."

Am 24. Februar 1860 sandte Baron Meusebach an den Kirchenvorstand eine Zuschrift, worin es unter anderm heisst: „Bei meinem bevorstehenden Scheiden von hier dem löblichen Kirchenvorstand meinen tiefgefühltesten Dank aussprechend für das mir erwiesene Vertrauen, — nämlich dass ihm de facto die ganze Verwaltung überwiesen worden, — halte ich es für meine Pflicht, dem Löbl. Kirchenvorstande einige Abänderungen der bisherigen Statuten, welche nach der heutigen Lage der Stiftung notwendig erscheinen, vorzuschlagen." . . . . . Der wohlbegründete Vorschlag bestand darin: „dass der jedesmalige K. Generalkonsul die Verwaltung dieser Stiftung, nach Massgabe der vorgeschlagenen Veränderung des Statuts führe". — und es wurde der Vorstand ersucht im Falle der Zustimmung, den Beschluss nach beigelegtem Schema formulieren zu wollen. Schliesslich gab Meusebach noch bekannt, dass der zwischen ihm mit der Diakonissenanstalt zu **Kaiserswerth** abgeschlossene Vertrag seitens des Herrenmeisters des Ordens genehmigt worden sei.

Der Kirchenvorstand beschloss darauf einstimmig: dass die in der Schenkungsurkunde vom 2. März enthaltenen Artikel 7—17 der Statuten ausser Kraft gesetzt und an deren Stelle die nachstehend unter der Bezeichnung, Art. 7—14 enthaltenen Bestimmungen aufgenommen würden:

Art. 7. Die Verwaltung des Stiftungs-Vermögens wird, mit Bewilligung des K. Ministeriums der Auswärtigen Angelegenheiten von dem K. Preuss. Generalkonsulat unter Aufsicht der Balley Brandenburg geführt . . . .

Art. 8. Nachdem die Leitung des der Stiftung zugehörenden Diakonissen-Lehrhauses durch Vertrag vom 12. Juli 1859 mit der Nutzniessung der diesem Institut von der Stiftung zugewiesenen Immobilien und Mobilien an die Diakonissenanstalt zu Kaiserswerth übergegangen ist, liegt der Verwaltung der Stiftung nur die Überwachung der Erfüllung des Vertrages ob.

Art. 9. Im Falle, dass in Zukunft eine Erweiterung des Diakonissen-Lehrhauses im Interesse der Gemeinde oder der Anstalt selbst nötig erscheinen möchte, soll eine weitere Unterstützung dieses Instituts aus dem Stiftungsfonds nicht ausgeschlossen sein, vorausgesetzt, dass die Mittel der Stiftung ohne Beeinträchtigung des Hospitalbaues und dessen Unterhaltung es gestatten.

Art. 10. Das Krankenhaus steht als Ordensspital unter der Oberaufsicht der Balley Brandenburg.

Die folgenden Artikel: 11, 12, 13, 14, welche über Leitung und Verwaltung, Kuratorium und Seelsorge sich verbreiten, dürfen wohl übergangen werden, um so mehr, da es zum Ausbau des Hospitals seitens der Stiftung nicht kam. Im Jahre 1858—1859 waren für den Bau verausgabt worden 264,067 Piaster oder 24,606 Thaler.

Nach der am 26. März 1860 vom Architekten M. G. Hartl aufgestellten Bilanz schuldete die Stiftung demselben bereits 30.797 Piaster und waren nach dessen „approximativem Kostenanschlag für den Ausbau des Hospitals" noch 197.861 Piaster oder 19,786 Thaler erforderlich.

Die Schwierigkeiten wuchsen je länger je mehr, und leider sollte der Kirchenvorstand, der von Anfang an den Hospitalbau für ein riskiertes Unternehmen gehalten hatte, Recht behalten. Die Gemeinde konnte keine Opfer für denselben bringen: auf ihr lasteten an 1500 Dukaten Schulden, das Dach des Schulgebäudes war baufällig und drohte einzustürzen; am Kirchturm waren ebenfalls Reparaturen erforderlich, die mehrere 100 Dukaten kosten konnten; auf dem neuen Friedhof sollte ein Haus für den Totengräber und eine Kapelle errichtet werden, dazu stellte sich das Bedürfnis nach Errichtung einer Filialschule in Anbetracht der Ausdehnung Bukarests für die Kinder der entlegener wohnenden Glaubensgenossen als immer dringender heraus und die Kirchen- und Schulbeamten hofften seit Jahren auf Verbesserung ihres spärlichen Gehaltes. — lauter Dinge, die der Gemeinde näher am Herzen liegen mussten als die Errichtung des Hospitals. Der Bau desselben geriet ins Stocken.

Baron Meusebach war mittlerweile als Ministerresident nach Rio Janeiro (Brasilien) versetzt worden, wo er bald darauf starb. Ihm folgte als K. preussischer Generalkonsul zu Ende des Jahres 1860 Saint-Pierre.

Eine seiner ersten Kundgebungen war eine Zuschrift an den Kirchenvorstand (15. Dezember), worin er demselben mitteilte, dass ihn die Prüfung der Stiftungsangelegenheit zu der Überzeugung geführt habe, dass die am 24. Febr. 1860 beschlossene Abänderung der Statuten nach der gegenwärtigen Lage der Verhältnisse nicht entsprechend erscheine, und dass er aus überwiegenden Gründen Bedenken tragen müsste, die dem Generalkonsulat in jenen Statuten zugewiesene Verwaltung des Stiftungsvermögens zu übernehmen. Er empfahl demnach dem Vorstand die Abänderung des Artikels 7 nach dem ursprünglichen Wortlaute der Schenkungsurkunde, wobei er die Überzeugung aussprach, „dass der löbl. Kirchenvorstand, indem er mit dem vorgeschlagenen Beschlusse den ursprünglichen auf eine selbstthätige Wirksamkeit des Kirchenvorstandes gerichteten Gedanken des Stifters wiederhergestellt, einen segensreichen Schritt zur Förderung der Stiftungsangelegenheit gethan haben wird." Diesem Schreiben lag ein Entwurf des zu fassenden Beschlusses bei.

Der Vorstand nahm denselben am 29. Dezember 1860 an. Die Gründe, die ihn dazu bestimmten, waren nach jenem Entwurfe: dass die Abänderung der Statuten vom 24. Februar a. St. 1860, welche dem Kirchenvorstand die Verwaltung der Stiftung entzog, der Stiftung nicht zum Vorteil gereicht und sich nicht bewährt habe; dass auch die rechtlichen Bedenken in Bezug auf die dem Kirchenvorstand als solchem oder den einzelnen Mitgliedern persönlich durch ihre Beteiligung an der Verwaltung der Stiftung erwachsene Verantwortlichkeit behoben und hiermit das wesentliche Motiv zur Abänderung der Statuten in Wegfall gekommen sei. Die Bestimmungen der Art. 8—14 blieben unverändert. — Mit der Übernahme der Verwaltung liess es sich jedoch der Vorstand durchaus nicht eilig sein. — Noch unterm 12. März 1861 erklärt er in einer Zuschrift an das Generalkonsulat, dass er die Verwaltung nicht eher übernehmen könne, bevor eine definitive Entscheidung hierüber aus Berlin angekommen sei und dass dieselbe bei dem Löbl. Generalkonsulate verbleiben müsse, bis es sich herausstelle, ob wirklich von irgend einer Seite namhafte Unterstützungen erwartet werden können. „Denn da, wie verlautet, auf der Stiftungskassa Schulden lasten und die Kreditoren ihr Geld verlangen, so ist es einem Löbl. Generalkonsulat leichter, dieselben damit zu beschwichtigen, dass darüber noch nichts beschlossen worden sei, als wenn der Vorstand schon jetzt diese Verwaltung übernimmt, weil dann derselbe sicher entweder zur Zahlung der Schulden oder zum Verkaufe der versetzten Realitäten gerichtlich gezwungen sein würde." . . . .

Am 29. April teilte der Generalkonsul dem Vorstand die Bestätigung der Statuten seitens des Herrenmeisters der Balley Brandenburg vom 17. April urkundlich mit und ersuchte denselben nunmehr, behufs Übernahme der Akten und des vorhandenen Kassenbestandes Deputierte nach dem Generalkonsulate abordnen zu wollen. Kaum hatte der Vorstand die Verwaltung übernommen, als auch die Kreditoren mit ihren Forderungen an denselben herantraten.

Aus der hierüber zwischen dem Vorstand und dem Generalkonsulat einerseits und andererseits zwischen diesem und der Balley Brandenburg geführten Korrespondenz ergiebt sich, dass der Vorstand seitens des Generalkonsulats aufgefordert wurde, dem Durchlauchtigsten Herrenmeister des Ordens eine genaue und eingehende Darlegung der finanziellen Lage der Meusebach-Stiftung einzureichen, sowie sich darüber zu äussern, in welcher Weise die Verwaltung die grossen Gefahren zu heben gedenke, welche das Fortbestehen der Stiftung bedrohten. Der Vorstand that dies in umfassendster Weise. Das Resultat der finanziellen Erhebung, die ein Vierer-Komitee, bestehend aus den Vorstandsmitgliedern: H. Müller, G. Rietz, Fr. Scheller und Ad. Ulrich besorgt, ergab mit Hinzurechnung der fälligen Interessen die Schuldenlast von über 4400 Dukaten, die andere Aufgabe löste der Präsident Hill selbst in einem Memorandum. Nach einer Beleuchtung der Sachlage heisst es in der darauf an das Generalkonsulat eingesandten Zuschrift: Es bleibt uns also nichts übrig, als Löbl. K. Preuss. Generalkonsulat zu bitten, in unserem Namen durch den Durchlauchtigsten Herrenmeister des Ordens dahin zu wirken, dass der Stiftung entweder durch die Gnade Sr. Majestät des Königs oder vom hohen Orden selbst oberwähnte 4400 Dukaten — gegen billige Prozente auf so lange vorgeschossen werden, bis sich Mittel und Wege finden, das angefangene Werk auszuführen. Zum Ausbau des Spitals seien ausser der Abtragung der Schulden noch wenigstens andere 3000 Dukaten nötig und die Erhaltung des Spitals werde wenigstens die Summe von 2500 Dukaten jährlich erfordern.

Auf die hiesige Gemeinde sei nicht zu rechnen. „Übrigens," heisst es weiter, „wenn hierzulande etwas gut eingerichtet ist, so sind es die Spitäler, und es ist bis jetzt keinem evangel. Christen der Eintritt in dieselben versagt worden, wo er grösstenteils deutsche oder deutsch gebildete Ärzte und gute Pflege findet." Das Gutachten des Vorstandes gipfelte in den beiden Anträgen: entweder müsste der hohe Johanniter-Orden die Ausführung und jährliche Unterhaltung des Spitals auf eigene Unkosten übernehmen, oder es möge Hochdselbe dahin wirken, dass zu diesem Zwecke eine Landes-Kollekte bewilligt werde, um der jetzigen Verwaltung die Mittel an die Hand zu geben, damit sie dies ausführen könne . . . . Würden diese Anträge nicht bewilligt werden, dann wäre freilich die ganze Stiftung in Gefahr, in sich selbst zu zerfallen, und der Vorstand wäre gezwungen, den Herrenmeister des Ordens, sowie den Stifter zu bitten, es möge die Stiftungsurkunde geändert und dem Vorstand der evang. Kirche die Vollmacht erteilt werden, der hiesigen Regierung den Antrag zu machen, dieselbe möge das Gebäude in dem Zustande, in dem es sich befindet, mit der Bedingung übernehmen, die darauf lastenden Schulden zu bezahlen und dasselbe entweder zu einem Spital oder zu irgend einem andern wohlthätigen Zwecke zu verwenden. Dadurch würden

wenigstens zum Teil die eingegangenen Gelder zu ihrem Zwecke, nämlich
ein gutes Werk auszuführen, verwendet und könnte die Rückerstattung
zweier bedingungsweise geleisteten namhaften Beiträge nicht verlangt
werden, wie solches beim Verkauf der Realitäten geschehen könnte.
Dann könnten auch die Einkünfte des Zinshauses zur Unterstützung
der Kirche und Schule verwendet werden . . .

Gelegentlich seiner Anwesenheit in Berlin hatte Neumeister mit
dem Ordensvorstande die Angelegenheit auf Grundlage obigen Berichtes
besprochen, und der Herrenmeister Prinz Carl hatte die Zusage gemacht:
„dass, falls es dem Stiftungsvorstande gelingen sollte, von der Regierung
in Bukarest die zur Deckung der 4500 Dukaten betragenden Schulden
und für die Kosten der innern Einrichtung des Hospitals erforderlichen
Summen, sowie die Zusicherung der Gewährung der Mittel zur dem-
nächstigen Unterhaltung des Hospitals zu erlangen, — der Johanniter-
Orden dann die zur Vollendung des Baues nötigen Gelder, welche im
Berichte des Vorstandes auf 3000 Dukaten angegeben, aus seinen Mitteln
zahlen wolle.‟ — Die betreffende Zusage wurde dem Vorstande durch
das Generalkonsulat mitgeteilt, dabei aber ward derselbe um Aufklärung
über einige Punkte gebeten, besonders darüber, ob der Ausbau des
Spitals mit 3000 Dukaten zu bewerkstelligen sei, denn nach dem approxi-
mativen Kostenvoranschlag, welchen Meusebach seiner Zeit eingesandt,
würde die Vollendung des Baues das Doppelte betragen. —

Der Vorstand entledigte sich dieses Auftrages unterm 30. Sept. 1861,
indem er einen neuen Kostenüberschlag machen liess, demzufolge die
Summe von 10,000 Thalern zum Ausbau des Spitals als vollkommen aus-
reichend bezeichnet wurde. Hierauf reichte die Balley Brandenburg im
Namen der evangelischen Gemeinde zu Bukarest ein Gesuch um Hilfe
an die fürstliche Landesregierung ein, damit „die im Interesse der
rumänischen Nation unternommene Anstalt‟ zustandekomme, die Motive
und die Art der nachgesuchten Hilfe waren in einem Memoire aus-
einandergesetzt (24. November 1861). Doch die Bitte blieb erfolglos. —
Da auch der Orden die auf dem Spital lastenden Schulden nicht übernehmen zu wollen erklärt hatte, stellte der Generalkonsul zugleich mit
dieser Mittheilung dem Vorstand, der in diesem Falle die Annullierung
der Stiftungsurkunde nachgesucht hatte, anheim, das Spital der Regierung
zum Verkauf anzubieten. Als dann von dieser (30. April 1862) ein
abschlägiger Bescheid erfolgte, wandte sich der Vorstand, durch die

9*

Gläubiger gedrängt, direkt an den Fürsten Cuza. Es heisst in dem betreffenden Schriftstück: „Aus Pietät gegen den Stifter muss der unterzeichnete Vorstand wünschen, dass das Hospitalgrundstück seiner ursprünglichen Bestimmung erhalten und die Aufgabe, welche der Hospitalvorstand wegen Ungunst der Verhältnisse nicht zu erfüllen im stande war, womöglich von dem neuen Erwerber des Grundstückes realisiert werde.

Aus diesem Gesichtspunkt und von Dankbarkeit bewegt gegen die Geber rumänischer Nationalität, welche zu dem Hospital so reichlich beigesteuert haben, hält sich der Vorstand für verpflichtet, zunächst und vor allem der Regierung Eurer Hoheit das Hospitalgrundstück zum Verkauf anzubieten (28. Mai 1862).‟

Dem Gesuche wurde seitens der rumänischen Regierung am 21. Juli 1862 Folge gegeben und der Verkaufsakt vom Vorstand der Gemeinde in seiner Eigenschaft als Verwalter der „Stiftung des Johanniterordens vom Spital zu Jerusalem‟ mit Vollmacht des K. Preuss. Generalkonsulates am 20. September ausgestellt. Die Regierung übernahm dadurch das Hospitalgebäude in dem Zustande, in welchem es sich befand, samt Dependenzen und Grundstücken, von welch' letzteren jedoch eine Parzelle mit einem darauf befindlichen Wohnhause für Gemeindezwecke ausgeschieden ward, unter der Bedingung, die darauf lastende Schuld von 4500 Dukaten an die Gläubiger zu bezahlen und unter der weiteren Bedingung, dass das Spitalsgebäude auch in Zukunft der Bestimmung des Stifters gemäss unter dem Namen des „Hospitals des Johanniterordens vom Spital zu Jerusalem‟ fortbestehen solle.

Am 7. März teilte der Generalkonsul dem Vorstande mit, dass der Johanniterorden auf seinen Antrag dem Wunsche des Vorstandes entsprechend in die Annullierung der Stiftungsurkunde gewilligt habe. Zugleich eröffnete er dem Vorstande, dass nunmehr für die nach Veräusserung des Hospitalgrundstückes aus der Meusebachschen Stiftung noch übrig gebliebenen Bestandtheile des Stiftungsvermögens, die nach preussischem Rechte bezüglich der Stiftungen bestehenden allgemeinen gesetzlichen Bestimmungen zur Anwendung kämen, zu deren Handhabung das K. Preuss. Generalkonsulat von Amts wegen berufen sei. Der aus dem Erlöse des Hospitalgrundstückes verbliebene Bestand von 1462 Piaster 29 Para wurde mit Genehmigung des Generalkonsuls der Kirchenkasse überwiesen. Gleichzeitig ersuchte der Generalkonsul den Vorstand, ihm

über die in der Stiftungskasse noch vorrätigen Gelder zu berichten
und über deren Verwendung die motivierten Vorschläge zu machen
(8. Mai 1863).

Unterdessen waren bezüglich der Erhaltung des Internates zwischen
dem Vorstand und der Kaiserswerther Direktion Unterhandlungen gepflogen worden und hatten ein negatives Resultat gehabt, da es dem
Vorstand nicht möglich war, die von derselben geforderten bedeutenden
Mittel zur Renovierung und Erweiterung der Anstaltsgebäude zu beschaffen. Man machte zwar ernstliche Versuche, Pastor Fliedner um-
zustimmen. Die Konferenz der preussischen Geistlichen aus der Diaspora
an der untern Donau, welche gerade damals in Bukarest tagte, bat selbst
mit Hinweis auf die Opfer, die einzelne Gemeindeglieder und sogar
fremde Glaubensgenossen zu bringen sich erklärten, Fliedner möge seinen
Entschluss zurücknehmen, aber dieser blieb unerbittlich. Am 14. tele-
graphierte er auf eine Depesche des Vorstandes vom vorigen Tag: „Ihr
Vorschlag unannehmbar, Pensionsanstalt bleibt aufgelöst. Vier Schwestern
bleiben für Elementarschulen, wenn Vorstand wünscht. Näheres schriftlich." Am 17. Juli verkündigte die vorstehende Schwester, Hermine
Adler, nach Schluss des Examens über Weisung der Direktion den
Eltern und Pensionärinnen die beschlossene Auflösung zum grossen Leid-
wesen aller.

Während dieser Zeit hatte sich für die Gemeinde die Notwendigkeit
der Errichtung einer Filialschule herausgestellt. Bei dem Umstande
nämlich, dass damals ein grosser Teil der Gemeindeglieder und zwar der
weniger bemittelte, im entlegenen östlichen Stadtteil wohnte, so dass der
Besuch der Schule für die schulpflichtige Jugend namentlich in den
Wintermonaten beschwerlich und gefährlich war, und viele Eltern sich
bemüssigt sahen, ihre Kinder in die nähere, mehr im Centrum gelegene
katholische Schule oder in Privatanstalten zu schicken, hielt es der Vorstand im Interesse der Gemeinde geboten, eine Filialschule in jenem
Quartier der Stadt ins Leben zu rufen. Zu dem Ende wurde beschlossen,
da die Mittel zum Ankauf eines Hauses nicht vorhanden waren, ein geeignetes Haus zur Unterbringung von 2 Elementarklassen samt Lehrerwohnung zu mieten und dasselbe zweckentsprechend einzurichten. Die
Eröffnung der Schule verzögerte sich jedoch zum Teil infolge der Verhandlungen, die mit Kaiserswerth bezüglich der Überlassung von Lehr-
diakonissinnen gepflogen wurden, bis zum Spätherbst 1863.

In Verbindung mit dieser Erweiterung und Umgestaltung des Schulwesens in der hiesigen evangelischen Gemeinde wurde neben dem Kirchenvorstande ein Schulvorstand ins Leben gerufen. Derselbe bestand in der ersten Zeit aus sechs Mitgliedern, von denen die Gemeinde jedes Jahr in der Generalversammlung aus ihrer Mitte drei, und der Kirchenvorstand aus der seinigen zwei Mitglieder wählte; als Fachmann und Schuldirektor wohnte der jeweilige Pfarrer als mitberatendes und beschliessendes Glied den Sitzungen bei. Da die Kompetenz der neuen Körperschaft gegenüber dem Kirchenvorstand nicht von Anfang an geregelt war, fehlte es bald nicht an Reibungen zwischen den beiden, so dass der Kirchenvorstand, auf Grund eines diesbezüglich von dem Kirchen- und Schulvorstandsmitglied G. Rietz eingereichten Entwurfes, sich genötigt sah, an die Ausarbeitung einer Geschäftsordnung für den Schulvorstand zu schreiten.

Dieselbe kam jedoch erst am 1. Mai 1864 zu stande und enthielt zugleich die erforderlichen Schulregeln.

Der Schulvorstand bestand demnach aus 7 Mitgliedern: drei Kirchenvorstehern, drei Gemeindemitgliedern und dem ersten Pfarrer als Schuldirektor.

Der Schulvorstand wählte aus seiner Mitte einen Präsidenten, Rechnungsführer und Schriftführer.

Zu den Obliegenheiten des Schulvorstandes gehörte u. a. die Vorberatung der Anstellung und Gehaltserhöhung der Lehrer, sowie die der Anschaffung von Lehrmitteln, Schulutensilien u. s. w.; die Genehmigung beziehungsweise Beschlussfassung seiner Anträge war dem Kirchenvorstande vorbehalten, ausserdem war derselbe, mit Ausnahme des Geistlichen, mit der Einkassierung der Schulgelder beauftragt, welche an der Kassierer des Kirchenvorstandes abgeliefert wurden.

Die Aufnahme in die Schule fand dreimal des Jahres statt, nämlich in der Zeit vom 1. bis 15. Januar, vom 1. bis 8. Mai und vom 15. bis 31. August.

Inzwischen war (August 1863) der Kontrakt zwischen dem Kirchenvorstande und der Kaiserswerther Diakonissenanstalt zustandegekommen. In demselben verpflichtete sich die Kaiserswerther Direktion, 4 Lehrschwestern für 2 Elementarschulen (nämlich für die Haupt- und für die projektierte Filialschule) zu entsenden. — Zwei von diesen Lehrerinnen sollten auch in der französischen Sprache Unterricht erteilen.

Die Direktion, heisst es in jenem Kontrakt, wird eine der Schwestern zur Vorsteherin ernennen, welcher die Aufsicht über alle Schwestern auch in den Unterrichts- und Erziehungsangelegenheiten obliegt, und an welche sich der Vorstand in allen Fällen zu wenden hat. Sie hat auch das Recht, eine derselben von einer Schule an die andere zu versetzen, wenn sie es nötig findet. Wenn die zweite Elementarschule in dem andern Teile der Stadt errichtet ist, so werden zwei der Schwestern täglich hingehen und daselbst Unterricht erteilen. — Die Schwestern haben einschliesslich der Handarbeitsstunden und des Französischen nicht mehr als 28 Stunden wöchentlich zu halten und geniessen im Jahre 7—8 Wochen Ferien. Für Heizung, Reinigung und Beleuchtung hat der Vorstand Sorge zu tragen.

Da die Erweiterung des Schulwesens, namentlich durch Einrichtung der Filialschule, der Gemeinde grosse Opfer auferlegte, sah sich der Vorstand genötigt, ein Darlehen aufzunehmen. Dasselbe, im Betrage von 300 ♯♯, wurde ihm von dem preussischen Schutzgenossen Joh. Fr. Weidner aus Regensburg gegen die damals landesüblichen 10% Zinsen für die Dauer seines Lebens gewährt, nach seinem Tode sollte das Darlehen als Geschenk in das Eigentum der Gemeinde übergehen.

Anfangs Oktober sah sich der Vorstand bemüssigt, dem Prediger Brus zu kündigen. Er that dies ein Jahr voraus, damit derselbe Zeit habe, sich um eine andere Stelle bewerben zu können.

In der ordentlichen Generalversammlung vom 15./27. August machte dann Pfarrer Neumeister die schriftliche Anzeige, dass er aus Familienrücksichten sich genötigt sehe, mit dem Ende des nächsten Rechnungsjahres aus seinem ihm lieb gewordenen Amte auszuscheiden.

Schliesslich bat er in jener Eingabe, dass ihm das Amt als Schuldirektor, welches er aus Mangel an Zeit nicht so verwalten könne, wie er es wünschen müsse, schon jetzt abgenommen und dem Geistlichen, der ihm im neuen Schuljahre als Kollege zur Seite stehen werde, übertragen werde.

Man wird indes nicht irre gehen, wenn man den Hauptbeweggrund Neumeisters zu seiner Demission in den letzten traurigen Vorgängen in der Gemeinde sucht. Prediger Brus wagte infolge dieser Demission Neumeisters, in einer erneuerten Eingabe an den Vorstand, in welcher er seine Lage in beweglichen Worten schilderte und worin er jene Demission „als einen Schmerz für einen grossen Teil der Gemeinde" bezeichnete, denselben um „Erneuerung seines Dienstvertrages" zu bitten, „bis er eine Stelle für sich ausfindig gemacht haben werde".

Der Vorstand bewilligte ihm jedoch mit Rücksicht auf seine Familienverhältnisse nur den halbjährigen Gehalt nach Ablauf seines Kontraktes, und wandte sich zur Wiederbesetzung der erledigten Stelle an Dr. Hoffmann in Leipzig und auf den Rat desselben, — da er keine Kandidaten für Bukarest zu empfehlen wusste, — an den Generalsuperintendenten und Hofprediger Dr. Hoffmann in Berlin, sowie an den evangelischen Stadtpfarrer Samuel Traugott Schiel in Kronstadt.

Der erstere schlug dem Vorstand unterm 5. September „den Hilfsprediger Sinecke in Minden, Provinz Westfalen, und den Hilfsprediger Joachim zu Wupperfeld bei Elberfeld (Rheinprovinz) als nach seiner Überzeugung ganz kirchliche und begabte, auch hinreichend geübte und erprobte, junge Männer vor".

Der letztere richtete ein ausführliches Schreiben an den Vorstand, das ich mit Rücksicht auf die darin enthaltenen biographischen Mitteilungen, insbesondere aber mit Rücksicht auf die weiter unten zu besprechenden Ereignisse, seinem Hauptinhalte nach hiermit folgen lasse:

„Nach langer reiflicher Erwägung," schreibt Schiel, „glaube ich endlich in Herrn Willibald Teutschländer, dessen Kandidationsgesuch beizuschliessen ich mir erlaube, den rechten Mann für die Bukarester Gemeinde gefunden zu haben, wie ich wohl schwerlich einen bessern unter den jüngern Männern unserer gesamten Landeskirche hätte finden können. Herr Teutschländer hat sich vom Jahre 1859 bis 1861 an den Universitäten Jena und Berlin für das Lehramt in Kirche und Schule tüchtig vorbereitet und die rigorose theologische Kandidatenprüfung vor dem hohen Landeskonsistorium in Hermannstadt mit vollkommen entsprechendem Erfolge bestanden. Er hat sich nun in diesem Jahre zur Lehramtsprüfung für Geschichte und Geographie gemeldet. Die umfassenden schriftlichen Arbeiten sind bereits eingesendet und die mündliche Prüfung vor dem hohen Landeskonsistorium wird den 20. Oktober d. J. ganz gewiss auch zu seiner Ehre ausfallen, da er während seiner Universitätszeit auch einer der tüchtigsten Schüler im historischen Seminar bei Herrn Professor Droysen in Jena und Berlin war. Für die Tüchtigkeit Teutschländers kann dem Vorstande auch das zum Zeugnis dienen, dass unser Presbyterium in seiner heutigen Sitzung den förmlichen Beschluss gefasst hat, diesem Manne, der schon seit dem Jahre

1861 an unseren Schulanstalten dient, seinen Rang unter den hiesigen Lehrern und Kandidaten des Pfarramtes zu sichern für den Fall, dass es ihm in seiner Stellung als Pfarrer in der Bukarester Gemeinde nicht gefallen sollte; wir werden den immer gerne wieder in unserer Mitte aufnehmen, der sich allgemein des besten Rufes erfreut." (5. September 1865.)

Der Verfasser dieser Geschichte hätte sich um die zu besetzende Pfarrstelle in Bukarest, die mit 300 türkischen Piastern (ca. 110 Franks) dotiert war. nicht beworben, wenn ihm das Presbyterium nicht in so überaus zuvorkommender Weise einen dreijährigen Urlaub mit Aufrechterhaltung seines Ranges zugesichert und wenn ihm von dem damaligen Präsidenten, der ihn persönlich dringend ersuchte, sich um die vakante Pfarrstelle zu bewerben, nicht die Aussicht eröffnet worden wäre, dass er in gewissem Sinne als koordinierter Pfarrer amtieren und nach dem Abgang Neumeisters in dessen Stelle vorrücken werde. Sein Gesuch an den Vorstand lautete demgemäss ausdrücklich: „Der löbliche Kirchenvorstand wolle ihn für die neu zu besetzende Stelle eines zweiten dem ersten koordinierten Pfarrers der Gemeinde in Vorschlag bringen. Nicht Gründe persönlicher Art hätten ihn bewogen, sich um die Stelle zu bewerben, sondern der Gedanke, dass es eine „Mission für das Deutschtum und den Protestantismus in der Gemeinde zu erfüllen gelte".

Prediger Joachim hatte seine Kandidation bedingungsweise gestellt.

Im Schosse des Vorstandes, der sich nach dem Wortlaut des Statuts (§ 13) über einen Kandidaten zu einigen hatte, machte sich der Einfluss entschieden zu Gunsten des Kandidaten Joachim geltend, und es wurde derselbe mit Majorität der Gemeinde zur Wahl vorgeschlagen.*) Schliesslich einigte sich der Vorstand, auf den Wunsch mehrerer Gemeindeglieder, beide Kandidaten der Gemeinde vorzuschlagen, und berief für den 1. Oktober die Wahlversammlung ein. Von 128 erschienenen stimmberechtigten Mitgliedern stimmten 106 für den Kandidaten W. Teutsch-

---

*) § 13 der Statuten lautete: Die Wahl und Berufung eines neuen Pastors ist durch die Vorsteher in Gemeinschaft mit den Schutzkonsulaten zu bewerkstelligen. dergestalt. dass die Kirchenvorsteher über die Wahl eines Kandidaten sich einigen, das zu bestellende Subjekt der Gemeinde bekannt machen und nach § 4 in der Schule darüber abstimmen lassen. Hat der Kandidat ²/₃ stimmfähiger Mitglieder gegen sich, so ist derselbe der Gemeinde nicht aufzudrängen. Der auf diese Weise gewählte Geistliche erhält die Bestätigung von den Schutzkonsulaten.

länder. Die Schutzkonsulate verwarfen jedoch die Wahl, weil dieselbe entgegen dem Wortlaut der Statuten vorgenommen worden war, und forderten den Vorstand zur Einberufung einer neuen General-Versammlung auf.

Durch die bald darauf erfolgte Abreise des preussischen Generalkonsuls wurde die Pfarrwahlangelegenheit hinausgeschoben. Pfarrer R. Neumeister trug der Stimmung in der Gemeinde, die in ihrer grossen Mehrheit um des Friedens willen sich für die Wahl Teutschländers erklärt hatte, Rechnung. In einer Eingabe an den Vorstand, der ihn ersucht hatte, sein Demissionsgesuch zurückzuziehen, beharrte er zwar auf seiner Demission, erklärte jedoch bezüglich des Verhältnisses zu seinem neuen Kollegen, der ein akademisch gebildeter Theologe sei, dass es unkollegialisch von ihm sein würde, das fortan wieder wochenweise Abwechseln bei den Funktionen zu beanstanden.

Auch finde er es billig, dass einem jeden Gemeindegliede das Recht gestattet bleibe, sich wegen Verrichtung geistlicher Funktionen nach Belieben an den einen oder andern Geistlichen zu wenden, auch wenn die Wochenreihe nicht eben an dem Gewünschten sei. Als selbstverständlich aber habe er es angesehen, dass in Zukunft auch die Konfirmationshandlung zwischen dem ersten und zweiten Geistlichen wechsle. Dagegen betrachtete Neumeister folgende Punkte als eine Ehrensache und ersuchte den Vorstand darüber festen Beschluss zu fassen:

1. Dass ihm sein Gehalt bis zu seinem Austritt aus dem Amte ungeschmälert bleibe;

2. Dass der erste Geistliche die Kirchenbücher führe und die kirchlichen Dokumente ausstelle, und die offiziellen Korrespondenzen des Pfarramtes zeichne;

3. Dass der erste Geistliche an den ersten Feiertagen und am Geburtsfest Sr. Majestät des Königs von Preussen predige;

4. In Ehesachen haben sich die Parteien an den ersten Geistlichen zu wenden, sowohl bei Eheschliessungen als auch bei Ehescheidungen. Bei letzteren verfahren beide Geistliche gemeinschaftlich und unterzeichnen Beide die Scheidebriefe;

5. Der erste Geistliche ist von den Krankenkommunionen in Spitälern entbunden, wenn er nicht ausdrücklich gewünscht wird.

Mittlerweile hatte sich der Vorstand über die Wahl des Kandidaten W. Teutschländer geeinigt und in der Generalversammlung vom

7./19. November 1865 wurde derselbe mit 83 Stimmen gegen 1 zum Pfarrer erwählt.

Derselbe traf jedoch, nachdem er am 5. December in seiner Vaterstadt vom Superintendentialvikar M. Schuller ordiniert worden war, infolge eingetretener Hindernisse erst am 25. December in Bucarest ein und hielt am Sonntag darauf (3. Advent u. St.) seine Antrittspredigt über die Sonntagsepistel.

Der Kontrakt mit ihm wurde nach vorhergegangener Vereinbarung zwischen ihm und Pfarrer Neumeister auf Grund der oben mitgeteilten Punkte des letzteren auf 3 Jahre mit 6monatlicher Kündigung beiderseits am 15./27. Januar 1866 abgeschlossen. Laut Geschäftsordnung wurde dem neuen Pfarrer das Direktorat der Knabenschule übertragen, während Pfarrer Neumeister das der Mädchenschulen übernahm.

Am 2./14. Februar 1866 wurde Pfarrer R. Neumeister nicht ohne sein Wissen über schriftlichen Antrag einer grösseren Anzahl von Gemeindegliedern vom Vorstande aufgefordert, zu erklären, ob er noch immer auf seiner Demission, die er entgegen dem mit ihm im Jahre 1846 abgeschlossenen Kontrakt zwölf statt sechs Monate früher eingereicht habe, beharre, oder aber bereit sei, auf seinem Posten unter etwa zu modifizierenden Bestimmungen in Bezug auf Gehalt, Schule und Geschäftsordnung zu verbleiben. Der Vorstand erwartet in Anerkennung der vielseitigen Verdienste Neumeisters um die Gemeinde eine zustimmende Antwort bis zum 15./27. Februar und hofft, dass derselbe im Einverständnis mit seinem neuen Kollegen auch ferner nach allen Seiten Zufriedenheit und Eintracht in der Gemeinde befestigen werde.

Schon am 6./18. Februar erklärte Neumeister in seinem Antwortschreiben, dass er seine Demission zurückziehe und sich wieder als feststehend in seinem Amte ansehe. Sein Vorsatz sei, die Pflichten desselben weiter zu erfüllen und seine Kraft auch in Zukunft freudig der hiesigen Gemeinde zu widmen.

13. Kapitel.

Während die Gemeindeverhältnisse sich konsolidierten und Friede in die durch die letzte Pfarrwahl aufgeregten Gemüter einkehrte, ging das Land neuen Stürmen entgegen. Am 5. Februar lief das Septennat des Fürsten Alexander Johann Cuza ab. Die Entthronung desselben war von langer Hand vorbereitet. In dem der evangelischen Gemeinde gehörigen Zinshause Strada Luterana 12, das damals von einer tonangebenden politischen Persönlichkeit bewohnt wurde, ging es während des ganzen Winters sehr lebhaft zu, und trotzdem in den letzten Tagen das unheimliche Gerücht, dass die Tage der Regierung des Fürsten Cuza gezählt seien, durch die Bevölkerung schwirrte, ward dieselbe doch in Staunen gesetzt, als sich in der Morgenfrühe des 11. Februar die Kunde verbreitete, dass Fürst Cuza entthront und bereits aus dem Palais entfernt worden sei. Die nächsten Tage verliefen zwar in grosser Aufregung, aber die Thronumwälzung war ohne Blutvergiessen zur vollendeten Thatsache geworden.

Es ist ein ehrendes Zeugnis, das Fürst Cuzas Patriotismus ins hellste Licht stellt, wenn derselbe bald nach seiner Thronbesteigung dem damaligen Minister der Auswärtigen Angelegenheiten des französischen Kaiserreichs Grafen Walewski schrieb: „Indem ich mich abermals auf das Votum des Divans ad hoc beziehe, das mir in der Sitzung der moldauischen Versammlung von 5. Januar wiederholt erteilt wurde, bestätige ich, dass das Land die Union unter einem fremden Prinzen wünscht und begehrt. Was meine Person betrifft, so habe ich unablässig an der Verwirklichung dieser Idee gearbeitet, und meine Erwählung ist weit davon entfernt, nunmehr mich zum Gegner derselben zu machen. Ohne persönlichen Ehrgeiz, in meinem Herzen nur das Wohl des Vaterlandes hegend, wie dasselbe es auffasst, ersehnt und verlangt, fühle ich mich genötigt, zu erklären, dass ich bereit wäre, von meinem Posten abzutreten, mich als Privatmann zurückzuziehen und meinen Rücktritt keineswegs als ein Opfer betrachten würde, wenn die Mächte in ihrer Hochherzigkeit die berechtigten gesetzlichen Wünsche der Nation, die Anspruch auf gedeihliche Entwickelung erhebt, in Erfüllung gehen liessen und derselben die Wege zu einer neuen Zukunft erschlössen, Zukunftspläne, Wünsche, in denen alle Hoffnungen der Rumänen gipfeln.**) Ja, noch im Herbst 1865 hatte Cuza bei der Eröffnung der Kammern erklärt: „Er betrachte sich nur für einen Depositar der Krone Rumäniens und sei bereit, dieselbe dem von den Divans ad hoc ausgesprochenen Wunsche gemäss einem fremden von der Nation erwählten Prinzen zu überlassen.

An die Spitze der Regierung trat ein Triumvirat (N. Golesco, N. Haralambi und L. Catargiu), dem die schwere Aufgabe zufiel, die Wünsche und Hoffnungen, welche die Besten des Volkes seit Jahrzehnten auf die Wahl eines fremden Fürsten gesetzt hatten, ihrer Erfüllung entgegenzuführen und die erbliche Monarchie in Rumänien vorzubereiten.

Am 8./20. April 1866 fand das Plebiszit statt, welches den Prinzen Carl von Hohenzollern gerade an seinem Geburtstag zum Fürsten von Rumänien ausrief. Der Wortlaut der feierlichen Erklärung dieses Volksbeschlusses, der in der Sitzung der rumänischen Volksvertretung vom 1. Mai seine Bestätigung erhielt, ist folgender:

„Mit Berücksichtigung der Ehrerbietung, welche wir der hohen Pforte und den Garantiemächten zollen, erklärt die Versammlung als treuer Dolmetscher des nationalen Willens, welcher mit so vieler Wucht durch die Divans ad hoc zum Ausdruck gekommen und in der Folge von allen Versammlungen wie von dem gesetzgebenden Körper am 11. Februar und endlich durch den Volksbeschluss am 8. April erneuert worden ist, zum letzten Male im Angesichte Gottes und der Menschen, dass es der unerschütterliche Wille der vereinigten Fürstentümer ist, zu bleiben, was sie sind: ein einiges unteilbares Rumänien unter der erblichen Regierung eines fremden Prinzen, der einer der souveränen Familien des Abendlandes angehört, und dass der Fürst dieses einigen unteilbaren Rumäniens ist Prinz Carl Ludwig von Hohenzollern, welchen die Versammlung unter dem Namen: „Carl I.“ hiermit ausruft.“

Die Stimmung, welche von da an in den Kreisen der einheimischen Bevölkerung und auch inmitten der deutschen Kolonie der Hauptstadt herrschte, war eine überaus erregte. Man sprach von einer türkischen Invasion. Niemand wusste, wann und woher der Fürst ins Land kommen würde, ja, ob es ihm überhaupt gelingen werde, dasselbe glücklich

---

*) Die Hohenzollern in Rumänien von Dr. K. Th. Zingeler. Bonn 1890.

zu betreten. Und als endlich die Kunde sich verbreitete: der neue Fürst
sei mit einem österreichischen Schiffe in Turn-Severin gelandet, mochten
viele noch immer nicht an die Wahrheit glauben. So kam es, dass
zu seinem Empfang am 10./22. Mai fast nichts geschehen war. — Zur
Errichtung von Triumphbogen war die Zeit zu kurz. In aller Eile hatte
man am Eingang der Hauptstrasse (Podu Mogosoi, heute Calea Victoriei)
eine höchst primitive Ehrenpforte aufgebaut, dieselbe mit Ockerfarbe an-
gestrichen und mit Laubwerk umwunden, um Mittag war man damit
noch nicht fertig. Aus den Fenstern und von den Balkons einzelner
Häuser in den Strassen, welche der Fürst passieren sollte, wehten Triko-
loren oder hingen Teppiche und Shawls herab, das war alles. Auf der
Chaussee war die Garnison der Stadt aufgestellt. Endlich um 2 Uhr
nachmittags verkündete der erste Kanonenschuss das Herannahen des
Fürsten. Den Zug eröffneten die berittenen Gendarmen, an welche sich
Infanterie und ein Trupp Ulanen anschloss, es folgten sodann Staatswagen mit dem jungen Fürsten, neben welchem General Golescu sass,
während ihm gegenüber der Ministerpräsident Bratianu Platz genommen hatte. Der Staatswagen war von acht Postpferden gezogen: zwei
lustige, leicht bewegliche Postillons in Nationaltracht hantierten ihre
kurzstieligen Geisseln, langatmige helle Töne der Ermunterung für ihre
Tiere in die Lüfte sendend. Der Wagen ward bald, je weiter er sich
in der Strasse vorwärts bewegte, mit Blumenbouquets und Kränzen an-
gefüllt und enthusiastische, nicht endenwollende Hurrarufe begrüssten
den jugendlichen Herrscher, der freundlich nach allen Seiten hin grüsste.

Der Eindruck, den die mittelgrosse Gestalt im schwarzen Cylinder-
hut und Frack, mit dem Fürstenband und Orden, hervorrief, war weniger
imponierend als gewinnend. Der Gesichtstypus, namentlich die Adler-
nase, hätte eher auf einen Romanen als Germanen schliessen lassen.

Im Palais stieg der Fürst ab, betrat den Balkon und liess die
Truppen vorbeidefilieren. Dann fand ein Te deum in der Metropolie
statt, um 4 Uhr war die Feierlichkeit zu Ende — und damit das Inter-
regnum, ein Herrscher war wieder im Lande.

Des Vaterlandes Frühling brach an.

Wie erfrischender, lebenweckender Frühlingshauch wehten die Worte
über das Land hin, mit denen der jugendliche Monarch seine Regierung
eröffnete:

„Durch den freien Willen der Nation zum Fürsten von Rumänien gewählt, habe ich ohne Zaudern mein Vaterland, meine Familie verlassen, um dem Rufe dieses Volkes, das mir seine Geschicke anvertraut, Folge zu leisten. Indem ich den Fuss auf diesen geheiligten Boden setze, bin ich Rumäne geworden. Die Entgegennahme des Plebiszits überträgt mir, ich bin mir dessen wohlbewusst, grosse Pflichten. Ich hoffe, dass es mir vergönnt sein wird, sie zu erfüllen.

Ich bringe Ihnen ein treues Herz, ehrenhafte offene Gesinnung, festen Willen, das Gute zu thun, eine Ergebenheit ohne Grenzen für mein neues Vaterland und jene unbeugsame Achtung für Gesetz und Recht, welche die Meinigen mich gelehrt haben.

Heute friedlicher Bürger, morgen Soldat mit der Waffe in der Hand, wenn es sein muss, werde ich von nun ab Ihre Geschicke teilen, seien es freundliche, seien es schmerzliche. Von diesem Augenblicke an ist zwischen uns alles gemeinsam.

Glauben Sie an mich, wie ich an Sie glaube. Gott allein weiss, was die Zukunft für unser Vaterland in ihrem Schosse birgt. Was es aber auch sei, wir wollen unsere Pflicht thun. Kräftigen wir uns durch Eintracht, vereinigen wir unsere Stärke, um allem, was die Zukunft bringt, gewachsen zu sein."

Mit welchen Empfindungen die deutsche Kolonie die Thronbesteigung des Fürsten Carl von Hohenzollern begrüsst, lässt sich leicht begreifen, wenn auch schwer aussprechen. Die damals erscheinende „Bukarester Zeitung" hat diesen Empfindungen Ausdruck gegeben.

14. Kapitel.

Zur Zeit des Amtsantrittes des neuen Pfarrers belief sich die Seelenzahl der evangelischen Gemeinde auf 3000. Unter den Ehen gab es viele gemischte: ein verschwindend kleiner Teil derselben war rein deutsch, insofern nämlich Männer und Frauen deutsche Staatsangehörige waren. In der Gemeinde waren alle Stände vertreten: Juristen, Mediziner, Apotheker, Beamte, Lehrer, Künstler, Kaufleute, Handwerker, Fiaker und Tagelöhner. Die deutschen Ärzte gehörten zu den gesuchtesten, hatten ihre Klienten in den höchsten Kreisen, und manche bekleideten als Primar-

oder Sekundarärzte in den hiesigen öffentlichen Spitälern Staatsdienste, selbst der Hofarzt war ein Deutscher und evangelischer Konfession. Von den 19 Apotheken, die Bukarest damals zählte, befanden sich 18 in den Händen von Deutschen (Siebenbürger Sachsen). Im Telegraphendienst, der von österreichischen Technikern und Beamten einige Jahre vorher eingerichtet worden war, befanden sich deutsche Beamte. Die Hauptpost war in den Händen Österreichs, den Personenverkehr auf der Donau vermittelte die K. K. Donau-Dampfschifffahrts-Agenzie und zwischen Bukarest und Kronstadt das Körnersche Eilfahrtsunternehmen. Ausser den an der evangelischen Schule angestellten Lehrern gab es mehrere Privatlehrer, die bedeutendsten Knaben- und Mädchen-Erziehungsinstitute waren im Besitze von Deutschen. Unter den Künstlern waren Architekten, Bildhauer, Maler, Musiker, Gold- und Silberarbeiter, Lithographen und Photographen von einigem Ruf fast ausschliesslich Deutsche. Einige der ersten Kommissionsgeschäfte und Handelsfirmen, als: Galanterie-, Kolonial- und Schnittwaren, sowie Buch-, Musikalien- und Möbelhandlungen trugen deutsche Namen. In der Lipskanie (Leipzigerstrasse) wurden die von der Leipziger Messe gebrachten Waren verkauft und in deren Fortsetzung waren meist Kronstädter Waren zu haben (daher der Name Braschoveni von Brasov Kronstadt), als Drechsler-, Tischler-, Tuch-, Seiler- und dgl. -Waren, auch eine „Deutsche Gasse“ gab es im Centrum. Die Bierbrauereien, Buchbindereien, Buchdruckereien, Luxus- und Weissbäckereien waren in Händen von Deutschen. Die ersten Wagenfabrikanten, Stellmacher, Bautischler und Schlosser, Tapezierer, Spengler, Riemer, Schneider, Schuster fand man unter den Deutschen, sogar in der Staatsgewerbschule waren deutsche Meister als Lehrer angestellt. Die öffentlichen Gärten, so der auf der Chaussee und der Stadtpark (Cismegiu), waren von Deutschen angelegt und von solchen im Stand erhalten. Im „Bosselsaale“, dem grössten Privatsaale der Stadt, fanden die meisten Bälle, Konzerte, sowie Vorlesungen statt; auch wurde derselbe zu Theatervorstellungen von wandernden deutschen und andern Schauspielertruppen benutzt. Die deutschen Gasthäuser zeichneten sich vor allen andern in jeder Beziehung aus.

Das gesellige Leben war, wie das bei den Deutschen nicht anders zu erwarten, sehr entwickelt. Es gab eine „deutsche Liedertafel“, einen Gesangverein „Eintracht“ und einen „Schützenverein“, dessen Hauptgründer und Stützen Schweizer und Deutsche waren.

An humanitären Vereinen bestanden: der „Sterbekassenverein" und der „Deutsche Unterstützungsverein", gegründet am 50. Gedenktag an die Befreiung des deutschen Vaterlandes vom Joche der fremden Zwingherrschaft (18. Oktober 1863) vom Kaufmann Gustav Rietz aus Hermannstadt und von Friedrich Bossel, Privatier, früher Tapezierer und Möbelhändler aus Tönningen in Holstein. Kurz vorher war der „Gewerbeverein" von August Bräutigam, Zimmermaler aus Spandau, ins Leben gerufen worden, welcher nebenbei die Unterstützung seiner Mitglieder in Krankheits- und Todesfällen bezweckte, endlich wirkte im Stillen der erste „Bukarester Frauenverein", welcher ausser der Armenpflege für die Heidenmission thätig war, gegründet im Jahre 1864.

Die Stellung des neuen Pfarrers war, trotzdem derselbe mit überwiegender Mehrheit gewählt worden, eine überaus schwierige. Bei der an Zahl zwar kleinen aber einflussreichen Partei begegnete er entschiedener Abneigung, die zum Teil in der allerdings nichts weniger als korrekten Amtsführung der beiden letzten aus Siebenbürgen stammenden Geistlichen begründet sein mochte. Die schroffen Gegensätze auszugleichen und zu versöhnen gab es nur Ein Mittel: sich auf einen höhern Standpunkt als den der Parteien zu stellen, in allen Mitgliedern das deutsche evangelische Bewusstsein zu wecken und zu nähren und immer wieder darauf hinzuweisen, dass es in der hiesigen Diasporagemeinde mehr als sonstwo darauf ankomme, die Mahnung des Apostels zu beherzigen:

„Seid fleissig, zu halten die Einigkeit im Geist durch das Band des Friedens."

So begann der neue Geistliche seine Amtsthätigkeit mit dem besten Willen, vor allem mit dem eifrigen Streben, durch Hebung des Schulwesens in dem ihm anvertrauten Direktorat der Knabenschulen der Gemeinde Bestes fördern zu helfen. Der Zustand derselben war nichts weniger als zufriedenstellend. Die Schullokalitäten selbst entsprachen nicht einmal den bescheidensten Anforderungen.

Der Fussboden der Schulzimmer lag um Thürschwellenhöhe tiefer als das Niveau des Hofraumes, infolgedessen waren sämtliche Schulzimmer feucht; dazu fehlte es ihnen an dem nötigen Licht und der erforderlichen Ausdehnung; die Subsellien endlich waren höchst primitiv und durchaus zweckwidrig. Die Lehrer, an verschiedenen Seminarien ausgebildet, waren, wiewohl bereits jahrelang im Dienste, mit Ausnahme eines einzigen nur provisorisch und mit einem so geringen Gehalte angestellt, dass ihnen die rechte Freudigkeit am Berufe fehlte. An guten Lehrbüchern und Lehrmitteln herrschte der fühlbarste Mangel. Das Turnen, dieser wichtige Erziehungszweig, war Privatsache eines Lehrers. Die Organisation der Schule selbst aber war sehr mangelhaft, ein genau abgegrenztes Programm, selbst wenn es vorhanden gewesen, nicht durchzuführen und zwar aus dem Grunde nicht, weil eine dreimalige Aufnahme im Jahre, nämlich am 16./28. August, 1./13. Februar und 1./13. Mai stattfand. Infolgedessen mussten, ob die Schüler nun reif oder nicht, darauf kam es nicht an, Versetzungen in die nächst höhere Klasse vorgenommen werden. Es liegt auf der Hand, dass unter so bewandten Umständen Anstalt und Lehrer nichts Vollendetes leisten konnten. Nicht dass man auf einzelnes nicht schon früher aufmerksam geworden wäre: aber es schien, als hätte sich infolge der zahlreichen und bedeutenden Unternehmungen und Bauten in den 50er Jahren ein Geist der Ermüdung und des Kleinmutes in den Vorstand eingeschlichen: man gab sich vorläufig zufrieden mit dem Errungenen und wollte sparen für die Zeit, wo das Bedürfnis nach Reformen sich als unabweisbar herausstellen würde.

Der neue Schuldirektor arbeitete demnach energisch auf die Beseitigung der angeführten traurigen Zustände, indem er die Lehrer allmonatlich zur Konferenz versammelte, um mit ihnen die erforderlichen Massregeln zur Besserung in Bezug auf Methode und Disziplin zu besprechen, sowie die Einführung geeigneter Handbücher und Lehrmittel beim Vorstand zu beantragen. Am 6./18. April legte er dem Schulvorstande einen ausführlichen Bericht über den Stand unseres Schulwesens mit entsprechend motivierten Anträgen vor, indem er zugleich auf die Mittel und Wege hinwies, die er für geeignet hielt, damit die deutschevangelische Schule zu einer mustergültigen in der Hauptstadt des Landes werde, wo damals das Volksschulwesen noch ganz darniederlag; die meisten Schulen waren in Mietshäusern untergebracht. In Bezug auf den Hauptantrag, „die Erweiterung unserer Schullokalitäten", wurde sofort eine Kommission eingesetzt. Nach Verlauf von kaum zwei Monaten legte der damalige Präsident des Schulvorstandes, C. H. Müller, dem Kirchenvorstande den Plan zur Erweiterung der Anstalt durch einen Anbau vor. Derselbe sollte zwei Klassenzimmer umfassen, die durch eine verschiebbare Doppelbretterwand mit Flügelthüren, von einander zu trennen seien, so dass erforderlichenfalls der ganze Raum zur Abhaltung der Prüfungen, der Weihnachtsfeier für die Schuljugend, sowie der Generalversammlungen der Gemeinde dienen konnte.

Der Neubau, ein an die alte Schule anstossendes Quergebäude, war auf 18,871 Piaster veranschlagt, wurde jedoch vom Architekten Fr. Scheller um den Kostenpreis von 17,164 Piaster hergestellt und zwar hauptsächlich mit Hilfe des Legates der Frau Friederike Hahn und einer in der Gemeinde veranstalteten ausserordentlichen Kollekte.*)

Im Rückblick auf den österr.-preussischen Bruderkrieg des Sommers 1866 verdient erwähnt zu werden, dass die Ereignisse desselben mit fieberhaft gespannter Teilnahme in der deutschen Kolonie und insbesondere in der evangelischen Gemeinde verfolgt wurden. Gleichwohl erlitt die gemeinsame segensreiche Thätigkeit der Gemeindeglieder, wie aus obigen Thatsachen hervorgeht, keinen Abbruch. Das evangelische Bewusstsein, sowie der hoffnungsreiche Gedanke, dass die preussischen Siege auf die fortschrittliche und freiheitliche Entwickelung der Welt nicht ohne Einfluss bleiben würden, war das einigende Moment.

Gegen Ende des Jahres demissionierte Pfarrer R. Neumeister, der in letzter Zeit an hochgradiger Nervosität litt, neuerdings und zwar, weil ihm „durch die Huld der kirchlichen Oberbehörde in Preussen und das Konsistorium in Magdeburg die Gelegenheit geboten worden, die Verwaltung eines städtischen Pfarramtes in Preussen (Laimbach bei Mansfeld) zu übernehmen". Er glaubte „die energische Ausführung des Entschlusses, dem an ihn ergangenen Ruf zu folgen, sich selbst und seinen Söhnen, die er studieren lassen möchte, schuldig zu sein". Der Vorstand, welcher Neumeister auf seinen speciellen Wunsch vor Jahresfrist eine goldene Brücke geschlagen, um ihm sein Verbleiben im Pfarramt zu ermöglichen, nahm diesmal die Demission mit gemischten Empfindungen zur Kenntnis, stellte ihm jedoch auf sein Verlangen das wohlverdiente Zeugnis über seine mehr als zwanzigjährige reich gesegnete Amtsthätigkeit aus und verehrte ihm überdies ein Andenken. Das Verhältnis zwischen den

---

*) Frau Friederike Hahn, Spielwarenhändlerin aus Tarkau bei Kronstadt, gestorben an der im Jahre 1866 hier wütenden Cholera, vermachte der evangel. Kirche und Schule zu gleichen Teilen 600 Dukaten.

10*

beiden Geistlichen war stets ein persönlich kollegialisches trotz ihrer verschiedenen dogmatischen Standpunkte.

In den 50er Jahren hatte er eine Zeitlang die Professur der deutschen Sprache am Staatsgymnasium (Lyceum zu St. Sava) bekleidet und auch Privatunterricht in hiesigen Bojarenhäusern erteilt. Auch als Dichter hat er sich versucht. Im Druck sind von ihm erschienen die Dramen: „Herodes" und „Hannibal". Der Aufschwung und das Emporblühen der Gemeinde knüpft sich an seinen Namen, und wird sein Andenken in Ehren und Segen bleiben. Am 21. April (Palmsonntag) hielt Pfarrer Neumeister seine Abschiedspredigt, in der er bekannte, „ein anderer" geworden zu sein und der Gemeinde seinen Nachfolger im Amte aufs herzlichste empfahl; Dienstag darauf verliess er Bukarest, nicht ohne Hoffnung auf Wiedersehen.

Der Vorstand hatte sich mittlerweile auf Neumeisters Empfehlung zur Wiederbesetzung der erledigten Pfarrstelle an Pfarrer Richter in Craiova und an Pfarrer L. Rode in Admadscha gewandt. Ersterer lehnte jedoch auf die Kunde davon, dass Pfarrer Rode vom evangel. Oberkirchenrat in Berlin ermächtigt worden sei, die Berufung nach Bukarest anzunehmen, ab, während dieser sein Kandidationsgesuch einsandte.

Sonntag den 5. Mai hielt Pfarrer L. Rode seine Probepredigt, mit welcher er sich als tüchtiger Kanzelredner der Mittelpartei einführte. In der am 30. Mai abgehaltenen ausserordentlichen Generalversammlung, zu welcher sich ausser 9 Vorstehern 78 stimmberechtigte Mitglieder eingefunden hatten, wurde er mit 72 Stimmen ordnungsmässig gewählt. Sein Amtsantritt verzögerte sich jedoch bis zum 11. August.

Das Verhältnis der beiden Geistlichen war inzwischen vom Vorstand in ein koordiniertes umgewandelt und das Gehalt derselben demgemäss auf 400 Piaster monatlich festgesetzt worden. Pastor Teutschländer behielt das Direktorat der Knabenschulen, während Pastor Rode das der Mädchenschulen übernahm. In der That aber blieb die Leitung der letzteren nach wie vor Sache der Direktion der Kaiserswerther Anstalt, deren ausübendes Organ jedesmal die vorstehende Diakonissenschwester ist.

Bald darauf erfolgte eine auch für die evangelische Gemeinde und die gesamte deutsche Kolonie höchst wichtige Veränderung in dem Wechsel des Generalkonsulats, indem an Stelle des letzten K. preuss.

Generalkonsuls Saint Pierrés, der als Ministerresident nach Rio Janeiro
versetzt worden war, Graf von Keyserling-Rautenburg als Generalkonsul des Norddeutschen Bundes am rumänischen Fürstenhofe
akkredidiert wurde. Derselbe zeigte gleich nach seinem Amtsantritt das
würmste und thätigste Interesse für die Gemeinde und insbesondere auch
für den deutschen Unterstützungsverein, indem er die Generalversammlung desselben mit seinem Besuche beehrte und sich bei dieser Gelegenheit sogar als Mitglied desselben anmeldete.

Die Bestrebungen des Schulvorstandes der Gemeinde, in Bezug auf
Hebung und Erweiterung des Schulwesens, war er aufs eifrigste zu
unterstützen bemüht und erweckte bei Hofe und bei der fürstlich rumänischen Regierung ein reges, thätiges Interesse für die Gemeinde. Ohne
seine Intervention wäre es der Gemeinde kaum möglich gewesen, schon
im nächsten Jahre den Umbau des alten Schulgebäudes zu bewerkstelligen.
Aus den bisherigen drei Klassenzimmern wurden zwei hergestellt und
darüber ein Stockwerk für zwei Lehrerwohnungen aufgebaut. Der Grundstein wurde unter dieses Stockwerk und zwar in die nordöstliche Ecke
eingemauert. Der Feierlichkeit, die am 18./30. Juni 1868 stattfand,
wohnten der fürstlich rumän. Minister für Kultus und Unterricht, Gusti,
ferner der eine von den Vertretern der beiden Schutzmächte, nämlich
der K. preuss. Generalkonsul, Graf Keyserling-Rautenburg mit dem
Kanzler Walter Anneke bei. Pastor Teutschländer hielt die Festrede
(sein Kollege hatte eine Urlaubsreise angetreten), nach derselben wurde
die Urkunde verlesen, von den Anwesenden unterschrieben und nebst
einigen rumänischen Münzsorten in die dafür bestimmte Blechbüchse
gelegt, worauf der Akt der Kellenschläge begann.

Der fürstlich rumänische Kultusminister sprach dabei folgende Worte
in rumänischer Sprache: „Im Namen Gottes und im Namen Sr. Hoheit
des regierenden Fürsten Karl I. lege ich dieses Dokument mit den Worten
des Erlösers in den Grundstein: „Lasset die Kindlein zu mir kommen,
denn ihnen ist das Himmelreich!‛ Möge diese Anstalt zur allgemeinen
Ausbreitung des Wissens, so besonders Glück und Segen bringend fürs
ganze Vaterland werden. Ich danke allen, die für dies schöne Werk
arbeiteten, ich danke besonders den löblichen Vorständen, welche, keine
Mühe und Arbeit scheuend, dem allgemeinen Wohle ihre Opfer brachten.‛
Ihm folgte Graf Keyserling, welcher als Vertreter des grössten deutsch-
evangel. Königs der Erde, des erhabenen Schutz- und Schirmherrn dieser

Gemeinde, Sr. Majestät des Königs Wilhelm I. herzliche Wünsche zum Blühen und Gedeihen der Schulanstalt aussprach.*)

Die Gemeinde war somit im Besitz einer vierklassigen Knaben-Hauptschule.

Die zweckmässige und den Anforderungen der Gegenwart entsprechende innere Einrichtung und Ausstattung derselben folgte bald nach.

Da mit dem Jahre 1868 der dem Verfasser von seiner Heimatsbehörde bewilligte dreijährige Urlaub zu Ende ging, musste derselbe sich entscheiden, ob er seine Kräfte weiter dem Dienste der Gemeinde widmen oder auf seinen Posten nach Kronstadt zurückkehren wolle.

Die Parteiverhältnisse in der Gemeinde hatten sich wohl durch Umstände persönlicher und privater Natur etwas zu seinen Gunsten gebessert, allein seine Stellung als Geistlicher war an und für sich eine höchst prekäre und anomale. Trotzdem die beiden Pfarrer, wie jedes andere Gemeindeglied, zu den jährlichen Beitragsleistungen herangezogen wurden, hatten sie nach dem Gemeindestatut nicht einmal das Recht der Wählbarkeit in den Kirchenvorstand und wurden in ihrer Eigenschaft als Schulvorstandsmitglieder zufolge der Geschäftsordnung nur in ausserordentlichen Fällen mit berathender Stimme in die Sitzungen des Kirchenvorstandes eingeladen. Was aber für den Verfasser die Hauptsache war, das Statut war höchst lücken- und mangelhaft, und überdies das oligarchische Princip, auf welchem die Gemeinde stand, nichts weniger als konstitutionell, so dass er dasselbe im wohlverstandenen Interesse der autonomen Gemeinde nicht mehr für zweckentsprechend hielt. Das Pfarrwahlrecht übte nach § 13 der Vorstand der Gemeinde aus, ihr selbst stand nur das Recht der Verwerfung zu, und nach § 14 „gebührte, wenn bei einer neuen Wahl nach dem Vorschlage von drei Kandidaten keine entschiedene Stimmenmehrheit zu stande käme, die Ernennung den Schutzkonsulaten, welchen auch für den Fall die Besetzung des geistlichen Amtes anheimfiele, wenn die Wahlberechtigten binnen 8 Monaten keine Wahl eingeleitet hätten". Zudem hatte der Verfasser bei der

---

*) Die Kosten des Baues, der von den Baumeistern Göttsche und Dose ausgeführt wurde, beliefen sich auf 35,560 Piaster und wurden gedeckt durch eine Spende Sr. Hoheit des Fürsten Karl I. im Betrage von 200 Dukaten, wozu noch ein Geschenk von 100 Dukaten seitens des fürstlich rumänischen Kultus- und Unterrichtsministeriums und ein Antheil aus dem Steppschen Nachlass, bestehend aus 378 Dukaten, 16 Piastern und 19 Para kam.

Verarbeitung des Materials zu seiner „Geschichte der evangelischen Gemeinde" so manches Dokument einzusehen Gelegenheit gehabt, worin er damals eine Gefahr für die Autonomie dieser Gemeinde erkannte.*) Sein Entschluss stand fest, ohne sich lange „mit Fleisch und Blut zu beraten", — zu demissionieren, wenn der Kirchenvorstand nicht auf die Revision des Statuts einginge. In einer Denkschrift setzte er demselben seine Lage sowie die Mängel der Statuten auseinander und beantragte eine zeitgemässe Reform derselben.

Der Präsident, auf dessen dringendes Ersuchen hin der Verfasser nach Bukarest gekommen war, und der altersschwach und müde des Parteihaders, die Zügel nicht mehr in seiner Hand hatte, demissionierte und an seine Stelle trat Fr. Eitel, Hofapotheker. Die stimmführenden Mitglieder des Vorstandes, die ihre Sympathien dem „Nachfolger" Neumeisters voll und ganz zugewandt hatten, sahen sich nicht veranlasst, auf die Denkschrift des Bittstellers einzugehen. Der Vorstand wies denselben an seinen Kollegen, um dessen Meinung darüber einzuholen, „ob seine vorgeschlagene Veränderung der Statuten und sonstige Einrichtungen wünschenswert und dem Wohl der Gemeinde förderlich sind".

Die Ansicht, beziehungsweise die Zustimmung seines Kollegen also sollte für den Vorstand in dieser wichtigen Angelegenheit massgebend sein, jener aber betrachtete seine hiesige Stellung nur als einen „Durchgangsposten".

Der Verfasser, welcher das wohl wusste, war von Anfang an anderer Ansicht, es konnte ihm daher, angelangt an einem entscheidenden Wendepunkt seines Lebens, durchaus nicht gleichgültig sein, ob er in seiner bisherigen Stellung lebenslang fortkämpfen solle, noch weniger aber, wie sich die Gemeinde in der Hauptstadt Rumäniens entwickeln werde. — Seiner Ansicht nach hätte der Vorstand beide Geistlichen zur Beratung in die Sitzung einladen sollen, um die Meinung derselben zu erfahren und zu prüfen. Er glaubte die wahren Triebfedern des ausweichenden lakonischen Vorstandsbescheides richtig zu erkennen und demissionierte, indem er dem Vorstande erklärte, dass er nur ihn, beziehungsweise die Gemeinde für kompetent halte, darüber zu entscheiden, ob die von ihm gemachten Reformvorschläge im Interesse der Gemeinde und dem Wohle derselben dienstlich und förderlich seien.

---

*) Geschichte der evangel. Gemeinde zu Bukarest. Bukarest 1869.

15. Kapitel.

Auf die Kunde von seiner Demission, die in der Gemeinde eine um so grössere Aufregung hervorrief, als sie ganz unerwartet erfolgte, ersuchte eine grössere Anzahl von Gemeindegliedern den Vorstand, seinen Einfluss bei Pfarrer Teutschländer dahin geltend zu machen, dass dieser sein Demissionsgesuch zurückziehe, und dass die von ihm beantragte Revision der Gemeindestatuten als zeitgemäss, sobald als thunlich, in Angriff genommen werde. Es heisst in der betreffenden Eingabe: „Da wir bei Herrn Teutschländer den redlichen Willen für Besserung und Fortschritt in unserm Gemeindewesen voraussetzen, so glauben wir um so gewisser, dass er einem diesfallsigen Ansuchen des löbl. Vorstandes nachgebe werde, als dasselbe von allen Gemeindegliedern, die hier unterschrieben sind, unterstützt wird. . . . . Sollte aber wider Erwarten der löbl. Kirchenvorstand auf unsere Bitte nicht eingehen, so erwarten und verlangen wir, dass derselbe in der kürzesten Zeit eine Gemeindeversammlung anberaume." . . . . . .

Mittlerweile hatte jedoch der Vorstand nicht nur die Demission, — wenn auch mit dem üblichen Bedauern, — angenommen, sondern auch das Koordinationsverhältnis kurzerhand aufgehoben, dem Pastor Rode das Direktorat über sämtliche Schulanstalten übertragen und eine Gehaltserhöhung zugesichert; überdies hatte sich der Vorstand gleichzeitig, um auch den Schein der Parteilichkeit zu vermeiden, an den Superintendenten der evangelischen Landeskirche Siebenbürgens, Dr. G. D. Teutsch mit der Bitte um Empfehlung eines Kandidaten für die zweite Pfarrstelle gewandt.

Die Gemeinde stand somit vor einer vollendeten Thatsache. Das oben erwähnte Gesuch blieb jedoch nicht wirkungslos. Am 26. April berief der Vorstand eine ausserordentliche Generalversammlung ein. In derselben wurde von Kaufmann G. Rietz folgender Antrag eingebracht: „es wolle die heutige Gemeindeversammlung ein Komitee von sechs Mitgliedern, drei aus dem Vorstande und drei aus der Gemeinde, wählen, welches binnen Monatsfrist eine Geschäftsordnung zu entwerfen hätte, worin die Fälle vorgesehen sein sollen, in welchen die Gemeinde ihre Entscheidung abzugeben habe. Dieser Akt findet seine Begründung in § 13 unserer Statuten, worin es heisst: „dem Vorstande liegt ob, in allen Gemeindeverhältnissen Ruhe und Einigkeit zu erhalten." — „Diese Geschäftsordnung hätte so lange in Kraft zu bleiben, bis unsere Statuten eine zeitgemässe rechtsgültige Umänderung erfahren hätten."

Die Versammlung verlief sehr stürmisch und resultatlos.

Der Vorstand zog jedoch den Antrag in Erwägung und berief für den 10. Mai eine zweite ausserordentliche Generalversammlung ein, in welcher die Abänderung der Statuten beschlossen wurde. In den mit dem neuen Gesetzentwurf betrauten Ausschuss wurden aus der Gemeinde 6 Mitglieder gewählt und zwar: Begenau, Oberst in Pension, Dr. Fabritius, G. Galtz, Kröer, Kennel und G. Rietz; der Vorstand entsandte aus seiner Mitte: Dr. Fialla, Kaufmann Baumgartner und E. Zehender.

Als darauf Pfarrer Teutschländer in einer Zuschrift von hundertsiebzehn Gemeindemitgliedern, worunter fast die Hälfte Norddeutsche, ersucht wurde, „seine Kräfte fernerhin dem Wohle der Gemeinde zu widmen und im Interesse der guten Sache seine Demission zurückzuziehen, glaubte er diesem Ansuchen sich um so weniger entziehen zu sollen, als der Vorstand auf den Hauptpunkt der in seinem Memorandum angeführten Reformvorschläge eingegangen war, und ersuchte im Interesse des Friedens der Gemeinde um Rückgabe seiner Demission (23. Juni 1868).

Dem Gesuche konnte der Vorstand um so leichter Folge geben, als Pastor Rode auf die ihm nach Annahme der Demission des Verfassers eingeräumten Rechte bereitwilligst verzichtet hatte, allerdings nicht ohne sich das Recht der Repräsentation des Pfarramtes nach innen und aussen vorzubehalten und zu erklären, dass er das Koordinationsverhältnis, welches er verwerflich fand, nur seinem dermaligen Kollegen zugestehen könne.

Zu Beginn des Schuljahres 1868/69 war die vierte Lehrkraft, aus Preussen berufen, zur Stelle und die Reorganisierung der Knabenhauptschule vollendet.

Der Turnunterricht wurde als obligater Gegenstand in das Schulprogramm aufgenommen und mit Genehmigung des Vorstandes des im vorigen Jahre unter Beteiligung des Verfassers ins Leben gerufenen Turnvereins auf dem von demselben gemieteten Platz erteilt.

Am 19. Oktober schied ein treues Glied unserer Gemeinde, der langjährige, ehemalige Präsident, Professor Hill, aus dem Leben. — Seine Erben überwiesen der evangelischen Schule einen Teil seiner reichhaltigen Bibliothek, im ganzen 175 Bände, philologischen, historischen und belletristischen Inhaltes, welche den Grundstock unserer Schulbibliothek bildeten.*)

*) Georg Hill, geboren zu Rosenau bei Kronstadt 1805, kam nach Absolvierung des Gymnasiums in Kronstadt zu Ende der dreissiger Jahre als Erzieher in das Haus des Fürsten Bibescu, und wurde später Professor der lateinischen und deutschen Sprache am Gymnasium zu Sf. Java. Als solcher war er auch wissenschaftlich thätig und gab unter andern eine Grammatik der lateinischen Sprache heraus.†) Aus gelegentlichen Gesprächen mit ihm erfuhr der Verfasser über die Vorgänge des Jahres 1848 folgendes:

Nach einem Attentat, das während einer Spazierfahrt des Fürsten auf diesen gemacht worden, wobei aber glücklicherweise nur die Epaulette getroffen worden sei, habe derselbe ihn zu sich berufen und ihn ersucht, ihm, da er seines Lebens in Bucarest nicht mehr sicher sei, zur Flucht zu verhelfen.

Da zur Zeit in der fürstlichen Kassa Ebbe gewesen, habe Hill mit dem Stadtpräfekten gesprochen. Derselbe habe ihn für den andern Tag um drei Uhr in die Visterie beschieden. Als er jedoch auf den Platz gekommen, sei bereits alles in Aufruhr gewesen, hätten die Freiheitsfahnen aus den Häusern geweht und sich Volkshaufen aus allen Strassen gesammelt; er sei aber doch in das Staatskassenamt eingedrungen, habe sich 3500 Stück Dukaten auszahlen lassen und sei zurückgekehrt. Als er vor das fürstliche Palais (damals unterhalb der Metropolie) gekommen, sei dasselbe bereits umstellt gewesen; er habe mit dem Geld unterm Rock sich durch die Masse gedrängt, sei glücklich in sein Bureau gelangt und habe das Geld verschlossen. Unterdessen habe der Fürst seine Demission unterschrieben; die Volkshaufen seien aber unbändig gewesen, das Militär, welches die Ordre gehabt, nicht anzugreifen, habe dies nicht nur nicht gethan, sondern einige Offiziere hätten das Volk geradezu aufgestachelt, so dass es nur mit Mühe gelungen sei, einige Ruhe herzustellen.

Nun sei er (Hill) beauftragt worden, Kutsche und Postpferde an einen bestimmten Punkt ausserhalb der Stadt zur Flucht des Fürsten zu bestellen. Bald darauf sei der Premierminister Rosetti in einem zugemachten Wagen vorgefahren, der Fürst in Civilkleidern hätte, in Ermangelung eines Hutes, Hills Hut genommen und so sei er in Begleitung Rosettis unentdeckt durch die Wache und das Militär hindurchgekommen. Hill habe darauf den Offizieren und Haupträdelsführern gesagt: sie möchten sich entfernen, der Fürst sei zu Bette gegangen, und da mittlerweile auch die Fürstin und die Söhne sich geflüchtet, so sei er nunmehr allein und Herr im Palais gewesen. Nach Verlauf einiger Stunden sei Rosetti zurückgekommen und habe ihn gefragt, wo denn die bestellte Kutsche hingekommen sei? Der Fürst sei nur durch Zufall, durch einen gewissen Pencovici gerettet worden. Am nächsten Morgen sei es schon allenthalben bekannt gewesen, dass der Fürst entkommen sei, zugleich aber habe sich das Gerücht verbreitet, die Russen seien im Anzug, was eine ausserordentliche Bestürzung der Gemüter und einen Auflauf veranlasst habe. — Viele seien entflohen, als sich jedoch das Gerücht als falsch erwiesen

†) Grammatica limbei latino in comparatia cu limba Romana de G. Hill Professoru. Edit. a patra. Bucuresci Imprimeria statului numita Nifon 1861.

Das mit der Ausarbeitung des Statutenentwurfes betraute Komitee hatte hauptsächlich mit Zugrundelegung des Statuts der Wiener evangelischen Gemeinde seine Aufgabe gegen Ende des Jahres gelöst und der Vorstand denselben nach vorheriger Durchberatung zur Einsicht den Schutzbehörden eingereicht.

In der Empfangsbestätigung (15. Januar 1869) erklärte das löbl. preussische und norddeutsche Generalkonsulat: „es werde nicht ermangeln, nach Einholung der Befehle der K. preussischen Regierung sich mit dem

---

habe, sei er bestürmt worden, Pferde, Wagen herauszugeben. Er habe sich aber standhaft geweigert und erklärt, dass dies alles Privateigentum des Fürsten und er dafür verantwortlich sei; wenn sie Gewalt brauchen wollten, könnten sie alles wegnehmen. Bald darauf seien die Türken gekommen und der Kommandant Suleiman Pascha habe seine Wohnung mehrere Wochen lang im Palais aufgeschlagen. Er habe alles Silber und sonstige Kostbarkeiten wohl verwahrt und dieselben dann, als der Fürst von Kronstadt nach Focsani übersiedelt sei, ihm auf 5 Wagen zugeschickt.

In dieser Zeit sei er politisch verdächtigt worden. Der Fürst habe ihm nämlich zwei Briefe geschickt, den einen zur Aufgabe auf die russische Post, den andern an den Metropolit, von welch' letzterem er, um ohne Besorgnis zu sein, eine Abschrift bekommen. Der Fürst habe den Metropoliten darin um seinen Segen und seine Fürbitte aus der Fremde gebeten. — Nicht lange, so sei der Aga gekommen und habe ihn aufgefordert, mitzugehen. Als sie auf die Polizeipräfektur gekommen, habe man ihn im Vorzimmer Platz nehmen lassen und auf seine Frage, was das zu bedeuten habe, sei ihm geantwortet worden, er werde es bald erfahren: entweder frei oder eingesperrt werden. Als er dann vorgeladen worden, hätten alle die Rädelsführer am Tische gesessen, der Metropolit obenan. Nun habe man ihn ins Examen genommen und gefragt: „ob er mit dem Fürsten in Korrespondenz stehe?" Worauf er erwidert: „Natürlich, da er zum Verwalter und Hüter seines Vermögens eingesetzt worden sei." „Ob er politische Korrespondenzen führe?" — Das habe er in Abrede gestellt, da er sich um Politik nicht bekümmere. Nun sei er gefragt worden: „ob er in letzter Zeit Briefe erhalten habe?" „Allerdings, er habe zwei Briefe erhalten, einen zur Beförderung auf die russische Post; man könne sich überzeugen, ob er es gethan; den andern, — hierbei habe er ein wenig gestockt, und dann gesagt — den andern habe er dem Herrn Metropoliten übergeben, ob es wahr sei? Da der Metropolit es bejaht, habe man ihn abtreten heissen. — Nach einer Weile sei er wieder gerufen und nochmals befragt worden, „ob er Politisches berichtet oder ihm berichtet worden sei? Nachdem er dies standhaft in Abrede gestellt, sei er entlassen worden. Der Aga aber habe ihn begleitet, um Hausdurchsuchung zu halten. Als sie ins Zimmer gekommen, habe er gefragt: „wo sind seine Papiere halte?" „Auf dem Tisch." „Was, halte er seine Papiere offen?" „Ja, er solle suchen, wenn er ihm nicht glaube." „Ah! das würde ich bleiben lassen," habe der Aga gesagt, „wer der Teufel wird in diesem Palais, wenn Du gerade etwas verbergen willst oder verborgen hast, dies auffinden können! Lebe wohl!"

befreundeten K. K. österreichischen Mitschutzkonsulate, nachdem es von der Anschauungsweise seiner Regierung verständigt sein werde, ins Einvernehmen darüber zu setzen, ob die Revision und Änderung der bisher geltenden Kirchenstatuten gegenwärtig opportun erscheine, und nach dem Erfolge dieser Beratungen das entsprechende „schutzkonsularische Votum" abgeben, sowie dann eventuell sich bei der Beratung der einzelnen Paragraphen des neuen Statuts beteiligen."

Gewiss eine im Interesse des Friedens in der Gemeinde weise Vorsicht. Denn wie ein Gewittersturm war es über dieselbe hingegangen und die Gemüter hatten sich noch nicht beruhigt. In Broschüren für und wider die in der Denkschrift aufgeworfenen Fragen wurde weiter gekämpft und es ging infolge dieses leider nicht immer sachlich gehaltenen Meinungsstreites eine Verschiebung der Parteien vor sich, so dass es fortan nicht mehr hiess: „hie Preusse, hie Siebenbürge", sondern „hie liberal" und „hie antiliberal". Die meisten Norddeutschen traten entschieden für das liberale Princip ein. — Mit dem Beginn des neuen Verwaltungsjahres hatte sich das Bild der Gemeinde in dieser Richtung total verändert.

Aus der Wahlurne der Generalversammlung gingen neue Namen hervor. Einige der alten Vorstandsmitglieder hatten demissioniert und sich eine Wiederwahl verbeten, andere wurden nicht wieder gewählt.

An die Spitze der Gemeinde trat der Kaufmann E. Zehender. Das Bestreben des neuen Vorstandes war in erster Linie darauf gerichtet, die Statutenfrage in Fluss zu bringen, da kam die Kunde, dass der bisherige Generalkonsul des Norddeutschen Bundes, Graf von Keyserling, zum Gesandten bei der hohen Pforte in Konstantinopel ernannt sei. Die Erledigung der Statutenangelegenheit, welche die Gemeinde bereits über Jahr und Tag beschäftigt hatte, musste daher bis zum Eintreffen seines Nachfolgers verschoben werden.

Die Gemeinde sah den Grafen von Keyserling mit aufrichtigem Bedauern scheiden. Seiner Intervention verdankte sie es, dass Dr. Stroussberg aus Berlin, der gelegentlich der Erlangung der Koncession für den Bau der neuen Eisenbahn, welche die Hauptstadt mit dem Westen Europas verbinden sollte, dem Generalkonsulate im Frühjahr für die Zwecke der evangelischen Kirche und Schule einen Betrag von 500 Thalern zur Verfügung gestellt hatte.

Gelegentlich des ihm vom Vorstande gemachten Abschiedsbesuches

(12. Oktober) ermahnte er denselben zur Einigkeit und sprach die Versicherung aus, dass sein Nachfolger die noch schwebende Gemeindeangelegenheit zur Erledigung bringen werde. Mit dem Wunsche, dass die Gemeinde sich immer herrlicher zur Ehre des deutschen Namens entwickeln möge, verabschiedete er sich aufs herzlichste.

16. Kapitel.

An demselben Tage hatte Fürst Karl I., der am 7. September bereits in dem eleganten, bequemen und elastischen Wagen der Eisenbahn von Filaret aus seine Reise in den Westen Europas antreten konnte, auf einem Ausflug von Paris nach Köln a. Rh. die Bekanntschaft der daselbst sich eben aufhaltenden Prinzessin Elisabeth von Wied erneuert und bei dieser Gelegenheit war auch der Tag der Verlobung (16. Oktober) festgesetzt worden.

Aus Anlass derselben richtete Seine Hoheit der Fürst eine eigene Proklamation an das Land, deren Wortlaut folgender ist: „An den Herrn Präsidenten des Ministerrates: Durch die Wahl der Nation berufen, deren Geschicke zu lenken, ist die Sorge, aus allen Meinen Kräften für die Entwickelung und für das Glück Meines zweiten Vaterlandes zu arbeiten, der alleinige Zweck meines Lebens geworden.

„Als Ich den Thron annahm, der Mir von der Liebe und dem Vertrauen eines ganzen Volkes zuerkannt wurde, verhehlte Ich es Mir nicht, dass der Hauptgedanke, der bei der einstimmigen Akklamation eines fremden Fürsten vorherrschte, darin bestand, in Rumänien eine feste Dynastie aufkeimen zu sehen, welche von den politischen Bewegungen, denen das Land ausgesetzt sein könnte, gesichert werde, sowie auch um sich über alle Rivalitäten und Parteizwistigkeiten zu erheben.“

„Wenn Ich in Meinem Innern darüber noch den geringsten Zweifel gehegt hätte, so wäre er vor den so oft wiederholten Kundgebungen sowohl der Kammern und der hohen Staatskörper, sowie auch des ganzen Landes im allgemeinen, welches keine Gelegenheit versäumte, Mir dieses ebenso feurige als legitime Bestreben des rumänischen Volkes ins Gedächtnis zurückzurufen, verschwunden.“

„Mein Bestreben war stets, diesen so heissen Wunsch der Rumänen sobald wie möglich zu befriedigen und wenn es Mir bisher nicht beschieden war, denselben zu erfüllen, so lag die Schuld mehr an den Umständen, sowie an den schwierigen Aufgaben, welche die ersten Jahre Meiner Regierung in Anspruch nahmen."

„Heute bin Ich so glücklich, Meinem Volke die Garantie für Ordnung und Stabilität, deren es so sehr für seine Zukunft bedarf, geben zu können, indem Ich Ihnen mitteile, dass Ich Meine Verlobung mit der am 29. Dezember 1843 geborenen Prinzessin Elisabeth von der Wied gefeiert habe."

„Indem Ich dies durch Sie zur Kenntnis des Landes bringe, dem Ich Meine ganze Existenz gewidmet habe, ist Meine erste Pflicht, Gott den Allmächtigen zu bitten, er möge Rumänien in der neuen Ära, die es schnell vorwärtsführt, schützen und segnen und Mir das Verständnis und die nötige Kraft verleihen, um es glücklich zu machen."

Wenn die Kunde von der Verlobung des Fürsten Karl I. in Rumänien von allen Patrioten mit hoher Freude und herzlichem Jubel aufgenommen wurde, so weckte dieselbe insbesondere in der evangelischen Gemeinde, die in der künftigen Landesmutter zugleich die stamm- und glaubensverwandte Fürstin zu verehren das ausserordentliche Glück haben sollte, nicht nur ein unbeschreibliches Gefühl hoher Wonne, sondern auch innigen Dankes gegen Gott, und mit Sehnsucht schaute dieselbe dem Tage der Ankunft des Fürstenpaares entgegen. Der Vorstand aber versäumte nicht, eine Glückwunschadresse zur Vermählungsfeier des Fürsten abzusenden und für die Einrichtung einer Loge in der Kirche für Ihre fürstliche Hoheit Sorge zu tragen.

Die Vermählungsfeier selbst hatte zuerst nach katholischem und dann nach evangelischem Ritus am 15. November in Neuwied stattgefunden. Mittwoch, am 24. November, langte das hohe Fürstenpaar auf dem Filareter Bahnhof um 12 Uhr mittags an. — Von hier, wo die fürstlichen Hoheiten von den Ministern, dem Primar der Hauptstadt und den Munizipalräten empfangen wurden, begaben sich dieselben in die Metropolitankirche, wo ein „Tedeum" celebriert und das Fürstenpaar eingesegnet wurde. Hierauf erfolgte in einem neben der Kirche errichteten Zelte seitens des Primars der Hauptstadt der Akt der Civiltrauung. Nun setzte sich der Zug abermals in Bewegung nach dem fürstlichen Palais zu, überall umtönt von jubelnden Akklamationen des Volkes, das von der holdseligen Freundlichkeit, von dem entzückenden Lächeln Ihrer Hoheit der Fürstin aufs höchste enthusiasmiert war. Abends erglänzte die Hauptstadt in einem Flammenmeer und fand ein grosser militärischer Zapfenstreich statt. Hierauf durchfuhr das hohe Fürstenpaar die Strassen der Stadt und begab sich in das Nationaltheater.

Tags darauf nahmen Ihre Hoheiten die Beglückwünschungen der sämtlichen Staatsbehörden, des hohen Klerus sämtlicher in Rumänien befindlichen Kirchen, dann jene der fremden Mächte, sowie der Damen der höchsten Kreise im grossen Thronsaale entgegen.

Die deutsche Zeitung „Epoche" brachte in ihrem Leitartikel ein herzliches Willkommen mit dem Schluss:

„Willkommen! deutsche Fürstentochter in Deinem neuen Reiche. Willkommen auf dem Fürstenthron, den Du, die Edle, teilest mit dem Edelsten der Männer, mit dem Erwählten eines ganzen Volkes.

Gesegnet sei Dein Eingang hier. Gesegnet sei Dein Schaffen! Gott spende Dir, o edle deutsche Fürstentochter, seinen besten, reichsten Segen, damit Du glücklich und beglückend die geliebte, die verehrte Herrscherin, die Mutter dieses Volkes seiest, das heute jubelnd Dich empfängt.

Und Dir, o Fürst! rufen wir zu, was ein rumänischer Dichter Dir zurief, als Du zum ersten Male als Erwählter der Nation den Boden des gesegneten Landes betratest:

> Dein Herrschen möge für und für
> In Thatkraft nie erschlaffen.
> Dein Zepter breite Wohlstand aus!
> Dein Land sei hoch erhoben!
> Gott schütze uns Dein Herrscherhaus,
> Das wir stets segnend loben!"

17. Kapitel.

Wenige Tage nach der Abreise des Grafen von Keyserling wurde dem Vorstande seitens des Vertreters des Generalkonsulats des Norddeutschen Bundes, von Horn, die Mitteilung gemacht, dass des Königs von Preussen Majestät der Gemeinde auf das Immediatgesuch der Herren Pastor Rode und Kaufmann Müller vom 21. November vorigen Jahres eine einmalige Unterstützung von 300 Dukaten zur Vollendung des Ausbaues der Schule zu bewilligen geruht habe. Durch diese Beihilfe wurde die Gemeinde in die Lage gesetzt, die für den mittlerweile vollendeten Ausbau gemachte Anleihe zu decken. Zu Anfang des neuen Jahres 1870 nahmen Vorstand und Statutenkomitee die nochmalige Durchberatung des Statutenentwurfes in gemeinschaftlichen Sitzungen vor.

Am 25. Februar traf der neue Generalkonsul des Norddeutschen Bundes, Herr von Radovitz, in Bukarest ein. Bei der ihm vom Vorstande abgestatteten Besuche versicherte er demselben, dass es sein eifrigstes Bestreben sein werde, die Interessen der Gemeinde nach Kräften wahrzunehmen und dem Vorstande seine moralische Unterstützung in ausgedehntester Weise angedeihen zu lassen.

An den zum Behufe der Beratung des Statutenentwurfes einberufenen Gemeindeversammlungen nahm der Generalkonsul des Norddeutschen Bundes persönlich teil, während der österreichisch-ungarische Generalkonsul Baron Zulauf von Pottenburg sich durch den Vicekonsul Neumann vertreten liess. Der neue Statutenentwurf, welcher die Verwaltung des Kirchen- und Schulwesens einem Kirchen- und Schulvorstande übertrug, enthielt in neun Abschnitten folgende neuen wichtigen Bestimmungen:

Da sich im Laufe des letzten Jahrzehnts die ansehnliche Kolonie der reformierten Schweizer der evangelisch-lutherischen Kirche A. B. angeschlossen hatte, wurde mit Rücksicht auf dieselbe die Union der beiden Bekenntnisse, A. B. und H. B., ausgesprochen, demgemäss in Abschnitt I der Titel: „Evangelische Gemeinde in Bukarest" angenommen und von da an auch das Pfarramtssiegel umgeändert. Als Anfang des Rechnungsjahres wurde in Erwägung des Umstandes, dass viele stimmberechtigte Mitglieder der Gemeinde während der Sommermonate von Bukarest abwesend seien, der zweite Sonntag im Mai (a. St.) festgesetzt.

Die Gemeinde behielt sich das Recht vor:

1. Ihre Pfarrer selbst zu wählen.

2. Ihre Vorstände zu wählen.

3. Über etwaige Veräusserung des Grundeigentums und Veränderungen im Gemeindevermögen endgültige Beschlüsse zu fassen.

4. Die Statuten abzuändern.

5. In allen in den Statuten nicht vorgesehenen Fällen endgültig zu entscheiden.

Abschnitt II handelt vom Zusammenwirken der beiden Vorstände. Kirchen- und Schulvorstand treten in den ersten Tagen nach den Gemeindewahlen zusammen, um aus dem Kirchenvorstande den Präsidenten und Kassierer der Gemeinde zu wählen, welche das gleiche Amt im Kirchenvorstande bekleiden, und zur Erleichterung und Beschleunigung der Geschäfte aus jedem der beiden Vorstände drei Ausschüsse bilden und zwar:

für Kirchen- beziehungsweise Schulordnung,
für Kirchen- beziehungsweise Schulbesitz,
für Kirchen- beziehungsweise Schulkasse.

Die gemeinsamen Beratungen des Kirchen- und Schulvorstandes finden statt, so oft Bedürfnis dazu vorhanden, oder auf Verlangen von fünf Vorstandsmitgliedern.

Abschnitt III handelt vom Kirchenvorstande, welcher aus 11 Mitgliedern besteht, von denen im ersten Jahre drei, im zweiten und dritten Jahre je vier Mitglieder austreten und sich alljährlich ergänzen.

Die Bestätigung des neuen in der Generalversammlung vom 29. Juli angenommenen Statuts erfolgte seitens der beiden hohen Schutzbehörden am 1. November 1870.

Während so auf dem kleinen See der evangelischen Gemeinde sich die Stürme gelegt, wütete draussen auf dem grossen Ozean des Völkerlebens im Westen Europas jener furchtbare Orkan, der im deutsch-französischen Krieg nicht nur einen Kaiserthron umstürzte, sondern auch ganz Frankreich durch die unvergleichlichen Siege der deutschen Waffen zu Boden warf. Die deutsche Kolonie und insbesondere die evangelische Gemeinde von Bukarest verfolgte diesen Krieg in allen seinen Phasen mit um so grösserer Teilnahme, als man fühlte und erkannte, dass die ganze Entwicklung nicht nur Deutschlands, sondern des Weltteils vom Ausgang desselben abhing. In gewissen politischen Kreisen der einheimischen Bevölkerung dagegen nahm die antideutsche Stimmung, welche durch die Stroussberg'sche Eisenbahn-Unternehmung und Verwaltung hervorgerufen worden, immer mehr zu. Die bis zu Ende des Jahres 1869 der evangelischen Gemeinde vom hohen rumänischen Kultus- und Unterrichts-Ministerium regelmässig gewährte Subvention von 200 Dukaten wurde eingestellt und anlässlich der Friedensfeier, welche die deutsche Kolonie mit der Geburtstagsfeier Sr. Majestät des Kaisers Wilhelm I. von Deutschland (22. März 1871) zu verbinden beabsichtigte kam es zu jenen beklagenswerten Exzessen einer irregeleiteten Menge, die ohne die energische Intervention des deutschen Generalkonsuls von Radowitz unabsehbare Dimensionen hätten annehmen können. Noch in derselben Nacht fand ein Ministerrat im Palais statt, dessen Ergebnis ein Ministerwechsel war.

Im Laufe des Jahres erfolgte die Erhebung des Herrn von Radowitz zum Gesandten des Deutschen Reiches in Athen. Seiner gütigen Vermittelung verdankte es die Gemeinde, dass Ihre Hoheit die Fürstin Elisabeth, die am 8. September 1870 glücklich einer Prinzessin genesen war, der Gemeinde bald ein reges Interesse zuwandte, indem sie „für die Erhaltung der Kirche" huldvollst 1000 Franks zu spenden geruhte und im Laufe des Jahres dem Gottesdienste wiederholt beiwohnte.

Als im Herbste Ihrer Hoheit Mutter, die Fürstin von Wied, in Bukarest weilte, geruhte Sie mit derselben sogar unsere Knaben- und Mädchenschulen mit Ihrem Besuche zu beehren, und nahm die hohe Frau in Begleitung der Hofdamen auch an der Christbescherung unserer Mädchenschulen teil. Von da an flammte der Christbaum alljährlich im Fürstenpalais und ist die schöne Sitte heute in fast allen wohlhabenden Häusern der einheimischen Bevölkerung, wenn auch nicht zu Weihnachten, so doch zum Jahreswechsel heimisch geworden.

Die evangelischen Schulanstalten bestanden zufolge des anlässlich der Jahresprüfung 1872 zum ersten Mal veröffentlichten Programms aus einer vierklassigen Knaben- und einer dreiklassigen Mädchen-Hauptschule, sowie aus einer zweiklassigen Knaben- und Mädchen-Filialschule. Das Rumänische wurde in der Knaben-Hauptschule von der dritten Klasse (2. Jahrgang) an als obligater Unterrichtsgegenstand in drei Stunden wöchentlich, in der Mädchen-Hauptschule dagegen erst von der ersten Klasse an in ebensovielen Stunden erteilt. Das Französische war fakultativ. Das genannte Schulprogramm enthielt einen kurzen historischen Rückblick auf die Anfänge und Fortentwickelung des Gemeindeschulwesens, den Lehrplan für sämtliche Schulanstalten nebst einem statistischen Anhang, demzufolge die evangelischen Schulen von 353 Zöglingen besucht wurden, worunter fast der vierte Teil rumänischer Nationalität war.

Als fromme Wünsche stellte jener Bericht die Stiftung eines Lehrer-Witwenpensionsfonds, die Erweiterung der Schulbibliothek durch zweckentsprechende Jugendschriften, ferner die Errichtung eines mit der Schule

im Zusammenhang stehenden Kindergartens, sowie einer Fortbildungs-
schule hin.

Der neue Vorstand liess es sich auch sonst angelegen sein, das ihm
entgegengebrachte Vertrauen zu rechtfertigen.*)

Zu dem Ende legte er nicht nur Hand an die Ordnung des Archivs,
sondern auch an die Ausarbeitung eines Gedenkbuches der Gemeinde,
sowie an die einer neuen Friedhofsordnung. Um die Einnahmsquellen
der Gemeinde zu vermehren, wurden die Stolargebühren durch einen
neuen Tarif geregelt und dieselben für jene Gemeindeglieder, die keinen
regelmässigen Beitrag leisteten, um 50 Prozent zu Gunsten der Kirchenkasse erhöht. Endlich wurde sämtlichen Lehrern die ihnen gebührende
standesgemässe Stellung vertragsmässig zugesichert und das Gehalt derselben gleichmässig auf 140 Franks festgesetzt.

Bezüglich der Errichtung eines Kindergartens ging man in ein-
mütigster Weise an die Sammlung von freiwilligen Beiträgen; das Resultat war daher auch ein unerwartet glänzendes, doch wurde die
Sammlung dem Ersten Bukarester Frauenverein eingehändigt, welcher
dieselbe kurzerhand zur Errichtung einer Kleinkinderschule verwendete.
Dieser Umstand ward die Veranlassung zur späteren Gründung eines
Kindergartens nach Fr. Fröbels System, des ersten in Rumänien, sowie
zur Gründung des Internationalen Frauenvereins, welcher nebst der Armenpflege die Verwaltung des Kindergartens übernahm.

Mittlerweile hatte Pastor Rode infolge der herben Heimsuchung,
die ihn im Hinscheiden seiner Gattin betroffen, sowie infolge seiner angegriffenen Gesundheit sich bewogen gefühlt, dem hiesigen Wirkungskreis zu entsagen. Leider blieben die Bemühungen des Vorstandes, diesen
Verlust von der Gemeinde abzuwenden, fruchtlos. Anfangs Juli 1872
verliess P. Rode Bukarest.

Zum ersten Mal war nun der Kirchenvorstand in der Lage, die
präzisen Bestimmungen der neuen Statuten betreffs der Pfarramts-Kan-
didatur in Ausführung zu bringen. Da derselbe von der Ansicht aus-
ging, dass die hiesige Pfarrei nicht länger als Durch- und Übergangs-
posten angesehen und die Gemeinde nicht alle drei oder fünf Jahre in

---

*) Der Kirchenvorstand bestand aus folgenden Mitgliedern: Staub, Thü-
ringer, Witting, G. Galtz, Dr. Glück, Kessler, Marthy, Scheller,
Schlegel, Siebrecht, Zürner. Den Schulvorstand bildeten: Dr. Fialla,
Schuster, Raabe, Rietz, Ulrich, Wülbern und die beiden Pastoren.

Wahlkämpfe und Wahlwirren verwickelt werden dürfe, hatte er in Gemeinschaft mit dem Schulvorstand die Kandidatur des Pfarrers Riep aus Braila abgelehnt und sich einstimmig für die des vom Wiener evangelischen Oberkirchenrat gemassregelten Pfarrers E. Schultz in Gratz, nachdem derselbe am 22. September (13. Sonntag n. Trin.) seine Probepredigt gehalten hatte, entschieden.

Die Wahl desselben erfolgte nach einer sehr erregten Debatte in der Gemeindeversammlung vom 1. 13. Oktober mit 139 von 144 abgegebenen Stimmen. Die Installation fand, nachdem die Bestätigung seitens der Schutzbehörden erfolgt war, am 1. Dezember statt.

Damit war das dreimonatliche Provisorium, während dessen Pfarrer Teutschländer die Amtsgeschäfte allein zu besorgen hatte, beendet, und wenn man sich auch nicht verhehlte, dass die Schwingungen jener tiefgehenden Bewegung noch lange in der Gemeinde nachzittern würden, so hegte man doch das Vertrauen, dass die Macht der geschaffenen Thatsachen, sowie das gemeinschaftliche Wirken der beiden Geistlichen in der Kirche und draussen in der Gemeinde alle centrifugalen Anwandlungen beschwichtigen und die Falten der Missstimmung glätten werde.

Pfarrer Teutschländer behielt das Direktorat der Knabenschulen, während Pfarrer Schultz das der Mädchenschulen übernahm.

Ein beredtes Zeugnis für den Gemeinsinn, der damals in dem weitaus grössten Teil der Gemeinde aufs neue sich kundgab, liegt in der von 45 Mitgliedern vollzogenen Schenkung eines wertvollen, an den Friedhof angrenzenden Grundstückes, im Betrag von 4404 Franks, wofür den Schenkern mit Bezug auf dieses Grundstück gewisse Rechte eingeräumt wurden. Nach Vorschrift des Gesetzes wurde dieser Grundbesitz beim rumänischen Gericht in aller Form eingetragen und zwar zum ersten Mal seit Bestehen der Gemeinde auf den Namen der „communitatea evangelica".

Die Unzulänglichkeit und verschiedene Missstände der Pfarrwohnung bewogen den Vorstand, noch in demselben Jahre eine praktische Erweiterung des Hauses vorzunehmen und zu dem Zwecke an die Opferwilligkeit der Gemeinde zu appellieren. Allein trotz des dabei erzielten schönen Resultates und trotzdem die letztjährigen Sammlungen eine höchst erfreuliche Steigerung erfuhren — Ihre Hoheit Fürstin Elisabeth hatte auch für das laufende Jahr 1000 Franks und überdies einen Beitrag zur Bekleidung des Taufsteines gespendet — sah sich der Vorstand

gleichwohl genötigt, Anlehen zu machen, so dass, als auch in jenem
Jahre die erbetene und von dem neuen K. deutschen Generalkonsul,
Legationsrat von Pfuel, befürwortete Subvention der Regierung aus-
blieb, die Gemeinde vor einem Defizit stand. Dem gegenüber durfte der
Vorstand in seinem Jahresbericht (1873) mit hoher Freude hinweisen
auf einen Retter, der der Gemeinde in Herrn Friedrich Hötsch
erstanden war. Derselbe hatte dem Vorstande bei seinem letzten
Besuche zu Ostern eine Summe von 35,000 alten Piastern in Rural-
bons übergeben als Schenkung an die evangelische Gemeinde unter
dem Titel:

> „Friedrich Hötschs Lehrer-Witwen- und Waisen-
> und Lehrer-Pensions-Stiftung.“

In der betreffenden Schenkungsurkunde heisst es:

> „Sollten sich noch Wohlthäter finden, welche sich für unsere
> „Lehrer interessieren, so bitte ich dieselben, zu meiner kleinen Gabe
> „zur Vergrösserung des Fonds auch etwas beitragen zu wollen.“

Über das innere Leben der Gemeinde lässt sich aus folgenden Zahlen
ein beiläufiger Schluss ziehen:

Für vermietete Kirchensitze weist der betreffende Jahresbericht
983 Franks, ferner als Ertrag des kirchlichen Sammelbeckens (abzüglich
der an den ersten hohen Festtagen, sowie an Neujahr eingegangenen
Gelder zu gunsten der beiden Geistlichen) 1154,68 Franks aus; am
Kirchweihfest betrugen die Opfergelder 92,09 Franks, die freiwilligen
Beiträge für Kirche und Schule 4510,91 Franks. — An der öffentlichen
Kommunion, Gründonnerstag, Charfreitag, Himmelfahrtsfest (damals noch
Konfirmationstag) und ersten Advent, hatten bei 500 Gemeindeglieder
teilgenommen, die Krankenkommunionen in Privathäusern und Spitälern
beliefen sich auf 22. Der Ertrag der Sammlungen für den Gustav-
Adolf-Verein belief sich auf 466,59 Franks und wurde davon zum letzten-
mal das betreffende Drittel als Gehaltszuschuss unserer Gemeinde für
den Pfarrer in Pitescht abgeliefert. Beitragende Gemeindeglieder gab
es 340. Taufhandlungen hatten 135, Beerdigungen 121, Trauungen 25
stattgefunden.

Ein Antrag auf Bildung des Instituts von Vertrauensmännern, welche
sich insbesondere mit geregelter Armenpflege, Hebung des Schulbesuches,
Heranziehung von Glaubensgenossen zur Beitragsleistung für die Gemeinde, überhaupt mit der Weckung des Interesses am Gemeindeleben

zu befassen haben sollten, wurde im Prinzip zwar gutgeheissen, aber zur Ausführung desselben kam es nicht.

Das Hauptaugenmerk des Vorstandes blieb im richtigen Verständnis der Zeit und in ernster Erwägung und Würdigung des Bedürfnisses dieser Gemeinde als des Hauptträgers deutsch-evangelischen Geisteslebens in Rumänien auf Hebung und Fortentwickelung des Schulwesens gerichtet. — Die Idee, in der Hauptstadt des Landes eine Realschule unsererseits ins Leben zu rufen, fand selbst in nicht deutsch-evangelischen Kreisen eifrige Anhänger und Freunde. — Der Vorstand erhielt sogar von Nichtevangelischen Unterstützungsanträge zur Erreichung des Zieles; allein derselbe hielt es für ratsam, die Verhandlungen abzubrechen, ohne jedoch das Projekt aufzugeben.

Mittlerweile war die Lehrkraft für die vorläufig zu errichtende erste Realschulklasse angeworben worden — und siehe, die Geldmittel kamen und stellten sich zur grossen Überraschung selbst des grössten Teils des Vorstandes in beträchtlicher Höhe ein. In der am 17./29. September abgehaltenen Gesamtvorstandssitzung wurden auf die Frage des Präsidenten: wie und woher nunmehr nach Ablehnung der erwähnten Unterstützungsanträge der Vorstand die Mittel zur Errichtung und Erhaltung der beschlossenen ersten Realschulklasse zu beschaffen gedenke? — Mitteilungen gemacht, welche auch die letzte Spur von Kleinmut und Besorgnis zu beseitigen geeignet waren. Pfarrer Teutschländer legte ein Schreiben des hochverdienten Wohlthäters der Gemeinde, des Herrn Friedrich Hötsch, mit dem er die Realschulfrage während seiner Urlaubsreise im Sommer persönlich durchberaten hatte, vor, worin derselbe sich anheischig machte, sogleich 2000 Franks für die zu kreïerende Realschule beizusteuern und sich weiter bereit erklärte, stets mit seinen Unterstützungen für diesen Zweck an der Hand zu sein, beziehungsweise die Realschule selber bauen zu wollen. Pfarrer Schultz zeigte eine Sammlung von Beiträgen zur Anschaffung von Lehrmitteln an und von Engelbrechten übergab im Namen des Eisenbahnunternehmers Jean Marie ein Geschenk von 500 Franks zu Schulzwecken.

In Erwiderung auf die pietätvollen Kundgebungen, zu denen der Vorstand sich im Rückblick auf das Hinscheiden Friedrich Bossels*)

---

*) Friedrich Bossel, geboren 28. Mai 1805 zu Tönningen in Holstein, Sattler von Profession, kam auf seiner Wanderschaft über Göttingen nach der Schweiz.

gedrungen fühlte, konnte Pfarrer Teutschländer, als anwesender Vertreter
von dessen Erben, die vorläufige Mitteilung machen, dass der Verewigte
laut Testament 5000 Franks zur Gründung eines Realschulfonds aus-
geworfen habe, sowie dass diese Erben zu demselben Zwecke laut münd-
licher Verfügung des Testators einen Betrag von 1300 Franks gewidmet.
Im Oktober war seitens des Direktorates die Reorganisierung der Anstalt
in eine vierklassige Elementarschule und die erste Realschulklasse, welche
im Pfarrhause eingerichtet wurde, vollendet und der neuberufene Lehrer
Wilhelm Schultze konnte im November 1873 den Unterricht mit 17
Schülern beginnen.

Unter den zahlreichen Stiftungen und Schenkungen, welche das Ver-
waltungsjahr 1873/74 der Gemeinde brachte, verdienen ausser den oben

wo er sich zugleich mit allem Eifer auf das Tapeziergeschäft verlegte und dann
über Turin, Rom und Neapel nach Konstantinopel reiste.

Nach längerer Arbeitszeit in dem ersten Etablissement zog es ihn heimwärts
nach dem civilisierten Westen. So kam er anfangs der dreissiger Jahre nach
Bukarest, ohne die bestimmte Absicht hier zu bleiben.

Die deutsche Bevölkerung der Hauptstadt, in deren Händen damals fast ausschliesslich die Industrie lag, bot dem Ankömmling im allgemeinen ein trauriges
Bild dar. Dabei konnte er sich jedoch zugleich leicht überzeugen, dass es dem
fleissigen, soliden und tüchtigen Geschäftsmanne hier nicht fehlen könne, sich zu
Wohlhabenheit emporzuschwingen. Die meisten Häuser, selbst die vieler Bojaren
waren primitiv mit Kronstädter Tischlerwaren eingerichtet. Luxusgegenstände
und was sonst zum Komfort gehört, wurden durch einzelne Kaufleute aus Wien
für die reichsten Häuser beschafft.

Unter solchen Verhältnissen schlug Friedrich Bossel seine Werkstätte in
Bukarest auf. Wiewohl der Landessprache nicht mächtig, erfreute er sich doch
bald zahlreichen Zuspruches. Die Leute waren ehrlich und erlegten die verab-
redete Summe ohne Abzug und Verzug bei Ablieferung der Ware. Kontrakte
und Stempel brauchte und kannte man nicht, und doch wusste sich Friedrich
Bossel nicht eines Falles aus jener Zeit zu erinnern, wo er durch Unredlichkeit
seiner Kunden zu Schaden gekommen wäre.

Im Jahre 1837 unternahm er eine Reise nach Wien. Dieselbe wurde entschei-
dend für sein Geschäft und seine Zukunft und zeugt von dem seltenen Unternehmungsgeist des Mannes. In Wien kaufte er nämlich einem der ersten Möbelhändler das
ganze reichhaltige Warenmagazin förmlich aus. Das Geschäft war um so riskanter,
als der Käufer es zum Teil mit Hilfe eines Darlehns von in Wien anwesenden
Bukarester Kaufleuten abschloss, so zwar, dass er sich verpflichten musste, ihnen
binnen 3 Monaten dasselbe samt Zinsen zurückzuzahlen. Nach einer langen, unter
den damaligen Verkehrsverhältnissen höchst gefahrvollen und beschwerlichen Reise
kam er über Kronstadt glücklich mit 16 Wagenladungen in Bukarest an. Das
Glück war ihm günstig, noch ehe der Zahlungstermin gekommen, war die mit-
gebrachte Ware zum grössten Teile verkauft. Er konnte seinen Verpflichtungen

angeführten Legaten von 6300 Franks zur Gründung des Realschulfonds noch folgende erwähnt zu werden: Ein Legat von 1000 Franks, bestehend in jenem Darlehen, das von Fr. Bossel gelegentlich des Umbaues und Erweiterung des Pfarrhauses der Gemeinde unverzinslich vorgeschossen worden war, ein Legat von 2600 Franks, deren Zinsen zur Weihnachtsbescherung (Bekleidung) armer Kinder ohne Unterschied der Konfession zu verwenden sind. Durch den Centralvorstand der evang. Gustav-Adolf-Stiftung wurde der Gemeinde die Bewilligung erteilt, den dritten Teil der Gesamtkollekte zur Erhaltung der Filialschule verwenden zu dürfen.

Die Loge „Les sages d'Heliopolis" überwies der Gemeinde zu Schulzwecken 250 Franks.

Ihre Hoheit die Fürstin Elisabeth spendete eine Liebesgabe von 500 Franks.

nachkommen. das Wagnis hatte ihm einen reichen Gewinn gebracht. Die Folge davon war, dass er seine Konkurrenten bald überflügelte und der Erste am Platze wurde. Über zwanzig Tischler fanden bei ihm Beschäftigung.

Sein Interesse an der Gemeinde erwachte erst, nachdem er zu einiger Wohlhabenheit gelangt und Ordnung und Friede wieder eingekehrt war, und was er als Gemeindemitglied, namentlich als langjähriger Kassierer derselben, sowie als Gründer und Vorstand des Unterstützungsvereines geleistet, davon zeugt die Geschichte der Gemeinde und des Vereins.

Friedrich Bossel war jedoch nicht nur eines der eifrigsten und thätigsten Mitglieder der evangelischen Gemeinde und der deutschen Kolonie, sondern auch einer der regsamsten und tüchtigsten Bürger seiner neuen Heimat, indem er nicht wenig zur Verschönerung der Stadt durch Strassenanlagen und Neubauten, namentlich durch den Bau des noch lange nach ihm genannten Saales und des Bazars („Passagiu Roman") beitrug. Ausserdem erwarb er durch Ankauf eines an seinen Garten (wo heute die Militärspitäler stehen) angrenzenden Grundstückes ein Terrain, auf welchem er den Plan zu einer ganzen Vorstadt mit Marktplatz entwarf. Bereits waren mehrere Plätze davon verkauft, als die Regierung dies Grundstück für den Centralbahnhof in Aussicht nahm und das Konsortium Strousberg einen grossen Teil desselben expropriieren liess.

Schon seit Ende der 50er Jahre hatte sich Fr. Bossel von seinem Geschäfte zurückgezogen und lebte als Privatmann, noch kurz vor seinem Ableben mit dem Plane der Gründung der ersten Papierfabrik in Rumänien sich beschäftigend.

Die rumänische Kammer erteilte ihm in Anerkennung seiner Verdienste ohne Anstand die von ihm nachgesuchte grosse Naturalisation.

Am 6. September 1873 starb er auf der Rückreise in die Heimat begriffen an der Cholera in Wien.

Der Name Friedrich Bossel ist in der Hauptentwickelungsperiode des evangelischen Gemeindelebens in Bukarest (d. i. vom Jahre 1841—1872) mit den wichtigsten Ereignissen desselben verknüpft, sowie sein Träger als einer der Hauptvertreter des Deutschtums in der Residenz Rumäniens angesehen zu werden verdient.

Ganz besonderer Teilnahme erfreute sich die neu errichtete Realschulklasse. Herr Fr. Hötsch bereicherte die Bibliothek mit 161 Bänden
und Bändchen höchst wertvollen Inhaltes für Schüler und Lehrer und
trug überdies für deren Aufbewahrung in geeigneter Weise Sorge.
Mehrere andere Gemeindeglieder schenkten physikalische und geographi-
sche Lehrmittel.

Als eine ganz besonders wichtige Errungenschaft begrüsste die Gemeinde die ihr durch die gütige Vermittelung des K. Gesandten seitens
des Hohen Kultus- und Unterrichtsministeriums neuerdings gewährte
Subvention von 3000 Franks.

Der Vorstand bezeugte seine Erkenntlichkeit dadurch, dass er einen
orthodoxen Geistlichen als Religionslehrer für die orthodoxen Schüler
unserer Anstalt anstellte.

Leider war die Freude über die Errungenschaften des abgelaufenen
Jahres eine nicht ungetrübte: die Cholera- und Anghinaepidemie hatte
unter Erwachsenen und Kindern zahlreiche Opfer gefordert. Tief fühlte
insbesondere die Gemeinde den schmerzlichen Verlust mit, welcher im
Tode der einzig geliebten Tochter und Thronfolgerin, der Prinzessin
Marie, das hohe Fürstenhaus und das ganze Land traf. Die Begräbnis-
feier fand am Charfreitag statt. Die Gruft befindet sich im Park der
Sommerresidenz von Cotroceni, in der Nähe des „Helen-Asils".

In dem nächstfolgenden Jahre that der Vorstand einen bedeutenden
Schritt, um das gesteckte Ziel, den Ausbau unseres Schulwesens, auch
bezüglich der Mädchenschulen zu erreichen.

Angesichts der wachsenden Frequenz derselben hatte sich die Notwendigkeit der Erweiterung auch unserer Mädchenschulanstalten unabweisbar herausgestellt, denn längst schon hatten sich die Räumlichkeiten,
wie sie mit der Stiftung des Freiherrn von Mensebach in den Besitz der Gemeinde übergingen, dem fortschreitenden Bedürfnis als unzureichend erwiesen
und der Vorstand glaubte nicht nur das angefangene Werk dieses um
die Gemeinde hochverdienten Menschenfreundes in dessen Sinn und Geist
fortzubauen, sondern auch den gesteigerten Anforderungen der Gegenwart
nach Möglichkeit zu entsprechen, indem er einen an das ursprüngliche
Hauptgebäude der Mädchenschule anstossenden Neubau in Angriff nahm
und die Entsendung einer fünften Lehrschwester von der Kaiserswerther
Direktion erbat. Die Gesamtkosten dieses Baues beliefen sich auf
18 800 Franks. Zur Bestreitung derselben wurde vom Vorstand eine

Kollekte veranstaltet, ausserdem sah derselbe sich genötigt, Kapitalien anlehensweise dazu aufzunehmen und auch die von Friedrich Bossel der Gemeinde für die Realschule vermachte Summe einstweilen als Darlehen, welches die Realschule der Mädchenschule zu landesüblichen Zinsen darbot, zu verwenden.

Auch der grössere Teil der Schenkung Dr. Stroussbergs wurde vom K. deutschen Generalkonsulat zu diesem Bau bewilligt.

Auf die Mitteilung, dass die Schaffung einer zweiten Realklasse beschlossen worden, gewährte Herr Fr. Hötsch neuerdings 1000 Franks für die Realschule und erklärte sich bereit, den nunmehr als Bedürfnis sich herausstellenden Bau eines neuen Schulhauses durch seine umfassende Unterstützung zu ermöglichen.

Gleichzeitig wurden seitens des Pfarrers Schultz Schritte beim K. deutschen Generalkonsulat um Erwirkung einer Subvention seitens der hohen Schutzbehörde gethan.

An ausserordentlichen Beiträgen gingen ferner ein: 500 Franks vom Generalunternehmer Jean Breicoff, ferner ein Legat des verstorbenen Hofapothekers Friedrich Eitel von 150 Dukaten.

Am 10. März 1875 sah sich Pfarrer Schultz aus gesundheitlichen Rücksichten auf seine Familie, aus deren Mitte der Tod letzten Winter ein teures Haupt abberufen hatte, genötigt, seinen Rücktritt aus dem ihm vor bald drei Jahren so glänzend übertragenen Amt anzukündigen.

In Berücksichtigung dieser Beweggründe konnte der Vorstand nicht umhin, dem Gesuch des Pfarrers Schultz, ihn vor Ablauf des kontraktlich festgesetzten Termins ziehen zu lassen, zu entsprechen. — Die durch seinen Abgang erfolgte Vakanz dauerte diesmal länger als je.

An Bewerbern fehlte es zwar nicht, dieselben boten aber dem Vorstande nicht die gewünschte Sicherheit und so entschloss er sich, die vakante Stelle, um Pfarrer Teutschländer, dessen Gesundheit im Laufe der Jahre stark gelitten hatte, eine Erleichterung im Amte zu verschaffen, provisorisch mit Michael von Heidendorf, Gymnasialkonrektor und Kandidat der Theologie, aus Mediasch zu besetzen. Derselbe wurde als Vikar und zugleich als Ordinarius für die zweite Realschulklasse berufen und trat am 14. Oktober sein Amt an.

Die Erwägung, dass die definitive Besetzung der erledigten Pfarrstelle leichter zu ermöglichen sein werde, wenn das Gehalt der Geistlichen eine Aufbesserung erfahre, veranlasste den Vorstand, dasselbe auf

3000 Franks jährlich zu erhöhen und ausserdem eine Quinquennalzulage bis zur Vollendung einer 20 jährigen Dienstzeit zu bewilligen. Diesen Beschluss teilte der Vorstand dem Pfarrer Teutschländer mit dem Bemerken mit: „dass es der Wunsch, ihm für das vieljährige treue und unverdrossene Wirken im Pfarramt dieser Gemeinde eine besondere Anerkennung zu bieten, gewesen sei, welcher die Vorsteher das Mittel der Verdienstalterszulage habe anwenden lassen."

Gleichzeitig wurde das Ansuchen an den Berliner Oberkirchenrat, eine geeignete Persönlichkeit für die koordinierte Pfarrstelle in Vorschlag bringen zu wollen, erneuert.

Mittlerweile hatte der Vorstand Baupläne für das Realschulgebäude anfertigen lassen und dieselben Herrn Friedrich Hötsch zur Prüfung vorgelegt. Leider rief die Bauplatzfrage sowohl im Schosse des Vorstandes, als auch in der Gemeinde Uneinigkeit hervor. Gegen den Bauplatz auf dem an die Strada Kalvina stossenden Gemeindegrund führte der Vorstand in seiner Mehrheit folgende Gründe an:

1. dass derselbe als ehemaliger Friedhof sanitätswidrig sei;

2. dass der Bau mit dem Haupteingang an der Ecke der Strada Kalvina und Lutherana nur mit gebrochener Façade herzustellen sei, wodurch viel Raum verloren gehe und überdies durch die Frequenz der beiden Strassen, namentlich durch den Tramwayverkehr, Störungen während der Schulstunden unvermeidlich seien;

3. dass der Zugang zu der Schule im Winter und bei Regenwetter infolge der Ansammlung des Wassers aus den beiden Strassen bei der eigentümlichen Terrainbildung für die Schüler beschwerlich und gesundheitsgefährlich werden könne. Die Angelegenheit kam auch im Gesundheitsrat der Hauptstadt zur Verhandlung. Die Majorität des Vorstandes hatte deshalb den Meusebachgrund für den Realschulbau in Aussicht genommen, um so mehr, als derselbe in ruhiger Strasse liegt. Von gegnerischer Seite wurde geltend gemacht, dass der Meusebachgrund hauptsächlich in erster Linie für die Mädchenschulen bestimmt sei und die Gemeinde eigentlich kein Verfügungsrecht darüber habe, sowie dass die Erweiterung der Mädchenschule dadurch unmöglich gemacht werde.

Herr Friedrich Hötsch, der auf die Frage keinen Einfluss nehmen zu wollen erklärt hatte, sah sich infolge der in der Gemeinde entstandenen Differenzen veranlasst, über die für den Realschulbau bestimmte Summe von 72 000 Franken testamentarisch derart zu verfügen, dass dieselbe erst nach seinem Tode zur Verwendung kommen sollte. Die Angelegenheit blieb somit in der Schwebe, bis am 30. Januar 1876 eine ausserordentliche Generalversammlung zum Behufe der Wahl des Baugrundes stattfand. Der Antrag des Vorstandes, den Bau auf dem „Meusebachgrunde" aufzuführen, wurde mit 52 gegen 38 Stimmen abgelehnt, wiewohl der Generalkonsul des deutschen Reiches sich bereit erklärt hatte, die Ablösung des vom Vorstand gewährten Baugrundes aus der Meusebach-Stiftung möglichst zu erleichtern.

Da dass Vorgehen des Vorstandes im Laufe der Debatte mehrfach als rechtswidrig unter heftigen persönlichen Angriffen verurteilt wurde, gab derselbe seine Demission.

Am 19. Februar schrieb Herr Hötsch: „Da ich vor kurzem von „Herrn Pfarrer Teutschländer erfahren habe, dass die Gemeinde mit „grosser Majorität den Kirchengrund zum Realschulbau bestimmt, so „erkläre ich auf Grund dieses Beschlusses zu Gunsten des Baues mein „Kodizill zurückzuziehen, damit die Gemeinde schon früher den nützlichen „Zweck einer Realschule erreichen könne. Zu dem Ende bevollmächtige „ich Herrn Hermann Müller, die von mir für den Realschulbau auf „dem Kirchengrund versprochene Summe von 72000 Neu-Lei in Raten „nach Bedürfnis des Baues und nach Fortgang desselben auszuzahlen, „indem ich meinen besten Segen für das Gedeihen der Realschule mit „dem Wunsche ausspreche: es möge durch gute, tüchtige und gewissen- „hafte Lehrer unsere jüngere Generation herangebildet werden."

Unterm 16. März 1876 machte das K. deutsche Generalkonsulat dem Vorstande die Anzeige, dass laut Erlass des Hohen Auswärtigen Amtes zu Berlin (16. Februar) der evangelischen Gemeinde hierselbst aus dem Allerhöchsten Dispositionsfonds ein Betrag von 6000 Mark zur Dotierung eines Lehrers und Schuldirektors bewilligt und die Fortgewährung dieses Betrages zu gleichen Zwecken aus Reichsmitteln laut Erklärung des Herrn Reichskanzlers, des Fürsten Bismarck, auf mehrere Jahre in Aussicht genommen worden sei.

Damit war denn auch der Bestand der zu erbauenden Realschule gesichert.

18. Kapitel.

Inzwischen hatte auch das im vorigen Jahre erneuerte Gesuch des Vorstandes an den evangelischen Oberkirchenrat ein günstiges Resultat erzielt, indem am 29. Februar Karl Jatho, Hilfsprediger in Aachen, sich um die zu besetzende Pfarrstelle bewarb. Der Wahlakt wurde, da der alte Vorstand nicht zu bewegen war, seine Demission zurückzunehmen und wenigstens bis zum Ende des Verwaltungsjahres die Geschäfte fortzuführen, von dem am 5. März neugewählten Vorstand eingeleitet.*) Derselbe fand am 26. März statt und wurde Pfarrer Karl Jatho einstimmig zum koordinierten Geistlichen gewählt.

Der neugewählte Vorstand unterzog sich mit Eifer der Ausführung der ihm zugefallenen Aufgabe, den Realschulbau zu bewerkstelligen und zwar mit Zugrundelegung des Programmes, welches das frühere Baukomitee ausgearbeitet hatte. Den von M. Surber ausgearbeiteten Plan führte Fr. Scheller unter Aufsicht von Karl Enderle und M. Surber aus.

Am 7. Mai wurde nach dem Gottesdienste die Grundsteinlegung im Beisein des Stifters Herrn Friedrich Hötsch, des Primars Herrn Oberst G. Mano, des Herrn Dr. Reitz als Vertreter des K. deutschen Generalkonsulates und der zahlreich versammelten Gemeinde, sowie der Schuljugend festlich begangen. Der Grundstein, in welchem eine Denkschrift, die letzten Jahresberichte und Kirchenrechnungen, die Geschichte der evangelischen Kirchengemeinde von Pastor W. Teutschländer, die Statuten von 1844 und 1871, sowie verschiedene Münzen gelegt wurden, befindet sich im Fundamente unter dem Pfeiler, links vom Haupteingang des Schulgebäudes.

Diese von so schönen Erfolgen gekrönte Thätigkeit der Gemeinde erregte nicht nur die Aufmerksamkeit der Bevölkerung, sondern fand auch Allerhöchsten Orts Anerkennung.

Als gelegentlich der Feier des 10. Mai auch die Vertreter der evangelischen Gemeinde ihre Huldigungen an den Stufen des Thrones darbringen durften, sprach Se. Hoheit der Fürst Karl I. in seiner Erwiderung auf dieselben die huldvollen Worte: „Ich verfolge fortwährend

---

*) Der neue Kirchenvorstand bestand aus den Herren: H. Müller, Kessler, Voneberg, G. Bossel, A. Nagy, C. Storck, C. Knappe, Fr. Freund, Scheller, Käseberg, Witting. — In den Schulvorstand wurden gewählt: Trausch, Schmidt, Schmettau, Krebs, Siebrecht, Broehm.

ihre Thätigkeit und weiss, dass sie insbesondere auf dem Gebiete des Schulwesens viele wohlthuende Erfolge erzielt haben."

Noch im Laufe des Schuljahres war der Vorstand darauf bedacht, auch dem Turnunterricht die ihm gebührende ununterbrochene Pflege angedeihen zu lassen. Anfangs war derselbe auf dem Turnplatz des im Jahre 1867 von Mitgliedern der deutschen Kolonie gegründeten ersten „Bukarester Turnvereins" erteilt worden, später ward der hinter dem Pfarrgarten befindliche aufgelassene Friedhofsplatz dazu hergerichtet. Leider konnte das Turnen nur im Sommerhalbjahr und auch da nur bei günstiger Witterung betrieben werden. Als dann der Turnverein im Jahre 1875 auf seinem eigenen Grund und Boden eine geräumige, wohleingerichtete Turnhalle erbaut hatte, setzte sich der Vorstand, da er ausser stande war und nunmehr es auch nicht mehr für nötig hielt, eine eigene Turnhalle zu bauen, mit dem „Turnrat" in Verbindung um Überlassung seiner Lokalitäten zum Unterricht für unsere männliche Schuljugend. Der „Turnrat", der seit Gründung des Vereins zum grössten Teil aus Gemeindemitgliedern bestand, ging um so bereitwilliger auf das Ansuchen des Vorstandes ein, als er einsah, dass dem Vereine aus unserer männlichen Schuljugend dereinst tüchtig vorbereitete Mitglieder erwachsen würden. So kam denn gegen eine von der Gemeinde jährlich zu leistende Entschädigung die Angelegenheit bald zu einem für beide Teile befriedigenden Abschluss.

Unterdessen war der Realschulbau rüstig fortgeschritten. Im Herbst stand das Gebäude vollendet da, eine Zierde der Stadt und ein ehrendes Denkmal für den hochherzigen Stifter, dessen Namen das Frontispiz trägt. Da der Kostenüberschlag um 2500 Franks überschritten worden war, spendete Herr Friedrich Hötsch bereitwilligst auch diese Summe.

Der Vorstand hatte es sich indessen angelegen sein lassen, da an die Subvention der K. deutschen Regierung die Bedingung der Anstellung eines Schuldirektors geknüpft war, eine tüchtige Kraft aus Deutschland für diesen Posten zu berufen und zugleich für die zweckentsprechende innere Einrichtung der neuen Anstalt Sorge zu tragen. Zu Ende des Jahres waren beide Aufgaben gelöst und der neue Direktor in der Person Dr. Gerdings aus Goslar zur Stelle.

Am 3./15. Januar 1877 wurde derselbe in sein Amt eingeführt. Gleichzeitig fand die feierliche Einweihung der Realschule und die Eröffnung der dritten Realklasse statt. Durch die Anstellung eines Schul-

direktors sämtlicher Schulanstalten der Gemeinde stellte sich die Notwendigkeit heraus, einen Anhang zu den Statuten derselben zu schaffen.
Zufolge dieses in der Generalversammlung am 11. Februar angenommenen Anhanges gehörten fortan die beiden Pfarrer und der Schuldirektor dem Schulvorstande als ständige Mitglieder mit Sitz und Stimme
an, waren jedoch in das Präsidium nicht wählbar.

Als ein Zeichen für die Toleranz der Gemeinde verdient die Thatsache Erwähnung, dass über Ersuchen der hiesigen englisch-evangelischen
Gemeinde, an deren Spitze damals der Judenmissionar Kleinhenn stand,
derselben die Kirche zum Gottesdienste an Sonn- und Feiertagen eingeräumt wurde, wofür sie sich zu einem jährlichen Beitrag von 500 Franks
verpflichtete, weil der Gemeinde selbst aus der längeren Heizung der
Kirche Auslagen erwuchsen. — Eine Anzahl Frauen der Gemeinde hatten
zu Anfang des Winters zwei grosse Kirchenöfen, System Meidinger, zur
Heizung der Kirche geschenkt, wodurch einem längst gefühlten Bedürfnis
abgeholfen wurde.

Am Charfreitag, an welchem Ihre Hoheit die Fürstin Elisabeth
regelmässig das heilige Abendmahl mit der Gemeinde zu halten pflegt,
liess Sie diesmal ein Requiem von Damen aus hiesigen Bojarenkreisen
zur Aufführung bringen, welches ein zahlreiches Publikum aus rumänischen Kreisen herbeizog. Die evangelische Abendmahlsfeier hatte auf
alle Anwesenden einen erhebenden Eindruck gemacht, wie dies von vielen
Seiten offen bekannt wurde. „Es sei doch schön", bemerkte damals ein
Hofwürdenträger, „dass man sich so tolerant gegenüberstehe".

Bezüglich der Entwickelung der Knabenschulen sah sich der Vor-
stand leider in den Erwartungen, die er an die Anstellung des Schul-
direktors Dr. Gerding geknüpft hatte, enttäuscht, so dass er es im
Interesse der Anstalt für ratsam fand, denselben schon mit Ablauf des
Schuljahres zu entlassen. Die vakant gewordene Stelle wurde durch
Christian Karl Hartmann aus Gera besetzt (15. Oktober 1877).

19. Kapitel.

Während so die Gemeinde stetig und friedlich an der Hebung und
Fortentwickelung ihres Schulwesens arbeitete, war der russisch-türkische
Krieg ausgebrochen. Russland hatte eine förmliche Konvention mit
Rumänien abgeschlossen, welche die Durchzugsverhältnisse regelte und

die bestehende Integrität des Landes garantierte. Ohne die Ratifikation der Konvention mit den Rumänen abzuwarten, rückten die Russen bei Ungheni in Rumänien ein und Grossfürst Nikolaus erliess als Höchstkommandierender eine Proklamation „An das rumänische Volk", als ob dasselbe keinen Herrscher habe, als ob dasselbe nicht ein von Russland unabhängiger Staat sei. Rumänien aber erklärte im Mai 1877 seine Unabhängigkeit. Während Russland noch im Juli die verlangte Teilnahme der kampfbereiten rumänischen Armee abgelehnt hatte, erhielt Fürst Karl am 18. August aus dem russischen Hauptquartier vom Grossfürsten Nikolaus die Depesche: „Kommen Sie uns zu Hilfe! Überschreiten Sie die Donau, wo Sie wollen, wie Sie wollen und unter welchen Bedingungen Sie wollen, nur kommen Sie rasch, denn die Türken vernichten uns!"

Der thatkräftige, heldenmütige Fürst führte darauf seine junge, tapfere Armee über die Donau nach Bulgarien und übernahm den Oberbefehl über die vereinten russischen Truppen. Es liegt ausser den Grenzen dieser Schrift auf den weiteren Verlauf des Feldzuges, sowie auf den rühmlichen, entscheidenden Anteil, den die rumänische Armee an demselben genommen, näher einzugehen. Theodor Vacaresco, der derzeitige rumänische Gesandte in Wien, hat denselben ausführlich geschildert und die als Schriftstellerin bekannte Mite Kremnitz das Werk den deutschen Lesern in Übersetzung zugänglich gemacht.*)

Erwähnt sei hier nur noch die Thatsache, dass Russland zum Danke für die ihm gebrachte Hilfe Rumänien im Frieden von San Stefano Bessarabien wegnahm und dafür die verödete türkische Provinz Dobrudscha gab.

Was die Haltung der deutschen Kolonie während des Krieges betrifft, so nahm dieselbe die Gelegenheit wahr, ihre Liebe und Opferwilligkeit für die neue Heimat zu betätigen. Viele deutsche Ärzte hatten sich in den Dienst des „Roten Kreuzes" gestellt und standen in den verschiedenen Lazareten des Landes. Sämtliche hiesige Männervereine veranstalteten sowohl einzeln als in Gemeinschaft Festlichkeiten, deren Erträgnis an die Gesellschaft des „Roten Kreuzes" zum Besten der

---

*) T. Vacaresco, Luptele Romanilor in resbelul din 1877—1878. Bukarest 1886. (Kämpfe der Rumänen im Krieg von 1877—1878.)

Die Übersetzung von Mite Kremnitz unter dem Titel: „Rumäniens Anteil am Kriege der Jahre 1877 und 1878", erschien im Jahre 1888 bei F. A. Brockhaus in Leipzig.

Verwundeten abgeliefert wurden. Die Frauenvereine dagegen beteiligten sich in ihrer Weise an dem Werke der Samariterliebe. Und was die Fürstin Elisabeth, die den meisten dieser Festlichkeiten huldvoll beiwohnte, in jener schweren Zeit teils persönlich, teils durch umsichtiges Anordnen und Wirken geleistet, bleibt unvergessen.*)

„Überall, wo sich Verwundete befanden, war sie anzutreffen, jeder Zug, der solche vom Schlachtfelde brachte, wurde von ihr erwartet und sie selbst legte Hand an, um Erfrischungen zu reichen. Sie organisierte selbst mehrere Spitäler, davon eines bei Cotroceni ganz aus eigenen Mitteln, überall war sie thätig, sprach vielen Mut zu bei schweren Operationen, tröstete manchen Sterbenden und weinte mit den Hinterbliebenen."

Bei einem Besuch, welchen der Verfasser in dem betreffenden Barackenspital Ihrer Hoheit machte, traf er die hohe Frau in dem ergreifenden Momente, wo drei deutsche Ärzte, darunter Dr. Kammerer aus Berlin, Dr. Kremnitz und Dr. Glück, um ein Bett versammelt waren, auf welchem ein unterhalb des Knies schwer Verwundeter lag. Die Ärzte erklärten, dass nur durch eine Amputation des Beines das Leben des Mannes zu erhalten sei. Die Fürstin sass ihm zu Häupten und hielt seine linke Hand in der ihrigen, ihm Mut zusprechend. Der arme junge Krieger bekreuzte sich und schüttelte den Kopf. Da rief ein ihm gegenüberliegender Verwundeter, dem die linke Hand amputiert worden: „Lass dir doch den Fuss abnehmen, du kannst ja doch keinen Gebrauch mehr davon machen. Es schmerzt nicht so sehr, wie jetzt die Wunde, sieh, ich habe mir ja auch die Hand abnehmen lassen." Gerührt erhob sich die Fürstin und zu dem Betreffenden herantretend, streichelte sie ihn. Dann ging sie wieder zu dem Schwerverwundeten zurück und sprach tröstend wie eine Mutter zu ihm: „Fürchte dich nicht, du bist in Gottes Hand; er wird schon helfen, und ich will dich nach der Amputation wiedersehen," worauf sich der Arme dreimal bekreuzend, endlich einwilligte. Während die Amputation ausserhalb der Baracken im Freien vorgenommen wurde, sagte Ihre Hoheit zum Verfasser: „Ich bin so froh, dass Hilfe für die Verwundeten gekommen ist. Die Königin von Sachsen hat mir „Albertinerinnen" (Krankenpflegerinnen) geschickt und aus Berlin sind mehrere tüchtige Ärzte angekommen" ...

---

*) Carmen Sylva von Mite Kremnitz. Breslau. Druck und Verlag von Schottländer.

Nahe am Eingange ins Lazarett war ein ziemlich grosser viereckiger Raum durch eine Bretterwand von dem der Verwundeten abgeteilt; in denselben eintretend fuhr die Fürstin fort. „da haben wir unseren Salon und nehmen wir mit den Pflegerinnen (den Hofdamen vom „Rothen Kreuz") auch die Mahlzeit ein. Anfangs wollte es uns nicht recht schmecken, aber jetzt ist Ekel und alles überwunden; es leidet mich nicht daheim" ....

„Der Volksmund hat ihr seitdem den Namen „muma ranitilor" (Mutter der Verwundeten) beigelegt und noch später bei den Krönungsfeierlichkeiten konnte man diese Worte wiederholt als Transparent an den Häusern glänzen sehen. So hat sie sich als Königin selbst das schönste Denkmal errichtet, das Ausdruck fand in einer von dem hiesigen deutschen Bildhauer Storck aus carrarischem Marmor gemeisselten Statue, welche ihr von den Frauen aller Offiziere der Armee verehrt wurde, und die sie selbst darstellt, wie sie einem verwundeten Soldaten eine Schale zum Trinken reicht."

Man darf wohl fragen, wie sich die Dinge gestaltet hätten, wenn nicht gerade diesem Fürstenpaar von der Vorsehung die Geschicke des Landes anvertraut gewesen wären. Gewiss „die rumänische Nation hat einen guten Engel gehabt, als sie ihre Wahl auf den Prinzen Carl von Hohenzollern lenkte", und Fürst Karl I. hat das Vertrauen der Nation gerechtfertigt. „Wenn während dieses Krieges Rumänien die ganz ungemeinen Schwierigkeiten, welche es umgaben und umtürmten, überwand, überstieg, besiegte und seine nationale Regierung wie seine öffentlichen Freiheiten bewahrte, so dankt es dies seinem Herrscher Carl I. Nur unter seiner Führung konnte es den Rumänen gelingen, zu erreichen, was sie erreicht haben, ihre Unabhängigkeit und die Achtung wie das Vertrauen Europas."*)

Während des zeitweiligen Aufenthalts russischer Truppen und Beamten in Bukarest waren unsere Gottesdienste sehr häufig seitens des dem evangelischen Bekenntnis angehörigen Militärs besucht.

Auch wurde die Amtsthätigkeit der beiden Pfarrer insofern erweitert, als dieselben öfters zur Spendung des heiligen Abendmahles an russische Soldaten evangelischer Konfession, die hier in den Spitälern lagen, sowie zur Einsegnung von Verstorbenen aufgefordert wurden.

———————

*) Demeter Sturdza in der Sitzung des Senats vom 1. Dezember 1880.

Aus dem Gemeindeleben des Jahres 1879 verdient die Feier des 25jährigen Kirchweihfestes, mit welcher die 100jährige Jubiläumsfeier des Wiedererstehens unserer Gemeinde durch einen Festgottesdienst und ein Bankett begangen wurde, Erwähnung.

Durch die sich stets mehrende Schülerzahl, welche die Thätigkeit der Lehrer voll in Anspruch nahm, sowie infolge der durch den letzten Krieg eingetretenen Verteuerung der Lebensmittel ergab sich die Notwendigkeit, die Gehälter der Lehrer und Lehrerinnen zu verbessern. Da aber diese Gehaltserhöhungen bei dem bisherigen Preis des Schulgeldes durch dasselbe nicht gedeckt werden konnten, so hatte auch dieses mit Beginn des neuen Schuljahres in entsprechender Weise erhöht werden müssen.

An der Mädchenschule gelang es, die längst zum Bedürfnis gewordene 5. Klasse einzurichten und eine Lehrdiakonissin dafür anstellen zu können.

Als von besonderer Tragweite für die Entwickelung der Mädchenschule muss der Verkauf des zur Meusebach-Stiftung gehörigen Grundstückes betrachtet werden, welches die Ephorie der Civilspitäler um den Preis von 20,000 Franks ankaufte.

In Anbetracht, dass sich schon vielseitig der Mangel einer höheren Töchterschule fühlbar gemacht, glaubte der Vorstand, nachdem ihm als erstes verwendbares Kapital diese 20.000 Franks zur Verfügung standen, nicht länger zögern zu sollen, und wurde die Errichtung einer höheren Töchterschule mit Pensionat in Aussicht genommen.

Um Herrn Friedrich Hötsch für die vielfachen Verdienste, welche sich derselbe um unsere Schulen erworben, ein bleibendes Zeichen der Anerkennung aufzurichten, wurde dessen Porträtbüste in carrarischem Marmor (ein Werk des Bildhauers Storck) in der „Aula" des Realschulgebäudes aufgestellt. Die Kosten in der Höhe von 1866 Franks wurden durch eine Sammlung freiwilliger Beiträge in der Gemeinde aufgebracht. Bald darauf erhielt dieselbe ebenfalls zum Schmucke der Aula von dem K. deutschen Generalkonsul von Alvensleben ein Brustbild Sr. Majestät Kaiser Wilhelm I. zum Geschenk, sowie von einem Ungenannten das Brustbild des Fürstenpaares, ferner das des Kaisers Franz Josef I.

Ihre Kgl. Hoheit Fürstin Elisabeth schenkte der Kirche einen schönen Altarteppich mit Stickerei, darauf die Worte Johannes 16, 33

12*

zu lesen: „In der Welt habt ihr Angst, aber seid getrost, ich habe die Welt überwunden."

Eine besondere Kräftigung und Förderung erfuhr das Gemeindeleben im Jahre 1880 durch die hochherzigen Schenkungen und Stiftungen des Mannes, der sich um die hiesige deutsche Kolonie und speciell um die evangelische Gemeinde durch seine zahlreichen Wohlthätigkeitsakte schon ein unsterbliches Verdienst erworben, nämlich durch Friedrich Hötsch. Dieselben bestanden:

1. In einem Kapital von 92 000 Franks zur Herstellung des Gebäudes für die projektierte höhere Töchterschule.

2. In einem Kapital von 32 000 Franks zur Gründung eines evangelischen Waisenhauses.

3. In einem Kapital von 12 000 Franks zur Gründung einer Pfarrer-Witwen- und Waisen-Pensionsstiftung.

4. In einem Kapital von 6000 Franks.

In demselben Jahre wurde der Gemeinde eine andere Stiftung von dem Komitee gewidmet, welches sich zur Feier der goldenen Hochzeit Ihrer Majestäten des deutschen Kaiserpaares über Initiative des Präsidenten C. H. Müller aus Gemeindemitgliedern gebildet hatte, um das Andenken an diesen Tag und an den erhabenen Schutz- und Schirmherrn unserer Gemeinde für alle Zeiten in der Gemeinde zu erhalten.

Die Stiftung, bestehend aus 5300 Franks, führt den Titel „Wilhelm-Augusta-Stiftung" und hat die Bestimmung, dass die Zinsen dieses Kapitals zur Bestreitung des Schulgeldes bei weiterer Ausbildung armer, befähigter Schulkinder beiderlei Geschlechtes, welche die Elementarklassen absolviert, verwendet werde; desgleichen stiftete St. Bogatscher ein Stipendium für zwei Realschüler.

Die Ausführung des Gebäudes für die höhere Töchterschule auf dem Gemeindegrunde (Meusebach-Stiftung) wurde dem Vorstandsmitgliede, Baumeister Fr. Scheller übertragen. Die Grundsteinlegung fand am 11. 23. Mai 1880 in Anwesenheit des K. deutschen Gesandten, Graf Wesdehlen, und des K. K. österr.-ungar. Gesandten, Graf Hoyos-Sprinzenstein statt.

Leider sollte es dem hochherzigen Stifter nicht vergönnt sein, sich an dem Anblick dieses schönen Denkmals seiner humanitären Gesinnung zu erfreuen. — Am 27. September 1880 schlossen sich die Augen, die bisher mit väterlicher Fürsorge über der Gemeinde gewacht hatten, für immer. — Der Vorstand hatte nicht verabsäumt, die Gemeinde bei der Begräbnisfeier des teuren Entschlafenen würdig zu vertreten. Wie aber dieser edle Menschenfreund schon bei Lebzeiten seine segenspendende Hand zum Wohle der Gemeinde so oft aufgethan, so hatte er ihrer auch noch in seinem letzten Willen in Liebe gedacht und ihr als Legate die Beträge von 75000 Franks zum Bau des evangelischen Waisenhauses und 25000 Franks als bleibenden Fonds zu Gunsten der Realschule ausgesetzt, dessen Zinsen zur Anschaffung von Lehrmitteln zu verwenden sind.

Über die oben erwähnte Schenkung von 6000 Franks hatte Friedrich Hötsch testamentarisch verfügt: dass die Zinsen davon alljährlich an seinem Geburtstag zur Hälfte an den Vorstand des „Bukarester deutschen Unterstützungsvereins" zur Verteilung an die Insassen des von ihm gegründeten Armenhauses abzuführen und die andere Hälfte zur Abhaltung eines Festes für die Kinder der evangelischen Schulen, beziehungsweise zur Beschaffung von Erfrischungen für die Kinder sowohl wie für deren Lehrer und Lehrerinnen zu verwenden sind.*)

------

*) Friedrich Hötsch, am 29. Juni 1804 in Gross-Rössen bei Torgau in der preussischen Provinz Sachsen geboren, kam, wie Fr. Bossel, zu Anfang der 30er Jahre als Kammmacher nach Bukarest. Tüchtig in seinem Beruf, gelang es ihm unter den damals überaus günstigen Verhältnissen durch wahren Bienenfleiss bei sparsamer Lebensweise und durch einen auf langer Wanderschaft geweckten kaufmännischen Sinn sich bald zu einem geachteten Geschäftsmanne emporzuarbeiten. Er unternahm dann eine Reise nach Wien, um daselbst Einkäufe von Galanteriewaren zu besorgen und etablierte sich, nach Bukarest zurückgekehrt, als Kaufmann. Sein Geschäft erweiterte sich von Jahr zu Jahr, und bereits Ende der 40er Jahre gehörte seine Firma zu einer der bestrenommierten am Platze. Nachdem Fr. Hötsch anfangs der 50er Jahre seinen Neffen C. H. Müller als Geschäftsteilhaber aufgenommen hatte, übersiedelte er mit seiner Gemahlin (die Ehe war kinderlos) nach Wien. Von dort kam er alljährlich nach Bukarest. Mit seinem ältesten und besten Freund Fr. Bossel besprach er unter anderem auch die Gründung eines Armenhauses. Im Jahre 1873 kaufte er zur Errichtung desselben vorerst einen Baugrund; der Bau selbst wurde im Herbst um den Kostenbetrag von 59343 Franks ausgeführt. Um den Fortbestand seiner Stiftung zu sichern und nicht dem Verein die Hauptlast für die Erhaltung derselben auf die Schultern zu wälzen, übergab er dem Vorstand des Unterstützungsvereins im Frühjahr 1876 ein um 81652 Franks angekauftes Zinshaus mit der Bestimmung, dass aus dem Erträgnis desselben die Insassen des Asyls unterhalten, sowie die Kosten für Instandhaltung der Baulichkeiten, Einrichtungsgegenstände u. s. w. gedeckt werden sollten. Von den im Hause befindlichen 15 Zimmern bestimmte der Stifter 10 Zimmer mit 22 Betten zur Aufnahme von Deutschen (evangelisch und katholisch) und 5 Zimmer mit 10 Betten zur Aufnahme von Ru-

Gegen Ende des Jahres kam eine hochwichtige Frage, welche in den letzten Jahren das ganze Land lebhaft beschäftigt hatte, nämlich die Thronfolgefrage zum verläufigen Abschluss, indem der nach der Konstitution zur Erbfolge berechtigte älteste Bruder des Fürsten Karl I. Erbprinz Leopold, zu Gunsten seiner Söhne auf die Thronfolge Verzicht leistete.

Am 26. März 1881 erfolgte die Proklamation der Erhebung Rumäniens zum Königreich. „Dieselbe bildete den würdigen Abschluss jener glorreichen Entwickelungsperiode, welche Rumänien von den letzten Erinnerungen einer unwürdigen Unabhängigkeit befreite und als ebenbürtiges Glied in die Zahl der selbständigen Staaten Europas einreichte.* Der Jubel, den dies Ereignis in der Stadt hervorrief, ist unbeschreiblich: viele Häuser, selbst in den entlegensten Strassen, prangten im Flaggenschmuck, Musikbanden durchzogen, von immer zahlreichen, anwachsenden Menschenmengen begleitet, die Stadt und sammelten sich vor dem Palais, um dem Königspaar ihre Ovationen darzubringen. Um 8 Uhr abends bewegte sich ein grosser Zug von Fackelträgern vor das K. Palais, um dem geliebten Herrscherpaar in donnernden Hochrufen neue Beweise treuer Anhänglichkeit zu geben.

In der evangelischen Gemeinde fand zu Ehren Ihrer Majestäten ein Festgottesdienst statt, worauf sich der Vorstand in corpore ins Palais begab, um dem hohen Königspaar die Huldigungen der Gemeinde darzubringen.

„Am 1. April abends zogen die deutschen Vereine: »Deutsche Liedertafel«, »Gesangverein Eintracht«, »Bukarester Turnverein«, »Handels-

---

mänen. Im Falle der Auflösung des Vereins fällt die Stiftung der evangelischen Gemeinde anheim.

Ausser den bereits genannten Stiftungen und Schenkungen sind noch zu erwähnen: die Schenkung der Kleinkinderschule samt Garten 29.751 Franks. Eigentum des I. Bukarester Frauenvereins, ein Legat von 2000 Franks für denselben Verein und ein Legat von 2000 Franks für den Internationalen Frauenverein.

Seine sämtlichen Stiftungen und Schenkungen belaufen sich auf 500.000 Franks.

Dies humane Wirken fand auch höchsten Orts verdiente Anerkennung. Friedrich Hötsch war Besitzer des K. preussischen Kronen-Ordens und des Ritterkreuzes des „Sternes von Rumänien". Er selbst hat sich ein Denkmal gesetzt, dauernder denn Erz und sein Andenken in der deutschen Kolonie und insbesondere in der evangelischen Gemeinde wird fortleben, solange es Herzen giebt, die in Liebe erglühten für Bildung und Gesittung, für Verbesserung des bittern Loses der Armut, das er von Anfang seiner Laufbahn selber getragen.

und Gewerbeverein« und »Deutscher Unterstützungsverein« mit klingendem Spiel und wehenden Fahnen vor das Palais. Zu beiden Seiten von einem 80 Paare zählenden Spalier von Fackelträgern begleitet, bot der in militärischen Reihen aufmarschierende Zug in seiner musterhaften Ordnung namentlich da einen wahrhaft imposanten Anblick, als die Vereine im Hofe des königlichen Palais in weitem Halbkreis Aufstellung nahmen, um die auf dem Balkon erscheinenden Majestäten mit gesenkten Fackeln und donnerndem Hochruf zu begrüssen. Die von ihnen in das Palais entsandte Deputation wurde von den Majestäten huldvollst empfangen, worauf nach Überreichung eines Bouquets an die Königin die beiden Sprecher der Deputation in rumänischer und deutscher Sprache die Huldigungen der deutschen Kolonie darbrachten und zugleich mit deren Glückwünschen den Dank für den bisher huldvollst gewährten Schutz an den Stufen des königlichen Thrones niederlegten. Se. Majestät dankte der Deputation und trug ihr auf, diesen Seinen Dank der ganzen deutschen Kolonie mitzuteilen und letztere nach wie vor Seines Schutzes zu versichern.«

Die Krönungsfeier fand in den Tagen vom 22. bis 24. Mai statt. Dieselbe überbot an Grossartigkeit alles, was bis dahin in der Hauptstadt gesehen worden war.

Im Laufe des Sommers wurde der Bau der Höheren Töchterschule samt Pensionat vollendet und die Lehranstalt mit dem Schuljahranfang feierlich zunächst mit einer Klasse eröffnet. Für dieselbe waren eine Vorsteherin nebst einer Lehrschwester und zwei Wirtschaftsschwestern aus der Diakonissenanstalt zu Kaiserswerth berufen und ausserdem zwei Lehrerinnen für Musik, sowie eine solche für das Rumänische angestellt worden.

Als Beitrag zur Kirchenchronik ist zu verzeichnen, dass in den Tagen vom 14. bis 19. Oktober die Pastoralkonferenz der evangelischen Geistlichen der hierländischen Diaspora stattfand, an welcher von auswärts 5 Pastoren teilnahmen.

Das Jahr 1883 ist für das Gemeindeleben insofern denkwürdig, als das im Jahre 1870 beschlossene Statut eine Revision in der Art erfuhr, dass der Dualismus zwischen Kirchen- und Schulvorstand zur Vermeidung von Kompetenzstreitigkeiten, sowie zur Vereinfachung und raschern Erledigung der Geschäfte beseitigt wurde. Das Statut wurde in der ausserordentlichen Gemeindeversammlung am 22. April angenommen und haben durch dasselbe endlich auch die beiden Geistlichen die ihnen gebührende Stellung im Gemeindevorstande erhalten.

Nicht minder wichtig war der Ankauf eines eigenen Hauses für die Filialschule, die bisher in Miete gewohnt. Zu diesem Ankauf wurde die Dr. Zucker-Stiftung verwendet.

Mit Beginn des neuen Schuljahres 1882/83 wurde an der Höheren Töchterschule die IV. Klasse eröffnet und eine neue Lehrschwester aus Kaiserswerth berufen.

Der Gemeinde fielen in diesem Jahre zwei Vermächtnisse zu: Albert Engel hinterliess für Kirche und Schule 2000 Franks und Friedrich Windholz vermachte der Gemeinde sein Haus unter der Bedingung, dass dasselbe erst nach seinem Ableben in deren Besitz übergehe.

Anlässlich des 400 jährigen Geburtstages Dr. Martin Luthers, welcher in feierlicher Weise in der Kirche begangen wurde, fand zu Gunsten der Schulbibliothek eine Sammlung statt, welche 150 Franks ergab, und es wurde beschlossen, eine solche alljährlich am Reformationstage zu gleichem Zwecke abzuhalten.

Im September demissionierte Pfarrer C. Jatho, indem er einem Rufe der Gemeinde Boppard am Rhein Folge gegeben hatte. Bereits im November verliess derselbe Bukarest.

An seine Stelle wurde Dr. Martin Boelike aus Craiova berufen (2. November 1884), trat aber seine Amtsthätigkeit erst am 8. März 1885 an.

Aus dem Gemeindeleben der letzten Jahre ist der Bau einer Friedhofskapelle, deren Einweihung am 24. November 1885 in Gegenwart des K. deutschen Gesandten, Minister Busch, stattfand, hervorzuheben. Die Kosten des von M. Surber aufgeführten Baues beliefen sich auf 12000 Franks. Mit Beginn des neuen Schuljahres wurde infolge der stets wachsenden Frequenz die Erweiterung der Knabenhauptschule durch Errichtung einer 5. Klasse vorgenommen und eine neue Lehrkraft zugleich für den Organistendienst aus Deutschland berufen.

Zu Ende des Verwaltungsjahres 1886/87 demissionierte der Gemeindepräsident C. H. Müller, nachdem er dieses verantwortungsvolle Amt durch 10 Jahre in einer für die Gemeinde höchst erspriesslichen und segensreichen Weise in aufopfernder Hingebung und Treue verwaltet hatte. Die Generalversammlung sah den Mann, der sich um die Gemeinde wohl verdient gemacht hatte, nur ungern scheiden und sprach

ihm ihren aufrichtigen Dank aus. An seine Stelle wurde der Apotheker
T. Witting gewählt.

Der Umstand, dass unseren Schülern der Übertritt aus unserer Anstalt in eine entsprechende Klasse einer rumänischen Schule ohne Nachteil
nicht möglich war, bewog den Vorstand, dem rumänischen Sprachunter-
richt eine grössere Pflege angedeihen zu lassen, zu dem Ende wurden
für denselben in allen Klassen der Knabenschulen anstatt 4 Stunden
5 wöchentlich angesetzt. Durch diese Vermehrung des rumänischen
Unterrichts ward die Anstellung einer neuen rumänischen Lehrkraft nötig.
Weiter beschloss der Vorstand, um den Schülern der unteren Klassen das
Erlernen der rumänischen Sprache zu erleichtern, die Bocksche deutsche
Fibel ins Rumänische übersetzen zu lassen und diese Übersetzung als
Lesebuch einzuführen.

Von einzelnen Ereignissen im kirchlichen Leben der Gemeinde erwähnen wir die Trauerfeier, welche anlässlich des Ablebens Sr. Majestät
des deutschen Kaisers und Königs Wilhelm I., und des Hinscheidens des
grossen Dulders Kaiser Friedrich III., der Schutzherren unserer Gemeinde,
in unserer Kirche veranstaltet wurden.

Das Andenken insonderheit an Kaiser Wilhelm I., der in seiner
Huld und Güte während seiner langen Regierungszeit die Gemeinde
so thatkräftig unterstützte, wird in derselben gesegnet bleiben für
und für.

Weiter hatte die deutsche Kolonie und auch die Gemeinde im
Sommer 1888 den Tod G. Bossels zu beklagen, der in der Gemeinde
mit grossen Opfern an Zeit und mit hingebender Liebe viele Jahre lang
das schwierige Amt des Kassierers und in der Bukarester deutschen
Liedertafel das des Präsidenten verwaltet hatte.

Bezüglich des Schulwesens der Gemeinde ist endlich noch zu erwähnen, dass der Vorstand sich bemüssigt gesehen hat, die Auflösung der
Filialschule, nachdem die Direktion der Kaiserswerther Diakonissenanstalt
die betreffende Lehrkraft zurückziehen zu müssen erklärte, zu beschliessen,
und zwar deshalb, weil die Schulräume den Anforderungen in hygienischer
Beziehung nicht mehr entsprachen und auch die Frequenz der Anstalt
seitens der evangelischen Kinder eine verhältnismässig sehr geringe geworden war.

Die Lehranstalten der Gemeinde werden demnach vom neuen Schuljahre an bestehen aus: der 5 klassigen Knaben- und der 3 klassigen Real-

schule, ferner aus der 5 klassigen Mädchen- und 4 klassigen Höheren Töchterschule samt Pensionat.

Die nächste Aufgabe des Vorstandes wird darin bestehen, die staatliche Autorisation für unsere Schulanstalten bei der betreffenden Behörde zu erlangen.

An den evangelischen Knabenschulen wirken zur Zeit mit Inbegriff des Direktors Hartmann und des Pfarrers Dr. Boelike, welche beide auch in der Höheren Töchterschule Unterricht erteilen, im ganzen 14 Lehrer, und zwar: 9 Klassen- und 5 Fachlehrer, unter letzteren 3 Rumänen.

Der Lehrkörper der Mädchenschulen besteht aus 9 Lehrdiakonissen, 4 Fachlehrerinnen, darunter 1 Rumänin, und 4 Fachlehrern, zusammen aus 17 Lehrkräften.

Die Schulstatistik des letzten Jahres weist 740 Schulkinder auf, und zwar: 390 Schüler und 350 Schülerinnen; davon sind der Religion nach: 400 evangelisch, 97 griechisch-orientalisch (orthodox), 119 römisch-katholisch, 120 mosaisch, 2 muhammedanisch und 2 konfessionslos.

Laut Rechnungsausweis für Kirche und Schule vom 1. Mai 1889 bis 30. April 1890 beliefen sich die Einnahmen auf 80623,97 Franks, die Ausgaben auf 77568 Franks. Das Budget für das laufende Jahr setzt dagegen ein Defizit voraus, das seine Erklärung in der seit zwei Jahren erfolgten Streichung der Subvention für die Schule sowie in der im Vorjahre erfolgten Besteuerung unserer Schulgebäude findet. Die Zahl der beitragenden Mitglieder beläuft sich auf etwas über 300; ein verhältnismässig geringer Prozentsatz der etwa 6000 Seelen zählenden Gemeinde.

Besitztum der evangelischen Kirchengemeinde zu Bukarest.

1. Der Gemeindegrund in der Mahala Stejari, angekauft im Jahre 1746—1756:
    1. Das Pfarrhaus, Str. Luterana No. 12, erbaut 1844, durch Anbau erweitert 1873.
    2. Das Zinshaus, Str. Luterana No. 14, erbaut 1846.
    3. Die Kirche, erbaut 1853.

4. Das Schulhaus. Strada Luterana No. 10, erbaut 1868 auf den Grundmauern unserer ersten 1753 entstandenen, 1777 vergrösserten alten Kirche.

5. Das Realschulgebäude, Strada Luterana No. 10, Stiftung Friedrich Hötsch, erbaut im Jahre 1876.

2. Der Gemeindegrund hinter Cismea Mavroieni, angekauft 1857, 1873 durch Schenkung von 45 Mitgliedern erweitert, worauf:

1. Der Friedhof, eröffnet im Jahre 1858.

2. Das Wohnhaus des Friedhofbesorgers, erbaut 1860.

3. Die Kapelle, erbaut 1885.

3. Der Gemeindegrund-Komplex in Strada Diaconiselor No. 3, 5 und 7, aus der Stiftung des Freiherrn G. von Meusebach vom Jahre 1855, vermehrt durch Gemeindekollekten und Schenkungen, deren Ertrag für die Schule bestimmt worden, mit:

Dem Schulhause für Mädchen, wozu 1874 aus Gemeindemitteln ein Anbau im Kostenbetrag von 13000 Franks erstellt wurde. Das Schulhaus für die Höhere Töchterschule, Stiftung Friedrich Hötsch, erbaut 1881.

4. Der Lehrer-Witwen- und Waisen- und Lehrer-Pensions-Fonds, bestehend aus der Stiftung des Herrn Fr. Hötsch im Betrage von 65000 Franks, gegründet im Jahre 1873.

5. Die Friedrich Bosselsche Stiftung zum Besten der Real-schule 6000 Franks, gegründet 1873.

6. Die Friedrich Hötschsche evangelische Waisenhaus-Stif-tung in Franks 91000 7 % und 119000 5 % — zusammen Franks 201000, gegründet 1880.

7. Die Friedrich Hötschsche Pfarrer-Witwen- und Waisen-Pensions-Stiftung, 27000 Franks laut Separat-Ausweis, ge-gründet 1880.

8. Die Friedrich Hötschsche Stiftung zum Besten der Real-schule für Lehrmittel 25000 Franks — in Rumänische 5 % Rente angelegt, gegründet 1880.

9. Die Friedrich Hötschsche Stiftung zur Feier des 29. Juni, 7000 Franks in 5 % Municipalobligationen angelegt, gegründet 1880.

10. Die Wilhelm-Augusta-Stiftung zur Unterstützung armer Schulkinder, 5300 Franks — in Credit Funciar Urbane, ge-gründet 1880.

11. Die Dr. Zuckersche Stiftung besteht aus dem Hause Strada Culmea No. 7 (Filialschule).

12. Das Haus in der Strada Popa Petre No. 11 (Vermächtnis F. Windholz).

13. Ein Reservefonds, gegründet von Herrn Gustav Rietz im Betrage von 100 Franks, siehe Ausweis.

14. Schulbücherfonds Schmitz-Lehmann-Stiftung, bestehend aus 1500 Franks in 5°/₀ Credit Funciar Urbane, von dessen Erträgnis Schulbücher für arme Schulkinder angeschafft werden. (Siehe separaten Ausweis.)

Lasten auf dem Gemeindevermögen ruhend.

1. F. Weidnersche Stiftung zu Gunsten der Schule à 10°/₀	5825,92 Franks.
2. Kapitalschuld an die königlich preussische Schatulle à 5°/₀, wovon jedoch seit 1. Juli 1876 jährlich 3°/₀ als Amortisation abgehen . . .	8731,48 „
3. Rente an den Internationalen Frauenverein, herrührend aus der früheren Schuld an Herrn Friedrich Bossel sen., 96 Franks und 208 Franks .	304,— „
4. Leibrente an Frau C. Boissier, per Jahr . .	428,— „
	19289,40 Franks.

Zum Schlusse sei hier noch in Kürze der für das ganze Land hochwichtigen Begebenheiten der letzten Jahre gedacht. Im Jahre 1886 wurde die Erbfolge endgültig geregelt, indem der ältere Sohn des Fürsten Leopold von Hohenzollern-Sigmaringen als nunmehriger Erbprinz auf seine eventuellen Thronfolgerechte in Rumänien zu Gunsten seines jüngeren Bruders Ferdinand (geboren den 24. August 1865 zu Sigmaringen) formell Verzicht leistete. Mittwoch, den 19. April 1889 fand der feierliche Einzug des Thronfolgers in Bukarest statt. Am 9. Mai erfolgte die feierliche Aufnahme desselben in den Senat, in dessen Liste er verfassungsgemäss schon früher eingetragen worden war. Bei dieser Gelegenheit richtete der Senatspräsident u. a. die folgenden bedeutungsvollen Worte an den Kronprinzen:

„Alle Welt hat einen neuen Beweis für die Innigkeit und Stärke erhalten, mit welcher das rumänische Volk der verfassungsmässigen Monarchie und Dynastie zugethan ist. . . . Glauben Sie, Prinz, voll und ganz an das Vertrauen und die Liebe des rumänischen Volkes". . . .

Se. K. Hoheit erwiderte diese Anrede in rumänischer Sprache, und sagte zum Schluss: „Herr Präsident und meine Herren Senatoren und Kollegen, ich danke Ihnen für die Liebe, welche Sie mir bewiesen haben seit dem Tage, an dem ich Ihnen zugesellt wurde als präsumtiver Thronerbe, und ich bitte die Vorsehung, welche Rumänien in allen Lagen beschützt hat, mich zu erhören und mich zu unterstützen, damit ich der Erwartung, welche der König und sein teures Volk auf mich setzen, vollkommen entspreche.

Es lebe Rumänien!"

Rückblick.

Wie sehr verschieden sind die Gedanken und Empfindungen, mit denen der Verfasser am Schlusse dieser Schrift auf die Entwickelung des Landes und insbesondere auf die des Deutschtums in Rumänien zurückblicken darf, von jenen, mit denen er die Geschichte des 18. Jahrhunderts abschloss.

Die Donaufürstentümer, Walachei und Moldau, damals kaum mehr als ein geographischer Begriff, ein Spielball der grossherrlichen Laune am „Goldenen Horn" und der Gegenstand russischer Eroberungsgelüste, haben sich durch ihre Vereinigung, Unabhängigkeitserklärung und Erhebung zum Königreich Rumänien einen ehrenvollen Platz in der grossen Familie der souveränen Staaten Europas errungen. Das nationale wirtschaftliche und geistige Leben des rumänischen Volkes, damals vollständig darniederliegend, hat sich seither in einer in der Geschichte der neueren Staaten des Kontinents beispiellosen Weise rasch entwickelt.

Heute besitzt Rumänien an 3000 Kilometer Eisenbahnen und allenthalben gut erhaltene Strassen, Handel und Industrie haben einen ausserordentlichen Aufschwung genommen, so dass z. B. 1886 der Werth der Ausfuhr die Summe von 255,547,263 Franks erreichte, während er noch 1866 kaum die Hälfte betrug. Höhere und niedere Schulanstalten haben in ganz enormer Weise zugenommen, von denen die in der Residenz zum Teil in wahren Palästen untergebracht sind, und bezüglich der humanitären Anstalten zur Pflege und Sorge für Arme und Kranke und

Obdachlose darf Bukarest heute mit jeder Stadt Europas von gleicher Bevölkerungszahl (ca. 240.000) kühn in die Schranken treten.

Was aber die Entwickelung des Deutschtums in der Residenz seit Beginn des 19. Jahrhunderts und insbesondere die der evangelischen Gemeinde betrifft, so findet hierbei das Wort seine volle Bestätigung: „Das Alte ist vergangen, siehe es ist alles neu geworden."

Damals noch ein kleines, verzagtes Häuflein, im buchstäblichsten Sinne des Wortes den Kampf ums Dasein führend, reicht heute die Zahl der Mitglieder der deutschen Kolonie schon an die Bevölkerungsziffer einer ansehnlichen Mittelstadt. Damals noch kaum die Anfänge zu einem geistigen Leben, wie es durch systematischen Unterricht und Erziehung entfacht wird, steht heute die Gemeinde, dank der liberalen Gesetze des Landes, dank der vielfachen Unterstützungen und Förderungen seitens der Regierungen des Landes, insbesondere dank der namhaften Unterstützung der preussischen Regenten und der deutschen Kaiser, des Gustav-Adolf-Vereins und dank der zahlreichen, hochherzigen Stiftungen einzelner Gemeindeglieder kräftig und blühend da. Wieviel Segen von der deutschen Kolonie auf die einheimische Bevölkerung ausgeströmt, das lässt sich allerdings ziffermässig nicht nachweisen; aber der spätere Kulturhistoriker Rumäniens wird, wenn er unbefangen in seinem Urteil ist, dieser Kolonie ihre kulturelle Bedeutung für das Land nicht absprechen dürfen, ja wie wir hoffen, es gerne zugestehen, dass die Deutschen, wie dies viele rumänische Fürsten und Patrioten erkannt und offen ausgesprochen haben, dem Lande nicht zum „Schaden", sondern nur zum „Nutzen" und zum „Schmuck" gereicht.

Sehr richtig sagt der Verfasser eines Feuilletons in dem deutschen „Bukarester Tagblatt", welchem die Geschichte der evangelischen Kirchengemeinde vorgelegen hat: „Eine Geschichte der wirtschaftlichen Thätigkeit der Bukarester deutschen Kolonie zu liefern, hiesse eine Geschichte der gesamten Industrie und Gewerbthätigkeit Bukarests schreiben wollen. Denn thatsächlich existiert — von den Niederlagen einzelner Weltfirmen ganz abgesehen — kein Gebiet gewerblicher oder kaufmännischer Arbeit, auf welchem die Deutschen Bukarests nicht in erster Linie vertreten wären.

In wissenschaftlicher und litterarischer Beziehung haben die Deutschen in Rumänien allerdings, was ja bei ihrer gesellschaftlichen Stellung selbstverständlich ist, wenig geleistet. Von Deutschen, die sich in früheren Zeiten hier aufgehalten, sind ausser den in dieser Geschichte mehrfach erwähnten Schriftstellern wenige namhaft zu machen. In neuester Zeit haben die deutsche Litteratur in hervorragender Weise nur Ihre Majestät die Königin Elisabeth und Frau Mite Kremnitz sowohl durch eigene Dichtungen, als auch durch Übersetzungen von Werken der bedeutendsten rumänischen Schriftsteller und Dichter, wie: Alecsandri, Eminescu und Slavici bereichert.

Vom Verfasser erschien im Jahre 1879 eine Monographie aus der rumänischen Geschichte*), sodann hat R. Berger eine Schrift über Rumänien veröffentlicht, die aber mit Ausnahme einer geschichtlichen Übersicht im Grunde nichts anderes ist, als eine mit Geschick verfasste Touristenarbeit, in der sich für die Deutschen in Rumänien fast kein Interesse zeigt.

Von wissenschaftlicher Bedeutung dagegen ist die in diesem Jahre erschienene und in der Einleitung dieses Buches bereits erwähnte gediegene Arbeit von Traugott Tamm, welcher hier längere Zeit als Erzieher im Hause des praktischen Arztes Dr. Kremnitz weilte und bei gründlichem Sprach- und Geschichtsstudium Land und Leute kennen zu lernen Gelegenheit hatte.

An Gelegenheitsdichtern, die zum Teil Gediegenes leisten, fehlt es in der deutschen Kolonie nicht.

Eine um so rühmlichere Stellung haben sich einzelne Deutsche auf dem Gebiete der Kunst, namentlich auf dem der Musik, der Bildhauerei und der Architektur erworben. Zeugen sind die Leistungen des Konservatoriums und der Militärmusikkapellen, ferner mehrere Standbilder und eine grosse Zahl von monumentalen Prachtbauten. Grösser jedoch als man glauben mag, ist der Einfluss deutscher Bildung und Wissenschaft, welcher durch die zahlreichen rumänischen Gelehrten selbst, die auf deutschen Universitäten oder Schulanstalten ihre Ausbildung erhalten haben, in Rumänien mehr und mehr zur Geltung kommt.

Die bedeutenderen Pädagogen und Verfasser von Grammatiken und Schul-Lesebüchern huldigen der deutschen Lehrmethode, ja man findet in denselben sogar viele deutsche Musterstücke in Übersetzung wieder.

Die Fröbelschen Kindergärten breiten sich immer mehr über das ganze Land aus und es dürfte kaum einen bedeutenderen Vorort in

*) Michael der Tapfere. Ein Zeit- und Charakterbild aus der Geschichte Rumäniens. Verlag von Karl Gräser, Wien 1879.

Rumänien geben, wo kein Kindergarten zu finden ist, zu geschweigen der Menge von deutschen Lehrern, Gouvernanten und Bonnen, die in Instituten und Privathäusern musikalische und sonstige Bildung verbreiten.

In politischer Beziehung haben die Deutschen hier nie, wie in Amerika, eine Rolle gespielt, wiewohl bereits viele von ihnen naturalisiert sind; sie streben auch nicht darnach, sich irgendwie politisch bemerklich zu machen. Die deutsche Presse ist mehr oder weniger nur das Echo der betreffenden Regierungsorgane.

Das Korporations- und Genossenschaftswesen wird dagegen nach dem Vorbilde der deutschen Heimat fast zu sehr kultiviert. An Bestrebungen zu einer Vereinigung hat es zwar nicht gefehlt; aber die Deutschen unter Einen Hut zu bringen, hat sich hier stets als eine Illusion erwiesen. Ausser den in dieser Schrift bereits erwähnten Vereinen giebt es noch den Kranken-Unterstützungsverein „Anker" und die „Transilvania", ferner eine „Deutsche Loge" und eine Baptistengemeinde; die „Bukarester deutsche Liedertafel", wie auch der „Turnverein Bukarest" verfügen über ein ihren Zwecken entsprechendes Heim und der aus der Initiative von Mitgliedern der deutschen und Schweizerkolonie hervorgegangene „Schützenverein Bukarest" besitzt eine schöne Schiessstätte auf einem Terrain, wie es wohl wenigen Schützenvereinen in der Welt zur Verfügung steht. — Dabei ist jedoch ausdrücklich hervorzuheben, dass diese Vereine nicht exklusiv, sondern mehr oder weniger international sind, indem sie gern und willig jeden unbescholtenen „Nichtdeutschen" (das Wort in sprachlicher Beziehung verstanden) in ihrer Mitte aufnehmen, welcher Sinn und Interesse für die Bestrebungen des deutschen Vereinslebens an den Tag legt.

Was von der Bedeutung für das wirtschaftliche und soziale Leben der Residenz gesagt wurde, hat auch für die zahlreichen kleineren Kolonien Geltung, welche, über ganz Rumänien zerstreut, in allen Vororten die Spuren deutschen Gewerbfleisses und die Rückwirkung deutschen Wesens erkennen lassen.

Die Bestätigung dieser Behauptung wird die nachfolgende Geschichte der Gemeinden: Jassy, Craiova, Galatz, Braila, Turn-Severin, Pitescht und Atmadscha (Dobrudscha) liefern.

Zweite Abteilung.

I. Jassy.

Jassy (Jaschi) war seit dem Jahre 1565, wo Fürst Alexander Lapusnean die Residenz von Suczava hierher verlegte, die Hauptstadt der Moldau, sank aber infolge der im Jahre 1862 unter dem Fürsten Zoan Alexander Cuza vollzogenen Union der beiden Donaufürstentümer Moldau und Walachei zur Hauptstadt des gleichnamigen Distriktes herab. Heute zählt Jassy 90.000 Einwohner und ist der Sitz des Metropoliten der Moldau und Suczava.

Die ersten sichern Nachrichten über die evangelische Gemeinde zu Jassy finden sich in dem Chrissov, welchen der Fürst Alexander Morusi (8. November 1803) den „Lutheranern" daselbst erteilt hat, und den ich deshalb hier vollinhaltlich folgen lasse.*)

„Durch diesen unsern fürstlichen Chrisov wird hiermit kundgegeben, „dass im Jahre 1784 den 16. Juli Unser erhabener Bruder Alexander „Constantin V. V. durch eine fürstliche Schenkungsurkunde Seiner er- „lauchten Tochter, der Fürstin Radu Mavrocordato, einen Familienboden „abgetreten, welcher sich oberhalb des Copou ausser der Stadt Jassy „neben dem Platze des verstorbenen Vorniks Constantin Raschkano, bis „anstossend an das Kloster Copou befindet und welcher von der Botu- „schaner Strasse angefangen bis an das alte Flussbett des Bachlui „grenzt, dessen Ausdehnung 77 fürstliche wal. Stinjen (Klafter) zu 6 „Palmen im Quadrat bemessen, beträgt, wie dieser unser Chrisov näher, „sowie auch Meine fürstliche Bestätigung bezeugt. Auch habe ich Meine „ehrenwerten treuen Bojaren Herrn Costaki Balsch wel Logofet de

---

*) „Uricariul" (enthaltend: Annalen, Chrissove, Traktate und andere Akten der Moldau-Walachei vom 14. bis 19. Jahrhundert) von Theodor Codresru, 1857

„térra de jos und den Herrn Manolaki Dimaiki wel Vornik be-
„stimmt zu ergründen, ob dieser Platz bewohnt oder von jemand in
„Besitz genommen, und nach deren Aussage in Erfahrung gebracht, dass
„diesen Platz im vergangenen Jahre (aus Unwissenheit, dass er schon
„eine frühere Schenkung gewesen) von ihnen die lutherische Gemeinde
„verlangt habe, um sich darauf eine Kirche und Gewerbshallen zu er-
„richten, wie sie aber weder einen Chrisov noch ein fürstliches Dekret
„bisher besässen, welches, wenn sie auch ein derartiges hätten, keine
„Wirkungskraft hätte, den Platz als ihr Eigentum anzusehen, weil der-
„selbe schon vor 20 Jahren von der fürstlichen Regierung durch einen
„Chrisov, wie oben bemerkt, geschenkt wurde.

„Da nun die lutherische Gemeinde schon viele Gesuche an Meine
„Regierung mit der Bitte richtete, ihr diesen Boden zu überlassen, und
„vorgab, keinen Begräbnisplatz zu besitzen, und wünschte wie die
„anderen Fremden auch eine Kirche und Häuser, um ihre Handwerke
„auszuüben, zu haben: da sie zugleich neben ihren Gesuchen alte Ur-
„kunden, welche sie von den verstorbenen Hospodaren haben, beilegten,
„worunter ein Chrisov des verstorbenen (Fürsten) Grigorie Alexander
„Ghika, Voevod, und ein anderer des verstorbenen Grigorie Joan
„Kalimak, Voevod, in welchen man ihr die Erlaubnis erteilt, sich eine
„Kirche nach ihrem Ritus zu erbauen und zugleich Güter in jährlichen
„Pacht zu nehmen, wie auch Weinberge, Güter, Häuser oder Buden an-
„zukaufen oder zu mieten, so auch alle Gattungen Vieh zu ihrem Lebens-
„bedürfnis zu halten und auch andere Handwerker aus der Fremde
„anzueifern, hieher zu kommen, zu ihrem Nutzen sowohl als auch zum
„Schmuck unseres Vaterlandes; wie es weiter in jenen Chrisoven
„lautet, und auch dieselbe vorgab, dass der Platz, der bis jetzt zu ihrem
„Begräbnisorte bestimmt war, mit Bauernhäusern bebaut und folglich
„keinen Raum zu diesem Zwecke mehr hätten, so hat Unsere Regierung
„für gut befunden, an den Schenkungen, welche andere erlauchte Hos-
„podaren gemacht, nichts zu ändern. Da selbige als Herren und
„Herrscher nur das Gute im Auge haben konnten, so will auch Meine
„Regierung, dass ein Platz der lutherischen Gemeinde gegeben werde,
„um sich darauf eine Kirche und Friedhof zu errichten, und habe daher
„den Herrn Constantin Baltsch wel Logofet de térra de jos und
„den Herrn Vornik al Obstiee befohlen, dass sie irgendwo einen
„anderen Platz suchen, welcher noch nicht durch Hosp. Chrisov vergeben

„worden sei; selbige suchten in der Umgebung der Stadt nach, fanden
„aber keinen passenden zu diesem Zwecke.

„Da Wir nun die Bedrängnis der Lutheraner sahen, dass sie keinen
„Ort für Begräbnis noch Kirche haben, so habe Ich ein grosses Stück
„von dem Platze der Fürstin Ralu genommen und der lutherischen Ge-
„meinde gegeben, wovon der erhabenen Fürstin noch 76 hosp. Stinjen.
„6 Palme im Quadrat verbleiben, und zwar neben dem Platze des
„Vorniks Raschkan und des Nedelko bis zur Morgenseite des Klosters
„Copou, dessen Länge 200 hosp. Stinjen beträgt, wovon der andere
„Teil der lutherischen Gemeinde gegeben wurde und bei dessen Aus-
„messung anwesend waren: Andreas Schepnik, Preusse, Wagner;
„Alois Alesterling, Schwede, Wagner; Andreas Stef, Tischler;
„Michael, Preusse; Valentin Vintak, Riemer; Samuel Angel, Leiter,
„Apotheker; Karl Gisa, Preusse, Gärtner, und mehrere von ihnen.*)
„Deren Platz hat die Breite von ebenfalls 76 Stinjen à 6 Palme Quadrat,
„und die untere Länge desselben gegen Jassy neben Nedelko beträgt
„785 hosp. Stinjen, die obere gegen Copou zu aber 975 hosp. Stinjen;
„dieser den Lutheranern abgetretene Platz von den 200 Stinjen und der
„der Erlauchten Fürstin gehörige ist durch Grenzsteine getrennt und
„geht mit seinen beiden Längenlinien bis an das alte Flussbett des
„Bachlui.

„Jedoch müssen auf diesem Boden drei Strassen, die zur Stadt
„führen, beantragt u. z. von soviel Klafter Breite, als beansprucht
„werden, und wenn die Gemeinde mit der Zeit Umzäunungen oder Ge-
„bäude auf diesem Grunde aufführen will, muss sie deren Grenzen vorher
„bezeichnen. Und damit in Zukunft keine Streitigkeiten unter den
„Nachfolgern um den Platz, worauf sie ihre Kirche, Friedhof oder andere
„Gebäude anlegen will, entstehen, so erteilt hiermit Meine Regierung
„durch diesen unsern Chrisov den hier angeführten Platz der lutherischen
„Gemeinde, welcher sich vom obern Hügel bis zum alten Flussbett des
„Bachlui 76 hosp. Stinjen, 6 Palmen in Quadrat, ausdehnt, welcher ihr
„Eigentum von Geschlecht zu Geschlecht für immer ist.

„Für dieses genannte Stück Boden, welches der lutherischen Ge-
„meinde gegeben wurde, verpflichtete sich die Regierung der erhabenen

---

*) Die drei nach ihrer Nationalität nicht näher Bezeichneten waren Öster-
reicher.

„Fürstin mit einem andern hosp. Geschenke ihren Dank zu erweisen, und
„Meine Regierung fand es für Recht, durch einen eigenen Chrisov, dass
„Ihrer Durchlaucht jährlich 50.000 Okka Salz aus den fürstlichen Salz-
„gruben als Entschädigung für die Abnahme des grossen Stück Bodens
„erteilt werden, auf welchem Raume Hochdieselbe Mühlen (da der Fluss
„Bachlui Wasser hat) Gasthäuser (Carciume, da es an der Landstrasse
„Romans liegt) oder andere Gebäude, die einen fortwährenden jährlichen
„Nutzen eingebracht hätten, hätte errichten können.

„Dies ist Unsere feste Überzeugung Alexander Constantin Moruz
„Voevod, wie auch diejenige Meiner geliebten Söhne: Constantin V. V.,
„Dumitriu V. V. und Nicolaus V. V., dann die Bezengung der drei
„Erzbischöfe des Landes, Sr. Heiligkeit des Metropoliten der Moldau,
„Kir Benjamin, die Gott liebenden Bischöfe, Sr. Heiligkeit Kir Jerasim
„Bischof von Roman, Sr. Heiligkeit Meletie, Bischof von Husch, und
„die Beglaubigung der ehrenwerten Bojaren des Divans: Herr Constantin
„Balsch wel Logofet de térra de jos, Michael Sturdza wel Logofet de
„térra de sus, Lupu Balsch wel Vornik de térra de sus, Manolaki
„Dimaiki wel Vornik al Obstiec, Dumitriu Manul wel Postelnik, und
„Raducanu Roset Hatman und Parculab von Suceava, Alexander
„Mavrocordat wel Camerasch, Jordaki Roset wel Wisstier, Alexander
„Balsch Aga, Costaki Sturdza wel Vornik de Aprozi, Nicolai Balsch
„wel Spatar, Vasilie Roset wel Ban, Dumitriu Ghika wel Caminar,
„Nicolai Dimaiki wel Caminar und die Bestätigung aller Gross- und
„Klein-Bojaren des Divans Meiner Regierung.

„So geschehen und unterfertigt im zweiten Jahre Unserer Regierung
„in der Stadt Jassy in der Moldau im Jahre nach Christus
„1803 November 8.

„Wir Alexander Moruz Voevod.

„Const. Balsch wel Logofet."

Der erste bekannte Geistliche der evangelischen Gemeinde zu Jassy
war Wilhelm Harte aus Siebenbürgen. Derselbe war durch Vermittelung des Pfarrers Glockner in Bukarest berufen worden. Bis dahin war die Gemeinde auf den evangelischen Pfarrer in Sutschava angewiesen, welcher sie von Zeit zu Zeit besuchte. — Am 20. Oktober
1809 wurde Harte eingeführt, nachdem auf Befehl Sr. Excellenz des
Senator und Präsidenten von Kuschnikoff (die Russen waren damals
in Jassy) der Gemeinde für ihre Gottesdienste ein grosses Zimmer in

einem Flügel des fürstlichen Schlosses eingeräumt und dasselbe durch Geschenke von Gemeindegliedern mit kirchlichem Schmuck eingerichtet worden war.

Harte schreibt in dem betreffenden Bericht an Glockner: „Unser Bethaus, welches beinahe so gross als die Bukarester Kirche sein wird, ist jeden Sonntag gepfropft voll von Menschen: Lutheraner, Katholiken, Bojaren, Griechen drängen sich hinzu. Aus beiliegendem Schreiben werden Sie ersehen, dass Sie von der Gemeinde als Oberhaupt derselben anerkannt worden sind, und zugleich übersende ich Ihnen drei Ehescheidungsdeliberate, um deren Konfirmation und Beidrückung Ihres Kirchensiegels ich ergebenst bitte." Für die Bestätigung derselben sandte Harte 15 Piaster ein. Zum Schluss sagt er: „Jassy scheint nicht so ungesund zu sein, als es ausgeschrieen wird, denn bis jetzt habe ich erst eine einzige Leiche gehabt und das war ein lediger Mensch."

Im Jahre 1812 starb zu Rimnik der K. russische Generalmajor Johann Georg von Städter. Derselbe hatte testamentarisch 1000 Dukaten mit der Bestimmung hinterlassen, dass davon eine Kirche über seinem Grabe gebaut werde. Sein Sohn, Johann von Städter, liess die Leiche des Vaters nach Jassy bringen und im darauffolgenden Jahre die Kirche bauen. In der Mitte derselben befindet sich der Leichenstein mit der Inschrift. Alljährlich am 6. Juli, am Tage Johannis des Täufers, wird das Kirchweihfest und die Erinnerung an den Erbauer gefeiert.

In demselben Jahre wurde auf Grund veranstalteter Sammlungen mit dem Bau des Pfarrhauses begonnen; doch wurde dasselbe bis zum Jahre 1840 vermietet und nicht vom Pfarrer bewohnt. Die Geistlichen, welche ein sehr geringes Gehalt bezogen und sich besonders durch Erteilen von Privatstunden ernähren mussten, wohnten bis dahin in der Stadt.

Harte erwirkte im Jahre 1815 für die Gemeinde von dem Fürsten C. Callimachi verschiedene nicht unwichtige Privilegien, die später (1820) vom Fürsten Michael Sutzo bestätigt wurden. Für sein standhaftes und umsichtiges Benehmen bei den Ereignissen vom Jahre 1821 erhielt Harte als „Konsularagent" von der K. preussischen Regierung eine Gratifikation von 100 Thalern.

Im Jahre 1822 ward die Kirche im Janitscharen-Aufstande, welcher fast die ganze Stadt in Asche legte, durch Plünderung arg beschädigt. Die Munificenz des Königs Friedrich Wilhelm III. von Preussen gewährte die Mittel zur Wiederherstellung der Kirche.

Auf Harte, welcher im Jahre 1826 sein Amt niederlegte und nach Siebenbürgen zurückkehrte, folgte Pastor Roth. Derselbe war von dem Oberkonsistorium A. B. in Siebenbürgen, an welches sich die Gemeinde gewendet hatte, entsandt.

Pastor Roth wirkte nur vier Jahre. Nachdem sich die Gemeinde, die damals aus beiläufig 150 Seelen bestand, vergeblich an das Konsistorium zu Hermannstadt und an die Missionsanstalt zu Basel um einen Pfarrer gewendet hatte, fand sie im Jahre 1831 einen solchen in Ferdinand Wagner aus Bessarabien. Derselbe, ebenfalls ein Siebenbürge, machte Versuche, für die Gemeinde Anschluss an das Konsistorium zu Berlin zu gewinnen. In seinem diesbezüglichen Bericht schildert er die Gefahren, welche der Gemeinde durch die römisch-katholische Mission zu Jassy und durch den Mangel einer Schule drohen, auch weist er hin auf den blühenden Zustand der Gemeinde zu Bukarest, welche, unter K. schwedischem Schutze stehend, 2000 Seelen zähle.

Nach dem Abgange Wagners (1837), der mit seiner Gemeinde zerfallen war, wurde Pastor Holzschuher — derselbe stammte aus der noch jetzt in Nürnberg bestehenden Freiherr von Holzschuherschen Familie ab — aus Bessarabien berufen. Er schätzt die Seelenzahl der Gemeinde auf 6—700. Auf seinen Vorschlag unterwarf sich die Gemeinde in kirchlichen Angelegenheiten den Preussischen Gesetzen. — Im Jahre 1839 gründete Holzschuher die evangelische Schule und veranlasste in den vierziger Jahren im Auslande zur Erbauung einer neuen Kirche eine Kollekte, welche über 2000 Dukaten eintrug. Auf die wiederholten Bitten der Gemeinde übernahm Se. Majestät der König von Preussen am 15. September 1844 das Patronat, während das Aufsichtsrecht in kirchlichen Angelegenheiten dem Konsistorium der Provinz Brandenburg und später 1852 dem Evangelischen Oberkirchenrat übertragen wurde. Das Gehalt Holzschuhers betrug 200 Dukaten. Anfangs der fünfziger Jahre brach ein Zwiespalt zwischen Holzschuher und der Gemeinde aus, zu dessen Beilegung Baron von Meusebach und Pfarrer Neumeister sich nach Jassy begaben. Holzschuher wurde suspendiert; seine Angelegenheit entschied sich jedoch erst 1855. Die Strafe ward ihm im Gnadenwege unter der Bedingung erlassen, dass er sein Amt niederlege, was geschah. Er erhielt dann vom Grafen Koller eine Pfarrstelle im Gothaischen.

Nach der Suspension von Holzschuher war Francke als Pfarrver-

weser nach Jassy gesandt worden, welcher im November 1853 daselbst
ankam. Er war der erste aus Preussen gesandte Geistliche der Gemeinde
und verwaltete das Pfarramt mit reichem Segen bis 19. Mai 1867. In
seine Amtsperiode fällt die vollständige, mit einem Kostenaufwande von
mehr als 2000 Dukaten ausgeführte Renovierung der Kirche.

Unter den Spendern finden wir u. a. den regierenden Fürsten
Alexander Johann mit 150 Dukaten, die fürstlich moldauische Regierung mit 699 Dukaten, Johann Kopuschinski mit einem Legat
von 200 Dukaten, den Centralvorstand des Gustav-Adolf-Vereins mit
200 Dukaten und die Leipziger Kaufmannschaft mit 110 Dukaten. Den
letzten Posten verdankte die Gemeinde den Bemühungen ihres damaligen
Kassierers, des Bankdirektors Hutter.

Leider brachte der Kirchenbau einen Zwiespalt in die Gemeinde, da
ein Teil derselben eine neue Kirche in der Stadt haben wollte.

Nach Franckes Weggang trat eine Vakanz von fast zwei Monaten
(14. Juli 1867) ein, während welcher der Grundstein zum Schulhause
gelegt wurde. — Die Einweihung desselben fand unter dem neuen Pfarrer
Richter (Craiova) statt (November 1867). Das Schulhaus hatte samt
dem Grundstück über 2000 Dukaten gekostet. Infolgedessen trat ein
empfindlicher Mangel in der Gemeindekasse ein, was den Vorteil hatte,
dass die Kräfte der Gemeinde besser angespannt wurden. Dieser Geld-
mangel und die Massnahmen zur Deckung desselben erregten viel Missstimmung, welche sich natürlich gegen den Pastor wandte. Auch redu-
cierte man ihm das Gehalt um 300 Thaler, welcher Ausfall jedoch durch
Zuschuss von Sr. Majestät dem König ersetzt wurde.

Im Jahre 1870 ward eine neue durch Sammlung bei den Frauen
der Gemeinde beschaffte Glocke eingeweiht. Sie trägt die Inschrift:
„Frauengabe 1870, O Land, Land, Land höre des Herrn Wort. (Jer.) —
Die ältere Glocke, ein Geschenk von Katharina Tartler aus Kronstadt,
war gesprungen und wurde verkauft. Die neue Glocke kostete loco
Bochum 117 Thaler. Am 15. August 1872 verliess Pastor Richter
Jassy und an seine Stelle wurde Pastor Roetger, bisher in Pitescht,
gewählt. Die Chronik der Gemeinde weist bereits im Jahre 1872 eine
Verringerung der Seelenzahl der Gemeinde nach: dieselbe wird auf etwa
500 Seelen in ungefähr 160 Familien, beziehungsweise selbständigen Haus-
haltungen, geschätzt, von denen nur ein Dritteil regelmässige Beiträge
leistete.

Schon im nächsten Jahre demissionierte Pastor Roetger, ihm folgte der bisherige Pfarrer in Braila, O. Riep (24. Juni 1873). Während seiner Amtsführung wurde die Gemeinde, zufolge einer Municipalitäts-verfügung, welche auf den innerhalb des Stadtbezirkes liegenden Fried-höfen Beerdigungen verbot, genötigt, die Beerdigungen nicht mehr auf ihrem um die Kirche gelegenen Friedhofe, sondern auf dem allgemeinen Stadtfriedhofe „Eternitate" auf Tarturasch zu vollziehen. Nach Rieps Abgang haben noch folgende Pastoren in der Gemeinde zu Jassy amtiert: Pein von 1876 bis 1881, Hartmann von 1881 bis 1889. Nach des letzteren Weggang trat eine dreimonatliche Vakanz ein, während welcher der dortige Judenmissionar die Amtshandlungen vollzog.

Seit dem 2. Februar 1890 ist B. Reck Pastor der Gemeinde.

Pastor Reck giebt die Seelenzahl der Gemeinde auf etwa 450 an, darunter sind neben rumänischen namentlich österreichisch-ungarische, weniger deutsche Staatsangehörige. — Die Jassyer Gemeinde hat folgende Filialen: Botoschan zählt etwa 40, Bacau mit dem benachbarten Ort Fontanele der deutschen Prinzessin Schönburg-Waldenburg 40, Roman 30, Paskani 20 Seelen. Für Bacau-Fontanele existiert nur eine Kapelle, erbaut vom Fürsten Wittgenstein, dem früheren Besitzer von Fontanele; in Fontanele besteht seit 1890 eine deutsche Schule, welche von sechs deutschen Beamtenkindern besucht wird; die übrigen Filialen besitzen nur das nötige Kirchengerät. Roman war früher wohl fünf Mal so stark an Seelenzahl und kurze Zeit im Besitze einer Schule, die namentlich von den dort lebenden Beamten der Lemberg-Czernovitzer Eisenbahn erhalten wurde. Ausser Fontanele haben Mutter- und Tochter-gemeinden an Zahl stark abgenommen, seitdem die österreichischen Ver-waltungsbeamten infolge der Verstaatlichung der Eisenbahn das Land verliessen und Jassy nebst den andern in kommerzieller Beziehung be-deutend zurückging.

Die Gemeinde wartet seit einem Jahre auf die Bestätigung ihrer Statuten durch die Landesregierung, um so die Rechte einer juristischen Person zu gewinnen.

Die Schule war meist zweiklassig mit zwei festangestellten deutschen und einem rumänischen Lehrer; seit 1890 ist jedoch nur 1 deutscher Lehrer angestellt, doch besteht durch unentgeltliche Unterstützung des Pfarrers die Schule als zweiklassige fort. Die Schülerzahl schwankte bisher zwischen 55 und 36. Der Pfarrer bezieht 2250 Franks, der deutsche Lehrer 1500 Franks und der rumänische Lehrer 720 Franks. — Der Pfarrer hat ausserdem freie Wohnung und Feuerung und einen Zuschuss vom Kirchenpatron, dem Deutschen Kaiser, im Betrage von 900 Mark jährlich. — An Unterstützungen erhält die Schule vom Deutschen Kaiser jährlich 1500 Mark (seit 1882).

In Jassy ist die Gemeinde ebenso gesellschaftlich wie religiös aus Gegensätzen zusammengesetzt. Es ist wenig geselliger Verkehr in der Gemeinde und allgemeine Vereine haben niemals bestanden mit Ausnahme des Turnvereins, der einen internationalen Charakter trägt. Erst neuester Zeit haben sich (1891) einige Damen zur Begründung einer Vereinigung zusammengefunden, welche der Wohlthätigkeit und hoffentlich auch dem geistlichen und geistigen Leben dienen soll. Es besteht ein mässiger Kreis kirchlich treuer Gemeindeglieder, einige Baptisten existieren, gesammelt um den Kolporteur einer baptistischen Bibelgesellschaft. In Bezug auf den Prozentsatz der Kirchengänger und Abendmahlsgäste ist die Gemeinde einer heimischen deutschen Durchschnittsgemeinde entschieden überlegen. — Beitragende Mitglieder zählt die Gemeinde zur Zeit 69.

Als Gesangbuch ist das Würtembergische eingeführt.

Das Gemeindevermögen besteht zufolge des Jahresberichtes 1889 aus nachstehenden Immobilien:

1. Aus einem parzellenweise in Erbpacht gegebenen Grundstück zwischen Kopou und Bachlui.

2. Aus dem Kirchengebäude nebst dem dasselbe umgebenden Friedhofe.

3. Aus dem alten Pfarrhause nebst Garten.

4. Aus dem Schulgebäude nebst Hofraum.

5. Aus dem Lehrerhause nebst Garten.

6. Aus dem Gemeindehause in der Strada dreapta.

Der Kirchen- und Schulfonds beträgt 12700 Lei noi (Franks), der Armenfond 4935 Lei noi 75 Bani = (4935,75 Franks).

Die Einnahmen betrugen: 16218,15 Lei noi, der Kassenbestand pro 1889 war: Lei noi 1228,75.

Das Budget für das Jahr 1890 setzt dagegen ein Defizit von ungefähr 6000 Lei noi voraus.

2. Craiova.*)

Hauptstadt des unteren Schildistriktes (Doljiu) und ehemals Residenz des Banates der „kleinen Walachei", nahe am linken Ufer des Schilflusses, 40 000 Einwohner.

Die ersten Anfänge eines evangelischen Gemeindelebens in Craiova reichen nicht über das Jahr 1835 hinaus, wo von einem ungenannten Kandidaten vorübergehend evangelischer Gottesdienst abgehalten wurde.

Der in der Geschichte der evangelischen Kirchengemeinde zu Bucarest mehrerwähnte Pfarrer der dortigen ungarischen reformierten Gemeinde, Emerich Sükey, war es, der die evangelisch-lutherischen und reformierten Glaubensgenossen in Craiova zum erstenmal sammelte und zu einer Gemeinde vereinigte (1839).

Er war es auch, der in den ersten Jahren die Geistlichen zur Ausübung kirchlicher Funktionen und zur Erteilung des Schulunterrichtes einsetzte, indem er die betreffenden Kandidaten, die nur auf einem Schullehrerseminar in Siebenbürgen gewesen waren, aus eigener Machtvollkommenheit kurzweg ordinierte. Das Einkommen der Geistlichen bestand aus freiwilligen Beiträgen der Gemeindeglieder, aus den Stolargebühren und dem Schulgeld; Gottesdienst und Schulunterricht wurden in einem Mietshause abgehalten. Der zweite von Pfarrer Sükey bestellte Geistliche hiess Karl Wolf und stammte aus Kronstadt in Siebenbürgen. Sein Nachfolger im Amte wurde ein gewisser Martin Froedel, ebenfalls aus Siebenbürgen gebürtig, welcher bis zum Sommer des Jahres 1845 fungierte.

Schon im Jahre 1839 hatte Pfarrer Sükey von dem damaligen Fürsten Alexander Ghika unter der Bedingung, dass Proselitenmacherei zu vermeiden sei, die Genehmigung zum Bau eines evangelischen Bethauses und damit die Existenzberechtigung erwirkt; doch fehlten die

---

*) Die ausführliche Darstellung der Geschichte der evangelischen Gemeinde zu Craiova wurde dem Verfasser durch den deutschen Vicekonsul daselbst, Herrn G. Burchardt, ermöglicht, welcher ihm seine handschriftliche Arbeit „Beiträge zur Geschichte der evangelischen Gemeinde zu Craiova" zur Verfügung zu stellen die Güte hatte.

Mittel, um auch nur den laufenden Mietszins zu bezahlen, geschweige denn ein zum Bethaus geeignetes Grundstück käuflich zu erwerben.

Zur Unterstützung der Gemeinde fühlte sich Pfarrer Sükey veranlasst, unter den wohlhabenden Mitgliedern der evangelischen Gemeinde zu Bucarest eine Kollekte zu veranstalten, deren Erträgnis in der Höhe von 30 Dukaten er dem Vorstand im Jahre 1843 zur Bestreitung der Hausmiete übermittelte.

Bei diesem materiellen und geistlichen Notstande der Gemeinde musste sich ihr je länger je mehr die Überzeugung aufdrängen, dass auf einen sichern Fortbestand und auf eine gedeihliche Fortentwickelung ihres kirchlichen Lebens nicht zu rechnen sei, solange sie auf sich selbst und die Hilfe des Pfarrers Sükey angewiesen sei.

Von welcher Seite aber durfte man allein auf nachhaltige und ausgiebige Hilfe hoffen? Die Kunde von den Vorgängen in der evangelischen Gemeinde zu Bucarest in den letzten Jahren konnten den Glaubensgenossen in Craiova nicht verborgen geblieben sein, sie hatten erfahren, wie lebhaft sich der K. preussische Generalkonsul zu Jassy, von Neigebauer, seiner evangelischen Glaubensgenossen zu Bucarest angenommen, und wie unter seiner Mitwirkung die dortigen kirchlichen Verhältnisse endlich geregelt worden waren. Auf Veranlassung des K. preussischen Starosten wandten sich daher die Vorsteher der Gemeinde (30. Juni 1843) vertrauensvoll an den Generalkonsul von Neigebauer mit der Bitte: „Er möge sich für die Gemeinde beim K. preussischen Ministerium für Kultus und Unterricht um einen Geistlichen verwenden, zugleich versprachen sie, im Falle der Gemeinde die erbetene Hilfe zu teil werde, sich den in Preussen bestehenden Kirchengesetzen und Kirchenordnungen zu unterwerfen.

In seiner Erwiderung teilt der Generalkonsul von Neigebauer den Vorstehern mit, dass er ihr Anliegen höheren Orts berichtet habe und ersucht um ein Verzeichnis der Gemeindemitglieder, mit Angabe der Nationalität, sowie um eine Abschrift der Wahlordnung der Vorsteher; ferner um den Entwurf einer Gemeindeordnung und endlich um ihre Äusserung darüber, ob es nicht vorzuziehen sei, sich vorläufig als Filialgemeinde der evangelischen Kirche zu Bucarest zu konstituieren. Die Vorsteher konnten dem Verlangen des Generalkonsuls nur hinsichtlich des Mitgliederverzeichnisses entsprechen, da sonst keine schriftlichen Aufzeichnungen vorhanden waren. Darnach bestand die Gemeinde aus:

88 österreichischen Schutzgenossen,

58 preussischen   -

10 englischen   -   (Hannoveraner und

Holsteiner).

1 russischen   -

5 rumänischen   -

zusammen 162 Seelen nebst 20 bis 30 Dienstboten.

Betreffs des letzteren Punktes, nämlich sich als Filiale der Bucarester Gemeinde zu konstituieren, halten die Vorsteher dies zwar für wünschenswert, erheben aber Bedenken hinsichtlich der Entfernung. Die Reise nähme selbst bei gutem Wetter mit Mietpferden drei Tage in Anspruch und koste jedesmal sechs Dukaten, bei schlechtem Wetter seien jedoch die Beispiele nicht selten, dass Reisende acht bis zehn Tage unterwegs gewesen seien.

Mittlerweile waren in der Gemeinde Streitigkeiten entstanden und der Generalkonsul hatte erklärt, dass er, solange nicht vollkommene Einigkeit herrsche, sich in nichts mischen könne. Durch Sükeys Vermittelung wurde dieselbe erzielt. Derselbe machte überdies der Gemeinde im August eine zinsfreie Anleihe von 150 Dukaten zum Ankauf eines Bauplatzes in der Vorstadt Obedeanu (gegenwärtig Strada Calomfiresca No. 40) mit einem darauf befindlichen Häuschen.

Am 1./13. September 1843 konstituierte sich die Gemeinde in aller Form und stellte sich unter königlich preussischen Schutz, worauf sie durch Vermittelung des Generalkonsuls von Neigebauer ein Gnadengeschenk von 50 Dukaten seitens Sr. Majestät des Königs von Preussen erhielt, welches zur Verminderung der Forderung des Pfarrers Sükey verwendet wurde.

Indessen blieb in der Gemeinde zu Craiova alles beim alten. Als dann im Sommer 1845 Froedel die Gemeinde verliess, indem er als österreichischer Starost nach Rimnik übersiedelte, knüpfte der Vorstand im Februar 1846, da seine Bemühungen wegen eines Geistlichen beim preussischen Kultusministerium bis dahin erfolglos geblieben waren, Unterhandlungen mit einem gewissen Zimmermann an, der sich als „Pädagog" in Bucarest aufhielt und der Gemeinde schon früher von Pfarrer Sükey empfohlen worden war, wobei er demselben, um ihn zur Annahme des Postens zu bewegen, das zu erwartende Einkommen günstig schilderte und ihm die Aussicht auf eine Anstellung am dortigen rumänischen Gymnasium als Lehrer der deutschen Sprache eröffnete. Am 1. Juni 1846 kam, trotz der begründeten Bedenken, die der preussische Starost gegen die Berufung Zimmermanns erhob, zwischen dem Vorstand und Zimmermann ein durch die österreichische Starostie in Craiova beglaubigter Vertrag zu stande, mittelst dessen Zimmermann alle Funktionen eines Geistlichen und Seelsorgers der evangelischen Gemeinde übernahm und die Gemeinde sich verpflichtete, ihm, so lange er in ihrer Mitte weilen werde, als Seelsorger anzuerkennen. „Bald darauf hatte jedoch auch der Vorstand des Hauptvereins der Gustav-Adolf-Stiftung für die Provinz Brandenburg, infolge der Verwendung des Königlich preussischen Generalkonsuls zu Jassy und der früheren Bitten des Gemeindevorstandes, ununterrichtet sowohl über den Abgang Froedels, als auch über die mittlerweile erfolgte Anstellung Zimmermanns, einen evangelischen Pfarrer für Craiova in der Person des Predigers Anton Victor Kozlowsky aus Berlin ermittelt und ihm einen jährlichen Gehalt von 300 Reichsthalern auf drei Jahre zugesichert.«

Das K. preussische Konsulat in Bucarest gab der Gemeinde die Ernennung und bereits erfolgte Absendung des Pfarrers unter dem 6. Oktober 1846 mit dem Beifügen bekannt, dass Se. Majestät der König von Preussen mit Kabinetsordre vom 5. August 1846 Kozlowsky die Erlaubnis zur Annahme des evangelischen Pfarramtes in Craiova erteilt habe und demselben seine künftige Anstellungsfähigkeit in der evangelischen Landeskirche verblieben sei. Die Gemeinde geriet dadurch in nicht geringe Verlegenheit. Der ergriffene Ausweg, dass beide als evangelische Pfarrer hier wirken sollten, konnte unmöglich von langer Dauer sein, weil die Gemeinde für zwei Geistliche viel zu klein war. Pfarrer Kozlowsky, der anfangs Oktober 1846 in Craiova eintraf, hatte zwar anfänglich eingewilligt, mit Zimmermann gemeinschaftlich zu wirken, bald jedoch änderte er seine Ansicht, begab sich nach Bucarest und holte sich von hier aus Instruktionen für sein ferneres Verhalten vom Gustav-Adolf-Verein zu Berlin ein. Es entstand zwischen ihm und dem Kirchenvorstand eine Korrespondenz, derzufolge der letztere bei seiner schon ausgesprochenen Meinung, dass Kozlowsky seinem Versprechen gemäss mit Zimmermann gemeinsam fungieren solle, beharrte, während dieser sich auf seine vom brandenburgischen Hauptverein der Gustav-Adolf-Stiftung empfangene Instruktion berief und dem K. preussischen Konsulat in Bucarest davon Anzeige machte, dass er unter keiner Bedin-

gung mit Zimmermann zusammen das Pfarramt an der evangelischen
Gemeinde zu Craiova verwalten könne.

Zimmermann geriet hingegen durch zu geringes Einkommen in eine
schwierige Lage, um so mehr, da auch die meisten Gemeindeglieder mit
der Zahlung ihrer freiwilligen Beiträge aufhörten. Er legte sein Amt
nieder und Kozlowsky kehrte im Februar nach Craiova zurück.

Seine Amtsführung hat wenig Spuren zurückgelassen. Während
derselben wurde der Gottesdienst aus dem bisher gemieteten Bethause
in eine Mietswohnung in der Präfekturstrasse verlegt, weil man
den schwachen Kirchenbesuch auf die entfernte Lage des Bethauses
schob. Die Schule begann unter Pfarrer Kozlowsky in der vor-
erwähnten Wohnung und stieg die Schülerzahl auf 15 bis 20. Im
August 1849, also noch vor Ablauf des ihm bewilligten Trienniums, trat
er, der Gemeinde die Lebensfähigkeit absprechend, seine Rückreise nach
Preussen an.

Fast drei Jahre lang blieben die Evangelischen in Craiova ohne
Seelsorger. Im Februar des Jahres 1852 erschien der von der Bucarester
Gemeinde wegen Amtsmissbrauch entlassene Pfarrer J. Baumann in
Craiova, um hier sein Glück zu versuchen und sich zum Pastor wählen
zu lassen. Es gelang ihm, sich unter den aus österreichischen Staats-
angehörigen bestehenden Mitgliedern einen Anhang zu verschaffen;
gleichwohl konnte er seine Anstellung nicht durchsetzen, da sich der
nichtösterreichische Teil der Gemeindeglieder derselben, infolge Weisung
des preussischen Konsulats in Bucarest, widersetzte und so blieb Baumanns pastorale Thätigkeit auf einzelne wenige Taufen, Trauungen,
Beerdigungen und eine Konfirmation binnen Jahresfrist beschränkt.

Als dann das preussische Konsulat zu Bucarest den von Baumann
vollzogenen Amtshandlungen, soweit es preussische Schutzgenossen betraf,
jede Geltung absprach, und als überdies sein Anhang ihn ohne genügende
Subsistenzmittel liess, war seines Bleibens nicht länger in Craiova.

Angesichts dieser traurigen Verhältnisse fühlten sich der damalige
preussische Konsul Freiherr von Meusebach und Pfarrer Neumeister
veranlasst, persönlich einzuschreiten, um die Gemeinde durch eine neue
Konstituierung vor Zersetzung zu bewahren und dies um so mehr, als auch
anderweitige Einflüsse sich zu Gunsten Baumanns geltend zu machen
versucht hatten. Ende November 1852 erschienen Freiherr von Meusebach und Pfarrer Neumeister in Craiova. Die Glaubensgenossen wurden

nach Abhaltung eines Gottesdienstes im Saale der Präfektur zu einer
Versammlung im Amtslokal der K. preussischen Konsular-Agentur
einberufen (25. November 1852). Nachdem Pfarrer Neumeister die Versammlung mit Gebet eröffnet, forderte Baron Meusebach in einer Ansprache
zu einer neuen festen Gestaltung des Gemeindelebens auf. Bezugnehmend
auf die Beschlüsse vom Jahre 1843, durch welche sich die Gemeinde
unter die Protektion der Regierung des Königs von Preussen gestellt,
begründete er hierin die Pflicht seines Amtes, dem in der Gemeinde selbst
laut gewordenen dringenden Wunsche nach einer Neugestaltung ihrer
kirchlichen Verhältnisse mit Rat und That beizustehen, und entwickelte
dann seine Ansichten über Mittel und Wege, zu einem gedeihlichen Ziele
zu gelangen. Darnach sollte vorläufig ein Reiseprediger für die Walachei
mit dem Wohnsitze in Craiova berufen und zur Besoldung desselben der
Gustav-Adolf-Verein, sowie die königlich preussische Regierung angegangen
werden; die Gemeindeglieder sollten einen Fonds durch Kollekten in den
preussischen Staaten zur Miete eines Pfarrhauses, Betsaales und Schul-
lokales, sowie zur Besoldung eines Schullehrers und zur Beschaffung
eines Kirchbaufonds aufbringen. Die Überweisung eines Baugrundes
hoffte der Konsul von der Landesregierung erwirken zu können. Bis
zur Berufung eines Predigers erbot sich Pfarrer Neumeister von Zeit
zu Zeit nach Craiova zur Abhaltung des Gottesdienstes zu reisen, wodurch
der Gemeinde keine Kosten erwachsen sollten.

Die Versammlung nahm die Eröffnung des Konsuls dankbar an;
es wurde ein Statutenentwurf beraten, angenommen und weiter beschlossen, um die Protektion Sr. Majestät des Königs von Preussen
neuerdings zu bitten.

Von seiten des österreichischen Generalkonsulates in Bucarest
suchte man nach Bekanntwerden der Vorgänge in der Gemeinde zu
Craiova eine Rekonstituierung derselben zu erwirken und wollte, wie in
der Bucarester evangelischen Gemeinde an dem Schutzmachtrecht teilnehmen. Baron Meusebach schlug dieses Ansinnen rundweg ab, indem
er geltend machte, der auszuübende Schutz Preussens gelte der Korpo-
ration als solcher.

Die von Baron Meusebach in der Gemeinde zu Craiova erregte
Hoffnung, möglichst bald in den Besitz eines Geistlichen zu gelangen,
erfüllte sich jedoch nicht. Der Grund davon lag in der Schwierigkeit,
die erforderlichen Geldmittel für einen Geistlichen aufzubringen, sowie

in den unsicheren politischen Zeitverhältnissen, welche der Krimkrieg des Jahres 1854 mit sich brachte. Pfarrer Neumeister war es binnen zwei Jahren nur viermal möglich, Craiova zu besuchen. Unter den obwaltenden Umständen sahen sich die Evangelischen genötigt, ihre Kinder katholisch taufen zu lassen und in die katholische Schule zu schicken. Dieser Notstand verschlimmerte sich indessen noch infolge des mittlerweile zwischen Österreich und der päpstlichen Kurie abgeschlossenen Konkordates, indem der katholische Geistliche an Kindern evangelischer Eltern nur gegen den Revers, dass das Kind auch katholisch erzogen würde, und die Trauung selbst an rein evangelischen Brautpaaren nur im Falle des Übertrittes derselben zur katholischen Kirche vollziehen wollte. Bei Todesfällen hing es lediglich von dem guten Willen des katholischen Geistlichen ab, ob er die evangelische Leiche einsegnen und zur letzten Ruhestätte begleiten wollte.

Der nach dem Abgang G. Glaises zum Konsularagenten in Craiova bestellte G. Burkhardt unterzog sich dem ihm von seiner vorgesetzten Behörde gewordenen Auftrag, sich der evangelischen Gemeinde nach besten Kräften anzunehmen, mit allem Eifer. Im Jahre 1856 wurde der Konsular-Agentur durch das Generalkonsulat in Bucarest mitgeteilt, dass zwar ein Zuschuss aus Staatsmitteln zur Besoldung eines Geistlichen in Craiova nicht zu ermöglichen sei, dass aber der Centralvorstand der Gustav-Adolf-Stiftung jährlich 100 Thaler und der Brandenburgische Hauptverein jährlich 200 Thaler — beide vorläufig auf drei Jahre — als Beihilfe zum Gehalte eines Pfarrers bewilligt hätten. Der Gemeinde wurde anheimgegeben, ihrerseits 50—60 Dukaten jährlich zu demselben Zwecke aufzubringen, in welchem Falle der Evangelische Oberkirchenrat in Berlin für Ermittelung und Entsendung eines Geistlichen Sorge zu tragen sich anheischig mache. Diese Mitteilung wurde den noch als Vorsteher fungierenden Gemeindegliedern zur Kenntnis gebracht und dieselben beschlossen, an Stelle der von der Gemeinde jährlich aufzubringenden 50—60 Dukaten dem zu ernennenden Pfarrer freie Wohnung und Heizmaterial zu gewähren.

Der Beschluss wurde von der später einberufenen, jedoch nur 18 Mitglieder zählenden Versammlung einstimmig angenommen. Gleichwohl währte es noch über ein Jahr, bis der Gemeinde durch das Generalkonsulat in Bucarest die Anzeige gemacht werden konnte, dass der bisher in Gross-Strehlitz (Regierungsbezirk Oppeln) als Pfarrverweser angestellte Friedrich Besser zum künftigen Pfarrer der evangelischen Gemeinde in Craiova ernannt sei und in der ersten Hälfte des Monates November sein Amt antreten werde.

Am 8. November 1857 wurde Pfarrer F. Besser von dem ihn begleitenden Pfarrer Neumeister vor zahlreich versammelter Gemeinde in sein Amt feierlich eingeführt. Nomen omen! An den Namen Besser knüpft sich die feste Begründung und der Aufschwung der evangelischen Gemeinde zu Craiova. Eine seiner ersten Reformen war, dass er der damaligen und auch später noch jahrelang im ganzen Lande herrschenden Unsitte, die Toten im offenen Sarge auf grossen Umwegen zu ihrer letzten Ruhestätte zu führen, in seiner Gemeinde energisch ein Ende machte, indem er darauf bestand, dass der Sarg vor dem Verlassen des Trauerhauses geschlossen und der nächste Weg nach dem Friedhof eingeschlagen werde. Der neue Seelsorger widmete sich seinem Amte mit allem Eifer und mit der uneigennützigsten Hingebung. Sein Beispiel wirkte nacheifernd auf die Gemeindemitglieder und spornte dieselben zur Bethätigung ihres evangelischen Glaubens an. Nach Ablauf des ersten Jahres konnte der preussische Konsularagent seiner vorgesetzten Behörde in Bucarest berichten, dass alle Anzeichen für das dauernde Bestehen der wiederbegründeten Gemeinde in Craiova sprächen.

Die Schule, mit 7 Kindern eröffnet, hatte sich allmählich erweitert; am Konfirmandenunterricht nahmen, da ein solcher eigentlich seit neun Jahren nicht stattgefunden hatte, auch Personen teil, von denen manche im 20. Lebensjahr standen. Die Vermehrung des Barvermögens entstand zumeist durch ein Legat des praktischen Arztes, Ph. J. Vogt aus Bayern, im Betrage von 880 Franks, wozu später noch 447 Franks aus dessen Nachlass kamen, und durch eine Unterstützung von 291 Franks 87 Centimes von dem Bukarester Zweigverein der Gustav-Adolf-Stiftung.

Der Wirkungskreis des Pfarrers Besser erweiterte sich durch wiederholte Reisen nach Turn-Severin, wo er die evangelischen Glaubensgenossen zu einer Gemeinde sammelte, die später als Filialgemeinde der Gemeinde zu Craiova vom Evangelischen Oberkirchenrat anerkannt wurde (siehe Geschichte der Gemeinde zu Turn-Severin).

Im Jahre 1861 schritt die Gemeinde zur Beratung neuer Statuten, die vom K. preussischen General-Konsulat am 3. Juni 1861 bestätigt wurden und noch heute in Geltung sind. Die Gemeinde unterwirft sich darnach, in Bezug auf Lehre, Kultus und Verfassung, sowie in

Bezug auf ihre äusseren Angelegenheiten der Leitung und Oberaufsicht des Evangelischen Oberkirchenrates in Berlin, den das K. preussische General-Konsulat in Bucarest, in Ausübung des Aufsichtsrechtes vertritt; ebenso überlässt sie dem Oberkirchenrat das Recht der Berufung ihres Pfarrers.

Da der Zuschuss zum Pfarrgehalt seitens des Evangelischen Oberkirchenrates und des Brandenburgischen Hauptvereines der Gustav-Adolf-Stiftung nur auf drei Jahre bewilligt war, betrieb Pfarrer Besser die Bildung eines Pfarrdotations-Fonds.

Der Grund dazu wurde, da die Weiterzahlung des Pfarrgehaltes seitens des Oberkirchenrates aus dem Kollektenfonds der preussischen evangelischen Landeskirche bewilligt worden war, durch die im Jahre 1860 vom Brandenburger Hauptverein der Gustav-Adolf-Stiftung bewilligte Liebesgabe von 375 Thalern gelegt. Dazu kamen (Ende 1861) 1005 Thaler, welche der Centralvorstand zu demselben Zwecke gewährt hatte, sowie 500 aus den Kollektengeldern der preussischen evangelischen Landeskirche, und eine Liebesgabe von 50 Thalern, welche Se. Königl. Hoheit der Grossherzog von Mecklenburg-Schwerin gespendet hatte. Der Vorstand übernahm dabei die Verpflichtung, die Gelder an die Geber in dem Falle zurückzuerstatten, wenn die Stelle eines evangelischen Geistlichen in Craiova wieder eingehen sollte.

Ende des Jahres 1862 hatte der Fonds, dem das mittlerweile angesammelte Vermögen nebst dem der Gemeinde gehörenden Hause im Werte von 1750 Franks, sowie eine zum Pfarrdotationsfonds veranstaltete Sammlung in der Gemeinde zugeführt worden war, die in Aussicht genommene Summe von 1000 Dukaten erreicht und fand die erste aus diesem Fonds geleistete Gehaltszahlung am 6. November jenes Jahres an Pfarrer Besser in der Höhe von 10% statt. Pfarrer Besser besass laut seiner Vokationsurkunde nach fünfjähriger Amtsthätigkeit den Anspruch auf anderwärtige und günstigere Anstellung im Königreich Preussen, verharrte jedoch über diese Frist hinaus geduldig auf seinem wenig beneidenswerten Posten, bis er in der Generalversammlung vom 27. November 1864, allen unerwartet, die Mitteilung machte, dass er sein Amt niedergelegt habe und der Vorstand daher die Ernennung seines Nachfolgers bei dem Oberkirchenrat nachzusuchen habe. Letzteres wurde notgedrungen und ohne Zögern durch Vermittelung des preussischen General-Konsulates in Bukarest bewirkt.

Bessers Andenken ist in Craiova in Ehren geblieben und noch heute sprechen die älteren Gemeindeglieder, die ihn persönlich kannten, mit Liebe und Dankbarkeit von ihm als demjenigen Seelsorger, der durch treue Pflichterfüllung, Uneigennützigkeit und Selbstverleugnung für alle ein würdiges Vorbild gewesen ist.

Die erledigte Pfarrstelle wurde, dank der Intervention des preussischen General-Konsulats und der Fürsorge des Evangelischen Oberkirchenrates zu Berlin ,schon nach 3 Monaten wieder besetzt und zwar durch den Pfarramtskandidaten Richter. Derselbe traf am 11. April 1865 in Craiova ein.

Während seiner Amtsdauer wurde auf seine Anregung die Bildung eines Fonds zum Bau eines Bethauses mit Pfarrwohnung begonnen, und zu diesem Zwecke durch Vermittelung der Schutzbehörde die Beihilfe Ihrer Majestäten der Könige von Preussen, Hannover, Württemberg und Sachsen, sowie anderer deutscher Fürsten erbeten, dieselbe Bitte ward auch an Se. Majestät den Kaiser von Österreich und an mehrere Gustav-Adolf-Vereine gerichtet.

Die erste Gabe zum Baufonds im Betrage von 131 Franks kam vom Hauptverein der Gustav-Adolf-Stiftung in Mediasch, ihr folgte ein Geschenk von 100 Thalern seitens Sr. Majestät des Königs von Hannover, ferner spendeten Se. Kgl. Hoheit der Herzog von Sachsen-Meiningen 25 Gulden rheinischer Währung, Ihre Majestät die Königin-Witwe von Preussen Elisabeth 25 Thaler, Se. Majestät der König von Preussen 300 Thaler. Das an Se. Majestät den Kaiser von Österreich gerichtete Bittgesuch wurde abschlägig beschieden. Durch die Zinsen der aus diesem Fonds ausgeliehenen Kapitalien, sowie durch freiwillige Beiträge der Gemeindeglieder stieg der Baufonds während der Amtsperiode des Pfarrers Richter auf 2400 Franks. Eine von Frau Julie Benkner, Gattin des Apothekers und Vorstehers Sam. Benkner, unter den Frauen der Gemeinde eingeleitete Sammlung ermöglichte die Anschaffung eines Harmoniums, das bis zum Jahre 1885 kirchlichen Zwecken diente und seither in der Schule verwendet wird.

Nach einer etwas mehr als zweijährigen Amtswirksamkeit, während welcher sich in Craiova ein Ortsverein der Gustav-Adolf-Stiftung bildete, wurde Pfarrer Richter im Juni 1867 durch den Evangelischen Oberkirchenrat nach Jassy berufen. Sein Nachfolger war der Domkandidat Friedr. Faust. Er trat sein Amt am 7. Juli 1867 an, worauf Pfarrer Richter nach Jassy abreiste.

14*

Der neue Seelsorger setzte in Gemeinschaft mit dem Vorstande die Bemühungen wegen Errichtung eines Bethauses eifrig fort. Von auswärts gingen ein Geschenk Sr. Majestät des Königs von Sachsen von 367.40 Franks, und von verschiedenen Gustav-Adolf-Vereinen 717 Franks ein. Die bedeutendste Einnahme verdankte die Gemeinde Frau Julie Benkner, welche im Jahre 1868 zu Gunsten des Baufonds eine Lotterie veranstaltete. Die Lose, 1000 an der Zahl, wurden in- und ausserhalb der Gemeinde (in Bucarest, Jassy, Braila und Pitesti) verteilt und brachten einen Reingewinn von 2542 Franks. In den Tagen vom 4.—9. September 1868 durfte die Gemeinde die von dem Evangelischen Oberkirchenrat angeordnete Pastoral-Konferenz der evangelischen Geistlichen der hiesigen Diaspora in ihrer Mitte gastlich aufnehmen.

In richtiger Einsicht, dass die Kenntnis der einheimischen Sprache für das heranwachsende Geschlecht der Gemeinde unerlässlich zu dessen Fortkommen sei, drang Pfarrer Faust auf die Einführung des rumänischen Sprachunterrichts, und es wurde zu dem Ende ein rumänischer Lehrer angestellt. Ausserdem wurde der Unterricht in weiblichen Handarbeiten eingeführt. Dadurch hob sich der Schulbesuch auf 38 Kinder.

Faust war es auch, der zum erstenmal im Jahre 1868 die schöne deutsche Sitte der Weihnachtsfeier für die Schulkinder mit Christbaum und Bescherung einführte, welche seitdem regelmässig stattfindet.

Das Hauptstreben der Gemeinde war jedoch auf die Erwerbung eines geeigneten Platzes für den Bau eines Bethauses gerichtet. Nachdem die bisherigen, schon unter Pfarrer Besser begonnenen, seitdem unablässig fortgesetzten und von der Schutzbehörde in Bucarest unterstützten Bemühungen, von der Landesbehörde die unentgeltliche Überlassung eines solchen Platzes zu erlangen, erfolglos geblieben waren, kaufte Herr Kirchenvorsteher Burkhardt (18. März 1870) auf eigene Rechnung und Gefahr einen im Mittelpunkt der Stadt (Strada Unirei No. 18) gelegenen Bauplatz für 800 Dukaten.

Dass der angekaufte Platz für ein evangelisches Bethaus bestimmt sei, sollte für die Verkäuferin verschwiegen bleiben; sie hatte jedoch davon gehört und fand sich als fromme orthodoxe Christin darüber in ihrem Gewissen beunruhigt. G. Burkhardt fand es demnach für geraten, den Kaufakt auf seinen Namen ausstellen zu lassen; dagegen erkannte er schon am 18. Juni desselben Jahres durch den unter No. 140 vom Tribunal beglaubigten Akt die deutsch-evangelische Gemeinde als Eigentümerin des Grundstückes an. Infolge der guten Verwaltung des Gemeindevermögens, sowie der mittlerweile von den verschiedenen Haupt- und Zweigvereinen der Gustav-Adolf-Stiftung eingelaufenen Geschenke konnte der Baufonds am 30. November 1870, nach Tilgung der noch restierenden Schuld für den Bauplatz an Burkhardt, fast 4200 Franks ausweisen.

Der Vorstand glaubte nunmehr auch mit der Inangriffnahme des Baues nicht länger zögern zu sollen, durfte er doch im Hinblick auf die bisher so reichlich und allseitig erfahrene Hilfe seitens der Glaubensgenossen im In- und Auslande auch für die Zukunft auf deren thätige Unterstützung rechnen. Zu dem Ende hatte er gleich nach Ankauf des Bauplatzes Bittschriften und gedruckte Aufrufe an Gustav-Adolf-Vereine. Schwestergemeinden, Geistliche und andere Personen gesandt.

So wurden denn alle Vorkehrungen zum Beginne des Baues getroffen. Die Ausführung desselben übernahm auf Grund des vom Stadtarchitekten Lorenz Engelbrecher entworfenen Planes der Baumeister und Kirchenvorsteher Heinr. Lindhorst um den Preis von 23,962 Franks 96 Centimes (1871 Mai). — Leider flossen die erhofften Gaben von auswärts nicht so reichlich, als man erwartet hatte. Es liefen während des Baues im ganzen 3319,36 Franks ein. Um mit dem Bau nicht ins Stocken zu geraten, mussten Darlehen aufgenommen werden. Glücklicherweise fanden sich in der Gemeinde opferwillige Herzen gegen ratenweise Rückzahlung und mässige Zinsen dazu bereit, überdies wurden Hauskollekten auch inmitten der nicht evangelischen Bevölkerung veranstaltet. Als aber auch diese Mittel nicht ausreichten, sah man sich bemüssigt, sogar den Pfarrdotationsfonds anzugreifen und das der Gemeinde gehörige Haus zu verkaufen.

Die feierliche Grundsteinlegung erfolgte am 1. August 1871 in Gegenwart der zahlreich versammelten Gemeinde. Im Herbst desselben Jahres befand sich der Bau bereits unter Dach. Die Einweihung des Gebäudes fand am Palmsonntag 21. April 1872 statt und nahmen an derselben auch der Pfarrer der Gemeinde zu Turn-Severin, Mielitz, sowie der reformierte Geistliche, Kelemen, teil. An der Feier beteiligten sich ausserdem die ebenfalls eingeladenen rumänischen Behörden. Vertreter der fremden Mächte und der Vorstand der katholischen Gemeinde.

Um die durch den Bau entstandene Schuldenlast zu verringern, namentlich aber die dem Pfarrdotationsfonds entliehene Summe wieder.

zuerstatten, wurden von Pfarrer Faust an den Winterabenden 1872/73 Vorträge veranstaltet und 1873 eine nochmalige Lotterie projektiert und ausgeführt; ferner gewährten der Centralvorstand in Leipzig, der Zweigverein „Bucarest", die Hauptvereine Karlsruhe und Mediasch Beihilfen, so dass dem Pfarrdotationsfonds 803 Franks zugeführt werden konnten.

So waren unter erspriesslichem Wirken die 6 Jahre verstrichen, in denen Pfarrer Faust laut seiner Berufungsurkunde sich der Gemeinde zu Craiova zu widmen hatte. In der am 30. März 1873 abgehaltenen Vorstandssitzung machte er die Mitteilung von seiner Versetzung.

Sein Abgang wurde recht lebhaft bedauert.

An seine Stelle sandte der Oberkirchenrat Johann Hesselmann.

Beim Amtsantritt Hesselmanns lastete auf der Gemeinde noch die ganze, während des Bethausbaues kontrahierte Darlehensschuld von über 7000 Franks und fehlten aus dem angegriffenen Pfarrdotationsfonds noch an 1000 Franks. — Da kam unerwartet Hilfe von aussen durch eine Anzahl von Beamten und Unternehmern, die das Stroussbergische Eisenbahnunternehmen in Craiova zusammenführte.

Bald darnach entschloss sich Pfarrer Hesselmann und Kirchenvorsteher S. Benkner zu einer Kollektenreise nach Bucarest, von wo dieselben 1066.78 Franks heimbrachten, darunter ein Gnadengeschenk von 500 Franks seitens der regierenden Fürstin Elisabeth, jetzt Königin von Rumänien. In der Folgezeit wurden eine Lotterie und ein Konzert mit Ball veranstaltet, welche nahe an 900 Franks eintrugen, überdies hörten einzelne Gustav-Adolf-Vereine, so der zu Stuttgart und Mediasch, nicht auf, einen Teil ihrer Sammlungen der Gemeinde zu Craiova zuzuwenden, so dass sich die finanzielle Lage derselben in den nächsten Jahren günstiger gestaltete.

An die Hebung des Schulwesens hatte die Gemeinde unter den obwaltenden Umständen nicht in dem Masse, als sie es gewünscht, Hand anlegen können und eine Wendung zum Bessern wäre noch lange nicht eingetreten, wenn der Anstoss dazu nicht von der Schutzbehörde gegeben worden wäre, indem dieselbe (1874) ihre besondere Aufmerksamkeit auf die in Rumänien bestehenden deutschen Schulen lenkte und den Konsularagenten zur Berichterstattung und zur gutachtlichen Äusserung über die geeigneten Schritte und erforderlichen Mittel zur Hebung des Schulwesens veranlasste. Auf die betreffende Eingabe wurde der Gemeinde, behufs Aufbesserung der Lehrerstelle für das vorangegangene Jahr von

Sr. Majestät dem Deutschen Kaiser und König von Preussen die Summe von 750 Mark mit der Zusicherung bewilligt, dass der gleiche Betrag für die beiden nächsten Jahre in Aussicht genommen sei, indem es für wünschenswert erklärt wurde, den Bestand einer guten Elementarschule zu sichern. Als diese Beihilfe von 750 Mark im nächsten Jahre aus dem Allerhöchsten Dispositionsfonds zur Aufbesserung der Lehrerstelle erfolgte, geschah dies mit der ausdrücklichen Bestimmung, dass dieselbe der für deutsche Kinder aller Konfessionen zugänglichen Schule bewilligt worden sei. Zufolge des betreffenden Erlasses des Kaiserlich Deutschen Generalkonsulates wurde der Gemeinde weiter eröffnet, dass der Fürst Reichskanzler Bismarck beschlossen habe, der deutschen evange- lischen Schule zu Craiova, in der Voraussetzung der Errichtung einer selbständigen Lehrerstelle, behufs Vergütung des von dem Geistlichen fernerhin noch zu erteilenden Unterrichts die Summe von 3600 Mark ein für allemal als Dotationskapital zu überweisen, von deren Zinsen der Pfarrer für seine künftig verminderte Lehrthätigkeit genügend ent- schädigt werden könne.

Die Anstellung eines zweiten Lehrers wurde, da Se. Majestät der Kaiser zu diesem Zwecke, unter Vorbehalt weiterer Bewilligungen vorläufig für ein Jahr eine Beihilfe von 1800 Mark angewiesen hatte, beschlossen.

Der Vorstand hatte geglaubt, von der Berufung eines in Deutsch- land ausgebildeten Lehrers, wenigstens vorläufig, zumeist aus dem Grunde absehen zu müssen, weil die Dotierung der Stelle zunächst nur für ein Jahr mit Gewissheit gesichert erschien, und weil sich zwei be- reits hier wohnhafte Personen um die Stelle beworben hatten. Der eine, der an einem sächsischen Schullehrerseminar in Siebenbürgen seine Lehrer- prüfung bestanden und in Craiova seit längerer Zeit eine Privatschule geleitet hatte, trat, als der Vorstand die Bewerber einer Prüfung zu unterziehen beschloss, zurück. Der andere, ein Uhrmacher, namens Eduard Spreer, aus Insterburg gebürtig, der aber das Gymnasium und die Gewerbeschule zu Hermannstadt besucht hatte und darüber günstige Zeugnisse aufzuweisen vermochte, unterzog sich vor der dazu eingesetzten Kommission, worunter Pfarrer Hesselmann und Professor Arnold, der Prüfung und wurde mit dem Vorbehalt einer dreimonatlichen Kündigung wenn er den gehegten Erwartungen nicht entsprechen sollte, als Lehrer angestellt.

Da die also beabsichtigte Verwendung der kaiserlichen Gnadenspende

nicht dem Wortlaut ihrer Bestimmung entsprach, wurde seitens der
Schutzbehörde Berichterstattung darüber verlangt, worauf die Genehmigung erteilt und die Summe ausgefolgt wurde.

Seit jener Zeit erfreute sich die deutsche evangelische Schule zu
Craiova alljährlich dieser Unterstützung, die sich in den letzten Jahren
noch um je 400 Mark steigerte.

Im Jahre 1880 wurde der letzte Rest des aus der Bauzeit her
datierenden Darlehens getilgt und die Gemeinde stand nunmehr schuldenfrei da.

Als der vom Evangelischen Oberkirchenrat zur Inspizierung der
Diasporagemeinden an der untern Donau ausgesandte Konsistorialrat im
Sommer desselben Jahres auch die Gemeinde zu Craiova besuchte, konnte
derselbe seine Befriedigung über die daselbst vorgefundenen Verhältnisse
äussern.

In der Generalversammlung vom 19. Dezember gab Pfarrer Hesselmann seine Versetzung bekannt.

Die Vakanz dauerte bis zum 8. Oktober, an welchem Tage der
neuernannte Pfarrer, Dr. Martin Boelicke, eintraf.

Während seiner Amtswirksamkeit war Pfarrer Boelicke in erster
Linie bemüht, die Schule, welche bei seiner Ankunft 2klassig war und
etwa 60 Kinder (Mädchen und Knaben) zählte, zu heben. Die Unter-
und Mittelstufe wurde, da die Gemeinde noch keine abgesonderten Schulräume besass, von E. Spreer im Betsaal unterrichtet, die Oberstufe war
dagegen in dem sehr zugigen und engen Vorzimmer zur Pfarrwohnung
untergebracht. Auf Antrag des Pfarrers beschloss der Vorstand, dem
Übelstande abzuhelfen und die Mittel zum Bau eines Schulhauses herbeizuschaffen. Im Frühjahr 1883 waren durch eine Lotterie, durch Erspar-
nisse, die vor und während der Amtsthätigkeit des neuen Pfarrers
gemacht worden waren, sowie durch Spenden der wohlhabenderen Gemeindemitglieder, die erforderlichen Mittel vorhanden, so dass der Bau
unternommen werden konnte.

In der gegründeten Erwartung und Voraussicht, dass die Zahl der
Schüler und Schülerinnen sich von Jahr zu Jahr steigern würde, hatte
die Generalversammlung beschlossen, ein stockhohes, 4 Klassenzimmer
enthaltendes Schulhaus zu errichten. Dasselbe wurde im Herbste desselben
Jahres eingeweiht und dem Zwecke übergeben. Die Gemeinde hatte
damit offenbar einen grossen Schritt nach vorwärts gethan. Die Folgen

davon blieben nicht aus. Die Zahl der Schulkinder wuchs mit jedem Jahre um 20, indem die ganze deutsche Kolonie Vertrauen zu der tüchtig geleiteten Schule gewann.

Während nämlich früher die katholische Schule die evangelische weit an Schülerzahl übertraf, war binnen 3 Jahren das umgekehrte Verhältnis der Fall. — Ende August 1884 wurde eine dritte Lehrkraft in der Person des auf dem Kronstädter sächsischen Schullehrerseminar gegebildeten M. Binder angestellt und Pfarrer Boelicke hätte sein Ziel, dass die Schule sich zu einer 4 klassigen ausbauen würde, gewiss erreicht, wenn seine Amtsthätigkeit von längerer Dauer gewesen wäre. Zählte die Schule doch bei seinem Abgange im Frühjahr 1885 bereits 125 Kinder.

Auch das kirchliche Interesse hatte sich in der Gemeinde gehoben. dies zeigte sich nicht nur in fleissigerem und zahlreicherem Kirchenbesuch, sondern auch in der zahlreicheren Beteiligung der Mitglieder an den Generalversammlungen. Überdies wusste der Pfarrer, indem er die Glaubensgenossen aufsuchte und zur Bethätigung ihres kirchlichen Sinnes, sowie zur Erfüllung ihrer Pflicht an der Gemeinde aufforderte, neue Mitglieder für die Gemeinde zu gewinnen und alte Mitglieder zur Leistung höherer Beiträge zu vermögen, so dass sich der jährliche Beitrag von ca. 800 Franks auf ca. 1100 hob.

Familienrücksichten bewogen Pfarrer Hesselmann, nachdem Pfarrer Dr. Boelicke zum koordinierten Geistlichen der evangel. Gemeinde zu Bucarest berufen worden war, sich wieder um die erledigte Stelle in Craiova zu bewerben und nach erfolgter Wahl dahin zurückzukehren.

Während der zweiten Amtsperiode Hesselmanns wurde (1887) ein Türmchen mit Glocke auf das Bethaus aufgesetzt und inwendig eine Empore errichtet.

Die Seelenzahl der Gemeinde beträgt gegenwärtig zwischen 500 bis 600. Es kommen jährlich 30 bis 40 Taufen, ungefähr 20 Beerdigungen und 5 bis 8 Trauungen vor.

Dreiviertel der Gemeinde gehört dem österr.-ungarischen Staatsverbande an. Besonders sind viele Sachsen aus Siebenbürgen in den letzten Jahren eingewandert; es folgen dann die reichsdeutschen Unterthanen, ferner einige naturalisierte Rumänen, dann Russen und Dänen. Beitragende Gemeindeglieder sind etwa 90 an der Zahl. Der Besuch des Gottesdienstes beläuft sich sonntäglich auf 30—50 Personen, an den Festtagen dagegen ist die Kirche überfüllt. Die Zahl der Kommunikanten übersteigt 100. Seit 1886 hat sich ein Frauenverein gebildet, der gegenwärtig 72 zahlende Mitglieder zählt.

Die Schule wird von beiläufig 170 Kindern besucht; davon sind 90 evangelisch. 21 römisch-katholisch, 19 griechisch-orientalisch (orthodox) und 40 mosaisch. An derselben wirken ausser dem Pfarrer 2 deutsche und 1 rumänischer Lehrer, ferner je eine Lehrerin für Handarbeiten und für die französische Sprache. — Der Pfarrer bezieht 3000 Franks Gehalt samt Wohnung und Holz, der erste Lehrer 2100 Franks. der zweite ebensoviel nebst Wohnung und Holz. der rumänische Lehrer 800 Franks. die Arbeitslehrerin 360 Franks; die französische Lehrerin zieht ihr Gehalt selber ein. da der Unterricht privat und fakultativ ist. Der Centralvorstand der Gustav-Adolf-Stiftung in Leipzig leistet noch immer jährlich 300 Mark als Zuschuss zum Pfarrgehalt. Das Schulgeld beträgt jährlich ungefähr 2500 Franks und die Gemeindebeiträge belaufen sich auf 1000 Franks.

Filialgemeinden besitzt Craiova nicht. der Pfarrer wird wohl nach Tirgu-Giulni. Rimnic-Valcea zu Amtshandlungen und Gottesdiensten gerufen. Die Evangelischen in letzterem Ort denken an die Bildung einer Gemeinde. Der Burzenländer Zweigverein der Gustav-Adolf-Stiftung (in Siebenbürgen) hat auf seiner letzten Versammlung seine Aufmerksamkeit auf die Glaubensgenossen in Rimnic hingelenkt und 15 Gulden für einen Reiseprediger votiert. Es handelt sich darnach offenbar zunächst nur darum, sich über den Stand der Dinge in Rimnic genau zu informieren. Nach den bisher gemachten Erfahrungen ist meines Erachtens von der evangelischen Landeskirche in Siebenbürgen, die selbst um ihre Existenz besorgt ist und ringt, auf die Dauer das Heil nicht zu erwarten. Die Hilfe kann auch für Rimnic nur von der preussischen Landeskirche kommen, falls dieselbe sich entschliessen wollte, den dortigen Glaubensgenossen, die, soviel mir bekannt, ausschliesslich Siebenbürger Sachsen. also ungarische Staatsangehörige oder naturalisierte Rumänen sind, Schutz und Hilfe zu gewähren.

Die Geschichte sämtlicher Diasporagemeinden ist eine gute Lehrmeisterin, sie beweist, dass die Verkündigung des Wortes Gottes es allein nicht thut, sondern dass Arbeit, viel Arbeit und viel, sehr viel Geld nötig ist, um Gemeinden zu gründen und dieselben in ihrer Existenz dauernd zu befestigen.

Galatz.

Hauptstadt des Distriktes Covurlui, an der Donau und am Brateschsee, Sitz des Bischofs an der unteren Donau und der europäischen Donaukommission, 46 000 Einwohner.

Da Galatz bis zum Jahre 1883 die bedeutendste Handelsstadt Rumäniens war, so unterliegt es keinem Zweifel, dass sich hier schon frühe deutsch-evangelische Glaubensgenossen niedergelassen haben. Das Verlangen nach einem engern Gemeindeverbande und nach geordnetem gemeinschaftlichen Gottesdienste wurde jedoch erst zu Anfang des vierten Jahrzehnts unseres Jahrhunderts unter den hier lebenden evangelischen Deutschen rege. Dasselbe wird bezeugt durch ein damals getroffenes Übereinkommen mit der Evangelischen Gemeinde zu Jassy, nach welchem der dortige Pastor Holzschuher jährlich wenigstens einmal nach Galatz kommen sollte, um Gottesdienst zu halten und die heiligen Sakramente zu verwalten. Mit der zunehmenden Zahl der Glaubensgenossen und dem wachsenden Wohlstande einzelner wurde auch der Wunsch und das Bedürfnis nach dem Besitz eines eigenen Seelsorgers immer fühlbarer und damit auch der Gedanke erweckt, mit Gottes Hilfe bald ein Bethaus oder Kirchlein für die Gemeinde bauen zu können.

Um zu dem heissersehnten Ziele zu gelangen, war man mit Eifer auf die Beschaffung der unentbehrlichen Mittel und Besitztümer bedacht. Es wurden daher von den hervorragendsten Gemeindegliedern nicht nur ziemlich beträchtliche Geldsammlungen veranstaltet, sondern auch die erforderlichen Schritte zur Erlangung eines eigenen Friedhofes gethan. Auf Ansuchen der damaligen Konsulate von Preussen und England bei Sr. Hoheit dem regierenden Hospodaren der Moldau M. G. Sturza wurde der Gemeinde ein Platz dazu huldvollst geschenkt (1845).

Mit dem sturmvollen Jahre 1848 trat dann wieder ein Stillstand in der Entwickelung der Gemeinde ein; doch wurde das kirchliche Interesse derselben durch einen gewissen Pastor Mai von Odessa neu belebt. Derselbe hielt sich nämlich gelegentlich einer Durchreise durch Galatz daselbst auf, um die Gemeinde zum Gottesdienst und zum Genuss des heiligen

Abendmahles zu versammeln. Fast die ganze Gemeinde 'zeichnete an
jenem Tage namhafte Beiträge. Durch das Einkommen grösserer Geldmittel wurde es von dieser Zeit an wieder möglich, von Zeit zu Zeit
einen auswärtigen Geistlichen zur Abhaltung des Gottesdienstes einzuladen.
Besonders war es Pastor R. Neumeister aus Bucarest, der sowohl
auf Grund an ihn ergangener Einladungen, als auch freiwillig wiederholt
durch Predigt und Verwaltung des heiligen Abendmahles das evangelische
Gemeindebewusstsein wach erhielt. Seinen Bemühungen gelang es, den
Centralvorstand der Evangelischen Gustav-Adolf-Stiftung in Leipzig auch
für diese Gemeinde zu interessieren, so dass, als im Herbste 1852 die
erste förmliche Konstituierung der Gemeinde zustandegekommen war und
dieselbe im darauffolgenden Jahre durch Se. Hoheit den Hospodaren
Gregor Ghica einen schönen Bauplatz (Strada gradina vechie 7) zum
Geschenke erhalten hatte, auch an die Berufung eines Geistlichen gedacht
werden konnte. Der drohende und bald darauf wirklich erfolgte Ausbruch des Krim-Krieges hinderte aber die Ausführung des gefassten
Entschlusses, weil zu befürchten war, dass infolge der Nähe des Kriegs-
schauplatzes ein grosser Teil der Gemeindeglieder Galatz für immer oder
doch zeitweilig verlassen werde. Nach dem im Jahre 1855 erfolgten Frie-
densschlusse wurde der frühere Entschluss aber sofort wieder aufgenommen
und durch Vermittelung des Centralvorstandes der Evangelischen Gustav-
Adolf-Stiftung auch wirklich ausgeführt. So kam es, dass schon am
10. November 1856 der damals berufene Pfarrer der Gemeinde Eduard
Neumeister von seinem Bruder, dem Pfarrer R. Neumeister zu Bucarest,
in sein Amt eingeführt wurde und acht Tage darauf den ersten öffentlichen Gottesdienst in einem ärmlichen Saale halten konnte; denn die
Gemeinde besass damals noch kein eigenes Bethaus und musste für jenen
Saal, sowie Pfarrwohnung und Schullokal jährlich 130 Dukaten Miete
bezahlen. Die Kirchengerätschaften, als: Kruzifix, Altarkelch, Patena,
Altarleuchter und Bibel, verdankte die Gemeinde einzelnen Wohlthätern.
Im Jahre 1859 erhielt sie einen sehr kostbaren silbernen Altarkelch
nebst Patena; es waren das Gaben Sr. Königl. Hoheit des Prinzen
Albrecht von Preussen, mit welchen derselbe die Gemeinde zur
Erinnerung an den Gottesdienst, dem er im Jahre 1858 (18. Juli)
gelegentlich seiner Durchreise durch Galatz beigewohnt, erfreute.

Das Hauptaugenmerk richtete die Gemeinde auf den Bau eines den
hauptsächlichsten Bedürfnissen der Gemeinde entsprechenden Bethauses.

Bald nach der Einführung des Pfarrers ging der Vorsitz im Kirchenvorstande auf den damaligen Konsul Blücher über. Zu Anfang des
Jahres 1861 war durch die Opferwilligkeit der Gemeinde, sowie durch
namhafte Liebesgaben aus der Heimat, hauptsächlich aber mit Hilfe
wiederholter Zuschüsse durch den Gustav-Adolf-Verein der Baufonds
auf beiläufig 1000 Dukaten angewachsen. Unter solchen Umständen
konnte der damalige Vorstand im Vertrauen auf die bisher bewährte
und ferner verheissene Liebe der Glaubensgenossen in der Heimat sich
mit der Ausführung des Gedankens, der die Gemeinde jahrelang bewegt,
beschäftigen und den Bau in Vorschlag bringen. Es wurde der Plan
zu dem Gebäude, dessen Kostenvorschlag auf 3000 Dukaten festgesetzt
worden war, entworfen und am 9. April 1862 der Grundstein zu dem
Bethause gelegt. Das Vertrauen der Gemeinde auf die Hilfe des Gustav-
Adolf-Vereins wurde glänzend gerechtfertigt. Von dem Centralvorstand
in Leipzig wurden 1000 Thaler bewilligt, von Koburg flossen dem Baufonds 160 Thaler, von Halle 50 Thaler, von dem Hauptverein Brandenburg 100 Thaler und endlich 500 Thaler aus dem Kollektenfonds für
die evangelische Diaspora Preussens durch den evangelischen Oberkirchenrat in Berlin zu. Das mit der Leitung des Baues betraute
Komitee bestand aus dem Präsidenten der Gemeinde Konsul Blücher
und den Gemeindemitgliedern H. Höpfner und Massenhäuser. Die
Ausführung des Baues selbst wurde dem dortigen Architekten H. Rieser
übertragen.

Das im Jahre 1863 eingeweihte Bethaus enthält die Pfarrwohnung
mit 5 Zimmern, Kirche mit guter von dem dortigen Organisten gebauter
Orgel und 2 Schulzimmer, ferner besitzt die Gemeinde ein kleines Wohnhaus für den Organisten und 3 Zinshäuser. Der Mietsertrag derselben
beträgt bei dem grösseren jährlich 1000 Franks, bei den zwei kleineren
jährlich je 300 Franks. Das Barvermögen der Kirche beträgt 2500 Franks.
Die ordentlichen jährlichen Beiträge der Gemeindeglieder belaufen sich
durchschnittlich auf 900 Franks, die Stolartaxen jährlich auf beiläufig
350 Franks. An Unterstützungen hat die Gemeinde, da noch Bauschulden
vorhanden sind, bisher jährlich 900 Franks vom Centralvorstand erhalten
und Se. Majestät der deutsche Kaiser bewilligt für die im Jahre 1863 aus
der Gemeinde hervorgegangene „Deutsche Schule" jährlich 1000 Reichsmark Beihilfe. Bis zum Jahre 1863 bestand nämlich nur eine einklassige
Gemeindeschule, deren Lehrer der Pfarrer war. — Von da an bis zum

Jahre 1877 wirkte an derselben ein besonders dazu berufener Lehrer. Im Juni 1878 konstituierte sich, hauptsächlich auf Anregung des damaligen deutschen Konsuls Dr. Arends die „Deutsche Schulgemeinde", die von einem Vorstande geleitet wird, der aus 9 Mitgliedern besteht, worunter zwei immer Israeliten waren, und dessen Vorsitzender der jedesmalige Konsul ist. Die Schule zerfällt in drei Klassen, von denen die beiden oberen kombiniert unterrichtet werden. Der Kursus jeder Klasse ist zweijährig.

An der Schule unterrichtet ausser dem Pfarrer der evangelischen Gemeinde, der seit 1884 zugleich erster Lehrer und Leiter der Anstalt ist, ein zweiter Lehrer, ferner ein Lehrer für rumänische Sprache, ein Lehrer für Gesang und eine Lehrerin für weibliche Handarbeiten. Die Schülerzahl belief sich im vorigen Jahre auf 80, d und zwar 49 Knaben und 31 Mädchen. Der Religion nach waren davon 50 evangelisch, 14 katholisch, 11 orthodox und 5 mosaisch; — der Nationalität nach: 38 deutsch, 20 österreichisch, 8 griechisch, 5 englisch, 3 italienisch, 1 russisch, 2 rumänisch, 2 schweizerisch und 1 bulgarisch.

Die Gemeinde selbst zählt 458 Seelen: davon sind: Deutsche 277, Österreicher 82, Schweizer 39, Engländer 26, Russen 16, Franzosen 7, Holländer 5, Dänen 4, Rumänen 2.

Im Jahre 1865 fand die Bestätigung ihrer neuen Statuten durch den Berliner Oberkirchenrat statt.

Seit 1884 steht die deutsch-evangelische Kirchengemeinde unter dem Schutze des hiesigen kaiserlich deutschen Konsulates. Zufolge Beschlusses der damaligen Generalversammlung ist der Vorsitzende des Kirchenvorstandes der jedesmalige Konsul oder, falls derselbe katholisch ist, der nächste Konsulatsbeamte.*) Der Geistliche nimmt ausser in seiner Gemeinde Amtshandlungen auch in den benachbarten Vororten der Moldau, als: Tecuci, Marasesei, Focsani und Berlad vor und pastorierte jedesmal, wenn eine Vakanz in der Pfarre zu Admadja eintrat, bis zur Wiederbesetzung derselben, die in der Dobrudscha befindlichen evangelischen Gemeinden. Derselbe hat ausser freier Wohnung

---

*) Grosse Verdienste um Kirche und Schule hat sich der nunmehr pensionierte Konsulatsverweser und Dragoman Robert Scutti erworben. Derselbe war 37 Jahre Mitglied des Kirchenvorstandes und 18 Jahre (bis 1888) dessen ständiger Vorsitzender, Kassierer und Schriftführer. An seine Stelle ist der ebenso umsichtige als thatkräftige Konsulatsverweser Dragoman Struve getreten.

ein fixes jährliches Einkommen von 2973 Franks, welches inklusive Stolartaxen auf 3250 Franks durchschnittlich steigt; ausserdem erhält er für seine Thätigkeit an der finanziell und administrativ von der Kirche getrennten „Deutschen Schule" pro Jahr 1000 Franks; der zweite Lehrer bezieht einen Jahresgehalt von 1200 Franks nebst freier Wohnung; der Hilfs- und der rumänische Lehrer erhalten jährlich 480 Franks und die Handarbeitslehrerin 240 Franks.

An der evangelischen Kirchengemeinde haben bisher als Pastoren gewirkt:

Eduard Neumeister aus Koburg vom November 1856 bis Oktober 1864;

Oskar von Kretzschmann, vorher Pfarrer der evangelischen Gemeinde zu Turn-Severin, aus der Provinz Sachsen von November 1864 bis November 1868;

Friedrich Hornemann aus der Provinz Sachsen, vorher Pfarrer der Gemeinde zu Braila, vom März 1869 bis März 1875;

Gottlieb Dörschlag aus der Provinz Pommern, vorher Pfarrer der evangelischen Gemeinde Admadja in der Dobrudscha, vom April 1875 bis September 1882;

Wilhelm Matzke aus Liegnitz in Schlesien, vom August 1882 bis September 1889;

Riesch von 1889 an.

Seit 1881 besteht in Galatz ein Frauenverein.

Durch die (April 1883) erfolgte Aufhebung des Galatzer Freihafens haben mehrere Gross-Kaufleute die Stadt verlassen, und damit hat auch die Gemeinde manches wohlhabende Gemeindeglied verloren. Im allgemeinen ist jedoch ein Rückschritt in den kirchlichen Verhältnissen der Gemeinde nicht zu konstatieren.

Turn-Severin.

Drei Stunden etwa von Orsova, der letzten Stadt auf ungarischem Gebiete, unweit des Eisernen Thores liegt Turn-Severin, historisch merkwürdig durch die an beiden Ufern der Donau bei niedrigem Wasserstande noch heute sichtbaren Pfeilerüberreste jener Brücke, die im Auftrage des römischen Kaisers Trajan der berühmte Apollodorus Damascenus zur Zeit des letzten Dacischen Krieges (104 vor Christi Geburt) hier erbaute.

Zu Anfang des fünften Jahrzehnts unseres Jahrhunderts war Turn-Severin noch ein unscheinbares Dorf, seitdem aber im Jahre 1855 die österreichische Donau-Dampfschiffahrts-Gesellschaft hier eine bedeutende Schiffswerfte angelegt hat, ist Turn-Severin, nunmehr Vorort des westlichsten Distriktes Rumäniens Mehedinz, ausserordentlich rasch emporgewachsen. Seine Einwohnerzahl beträgt 14,000; die Mehrzahl derselben sind Rumänen und etwa 2000 Deutsche, vorwiegend österreichisch-ungarische Staatsangehörige, von denen etwa 150 der evangelischen Konfession angehören. Diese letzteren waren jahrelang ohne jegliche geistliche Fürsorge und ohne Schule für ihre Kinder.

Am 14. April 1861 hielt Pfarrer Besser aus Craiova zum ersten Mal Gottesdienst in Turn-Severin. Daran schloss sich eine Gemeindeversammlung, in welcher der Beschluss gefasst wurde, die Gemeinde zu konstituieren, unter die Leitung und Aufsicht des evangelischen Oberkirchenrates zu Berlin zu stellen und zunächst als Filialgemeinde an das etwa 20 Meilen entfernte Craiova anzuschliessen. Als die ersten Vorsteher wurden gewählt die Herren: Apotheker Carl Bömches, Werftarzt Dr. Jähnrich und Obermaschinist Steffens. Durch die eifrigen Bemühungen des Pfarrers Besser erhielt die Gemeinde durch den evangelischen Oberkirchenrat in Berlin, nachdem sie ihren Anschluss an die preussische Landeskirche erklärt, im Jahre 1863 den ersten Geistlichen in der Person des Pfarrers Oscar von Kretzschmann, welcher am 12. Juli desselben Jahres in sein Amt eingeführt wurde. Die Aussendung desselben wurde dadurch ermöglicht, dass Se. Majestät König Wilhelm von Preussen 200 Thaler (auf 5 Jahre), der brandenburgische Hauptverein der Gustav-Adolf-Stiftung 200 Thaler und späterhin der Centralvorstand in Leipzig 150 Thaler jährlich zur Besoldung zusicherten. Die Gemeinde verpflichtete sich dagegen, jährlich 50 Dukaten zum Mietslokal und 10 Dukaten zur Schulheizung aufzubringen. Es wurde nun von der Gemeinde ein Bauplatz von der Municipalität für 59 Dukaten käuflich erworben. Doch das kirchliche Leben der Gemeinde fing sehr bald an zu ermatten. Schon im Oktober 1864 folgte Pfarrer von Kretzschmann einem Rufe an die evangelische Gemeinde zu Galatz. Dadurch entstand eine längere Vakanz, bis im März 1865 der zweite Pfarrer eintraf. Es war dies Friedrich Perschmann, gebürtig aus Schmiedeberg in der preussischen Provinz Sachsen, früher Domkandidat in Berlin, zuletzt Hilfsprediger in Perver bei Salzwedel in der Altmark.

Der Selbstverleugnung und eifrigen Hingebung dieses Geistlichen an seine Mission gelang es, die schon der Auflösung nahe Gemeinde wieder zu sammeln und in ihrem Bestande zu befestigen, wobei namentlich die Sorge um die äussere Existenz der Gemeinde eine nicht geringe Last seines Amtes bildete. Im Interesse der Sache unterzog er sich sogar in Ermangelung eines Kirchendieners oder sonst geeigneten und zuverlässigen Mannes der Einsammlung der Beiträge zur Bestreitung der laufenden Ausgaben. Ihre Toten musste die Gemeinde bis dahin auf dem Friedhof der Katholiken beerdigen. Da dies jedoch zu vielen Verlegenheiten führte und für die Zukunft unsicher wurde, so musste Sorge getragen werden, einen eigenen Friedhof zu erlangen. Auf die Bitte des Vorstandes überwies im Jahre 1866 der Magistrat in dankenswerter Humanität der Gemeinde unentgeltlich einen schönen grossen Platz von 750 Quadratklafter neben dem katholischen Friedhof, dessen feierliche Einweihung am 5. August desselben Jahres unter Assistenz des Pfarrers Richter aus Craiova vollzogen wurde.

Um der Gemeinde zu einem Bethaus auf ihrem eigenen Grund und Boden zu verhelfen und dadurch den hohen Mietszins von jährlich 60 Dukaten für das Lokal, das als Betsaal und zugleich als Schule und Pfarrwohnung benutzt wurde, zu ersparen, schritt der Vorstand an die Sammlung eines Baufonds.

Die Gemeindemitglieder selbst steuerten nach Kräften bei, selbst viele Katholiken in der Stadt spendeten Beiträge. Se. Majestät der König Wilhelm von Preussen bewilligte als Schutzherr der Gemeinde 200 Thaler zum Bau, Se. Hoheit der Fürst Carl von Rumänien 400 Franks, der evangelische Oberkirchenrat 100 Thaler und die Gustav-Adolf-Vereine zu Stettin, Königsberg, Stuttgart und Mediasch reichliche Summen. Wiewohl das Kapital noch nicht zur Vollendung des Baues ausreichte, schritt der Vorstand doch schon am 21. Juli 1868 zur Grundsteinlegung des nach dem Plan des Architekten Julius Simon aus Bucarest auszuführenden Gebäudes. Er sah sich um so mehr dazu veranlasst, als beim Verkauf des Bauplatzes die Bedingung gestellt worden war, binnen drei Jahren den Bau zu bewerkstelligen, widrigenfalls der Bauplatz an den Magistrat zurückfallen sollte. Die in den Grundstein versenkte Urkunde trägt die Namen des damaligen Vorstandes: Friedrich Perschmann, Pfarrer; Theodor Pegelow, erster Maschinist bei der ersten K. K. privilegierten Donau-Dampfschiffahrts-Gesellschaft; Paul Schmögener, Schmied auf der Werft; Carl Bömches, Apotheker und Dr. Czerwenka, fürstlich rumänischer Bezirksarzt. Im Herbst 1869 wurde das Gebäude eingeweiht; die Orgel ist ein Geschenk der Gemeinde in Jassy, das Altarbild verdankt die Gemeinde dem christlichen Sinne Ihrer Majestät der höchstseligen Kaiserin Augusta. Seit dem Jahre 1886 ist ein zweiklassiges Schulhaus erbaut worden. Die Kosten wurden aufgebracht durch freiwillige Beiträge und Beisteuer seitens des Gustav-Adolf-Vereins und des Oberkirchenrats in Berlin. An der Schule, die einklassig ist, wirkt der Pfarrer und ein Lehrer, die Schülerzahl beträgt 30 (20 Knaben und 10 Mädchen), wovon die Hälfte evangelisch.

Der Geistliche hat freie Wohnung und eine Doppelklafter Knüppelholz von der Gemeinde; ausserdem sind ihm 2870 Mark zugesichert, wozu der Gustav-Adolf-Verein 1050 Mark beiträgt. Der Lehrer erhält 1300 Mark = 1612 Franks aus dem Schulfonds des Auswärtigen Amtes in Berlin. Das Gesangbuch, das in der Gemeinde im Gebrauch ist, ist das nach den Beschlüssen der Synoden Jülich-Cleve-Berg und der Grafschaft Mark herausgegebene.

Die Namen der Geistlichen, welche bisher in der Gemeinde amtiert, sind: Besser, Pfarrer in Craiova, aus Preussen,

O. von Kretzschmann 1861—1863 aus Preussen,

Friedrich Perschmann 1864—1870 . . .

Mielitz 1870—1878 . .

Bindseil 1878—1883 . .

Plathner 1883—1888 . .

F. Müller 1888— . .

5. Pitesti (Pitescht).

Hauptstadt des Distriktes Argesch, am Flusse Argesch. Eine der Hauptstationen der Eisenbahnlinie Bucarest-Verciorova, 2 Stunden von Bucarest per Bahn, hat 12 000 Einwohner.

Die evangelische Gemeinde zu Pitescht ist recht eigentlich eine Tochtergemeinde der Bucarester Gemeinde. Dem Pfarrer R. Neumeister gebührt das Verdienst, den Impuls zu ihrer definitiven Konstituierung gegeben zu haben. Er war es, welcher die dortigen Glaubensgenossen auf seinen Missionsreisen nach Craiova besuchte, sie zur gottesdienstlichen Feier versammelte und durch Wort und Sakrament das evangelische Bewusstsein in ihnen wach erhielt und stärkte. Inzwischen kam es wohl auch vor, dass bald der deutsch-evangelische, bald der ungarisch-reformierte Pfarrer aus Bucarest nach Pitescht gerufen wurden, um zu taufen und zu trauen und bei dieser Gelegenheit Gottesdienst zu halten, sowie das heilige Abendmahl zu verwalten. Dies konnten gleichwohl nur die wenigen wohlhabenden Glaubensgenossen thun. Die Ärmeren mussten Taufen und Trauungen von dem römisch-katholischen deutschen Klostergeistlichen in dem nahen Campulung (Kimpulung) verrichten lassen, der in regelmässiger Wiederkehr die katholische deutsche Gemeinde in P. besuchte und anstandslos die betreffenden Amtshandlungen an Evangelischen vollzog. Als aber sein Nachfolger, wohl infolge des mittlerweile in Österreich zur Herrschaft gelangten Konkordates, an Kindern evangelischer Eltern die Taufe nur gegen den Revers, dass das Kind auch katholisch erzogen würde und die Trauung selbst an rein evangelischen Brautpaaren nur nach dem Übertritt derselben zur katholischen Kirche vollziehen wollte, stellte sich die regelmässig wiederkehrende Anwesenheit eines evangelischen Geistlichen in P. als ein unabweisbares Bedürfnis heraus. Um demselben genügen zu können, vereinigten sich die ungarisch-reformierten (H. C.) und die deutsch-evangelischen Glaubensgenossen (A. C.) zu einer evangelischen Gemeinde (30. April 1855).

Nach dem Wortlaute des betreffenden Gemeindebeschlusses „gelobten sie einander feierlich, in christlicher evangelischer Liebe und Verträglichkeit miteinander zu leben und ein jeder des andern Glauben zu achten". Alle drei Monate sollte abwechselnd einer der evangelischen

15*

und reformierten Pfarrer in Bucarest zur Abhaltung eines Gottesdienstes nach P. kommen.

Die dazu erforderlichen Geldmittel brachte die vereinigte Gemeinde auf; die betreffenden Pfarrer begnügten sich mit dem Ersatz der Reisekosten, und die Abhaltung des Gottesdienstes fand in dem grossen Zimmer eines Gasthauses statt. Durch diese Vereinigung war das Eine erreicht, dass die Evangelischen bei Taufen und Trauungen nicht mehr dem Gewissenszwang von seiten des katholischen Geistlichen in Kimpulung ausgesetzt waren. Aber die Toten mussten immer noch ohne kirchliche Einsegnung beerdigt werden und die Kinder blieben nach wie vor ohne jeden Religionsunterricht. Die Leichen der Fremden wurden bis zum Jahre 1854 auf einem der längs P. sich hinziehenden Hügel auf freiem Felde beerdigt. Während der in jenem Jahre erfolgten österreichischen Okkupation der Walachei erhielt auch P. einen Teil österreichischer Truppen in Garnison, und der erwähnte für die nichtorthodoxen Christen angewiesene Begräbnisplatz wurde von österreichischen Soldaten mit einem tiefen Graben umschanzt. Seit dem 30. Mai 1869 hat die evangelische Gemeinde einen abgesonderten Begräbnisplatz.

Der erste Kassierer der Gemeinde war G. Burkhardt, der schon damals, nationale Eifersucht befürchtend, bei den Eintragungen der Gelder genau anmerkte, ob der Betrag von einem evangelischen oder reformierten Gemeindemitgliede stammte, und der bei seiner 1855 nach Craiova als preussischer Vice-Konsul erfolgten Übersiedelung den Evangelischen empfahl, dies Verfahren für die Zukunft zu befolgen, um, wenn nötig, feststellen zu können, welchen Anteil dieselben an dem Gemeindevermögen haben. Zum Nachteil der ersteren wurde, wie wir sehen werden, dies Verfahren später, als die Kassaführung in die Hände eines reformierten Gemeindegliedes überging, nicht beachtet.

Das nächste Ziel, dem die Gemeinde mit Rücksicht auf die heranwachsende Jugend zustrebte, war die Anstellung eines Lehrers, wobei der Beschluss gefasst wurde: sobald die Erlaubnis zum Bau eines gemeinschaftlichen Schul- und Bethauses auf dem von weiland Dr. Szekely testamentarisch zu diesem Zweck bestimmten Bauplatz eingeholt sei, diesen Bau nach Kräften zu fördern.

Im Jahre 1848 hatte nämlich der genannte Dr. med. Szekely, ein Ungar, testamentarisch einen Baugrund zur Verfügung gestellt, um darauf eine Kirche für die reformierten Ungarn in P. zu bauen; für den

Bau hatte er zwei Drittel aus den jährlichen Einkünften eines Wein-
gartens angewiesen. Auch war in dem Testamente ausdrücklich ausgesprochen, dass auch die evangelischen Deutschen in dieser Kirche ihre
Gottesdienste halten könnten, bis sie sich selbst eine gebaut. Statt der
Kirche wollte man also zunächst ein Schul- und Bethaus errichten, und
mit regem Eifer ging die Gemeinde an die Ausführung dieses Entschlusses.

Pfarrer Neumeister aus Bucarest meldete unter dem 21. Juni
1857, dass der Centralvorstand des Gustav-Adolf-Vereines hundertfünfzig
Thaler „zum Zwecke der Erwerbung eines Kirchenbauplatzes für die
Evangelischen in P." bewilligt habe.

Er stellte anheim, diese Summe zunächst für Erbauung des gemeinsamen Schul- und Bethauses zu verwenden. In weiser Vorsorge legte
er es aber den Deutschen ans Herz, einen schriftlichen Akt mit der
Erklärung aufzunehmen, dass das zu erbauende Kirchlein durch gemeinschaftliche Gelder entstanden, weshalb bei einer etwaigen späteren Trennung die im Besitz bleibende Partei der ausscheidenden ihren Vermögens-
anteil ohne Widerrede auszuzahlen verbunden sei. — Leider wurde sein
Rat ebensowenig wie der Burkhardts befolgt.

Zu dem Geschenk des Gustav-Adolf-Vereins, im Betrag von 150 Thaler,
kamen später noch weitere 40 Thaler hinzu. Ebenso schenkte Se. Maj.
Kaiser Franz Josef je 50 Gulden für die Jahre 1858, 1859 und 1860.

Von seiten der Ungarn wurden ebenfalls Mittel flüssig gemacht
und überdies durch Sammlungen in der vereinigten Gemeinde 2928 Piaster
(292 Thaler) aufgebracht.

Inzwischen war auch ein Lehrer in der Person eines gewissen Peter
Jekel aus Marienburg bei Kronstadt in Siebenbürgen berufen worden,
der in deutscher, ungarischer und rumänischer Sprache unterrichten
konnte. Derselbe begann noch vor Vollendung des Schulhauses am
1. März 1858 mit 21 Kindern den Schulunterricht, und bei der im
Sommer erfolgten Einweihung des Schul- und Bethauses wurde er von
den beiden Geistlichen der deutsch-evangelischen und der ungarisch-
reformierten Gemeinde in B. bevollmächtigt, an Sonn- und Festtagen
abwechselnd in deutscher und ungarischer Sprache eine Predigt vor-
zulesen, auch zu taufen und zu beerdigen. Die von ihm vollzogenen
Taufen sollten bei Anwesenheit eines Pfarrers durch diesen bestätigt
werden.

„Das war ein verheissungsvoller Anfang," führt P. Schuster in seinem Bericht fort. „Allein nur kurze Zeit währte die Freude."

„Ein Versuch der rumänischen Behörde, die Schule zu schliessen, wurde zwar durch die Intervention des preussischen Konsulats in B. vereitelt, aber bald brach im Schosse der Gemeinde Uneinigkeit aus und führte dazu, dass Gottesdienst und Schulunterricht aufhörten." — Der Grund dieses Zerwürfnisses war politischer Natur. Der Krieg zwischen Österreich und Italien hatte in Ungarn das Nationalgefühl in hochgradiger Weise erregt, das sich nun auch ausserhalb des Vaterlandes überall, wo Deutsche und Ungarn in näherem Kontakte miteinander standen, geltend machte.

Auch in P. war dieser „Nationalhass", wie Lehrer Jekel am 24. August 1859 an den Centralvorstand des Gustav-Adolf-Vereins berichtet, zum Ausbruch gekommen, so dass er es für ratsam hält, sich in Güte von den Reformierten zu trennen. Zum vollständigen Bruch kam es in einer Gemeindeversammlung, wo die deutschen Mitglieder des Gemeindevorstandes von dem ungarischen Kassierer über die Verwendung der vom Kaiser von Österreich für 1858 und 1859 gespendeten 100 Gulden Rechenschaft forderten und statt dessen nur grobe Antworten erhielten. Die Deutschen hörten auf, ihre laufenden Beiträge zu zahlen, damit war die Gemeinde gesprengt, und Kirche und Schule wurden geschlossen (28. August 1859). Der deutsche Teil der Gemeinde wurde nach langwierigen Verhandlungen mit einem Schuldschein über 55 Thaler abgefertigt, worauf derselbe den Ungarn die Gemeinschaft förmlich aufsagte (20. August 1860).

Das kleine Häuflein der Deutschen liess sich indes durch diesen Misserfolg nicht entmutigen, es galt zu zeigen, dass es das gesteckte Ziel auch ohne die Ungarn zu erreichen im stande sei, und daher war es vor allem darauf bedacht, einen Baugrund zu erwerben. Zu dem Ende wandte man sich an die Opferwilligkeit sowohl der Gemeindemitglieder, als auch der evangelischen Glaubensgenossen in Bucarest. In P. wurden 292 Thaler gesammelt, und von B. liefen 122 Thaler ein. Mit dieser Summe, sowie mit weiteren 110 Thalern, welche der Centralvorstand des Gustav-Adolf-Vereins für diesen Zweck geschenkt hatte, wurde anfangs 1863 ein Baugrund von 30 qm in der Mitte der Stadt am Boulevard Elisabetha für 808 Thaler gekauft. Der Schuldenrest ward durch die Opferwilligkeit der Piteschter, sowie durch eine weitere

Spende des Centralvorstandes des Gustav-Adolf-Vereines für 1864, im Betrag von 300 Thalern getilgt.

Nunmehr konstituierten sich die Evangelischen auf den Rat des Pfarrers Neumeister in B. als selbständige Gemeinde mit dem Anschluss an die evangelische Landeskirche Preussens, indem sie sich unter die Oberaufsicht des evangelischen Oberkirchenrates in Berlin stellte.

Im Sommer 1865 war durch eigene Opferwilligkeit der Gemeinde, sowie durch Hilfe einzelner Hauptvereine der Gustav-Adolf-Stiftung (Leipzig, Kiel und Mediasch in Siebenbürgen) das Schul- und Bethaus mit den erforderlichen Wohnräumen für Pfarrer und Lehrer im Rohbau fertig. Mittlerweile war es auch den unausgesetzten Bemühungen Neumeisters, sowohl beim Centralvorstand des Gustav-Adolf-Vereins, als auch beim Evangelischen Oberkirchenrat gelungen, dass ein Geistlicher in der Person des Pfarrers P. Ortmann nach Pitescht gesandt wurde. Derselbe hatte den Auftrag vom Evangelischen Oberkirchenrat, abwechselnd ein Vierteljahr in Pitescht und ein Vierteljahr in Plojescht zu amtieren und ausserdem einen Teil des Schulunterrichtes zu übernehmen. Der Centralvorstand des Gustav-Adolf-Vereins hatte sich über Ersuchen des Evangelischen Oberkirchenrates bereit erklärt, einen jährlichen Zuschuss zu dem Gehalte des Pfarrers zu leisten. Am 15. Juli 1866 wurde der Reiseprediger Ortmann von Pfarrer Neumeister in sein Amt eingeführt, wobei zugleich das Bethaus eingeweiht wurde. Bald darauf berief die Gemeinde in der Person eines auf dem Kronstädter Schullehrerseminar ausgebildeten jungen Mannes, Namens Gerger, einen Lehrer der deutschen und rumänischen Sprache. Etwas über drei Jahre dauerte dieser Notstand, aus dem sich für beide Gemeinden die grössten Unzuträglichkeiten ergaben. Als es dann Plojescht durchzusetzen gewusst hatte, einen ständigen Pfarrer zu erhalten, sah sich die Gemeinde genötigt, um ihre Existenz nicht aufs Spiel zu setzen, zu den äussersten Kraftanstrengungen sich aufzuraffen. Sie erbot sich, indem sie den Centralvorstand um Hilfe anging, dem Pfarrer, wenn er künftig seinen bleibenden Wohnsitz in Pitescht nehme und den ganzen Schulunterricht allein erteilen wolle, jährlich zweihundert Thaler nebst freier Wohnung und freiem Holze aus eigenen Mitteln zu gewähren, wiewohl noch zweihundert Thaler Schulden auf ihr lasteten. Diese Opferwilligkeit der so kleinen Gemeinde fand die verdiente Anerkennung. Der Centralvorstand sagte ihr einen jährlichen Zuschuss zu dem Gehalte des Pfarrers zu. Am

Palmsonntag 1869 wurde Röttger als Pfarrer und Lehrer der deutsch-
evangelischen Gemeinde zu Pitescht vom Pfarrer Ortmann eingeführt,
der nun seinen bleibenden Wohnsitz in Plojescht nahm. Die Gemeinde
in Plojescht, welche ein eigenes Grundstück samt Pfarrwohnung, Schule
und Betsaal besass, löste sich jedoch infolge von religiösem Indifferen-
tismus ihrer Mitglieder schon nach wenigen Jahren auf. Pfarrer Röttger
verwaltete das Pfarramt bis zum Jahre 1877, dann demissionierte er.
An seine Stelle wurde Pfarrer Emil Schuster berufen, welcher bis
1885 amtierte; ihm folgte Pfarrer Vorhauer.

An Stiftungen und Schenkungen erhielt die Gemeinde von Se. Maj.
dem Kaiser Wilhelm I. zum Bau einer Kirche 3000 Reichsmark. — Dieser
Baufonds beläuft sich gegenwärtig bereits auf über 13 000 Franks. Von
der Gemeinde zu Belgrad wurde ihr im Jahre 1865 nach der Pastoral-
konferenz daselbst eine Altardecke und ein Abendmahlskelch nebst Bibel
geschenkt, und anlässlich der in Bucarest im Oktober 1882 stattgefun-
denen Pastoral-Konferenz wurden für P. in der Gemeinde an 1000 Franks
gesammelt und vom Bierbrauereibesitzer E. Luther eine Kirchenglocke
geschenkt. Von jenem Kapital wurde ein Glockenturm gebaut und der
Rest zinsbringend angelegt. Erwähnenswert sind die Opfer, welche die
aus Hermannstadt stammende Familie des Weinhändlers und Spiritus-
fabrikanten Lehrer für die Gemeinde bringt, indem dieselbe ausser bedeutenden Geldbeiträgen jährlich das Brennmaterial für Kirche, Schule
und Pfarrwohnung gratis liefert.

Der Pfarrer ist in Pitesti noch immer, wie anderwärts in den
kleinen Diasporagemeinden, zugleich Leiter und Lehrer der Schule, welche
einklassig ist und 30 Kinder zählt, und zwar 11 Knaben und 19 Mädchen, darunter 15 evangelisch, die übrigen sind teils katholisch, orthodox
und mosaisch. Den Unterricht im Rumänischen erteilt derzeit ein ortho-
doxer Geistlicher in 10 Stunden wöchentlich. Der Pfarrer erhält ausser
freier Wohnung und Brennholz 900 Mark aus dem deutschen Reichsfonds, 650 Mark vom Gustav-Adolf-Verein, 150 Mark aus dem Kollekten-
fond des Evangelischen Oberkirchenrates in Berlin und 620 Mark 32 Pf.
aus der Gemeindekasse für die Schule, zusammen 2307 Mark 32 Pf.

Der rumänische Lehrer erhält jährlich 330 Franks. Die Leistungen
aus der Gemeindekasse werden durch Erhebung des Schulgeldes, sowie
durch freiwillige Beiträge ermöglicht. Aus diesen Mitteln wird auch
die Kirche und Schule erhalten.

Die Seelenzahl der Gemeinde beträgt etwa 150, meist Unterthanen der österreichisch-ungarischen Monarchie, dazu einige Reichsdeutsche und Schweizer. Zu bemerken ist noch, dass der Pfarrer von Pitesti zuweilen Gottesdienst in Campelung hält und, dem Bedürfnis entsprechend, Amtshandlungen vollzieht; auch die Umgegend von Pitesti wird von ihm kirchlich versorgt.

Als Gesangbuch zum gottesdienstlichen Gebrauche ist das württembergische eingeführt.

6. Braila.

Hauptstadt des gleichnamigen Distriktes an der Donau, bedeutendste Hafenstadt des Landes, 40 000 Einwohner.

Herr Pfarrer A. Müller, der mir die nachfolgenden Daten zur Verfügung zu stellen die Güte hatte, schrieb mir bei dieser Gelegenheit: „Unsere Gemeinde führt immer noch ein so bescheidenes Dasein, dass wenig davon zu berichten ist. Wir leben einstweilen noch in einer Zeit des Wartens und Hoffens, dass ein frischer und kräftiger Hauch durch die Gemeinde gehen wird, wenn unsere, Ihnen ja bekannte Baufrage erledigt ist. Nicht wenig bestärkt werde ich in dieser Hoffnung durch den lebhaften Aufschwung, den Braila in Handel und Industrie nimmt.“

Ehe sich die evangelische Gemeinde in Braila konstituierte bestand, etwa 6 km von der Stadt entfernt, eine Gemeinde in Jacobsousthal, gegründet vor etwa 40 Jahren von deutschen Bauern, die aus Südrussland eingewandert waren. Nach und nach bildete sich in Braila eine Gemeinde, die anfangs wie Galatz und Jacobsousthal von Bucarest, später von Galatz allein pastoriert wurde.

Eine Zeitlang besass sie an einem gewissen Menninges, ehemals Prediger in Wolkendorf bei Kronstadt, Pfarrer und Schullehrer; doch konnte derselbe sich in seiner Stellung nicht behaupten. Die Konstituierung der Gemeinde in Braila vollzog sich am 12. November 1865 und zwar durch Anschluss an die preussische Landeskirche.

Gleichwohl war die Pfarrstelle einige Male vakant und wurde

dann die Gemeinde von Galatz aus versorgt, so z. B. durch Pfarrer von Kretzschmann und Dörschlag. Oder es wurde Galatz und Braila kombiniert, so z. B. zur Zeit des Pfarrers Hornemann. Ausser den Genannten haben in Braila amtiert: F. Munzel, O. Riep, M. Müller 1876—1882. A. Müller 1882 bis dato.

Die Gemeinde besitzt nur einen Friedhof und ein Grundstück für ein zu bauendes Gemeindehaus, enthaltend Betsaal, Pfarrwohnung und Schulräume, wozu wiederholt Sammlungen veranstaltet worden sind, die noch fortgesetzt werden. Auch Ihre Majestät die Königin Elisabeth von Rumänien hat vor zwei Jahren zur Erreichung des angestrebten Zieles 500 Franks allergnädigst zu spenden geruht. Der derzeitige Pastor wohnt, wie seine Vorgänger im Amte, in einem von der Gemeinde gemieteten Hause, das zugleich als Betsaal und Schullokal dient. Die Schule ist einklassig und zählt etwa 30 Kinder (Knaben und Mädchen). Hiervon sind 25 evangelisch und 5 römisch-katholisch. Kinder einer anderen Konfession oder mit einer anderen Muttersprache, als der deutschen, waren selten in der Schule. Der Pfarrer ist zugleich der Schullehrer. Ausser ihm unterrichtet nur ein rumänischer Sprachlehrer in 4 Stunden wöchentlich.

Der Pfarrer erhält von der Gemeinde ein Jahresgehalt von 600 Franks, vom Gustav-Adolf-Verein 1800 Reichsmark = 2250 Franks, und aus dem deutschen Reichsfonds 1200 Reichsmark, für die Schule 625 Franks; ferner die Hälfte der Schulgelder, ca. 200 Franks, und an Stolargebühren ca. 300 Franks, zusammen 3975 Franks. — Beim Gottesdienst ist das württembergische Gesangbuch im Gebrauch.

Gegenwärtig zählt die Gemeinde etwa 350 Seelen deutscher Sprache, wovon der kleinere Teil dem deutschen Reiche, der grössere der österreichisch-ungarischen Monarchie angehört. Ausserdem giebt es Schweizer, Engländer, vereinzelte Franzosen und Holländer, die in gewissem Sinne zur Gemeinde gerechnet werden müssen.

7. Bericht
über die deutsch-evangelischen Gemeinden in der Dobrudscha.

Die in der Dobrudscha befindlichen neun deutsch-evangelischen Gemeinden gehören zur Parochie Atmagea (Atmadscha) [Plasa Babadagh] und befinden sich auf einem Flächenraum von über 120 km Länge, dessen Endpunkte im NW. Tulcia (Tultscha) und im SO. Constanza (Küstendsche) am Schwarzen Meere bilden.

Die einige tausend Seelen zählenden, sehr zerstreut angesiedelten Deutschen, unter denen sich auch viele Katholiken befinden, sind zum grössten Teil aus Südrussland, zum Teil aus Österreich-Ungarn seit etwa 50 Jahren eingewandert. Die ersteren stammen teils von deutschen Bewohnern der Provinz Posen, teils von Pfälzern und Schwaben ab, deren Eltern im Jahre 1814 und 1815 nach Südrussland eingewandert sein sollen. Sie sind meistens stattliche, aufgeweckte, freundliche, fleissige und für Gottes Wort empfängliche Leute.

Nach dem russisch-türkischen Kriege hat die Einwanderung aus Südrussland bedeutend zugenommen, weil man den Leuten Hoffnung gemacht hatte, dass sie sich hier leicht Grundbesitz erwerben könnten, da Türken und Tataren massenhaft aus allen Teilen des Landes auswanderten. Leider sieht sich aber ein grosser Teil unter ihnen schon seit Jahren in seinen Erwartungen getäuscht. Die Regierung hat ihnen wohl nach Wunsch 10—50 ha Land zuteilen lassen, wofür sie jährlich eine bestimmte Abgabe zahlen müssen, bis ihnen nach 20 Jahren das Land zugeschrieben werden sollte; doch ist ihnen der Besitz dieser Grundstücke bisher nicht zugesichert, das heisst im Grundbuch eingetragen worden. Im Gegenteil sind von ihnen bebaute Grundstücke wiederholt vermessen und anders verteilt worden. Denjenigen Bauern, die vor zwölf und mehr Jahren das Land mit viel Mühe und Anstrengung urbar gemacht, sind vielfach grosse Grundstücke entrissen und anderen, zum Teil reichen Leuten oder Beamten zugeteilt worden, während es noch viele grosse, unbebaute und fruchtbare Steppen im Lande giebt. Infolgedessen hat sich ein Gefühl der Unsicherheit und Enttäuschung der Leute bemächtigt, das bereits viele Familien zur Auswanderung nach Amerika und anderswohin getrieben hat.

Die deutsch-evangelische Gemeinde Atmadscha ist im August 1848 gegründet. Ein menschenfreundlicher Pascha, der in Berlin studiert hatte, wies den ruhelos von einem Ort zum andern Umherziehenden den damals unbewohnten Bergkessel als Niederlassung an. Atmadscha ist der höchstgelegene Wohnort in der Dobrudscha; die umliegenden Berge sind mit dichten und schönen Waldungen bedeckt; die Lage ist sehr gesund und ziemlich gegen die kalten Nordwinde geschützt.

Anfänglich war die Gemeinde ohne geistliche Pflege und ohne Schule; das Pfarr- und Lehramt wurde von einem Mitglied der Gemeinde versehen und die kirchlichen Handlungen später durch Pastor Eduard Neumeister in Galatz bei seinen Besuchen daselbst bestätigt. Erst lange nach Gründung der Kirchengemeinde wurde die Schule eingerichtet und durch Pastor Dörschlag aus Galatz ein Lehrer in der Person eines gewissen Louis Horn aus dem „Rauhen Hause" zu Horn bei Hamburg berufen. Derselbe trat sein Amt am 1. Oktober 1873 an. Nach Abgang des Pfarrers Dörschlag von Galatz wurde dem Lehrer Horn die Verwaltung sämtlicher Kirchenangelegenheiten übertragen. Seine diesbezüglichen Obliegenheiten bestanden in Abhaltung des Gottesdienstes an Sonn- und Feiertagen, Leitung des Kirchengesanges mit Harmoniumbegleitung, in Tauf- und Trauhandlungen und in Beerdigungen. Die Taufen und Trauungen wurden später von Pastor W. Matzke, dem Nachfolger Dörschlags in Galatz, gelegentlich seiner Missionsreisen bestätigt. Der Schulraum befand sich früher in der alten Pfarrwohnung, welche bis zum Baue der Kirche im Jahre 1864 zu den gottesdienstlichen Versammlungen benutzt wurde.

Die Unterrichtszeit erstreckte sich und erstreckt sich noch gegenwärtig, ohne Zwang, nur auf das Winterhalbjahr d. i. vom November bis Ostern und auf die Sonntagsschule im Sommer. Mittwoch und Sonnabend nachmittags ist im Winter bis zur Konfirmation Konfirmandenunterricht und Sonntag nachmittags Christenlehre mit den Konfirmierten der letzten beiden Jahrgänge.

Während ihres 42jährigen Bestandes haben folgende Geistliche in der Gemeinde gewirkt:

P. Bonekemper von 1849—1852 aus Südrussland;

„ Kühn   „ 1858—1862 „ Preussen;

„ Lackner   „ 1864—1865 „   „

„ L. Rode   „ 1866—1867 „   „

P. Hachmeister von 1867—1872 aus Preussen;

. Dörschlag   . 1873—1875 Pfarrer in Galatz, aus Pommern;

. W. Matzke   .   1886   „   .   „   . Schlesien.

Der gegenwärtige Pastor Pritzsche war vor seiner Berufung nach Atmadscha vom Jahre 1869—1883 als Missionar in China thätig.

Das Einkommen, welches derselbe von den verschiedenen zum Teil noch wenig geordneten Gemeinden bezieht, beläuft sich auf kaum 1500 Franks in Baargeld; ausserdem gewährt der Centralvorstand der Gustav-Adolf-Stiftung in Leipzig den Gemeinden in der Dobrudscha eine jährliche Beihilfe von 1310 Franks und das Herzoglich Anhaltische Konsistorium zu Dessau 625 Franks, so dass das Gesamt-Einkommen der Pfarre ausser freier Wohnung und Holz etwa 3500 Franks beträgt.

Zur Unterstützung der in der Parochie bestehenden deutschen Schulen hat bisher der deutsche Schulverein zu Berlin nur für die Schule in Atmadscha jahrelang 250 Franks, während der letzten zwei Jahre jedoch nur 75 Franks zum Lehrergehalte beigetragen. Der Gehalt, welchen Lehrer L. Horn bezog, betrug jährlich in barem Gelde 200 Franks. Ausserdem erhielt er von jedem Hauswirt 2 Mass Weizen (25 Pfund), ebensoviel Kartoffeln, 1½ Pfund Butter und ebensoviel Speck jährlich, ferner ein Stück Land zu 5 Mass Aussaat und 3 Fuhren. Die alte geräumige, seit mehr als 20 Jahren bestehende deutsche Schule ist in eine rumänische umgewandelt worden und hat seit dem Winter 1884 einen rumänischen Staatslehrer, der dem deutschen Lehrer „erlaubte", zu gleicher Zeit mit ihm in demselben Raume deutsch zu unterrichten, bis auf seinen Bericht hin auch diese Erlaubnis durch den Schulrevisor entzogen wurde. Nach manchem Hin- und Herschwanken ist auf Intervention des Verfassers dieser Schrift beim hiesigen Kultus- und Unterrichtsministerium dem dortigen deutschen Lehrer nunmehr erlaubt, täglich 2 Stunden deutsch zu unterrichten, zugleich hat man ihn aber gezwungen, das Schulhaus zu räumen.

Seit zwei Jahren hat Atmadscha nunmehr eine kleine deutsche Schule nebst Lehrerwohnung und ist für dieselbe die erforderliche Autorisation höhern Orts nachgesucht worden.

Die Namen der anderen Gemeinden sind in südöstlicher Richtung und nach ihrer Entfernung von Atmadscha folgende:

1. Cincurova (6 km), gegründet 1860 mit über 280 Seelen. Die Gemeinde besitzt Bethaus, Schule und einen Friedhof.

Der Lehrer bezieht 400 Franks bar, 250 in Naturalien und hat freie Wohnung und Holz. Derselbe unterrichtet in 2 Klassen 20 Knaben und 16 Mädchen. Die Gemeinde wird jährlich zweimal von dem Pastor Pritzsche besucht. Das im Gebrauch befindliche Gesangbuch ist das Odessaer.

2. Cogelac (50 km), gegründet 1872, zählt 357 Evangelische, besitzt Bethaus, Schule und Friedhof. Das Einkommen des Lehrers besteht in 700 Franks bar und in 120 Franks Naturalien bei freier Wohnung und Holz. Die Schule ist zweiklassig, zählt 34 Knaben und 36 Mädchen. Die Gemeinde, in welcher das Odessaer Gesangbuch im Gebrauch ist, wird vom Pastor Pritzsche achtmal jährlich besucht.

3. Tareverde (50 km), gegründet 1878, mit 404 Evangelischen, besitzt Bethaus, Schule und Friedhof. Der Lehrergehalt besteht in 500 Franks Bargeld und 120 Franks in Naturalien; ausserdem hat der Lehrer freie Wohnung und Brennholz. Die Schule ist zweiklassig und zählt 35 Knaben und 41 Mädchen. Die Gemeinde wird achtmal jährlich vom Pastor besucht; im Gebrauch ist das Neubrandenburger Gesangbuch.

4. Coschali (70 km), gegründet 1882, zählt 135 Evangelische, besitzt nur einen Friedhof. Der Lehrer bezieht 200 Franks Gehalt und unterrichtet in zwei Klassen 23 Knaben und 19 Mädchen. Die Gemeinde wird viermal jährlich besucht und ist bei Gottesdienst das Odessaer Gesangbuch im Gebrauch.

5. Constanza (Küstendsche, 90 km), gegründet im Jahre 1881 von H. W. Pastor und Franz Pleuss. Der erstere, ein Braunschweiger, war damals Direktor des von den Engländern gleichzeitig mit der Eisenbahn von Czernavoda nach Küstendsche hier erbauten grossartigen Hotels Carol I.; der letztere, ein Aachener, war Depotchef der rumänischen Eisenbahn daselbst. — Küstendsche bildet mit dem etwa $^3/_4$ Stunden entfernten Anatolköi eine religiöse Gemeinde von 215 Seelen.

Mitte Oktober 1883 wurde der Verfasser zur Vollziehung pfarramtlicher Funktionen nach Küstendsche geladen; er benutzte die Gelegenheit zur Konsolidierung der beiden Gemeinden beizutragen, indem er die Mitglieder derselben am 14. Oktober zu einer Luther- und Reformationsfeier sich versammeln liess. Zur Abhaltung des Gottesdienstes war das am Nordende der Stadt erbaute Waschhaus des Hotels Karl I. eingerichtet worden. Es befand sich darin ein Harmonium, eine Betbank und ein Taufbecken, die ersteren hatten der früheren anglikanischen Gemeinde gehört, das letztere hatten die beiden Vorstandsmitglieder Pastor und Pleuss auf eigene Kosten aus Marmor herstellen lassen. Eingeleitet wurde der Gottesdienst durch Intonierung des Luther-Liedes auf dem Harmonium seitens des Lehrers und Organisten Radtke aus Anatolköi, und zu dessen wirkungsvollerer Ausführung hatte der Kapellmeister des in Küstendsche garnisonierenden Rosiori-Regiments (Lehr, ein Hamburger) einige Mitglieder der Kapelle beigestellt. Hierauf sprach der Verfasser über Luther und sein Werk und schloss unter Hinweis auf die Bedeutung des Namens „Constanta" (d. i. Beständigkeit), mit der Mahnung zur Treue gegen König und Heimat, zur Standhaftigkeit und Treue im Volkstum und Glauben, sowie zur Eintracht und gegenseitigen Hilfsbereitschaft in der neuen Heimat, in der uns, dank der liberalen Staatsgrundgesetze, vollkommen freie Religionsübung gewährleistet ist.

Von Constanza aus besuchte der Verfasser in Begleitung seines Wirtes auf inständiges Bitten einzelner Kolonisten aus Koschali, die am Gottesdienst teilgenommen hatten, diese neue Ansiedlung. Es herrschte das grösste Elend darin. Fast die Hälfte der Häuser, etwa 11 an der Zahl, war noch nicht ausgefertigt, bei vielen fehlten Thüren und Fenster, ja selbst die Bedachung, weil der Primar der Kommune, zu der Koschali gehört, den Leuten im Sommer verboten hatte, Schilf zu schneiden. Als dann nach vielem Laufen und Petitionieren auf Intervention des Präfekten von Konstanza die Erlaubnis erteilt worden, war der Herbst fast zu Ende und viele von den Kolonisten lagen infolge des Schilfschneidens in den Sümpfen am typhösen Fieber darnieder, ohne Rat und Hilfe, fast unter freiem Himmel. Der Wirt, bei dem wir eingekehrt, die Säule der Kolonie, der nebst dem Ackerbau das Schmiedehandwerk betrieb, erzählte dem Verfasser folgendes über die Kolonie: „Die meisten von uns sind in grossem Elend, namentlich die zuletzt Angekommenen. Man hat uns 10 Hektar Land versprochen, aber erhalten haben wir sie nicht; sie sind noch nicht abgemessen. Wir zahlen 4 Franks von jedem Hektar, den wir jährlich anbauen; ausserdem 1½ Frank Steuer für ein Stück Vieh; andere Dörfer haben 4 Stück frei gehabt. Das Schlimmste aber ist, dass man uns nicht erlauben will, an besonderen Plätzen Gemüse- und Weingärten anzulegen und Bäume zu pflanzen. Dagegen kommen die Bulgaren nach der Dobrudscha, pachten sich Ländereien, bauen Gemüse an, verkaufen es in den Vororten und kehren mit dem reichen Erlös im Spätherbst wieder heim.

Wir möchten für uns und das Land arbeiten, aber die Hände sind uns gebunden, und doch nimmt der Mangel an Arbeitskräften von Jahr zu Jahr mehr überhand, da Türken und Tataren massenhaft auswandern." Wer soll produzieren? Wäre es nicht im wohlverstandenen Interesse des Staates, wenn die Regierung diesen fleissigen, loyalen, civilisierten Kolonisten alle nur mögliche Unterstützung, Erleichterung und Förderung angedeihen liesse.

Nachdem der Verfasser auch in Koschali einen Gottesdienst improvisiert und einen jungen, am typhösen Fieber verstorbenen Familienvater zur letzten Ruhe eingesegnet hatte, kehrte er nach Constanza zurück, wo das Erforderliche zunächst für die Kranken in Koschali besorgt wurde. Kaum nach Bukarest heimgekehrt, erliess er in der „Bukarester Zeitung" für diese dem Untergange nahe Kolonie einen Hilferuf, der auch in der in Frankfurt a/M. erscheinenden „Deutschen Kolonialzeitung" (I. Jahrgang, 2. Heft) erschien. Binnen zwei Wochen schon war er in der Lage, durch die „Banque de Roumanie" wiederholt namhafte Summen zur Unterstützung der verlassenen Kolonisten einzusenden, so dass davon binnen kurzem die noch nicht fertigen Wohngebäude ausgebaut werden konnten. Ausserdem wurden verschiedene Obstbaumsorten, Stachel- und Johannisbeeren u. dgl. zur Anpflanzung des vollkommen öden Terrains, sowie Kisten voll Winterkleider hinausgesandt. Se. Durchlaucht der Fürst von Neu-Wied*) geruhte 300 Mark zu spenden, so dass etwas über 1200 Franks bar nach Constanza geschickt werden konnten. Dies Geld wurde jedoch, da mittlerweile die Not in Koschali ein Ende genommen, nicht ganz verteilt, sondern fruchtbringend angelegt. Schon im darauffolgenden Jahre fand die förmliche Konstituierung der Gemeinde in Constanza, sowie die Anerkennung derselben seitens der Primarie und Präfektur statt. Später wurde dann auch ein Grundstück für Schule und Pfarrhaus angekauft. — Für die Gemeinde zu Constanza sandte der Verfasser in den darauffolgenden Jahren zwei Bände Epistel- und Evangelienpredigten von Gerok, sowie eine Predigtsammlung von dem Tübinger Beck, ferner für die Schuljugend zahlreiche Exemplare von Luthers kleinem Katechismus, sowie von Bocks Lesefibel, die in den Bucarester Knaben- und Mädchen-Volksschulklassen im Gebrauche sind.

—

*) Der den Bericht über die deutschen Kolonieen in der Dobrudscha „mit Interesse" gelesen hatte.

Leider verlor die Gemeinde bald nacheinander ihre eifrigsten Mitglieder und Vorsteher. H. W. Pastor wurde nach Galatz versetzt und Franz Pleuss ging nach Deutschland zurück.

Pastor Pritzsche hat zwar mit dem Vorstande vor einem Jahre einen Aufruf zur Sammlung von Beiträgen für den Bau eines Bet- und Schulhauses erlassen, doch kenne ich das Resultat desselben nicht.

6. Fachri (95 km), unweit von Czernavoda, gegründet 1884, zählt 168 Seelen, besitzt einen Friedhof und hat einen Lehrer, welcher 150 Franks Gehalt bezieht und in zwei Klassen unterrichtet, die Schülerzahl beläuft sich auf 29, worunter 12 Knaben und 17 Mädchen; zum gottesdienstlichen Gebrauch dient das Odessaer Gesangbuch. Die Gemeinde wird viermal jährlich von P. Pritzsche besucht.

In nordwestlicher Richtung von Atmadscha befinden sich:

7. Die Gemeinde zu Catalui (30 km), gegründet 1854, sie zählt 58 Evangelische, hat einen Friedhof und wird achtmal vom Pastor jährlich besucht; beim Gottesdienst ist das Odessaer Gesangbuch im Gebrauch.

8. Tulcia (35 km), zählt 45 Evangelische, besitzt einen Friedhof und wird wie Catalui achtmal jährlich vom Pastor besucht. Beim Gottesdienst sind 80 Kirchenlieder der preussischen Regulative im Gebrauch.

Die Kirche zu Atmadscha (enthaltend 175 Sitzplätze), sowie die Bet- und Schulhäuser der anderen evangelischen Gemeinden in der Dobrudscha sind zum grossen Teil von den nicht unbedeutenden Beiträgen der Ortsbewohner und von denen der Filialgemeinden in der Dobrudscha, sowie von Unterstützungssummen des Gustav-Adolf-Vereins und des Evangelischen Oberkirchenrates erbaut worden. Ebenso hat die Gemeinde Atmadscha bei besonderen Veranlassungen, so bei Reparaturen und nötigen Einrichtungen wiederholt vom Gustav-Adolf-Verein, dem Oberkirchenrat und auch von dem Konsistorium zu Dessau nicht unbedeutende Unterstützungen erhalten.

Man würde irren, wollte man auf Grund obiger Daten meinen, dass in den genannten Gemeinden pädagogisch gebildete Lehrer wirkten. Pastor Pritzsche teilt mir diesbezüglich mit: „Es befinden sich in den genannten Gemeinden einige treue, gottesfürchtige Männer, welche ihre Volks- und Glaubensgenossen zum Guten und zur Gottesfurcht anhalten, indem sie in Ermangelung eines eigens dazu berufenen Lehrers an jedem Sonntag Gottesdienst halten, dabei eine gute Predigt vorlesen und an

manchen Orten auch nachmittags mit den Kindern Sonntagsschule halten,
damit dieselben Lesen, den Katechismus, die wichtigsten biblischen Ge-
schichten und einige Bibelsprüche lernen. Einzelne der genannten Gemeinden haben dafür gesorgt, dass ihre Kinder wenigstens während des
Winterhalbjahres von einem ausgebildeten Lehrer oder einem zum Unterrichten einigermassen fähigen Mann in den allernötigsten Kenntnissen
unterrichtet werden." Leider haben seit etwa 15 Jahren in den meisten
deutsch-evangelischen Gemeinden der Dobrudscha aus Russland eingewanderte Baptisten in äusserst aufdringlicher und fanatischer Weise
nicht selten zum Nachteil der Gemeinden agitiert und zersetzend auf dieselben eingewirkt. Sie haben ihren Mittelpunkt in Catului bei Tulcia,
wo ihr früherer Seelsorger und auch ihr jetziger Prediger, den sie sich
an Stelle des ersteren vom Schusterschemel weggeholt haben, wohnen.

An ein Aufblühen dieser neuen rumänischen Provinz und damit
zugleich auch der deutschen Kolonien in derselben ist jedoch nur dann
zu denken, wenn die Verwaltung gründlich reformiert werden und das
seit dem 3. April 1882 promulgierte Agrargesetz zur Regelung des
Grundeigentums in der Dobrudscha mit den später vom Domänen-
Ministerium beantragten Modifikationen zur Ausführung gelangen wird.
Die deutsche Gesandtschaft kann als solche für die in grosser Bedrängnis
lebenden deutschen Kolonisten sich nicht verwenden, da dieselben nicht
deutsche Staatsangehörige sind. Höheren Orts hat man den besten
Willen, diese durch die massenhaften Auswanderungen der Türken und
Tataren noch mehr entvölkerte Provinz ertragsfähig zu gestalten, aber
es scheint, dass Unterströmungen in den beiden gesetzgebenden Körper-
schaften vorhanden sind, die sich gegen Ansiedlungen von Fremden erheben, so dass das Projekt nicht zum Gesetz werden kann. Endlich
wird auch hier die bessere Einsicht und der wahre Patriotismus zum
Siege gelangen.

Die Eisenbahnlinie Bucarest-Fetesti ist bereits seit Jahren dem
Verkehr übergeben. Der Bau der Brücke über die Donau von Faureni
nach Czernavoda ist bereits beschlossen und der Grundstein dazu am
21. Oktober d. Js. von Sr. Majestät dem König Karl I. gelegt worden.

Ist einmal so die Verbindung der jetzt noch etwas isolierten Provinz
mit dem Westen hergestellt, dann ist auch die Zukunft derselben eine
gesicherte und ihre rasche Entwickelung und ihr schönes Emporblühen
über allen Zweifel erhaben; namentlich wird Constanza — das heute

schon als Seebad viel besucht wird — dann eines der bedeutendsten Handelsemporien am Schwarzen Meere werden.

Am 6. Februar l. J. erhielt der Verfasser Nachricht von einer neuen 60 Familien zählenden Kolonie in den Dörfern Karaaschkula und Zariol bei Mangalia. Der Briefschreiber, ein Landmann, berichtet: „Wir sind hier aus verschiedenen Guberni: aus Russland, Bessarabien, aus der Krim, aus Kaukasus und Volhinien. Das Land ist hier gut. Nur Wasser ist stellenweise sehr tief. Für die Aufnahme von der hiesigen Obrigkeit sind wir dankbar dem lieben Gott: wir freuen uns der schönen Freiheit, die man hier hat in bürgerlicher, wie in religiöser Hinsicht. Und wünschen von Herzen dem edlen Königshause, wie allen denen, die mithelfen regieren, den Segen Gottes, dass wir unter dessen Schutz mögen ein stilles, gottergebenes Leben führen, wie auch dem Staate nutzbar werden. Das gebe Gott. Amen."